广播影视业务教育培训丛书

广播电视综合知识

BROADCASTING & TELEVISION

2018–2019

广播影视业务教育培训丛书编写组　编

主　编：王　蓓

副主编：金德龙　王效杰　杜百川　张　宏　余爱群

编写人员（以姓氏笔画为序）：

方　华　仇东方　王顺生　白占群　边立新　叶庆丰　孙树凤　刘　俐　李忠杰
陈先奎　冷成金　杨小虎　张　玲　张　俊　周步恒　胡　钧　郝大海　贾建芳
秦　宣　梁　坤　谢忠民　魏开鹏

中国国际广播出版社

目 录

第二部分　法律基础知识与相关法律法规

第三部分 经济学、社会学、文学常识

《广播电视综合知识》模拟试卷与参考答案

2018年全国广播电视编辑记者、播音员主持人资格考试大纲

第一章　总则

第一条　为规范广播电视编辑记者、播音员主持人资格管理，做好全国广播电视编辑记者、播音员主持人资格考试工作，根据《广播电视编辑记者、播音员主持人资格考试办法（试行）》（广发人字〔2005〕552号），制定本大纲。

第二条　本大纲是全国广播电视编辑记者、播音员主持人资格考试命题的依据，供考生备考时参考。

第三条　考试科目：

（一）广播电视编辑记者资格考试科目

综合知识；广播电视基础知识；广播电视业务。

（二）广播电视播音员主持人资格考试科目

综合知识；广播电视基础知识；广播电视播音主持业务（笔试）；广播电视播音主持业务（口试）。

第二章　综合知识

第四条　综合知识重点考察考生的知识面和综合素质，要求考生了解所列知识点。

第五条　综合知识考试时间、考试方式和试题类型：

（一）考试时间为90分钟。

（二）考试方式为闭卷、笔试。

（三）试卷满分为100分。

（四）试题类型包括单项选择题和多项选择题。

第六条　综合知识内容包括：

一、政治理论知识

（一）马克思列宁主义理论

世界物质统一性原理　世界的普遍联系和永恒发展　物质决定意识原理　事物矛盾运动的基本原理　唯物辩证法的基本规律　以实践为基础的能动的反映论　真理和检验真理的标准　社会基本矛盾及其运动规律　人民群众和个人在历史上的作用

商品　货币　资本　价值规律　剩余价值　资本主义再生产与资本积累　资本主义基本矛盾　资本主义经济危机

两大发现与科学社会主义的创立　社会发展和人的自由而全面发展　共产主义

（二）毛泽东思想

毛泽东思想的形成、主要内容和历史地位　新民主主义革命总路线　新民主主义基本纲领　人民民主政权　新民主主义革命的三大法宝（统一战线、武装斗争、党的建设）　毛泽东思想活的灵魂（实事求是、群众路线、独立自主）　《实践论》、《矛盾论》、《关于正确处理人民内部矛盾的问题》和《论十大关系》

（三）邓小平理论、“三个代表”重要思想、科学发展观

邓小平理论的形成、主要内容、历史地位　“三个代表”重要思想的形成、主要内容、历史地位　科学发展观的形成、主要内容、历史地位、指导意义　中国特色社会主义道路、中国特色社会主义理论体系、中国特色社会主义制度的形成和发展　中国特色社会主义理论体系是马克思主义中国化的最新成果　建设社会主义文化强国　社会主义核心价值体系　加强党的执政能力建设、先进性和纯洁性建设　党的建设面临“四大考验”、“四种危险”　建设学习型、服务型、创新型的马克思主义执政党　马克思主义中国化、时代化、大众化

（四）习近平新时代中国特色社会主义思想

历史性成就与历史性变革　社会主要矛盾变化　新时代内涵与意义　习近平新时代中国特色社会主义思想的重大时代课题（“坚持和发展什么样的中国特色社会主义、怎样坚持和发展中国特色社会主义”）　习近平新时代中国特色社会主义思想的主要内容（八个明确）　党的基本理论、基本路线、基本方略（“十四条坚持”）　习近平新时代中国特色社会主义思想的历史地位　当代中国马克思主义和21世纪马克思主义

改革开放前后两个历史时期的关系　中国特色社会主义的总依据　中国特色社会主义总任务　“两个一百年”奋斗目标　决胜全面建成小康社会　实现中华民族伟大复兴的中国梦　建成社会主义现代化强国“两步走”战略　进行具有许多新的历史特点的伟大斗争　统筹推进中国特色社会主义“五位一体”总体布局（社会主义市场经济、社会主义民主政治、社会主义先进文化、社会主义和谐社会、社会主义生态文明）　统揽“四个伟大”（伟大斗争、伟大工程、伟大事业、伟大梦想）　协调推进“四个全

面”战略布局　“四个全面”战略布局及相互关系　坚定实施“七大战略”（科教兴国战略、人才强国战略、创新驱动发展战略、乡村振兴战略、区域协调发展战略、可持续发展战略、军民融合发展战略）　以人民为中心的发展思想　创新、协调、绿色、开放、共享的新发展理念　发挥社会主义市场经济的决定性作用、更好地发挥政府的作用　建设现代化经济体系（科学内涵、主要任务）　经济发展新常态和深化供给侧结构性改革　深化经济体制改革的核心问题　全面深化改革及其总目标　社会主义协商民主　全面依法治国及其总目标　科学立法、严格执法、公正司法、全民守法的“新十六字”方针　健全人民当家作主制度体系　推动社会主义文化繁荣兴盛　牢牢掌握意识形态工作领导权　落实意识形态工作责任制　培育和践行社会主义核心价值观　实现中华优秀传统文化的创造性转化和创新性发展　建设社会主义文化强国　共产主义理想和中国特色社会主义共同思想　坚定“四个自信”（道路自信、理论自信、制度自信、文化自信）　加强和创新社会治理　共建共治共享的社会治理格局　网络强国战略思想　传播手段建设与创新　互联网内容建设　建立网络综合治理体系　构建网上网下同心圆　精准扶贫精准脱贫　总体国家安全观　大力推进生态文明建设　建设美丽中国　推动形成绿色发展方式和生活方式　中国特色强军之路　推动军民融合深度发展　一个中国原则是两岸关系的政治基础　反对任何形式的“台独”分裂活动　促进世界和平与发展　中国方案　“一带一路”战略构想　共商共建共享理念　正确义利观　人类命运共同体　新时代党的建设总要求　全面从严治党　坚持党对一切工作的领导　中国特色社会主义最本质的特征和制度的最大优势　新时代中国共产党的历史使命　党的群众路线教育实践活动　“三严三实”专题教育　“两学一做”学习教育　严肃党内政治生活净化党内

政治生态　增强“四个意识”（政治意识、大局意识、核心意识、看齐意识）　人民立场是我们党的根本政治立场　党在社会主义初级阶段的基本路线是党和国家的生命线、人民的幸福线　党的自我革命与伟大社会革命

（五）近期国内外重大事件

二、法律基础知识与相关法律法规

（一）宪法

我国的国家指导思想　我国的国体　中国特色社会主义事业总体布局　中国特色社会主义最本质的特征　依法治国　我国的文化制度　我国公民的基本权利和义务　倡导社会主义核心价值观　宪法宣誓制度　监察制度　使用语言文字的原则　国旗、国歌、国徽、首都的规定

（二）相关法律法规

民法总则　未成年人法定年龄标准　保护人身自由、人格尊严　保护自然人的生命权、身体权、健康权、姓名权、肖像权、名誉权、荣誉权、隐私权、婚姻自主权　保护法人、非法人组织的名称权、名誉权、荣誉权　保护个人信息　保护英雄烈士

刑法　为境外窃取、刺探、收买、非法提供国家秘密、情报罪　破坏广播电视设施罪　侵犯著作权罪　损害商业信誉、商品声誉罪　虚假广告罪　诬告陷害罪　侮辱罪　诽谤罪　煽动民族仇恨、民族歧视罪　非法获取国家秘密罪　扰乱无线电通讯管理秩序罪　传播淫秽物品罪　侮辱国旗、国徽、国歌罪　泄露国家秘密罪

刑事诉讼法　不得强迫自证其罪原则　未成年人犯罪案件的报道

公共文化服务保障法　公共文化服务的负责部门　公共文化设施　政府公开公共文化服务信息和媒体监督

国歌法　国歌的名称　国歌的法律地位　维护国歌尊严　禁止奏唱国歌的场合　国歌的宣传教育　广播电台电视台播放国歌的法定时点

英雄烈士保护法　英雄烈士的法律地位　烈士纪念日　鼓励和支持英雄烈士事迹创作生产和宣传推广　广播电台电视台广泛宣传英雄烈士事迹和精神的法定义务　广播电视行政部门保护英雄烈士名誉、荣誉的法定职责

未成年人保护法　未成年人隐私保护　制作传播内容要求

知识产权法律体系　著作权法保护的作品范围　著作权权利种类　著作权权利限制　表演者权利和义务　录音录像制作者权利和义务　广播电台、电视台权利和义务　职务作品

国家安全法　总体国家安全观　国家安全教育日　培育和践行社会主义核心价值观，掌握意识形态领域主导权是维护国家安全的重要任务

网络安全法　网络安全等级保护　网络产品和服务强制认证　个人信息保护　网络用户实名制　网络信息发布行为规范

保守国家秘密法　国家秘密范围　法律责任

监察法　监察委员会　监察范围　对监察机关和监察人员的监督

广告法　广播电台电视台发布广告内容准则和行为规范　未成年人广告的特别规定　广播电台电视台违反广告法的法律责任　广播电视行政管理部门的监管职责和法律责任

证券法　证券交易内幕信息　证券交易内幕信息的知情人　证券内幕交易的法律责任

国家通用语言文字法　国家通用语言文字基本原则　国家通

用语言文字使用

《广播电视管理条例》　禁止制作、播放的广播电视节目　广播电视新闻应当遵守的原则　广播电台、电视台使用语言文字的原则　广播电台、电视台审查节目的要求

《政府信息公开条例》《信息网络传播权保护条例》《互联网新闻信息服务管理规定》

三、经济学、社会学、文学

社会主义初级阶段的基本经济制度和分配制度　社会主义市场经济体制的基本特征　供给与需求　自由经营与政府干预　资源配置　成本与收益　国内生产总值（GDP）　居民消费价格指数（CPI）　恩格尔系数　基尼系数　通货膨胀与通货紧缩　充分就业与失业　财政政策和货币政策　顺差和逆差　外汇与汇率　自由贸易与保护贸易　固定汇率制度与浮动汇率制度　欧盟　区域经济一体化和经济全球化　世界贸易组织　世界银行和国际货币基金组织

社会化　社会角色　社会规范　社区　社会分层　现代化　社会保障

《诗经》《楚辞》《史记》　唐诗　宋词　《三国演义》《水浒传》　《西游记》　《红楼梦》　新文化运动　鲁迅　沈从文　茅盾　《荷马史诗》　文艺复兴　莎士比亚　巴尔扎克　卡夫卡

第三章　广播电视基础知识

第七条　广播电视基础知识重点考察考生对广播电视工作认知程度，要求考生掌握马克思主义新闻观、党的新闻宣传工作方针原则、新闻工作者的职业道德规范、广播电视常识。

第八条　广播电视基础知识考试时间、考试方式和试题类型：

（一）考试时间为 90 分钟。

（二）考试方式为闭卷、笔试。

（三）试卷满分为 100 分。

（四）试题类型包括选择题、简答题、辨析题、论述题。

第九条　广播电视基础知识内容包括：

一、马克思主义新闻观和中国社会主义新闻事业的方针原则

（一）马克思主义新闻观

马克思主义新闻观的含义　马克思主义新闻观的形成与发展　新闻战线“三项学习教育”活动的内涵要求

新闻舆论工作的职责和使命

（二）中国社会主义新闻事业的基本方针

为人民服务、为社会主义服务、为全党全国工作大局服务　团结稳定鼓劲、正面宣传为主

（三）新闻工作的党性原则

党性原则是马克思主义新闻观的根本原则　党性原则的含义与基本要求　坚持党对新闻工作的领导　坚持党性和人民性的统一

（四）舆论导向

舆论导向的含义　坚持正确舆论导向的基本要求　把握新闻宣传的时度效　坚持正确的政治方向、舆论导向和价值取向

（五）舆论监督

舆论监督的实质　舆论监督的社会功能　正确行使舆论监督职能　坚持建设性监督、科学监督、依法监督的原则　把握大局，

提高舆论监督水平　舆论监督和正面宣传相统一

（六）政治家办报办台

“政治家办报”的提出与发展　政治家办报办台的基本要求　在新形势下坚持政治家办报办台　喉舌论　新闻舆论工作的“五个事关”

（七）新闻真实性原则

新闻是新近发生的事实的报道　新闻定义的内涵

真实是新闻的生命　新闻真实的本质要求与具体要求　实事求是是新闻工作的根本出发点　坚持准确、公正、全面、客观的报道原则　当前新闻真实性方面存在的问题及如何坚持新闻的真实性

以辩证唯物主义反映论指导新闻工作　新闻报道必须以事实为依据　新闻手段　客观报道　全面把握和正确反映社会生活的本质和主流　发扬深入实际、调查研究、求真务实、实事求是的作风

（八）新闻价值

新闻价值的含义　新闻价值的要素　新闻价值的客观性与综合性　新闻价值取向

（九）新闻事业的性质

新闻事业是一定社会的经济基础通过新闻手段的反映　新闻事业属于上层建筑意识形态范畴　新闻事业是综合国力和国家形象的体现

（十）贴近实际、贴近生活、贴近群众

“三贴近”原则的含义和基本要求　“三贴近”原则是新闻宣传工作贯彻“三个代表”重要思想的具体化　按照“三贴近”

原则加强和改进新闻宣传工作

（十一）推动文化事业与文化产业发展

坚持把社会效益放在首位，社会效益与经济效益相统一　完善公共文化服务体系　深入实施文化惠民工程

（十二）文艺方针政策

“二为方向”　“双百方针”　弘扬主旋律，提倡多样化　思想性、艺术性、观赏性三性统一　以人民为中心的创作导向　倡导讲品位、讲格调、讲责任，抵制低俗、庸俗、媚俗

（十三）对外宣传工作的基本原则

加强国际传播能力和对外话语体系建设　创新对外宣传方式　提高议题设置能力　讲好中国故事　传播好中国声音　展现真实、立体、全面的中国

（十四）党的十八大以来习近平总书记关于新闻舆论工作与文艺工作的重要讲话

在全国宣传思想工作会议上的讲话　在文艺工作座谈会上的讲话　视察解放军报社的讲话　在党的新闻舆论工作座谈会上的讲话　在网络安全和信息化工作座谈会上的讲话　在庆祝中国共产党成立95周年大会上的讲话　在中国文联十大、中国作协九大开幕式上的讲话

（十五）推动传统媒体与新兴媒体融合发展

媒体的数字化、网络化、移动化、智能化　智慧广电战略　移动优先战略　“中央厨房”　微信　微博　客户端　社交媒体　网络直播　UGC（用户生产内容）　PGC（专业生产内容）　网络主播　网综　网剧　网络电影　短视频　跨屏互动

二、新闻工作者职业道德

（一）新闻工作者责任

新闻职业与新闻工作者　新闻工作者的职业特征　新闻工作者的社会责任　新闻工作者的职业修养

（二）新闻职业道德

新闻职业道德的本质特征　新闻职业道德的基本原则和规范　新闻工作的法律规范　新闻工作者职业道德建设的意义　违反新闻工作者职业道德的行为

（三）广播电视工作者职业道德

《中国新闻工作者职业道德准则》（2009 年修订颁布）　《中国广播电视编辑记者职业道德准则》　《中国广播电视播音员主持人职业道德准则》　《新闻从业人员职务行为信息管理办法》　《新闻出版广播影视从业人员廉洁行为若干规定》　《新闻出版广播影视从业人员职业道德自律公约》　《中国记协新闻道德委员会章程（试行）》

三、广播电视常识

（一）新中国广播电视发展

延安新华广播电台　北平新华广播电台　国家广播电视总局　中央广播电视总台　中央人民广播电台　中国国际广播电台　中央电视台　中国国际电视台（中国环球电视网）　央广网　国际在线　中国网络电视台

（二）广播电视节目概述

广播电视节目　广播电视的传播特点　广播的传播符号　电视的传播符号　电视影像的要素　广播电视新闻的语言表达　广播新闻中音响与文字的关系　电视新闻中画面、音响与文字的

关系　公益广告　新型传播平台的概念和种类

第四章　广播电视业务

第十条　广播电视业务重点考察考生的广播电视采编能力，要求考生掌握采、写、编、评的基本技能。

第十一条　广播电视业务考试时间、考试方式和试题类型：

（一）考试时间为150分钟。

（二）考试方式为闭卷、笔试。

（三）试卷满分为100分。

（四）试题类型包括选择题、案例分析题、写作题。

第十二条　广播电视业务内容包括：

一、广播电视采访

（一）广播电视新闻采访

新闻采访　广播电视新闻采访的要求

（二）广播电视新闻采访的选题

新闻线索　确立选题的标准

（三）广播电视采访准备

广播电视采访的准备　采访提纲的撰写　记者在现场的介入方式　采访对象的选择

（四）广播电视采访方法

现场观察　广播采录的基本要求　电视摄录的基本要求　体验式采访

二、广播电视写作

（一）广播电视新闻写作的基本要求

符合广播电视媒体特点　用事实说话

（二）广播电视新闻的结构要求

结构线索清晰　层次清楚　核心信息处理突出

（三）广播电视消息

广播电视消息　新闻要素　背景　导语　广播电视消息常用结构

（四）广播电视新闻专题

广播电视新闻专题特点　广播电视新闻专题表达手段　广播电视新闻专题常用结构

（五）广播电视现场报道

广播电视现场报道　现场直播

（六）广播电视连续报道与系列报道

连续报道　连续报道的基本要求　系列报道　系列报道的基本要求

（七）深度报道

（八）全媒体报道

三、广播电视编辑

（一）新闻编辑的主要职责和具体工作

新闻编辑工作的主要职责　选题确定　编辑工作流程　新闻报道的策划　选择稿件　修改稿件　制作标题　栏目编排　录制播出　直播导播　通联　报道策划

（二）节目编辑合成

音像编辑合成　新闻类节目音像编辑的基本原则　广播新闻编辑手法和技巧　电视新闻编辑手法和技巧　情景再现

四、广播电视评论

（一）新闻评论的特点与功能

新闻评论　新闻评论的功能　新闻评论的特点　广播电视新闻评论的特点

（二）新闻评论的说理

论点　论据　论证　据事说理　对比说理

（三）广播电视评论类型

本台评论　本台短评　编后话　新闻述评　谈话类评论　舆论监督节目

五、广播电视报道类型及规范

案件报道　批评性报道　灾难报道　突发事件报道　死亡报道　暴力报道　未成年人报道规范　隐性采访　图片报道　报道中的禁用词

第五章　广播电视播音主持业务

第十三条　广播电视播音主持业务，重点考察考生对播音主持工作的理解和认识、对播音主持理论基本知识的掌握和运用，以及播音主持的实际操作能力。要求考生能以正确的传播理念、良好的声音形象和屏幕形象、标准的普通话和规范而丰富生动的语言表达，完成广播电视的播音主持工作。

第十四条　广播电视播音主持业务考试时间、考试方式和试题类型：

（一）笔试

1. 考试时间为150分钟。

2. 考试方式为闭卷。

3. 试卷满分为100分。

4. 试题类型包括选择题、简答题、写作题。

（二）口试

1. 准备时间为10分钟，考试时间为5分钟。

2. 考试方式为闭卷，现场抽题、现场准备、现场考试并录像。

3. 口试满分为100分。

4. 试题类型包括新闻播报、话题主持。

第十五条　广播电视播音主持业务内容包括：

一、播音主持工作及播音员主持人职业

（一）播音主持工作的性质、宗旨、意义

播音主持工作的性质　播音主持工作的宗旨　播音主持工作的意义

（二）播音主持工作的责任

牢固树立党的宣传员和新闻工作者的责任意识　自觉维护祖国语言文字的纯洁　遵纪守法廉洁自律　树立良好的职业形象和社会公众人物形象　勤奋敬业德艺双馨

（三）播音主持工作的地位、规律、特点、创作道路

播音主持工作的地位　播音主持工作的规律　播音主持工作的特点　播音主持正确的创作道路

（四）播音主持职业规范要求和职业道德准则

播音主持职业规范要求

严格区分职业行为和个人行为　遵守和尊重播音主持工作的各项法律法规　遵守和尊重播音主持创作规律认真严肃对待每一次播出　严格遵守安全播出的各项规章制度　尊重被采访对象（特别是未成年人、残疾人、社会弱势群体等）

播音主持职业道德准则

责任　品格　形象　语言　廉洁

（五）播音主持岗位规范的意义、播音主持工作优良传统和作风

播音主持岗位规范的意义

有助于培养严谨的工作作风　有利于提高播出质量　有助于塑造良好的媒体形象　以高水平、高质量的播出，树立自己的职业形象　以谦虚的态度和精湛的艺术，尊重和保护自己的职业尊严

播音主持工作优良传统和作风

坚定正确的政治方向　尽职尽责的承担职业责任　全方位主动积极学习积累广博的文化知识　一丝不苟的勤学苦练专业基本功　严谨细致的工作作风　表里如一的慎独品格　精益求精的敬业精神

二、播音主持职业首要的必备基础知识

（一）新闻素质

新闻的基本概念：真实性　准确性　价值　意义等

现场报道的基本能力要求：细致的现场观察能力　敏锐的新闻洞察能力　综合分析、理清思路的逻辑能力　准确的语言表述能力等

（二）语言文字素养

1. 对语言文字基本概念、知识的掌握

2. 按照职业要求运用语言文字的基本能力

基本的准确运用词语概念表述的能力　符合语法规范、用基本通顺的语句叙述内容的能力　思路清晰、条理层次分明的逻辑能力　语言生动形象的修辞能力

（三）形体语言、基本礼仪、交流沟通能力

形体语言的基本形态　形体语言的基本功能　形体语言表达的基本规律

职业行为中的必备礼仪　作为公众人物的必备礼仪　日常生活中的必备礼仪

掌握和遵守交流沟通的基本规则　职业行为中的交流和沟通

三、播音主持理论基础知识

（一）播音发声知识

播音发声的基本要求及方法　呼吸原理及方法　呼吸在有声语言表达中的作用　口腔控制原理和要领　口腔控制的目的和意义　吐字归音的方法　吐字归音在语言表达中的作用和意义

（二）普通话语音知识

普通话概念　普通话语音特点　普通话声母、韵母、声调、语流音变、词的轻重格式等知识　普通话异读词读音　人名地名的读音　播音员主持人必备语音工具书

（三）播音主持语言表达知识

1. 创作准备与思想感情的运动状态

备稿的定义、内容、方法以及应注意的问题　思想感情的运动状态　感受、态度、感情　具体感受与整体感受

2. 调动思想感情的方法

情景再现的定义、展开过程以及应注意的问题　内在语的

定义、作用、分类以及把握　对象感的定义、特征、把握以及应避免的几个误区

3. 表达思想感情的方法

停连的定义、作用、位置的确定以及表达　重音的定义、作用、位置的确定以及表达　语气的定义、感情色彩和分量、声音形式　节奏的定义、类型以及方法

4. 即兴口语表达

广播电视即兴口语表达的范畴和现状　广播电视即兴口语运用的原则　广播电视即兴口语表达的原则　厚积薄发对即兴口语运用和表达的积极意义　串联词的定义、功能、把握以及创作追求　临场应变——即兴口语表达的致臻境界　即兴口语表达易出现的问题　临场应变的定义、要求、依据、现场控制以及应变策略

四、播音主持业务

（一）文稿播读

1. 新闻类节目及其分类　新闻文稿播读的总体要求　新闻消息的播读　新闻评论的播读　新闻专稿的播读

2. 文艺类节目及其分类　文艺类文稿播读的总体要求　文艺类文稿播读的具体要求

3. 社教类节目及其分类　社教类文稿播读的总体要求　社教类文稿播读的具体要求

4. 财经类节目及其分类　财经类文稿播读的总体要求　财经类文稿播读的具体要求

（二）话题主持

1. 新闻评论类节目的界定和分类　新闻评论类专题主持的基本要求

2. 财经类节目的界定和分类　财经类专题主持的基本要求

3. 服务类节目的界定和分类　服务类专题主持的基本要求

4. 综艺娱乐类节目的界定和分类　综艺娱乐类专题主持的基本要求

五、播音员主持人形象

（一）播音员主持人的形象概述

1. 形象的定义

2. 职业形象（声音形象、屏幕形象、社会公众形象）　个人形象

（二）塑造播音员主持人形象的意义和作用

1. 有助于塑造媒体形象

2. 有助于先进文化的传播

（三）处理好播音员主持人形象的多重关系

1. 职业形象与个人形象的关系

2. 内在素质与外在形象的关系

3. 个人和集体的关系

（四）塑造播音员主持人形象的具体要求

1. 塑造职业形象的基本要求

声音形象塑造的基本常识和技巧　职业着装的基本概念及搭配技巧　发型造型的基本常识和要求　化妆造型的基本原则及技巧　饰物佩戴的基本常识

2. 表现职业形象的基本要求

体现媒体责任和个人品德　符合中华民族文化传统　尊重大众审美情趣和欣赏习惯　体态与节目的统一、语言与体态的和谐

3. 注重生活中的形象

良好的语言习惯、规范的体态语言　注意言谈举止的社会影

响　尊重和保护好自己的职业形象和个人形象

六、口试内容和评判标准

（一）口试内容

1. 新闻播报。应试者面对镜头播报一条自己抽取的新闻稿。

2. 话题主持。应试者从不同栏目类型的话题中选择一题，面对镜头主持。

（二）口试标准

A级

1. 声音状态：

播报和主持节目时，发声状态积极、饱满、大气；声音运用松弛、自如、通畅；声音干净、明朗，圆润、大方。

2. 语音面貌：

播报和主持节目时，语音标准，声、韵、调准确无误；语音连贯、流畅；吐字清晰、准确；语调自然。

3. 形象气质：

形象端正、大方，服饰、妆容、仪态、仪表符合广播电视职业规范。

4. 语言表达：

新闻播报：理解准确，感受具体，感情真挚，基调恰切；语言目的明确，停连重音准确，语句流畅，语气生动，分寸得当；语言表达时状态积极，与受众有真切交流，仪态自然大方；能准确鲜明的体现所播节目的基本形态和特征。

话题主持：导向正确，态度鲜明；内容充实，言之有物；能实现节目的播出目的。

思路清晰，逻辑感强；语言表述准确规范，符合广播电视语体特征和语境；语言表达顺畅，对象感、交流感强；语言运用生动、形象；现场反应积极、敏捷，表现富有个性，能体现栏目特色。

B 级

1. 声音状态：

播报和主持节目时，发声状态较积极、饱满、大气；声音运用较松弛、自如、通畅；声音较干净、明朗，圆润、大方。

2. 语音面貌：

播报和主持节目时，语音基本标准，声、韵、调基本准确，偶有失误；语音基本连贯、流畅；吐字基本清晰、准确；语调总体自然。

3. 形象气质：

形象、妆饰、仪态、仪表符合广播电视职业规范。

4. 语言表达：

新闻播报：理解正确，有一定感受；感情、基调基本恰切；语言目的基本明确，停连重音无明显失误；语气、分寸把握基本到位；语言表达时状态积极，语句顺畅，有一定的对象感，自然大方。

话题主持：导向正确，态度鲜明；内容比较充实具体；能基本实现播出的具体目的。

思路清晰，逻辑基本清楚；语言表述基本规范，符合广播电视语体特征和语境；语言表达基本顺畅，有一定的对象感、交流感；语言运用偶有词汇、语法等失误；现场反应积极，基本能体现栏目特色及个性。

第六章　附则

第十六条　本大纲由国家广播电视总局资格考试委员会办公室负责解释。

第一部分

政治理论知识

一、马克思列宁主义理论

复习要点提示

- 把握马克思主义唯物论和辩证法的基本原理，着重了解世界的物质统一性原理与物质和意识的关系原理，掌握唯物辩证法的基本规律和根本方法。
- 学习和掌握马克思主义认识论的基本观点，了解认识的本质及其发展规律，明确认识的任务是坚持真理，修正谬误，提高认识世界和改造世界的能力。
- 理解和学习人类社会的基本矛盾及其客观规律，把握人民群众是历史创造者的基本观点。
- 把握资本主义基本矛盾及其表现形式与经济危机，把握资本主义生产方式的本质。

世界的物质统一性

世界的统一性问题，是回答世界上的万事万物有没有统一性，即有没有共同的本质或本原问题。这是任何哲学都不能回避的问题。马克思主义认为，多样化的世界是有统一的本原的，这就是物质，不仅自然界是物质的，人类社会也具有物质性，世界的真正统一性在于它的物质性。

世界的物质统一性首先体现在，意识统一于物质。从意识的起源上来看，意识是物质世界长期发展的产物，是物质世界中的一类特殊存在；从意识的本质上看，意识是人脑这种特殊的物质器官的机能，是客观存在的主观印象；从意识的作用上看，意识能动性的发挥必须以尊重物质世界的客观规律为前提。因此，世界在本质上是物质的，意识统一于物质。在统一的物质世界之外不存在上帝或诸神创造世界的活动。

世界的物质统一性还体现在，人类社会也统一于物质。马克思主义揭示了人类实践的客观实在性，认为物质资料生产方式是人类社会存在和发展的基础，正确解决了社会存在和社会意识的关系问题，从而使社会历史现象得到了唯物主义的解释。人类社会的物质性表现在：第一，人类社会依赖于自然界，是整个物质世界的组成部分。第二，人们谋取物质生活资料的实践活动虽然有意识作指导，但仍然是以物质力量改造物质力量的活动，仍然是物质性的活动。第三，物质资料的生产方式是人类社会存在和发展的基础，集中体现着人类社会的物质性。生产力是人类改造自然的物质力量，生产关系是在物质生产过程中形成的不以人的意志为转移的物质关系。

世界的物质统一性原理是与唯心论、宗教神学根本对立的，是与二元论对立的，是与科学的实践观相统一的，它对于认识世界和改造世界具有十分重大的指导意义。世界的物质统一性原理是马克思主义哲学的基石。一切从实际出发是唯物主义一元论的根本要求，是世界的物质统一性原理在现实生活和实际工作中的生动体现，是我们在坚持和发展中国特色社会主义伟大实践中想问题、办事情的根本立足点。

世界的普遍联系和永恒发展

联系是指事物内部各要素之间和事物与事物之间相互影响、相互制约、相互作用的关系。唯物辩证法认为，首先，联系具有客观性。事物的联系是事物本身所固有的，不是主观臆想的，是不以人的意志为转移的。其次，联系具有普遍性。联系的普遍性是指：任何事物内部的不同部分和要素都是相互联系的，也就是说，任何事物都具有内在的结构性；世界上的任何事物都不能孤立存在，都同其他事物处于一定的相互联系之中；整个世界是相互联系的统一整体。再次，联系具有多样性。世界上的事物是多样的，因而事物的联系也是多样的。事物联系的主要方式有：直接联系与间接联系，内部联系与外部联系，本质联系与非本质联系，必然联系与偶然联系等。最后，联系具有条件性。对条件要唯物辩证地去看待。条件对事物发展和人的活动具有支持或制约作用，有利条件支持和促进事物的发展和人的活动，不利条件制约和阻碍事物的发展和人的活动；条件是可以改变的，人们在条件面前并不是消极无为的，经过努力化不利条件为有利条件，可以创造出事物发展所需要的条件；改变和创造条件不是任意的，必须尊重事物发展的客观规律，不能不顾客观实际硬要去改变条件，做揠苗助长，帮蝶破茧的事情。马克思主义关于事物普遍联系的原理，要求人们善于分析事物的具体联系，确立整体性、开放性观念，从动态中考察事物的普遍联系。

发展是指前进的、上升的运动和变化，发展的实质是新事物的产生和旧事物的灭亡。新事物是指合乎历史前进方向、具有远大前途的东西；旧事物是指丧失历史必然性、日趋灭亡的东西。新事物是不可战胜的，因为：第一，就新生事物与环境的关系而言：新事物有新的要素、结构和功能，它适应已经变化了的环境和条件。第二，就新事物与旧事物的关系而言：新事物是在旧事物的“母体”中孕育产生的，它既克服了旧事物中一切消极、腐朽的东西，又保留了旧事物中积极合理的因素。在社会领域中，新事物从根本上符合人民群众的利益和要求，能够得到人民群众的拥护，因而必然战胜旧事物。

物质决定意识原理

物质是标志客观实在的哲学范畴，这种客观实在是人通过感觉感知的，它不依赖于我们的感觉而存在，为我们的感觉所复写、摄影和反映。也就是说，物质是不依赖于人类意识而存在并能为人类的意识所反映的客观存在，物质范畴是对一切客观存在的共同本质的抽象和概括，是标志客观实在的哲学范畴。

意识是人脑的机能和属性，是客观世界的主观印象。

物质和意识是辩证统一的关系。第一，物质决定意识。这种决定作用主要表现在意识的起源、本质和作用上。从意识的起源来看，意识是自然界和社会历史长期发展的产物，社会实践特别是劳动在意识的产生和发展中起着决定性的作用，劳动为意识的产生和发展提供了客观需要和可能，在人们的劳动和交往中形成的语言促进了意识的发展。从意识的本质来看，意识是特殊的物质——人脑的机能和属性，是客观世界的主观印象，意识在内容上是客观的，在形式上是主观的，是客观内容和主观形式的统一。马克思指出："观念的东西不外是移入人的头脑并在人的头脑中改造过的物质的东西而已。"这就表明，物质决定意识，意识依赖物质并反作用于物质。

第二，意识对物质具有反作用。这种反作用也就是意识的能动作用，即人特有的积极认识世界和改造世界的能力和活动。主要表现在：意识活动具有目的性和计划性。人在"劳动过程结束时得到的结果，在这个过程开始时就已经在劳动者的表象中存在着，即已经观念地存在着"。意识活动具有创造性。人的意识不仅采取感觉、知觉、表象等形式，反映事物的外部现象，而且能够运用概念、判断、推理等形式对感性材料进行加工制作、选择建构，在思维中创造一个现实中没有的理想世界。意识具有指导实践改造客观世界的作用。意识具有指导、控制人的行为和生理活动的作用。意识、心理因素对人的健康状况有重要影响。

正确认识和把握物质的决定作用和意识的反作用，必须处理好主观规律性和客观规律性的关系。尊重客观规律是正确发挥主观能动性的前提。只有发挥主观能动性，才能正确认识和利用客观规律。

事物矛盾运动的基本原理

事物矛盾运动原理，就是以“矛盾”的观点看待事物的运动和发展。它的主要内容是：以事物矛盾运动的对立统一规律、质量互变规律、否定之否定规律揭示和论证了事物矛盾运动的根据、过程、趋势，把自然、社会、思维的存在和发展归结为事物的矛盾运动，并以矛盾分析方法去研究和解决全部问题。事物的矛盾运动原理要求我们以对立统一的矛盾观去观察、分析、解决一切问题。事物就是矛盾，思想就是矛盾，矛盾无处不在、无时不有。承认矛盾、分析矛盾、解决矛盾，就是我们的全部工作。但在实际工作中，人们往往不是从客观性去对待矛盾，而是从主观性去看待矛盾，常常把矛盾视作人为的“麻烦”，想方设法“回避”矛盾，或者试图一劳永逸地“解决”矛盾。这表明，能否以对立统一的辩证思维去看待世界上的一切事物，能否以波浪式前进和螺旋式上升的辩证思维去看待事物运动的过程和趋势，能否以矛盾分析的方法去研究和解决问题，是能否把事物的矛盾运动原理贯彻到实际工作中的具体体现。

以矛盾的观点分析问题，最重要的是掌握和运用唯物辩证法的“两点论”和“重点论”。在客观的矛盾中，有许多的矛盾存在，其中必有一种矛盾是主要矛盾。抓住这个主要矛盾，一切问题就迎刃而解了。同时，矛盾的两方面中，必有一方面是主要的，他方面是次要的。在众多矛盾中全力找出主要矛盾，在矛盾的双方中着力抓住矛盾的主要方面，这就是“两点论”的“重点论”。在实际工作中坚持“两点论”和“重点论”，才能抓住关键，突破难点，统领全局。

在全面深化改革的进程中，均衡与非均衡的矛盾，发展与再发展的矛盾，进步与代价的矛盾，效率与公平的矛盾，是贯穿始终的。世界上没有绝对平衡发展的东西。任何事物在任何阶段上都存在着均衡与非均衡的矛盾。处理均衡与非均衡的矛盾，关键在于做到统筹兼顾。坚持统筹兼顾，就要坚持唯物辩证法普遍联系的观点，立足整体，总揽全局，统筹规划，努力寻求整体功能和效益的最佳方案。

习近平总书记在中共中央政治局第二十次集体学习时指出，要学习掌握事物矛盾运动的基本原理，不断强化问题意识，积极面对和化解前进中遇到的矛盾。问题是事物矛盾的表现形式，我们强调增强问题意识、坚持问题导向，就是承认矛盾的普遍性、客观性，就是要善于把认识和化解矛盾作为打开工作局面的突破口。我们党领导人民干革命、搞建设、抓改革，从来都是为了解决中国的现实问题。对待矛盾的正确态度，应该是直面矛盾，并运用矛盾相辅相成的特性，在解决矛盾的过程中推动事物发展。我们强调不能简单以国内生产总值增长率论英雄，提出加快转变经济发展方式、调整经济结构，提出化解产能过剩，提出加强生态文明建设，等等，都是针对一些牵动面广、耦合性强的深层次矛盾的。面对复杂形势和繁重任务，首先要有全局观，对各种矛盾做到心中有数，同时又要优先解决主要矛盾和矛盾的主要方面，以此带动其他矛盾的解决。我们提出要协调推进全面建成小康社会、全面深化改革、全面依法治国、全面从严治党，是当前党和国家事业发展中必须解决好的主要矛盾。我们既要注重总体谋划，又要注重牵住“牛鼻子”。在任何工作中，我们既要讲两点论，又要讲重点论，没有主次，不加区别，眉毛胡子一把抓，是做不好工作的。

唯物辩证法的基本规律

1. 对立统一规律

对立统一规律是唯物辩证法体系的实质和核心，揭示了事物发展的动力和源泉。对立统一规律又称矛盾规律。唯物辩证法认为，任何事物都是矛盾的统一体。矛盾是反映事物内部和事物之间对立统一关系的哲学范畴。对立和统一分别体现了矛盾的两种基本属性。矛盾的对立属性又称斗争性，矛盾的统一属性又称同一性。矛盾同一性和斗争性是相互联结、相辅相成的。无条件的、绝对的斗争性与有条件的、相对的同一性相结合，构成事物的矛盾运动，推动事物的发展。

内因是事物内部的矛盾，外因是事物外部的矛盾。内因是事物发展变化的根据，外因是事物发展变化的条件，外因通过内因而起作用。唯物辩证法关于内因、外因辩证关系的原理是我们坚持独立自主、自力更生和对外开放方针的理论基础。

矛盾是普遍存在的。矛盾无处不在，即矛盾存在于一切事物之中；矛盾无时不有，即矛盾存在于一切事物发展过程的始终。矛盾又具有特殊性：一是不同事物的矛盾各有其特点，二是同一事物的矛盾在不同发展过程和发展阶段各有不同特点，三是构成事物的诸多矛盾以及每一矛盾的不同方面各有不同的性质、地位和作用。矛盾的普遍性和特殊性是辩证统一的关系。矛盾的普遍性即矛盾的共性，矛盾的特殊性即矛盾的个性。矛盾的共性是无条件的、绝对的，矛盾的个性是有条件的、相对的。任何现实存在的事物的矛盾都是共性和个性的有机统一，共性寓于个性之中，没有离开个性的共性，也没有离开共性的个性。唯物辩证法关于矛盾的普遍性和特殊性关系的理论，是关于矛盾问题的精髓，是坚持把马克思主义的普遍真理同中国具体实际相结合的哲学基础。

2. 量变质变规律

量变质变规律揭示了事物变化的状态。唯物辩证法认为，质是指一事物区别于他事物的内在规定性，量是指事物存在和发展的规模、速度和程度等可以用数量关系表示的规定性，度是保持事物质的稳定性的数量界限，即事物的限度、幅度和范围。度的两端叫关节点或临界点，超出度的范围，一物就转化为他物。度这一哲学范畴启示我们，在认识和处理问题时要掌握适度的原则。量变和质变是事物变化的两种状态。量变是事物数量的增减和次序的变动，是保持事物的质的相对稳定性的不显著的变化，体现了事物渐进过程的连续性。质变是事物性质的根本变化，是事物由一种质态向另一质态的飞跃，体现了事物渐进过程和连续性的中断。

量变和质变是辩证统一的，它们的辩证关系主要表现在以下三个方面：第一，量变是质变的必要准备。没有量变的积累，就不可能发生质变。第二，质变是量变的必然结果。量变积累到一定程度，就不可避免地引起质变。第三，量变和质变是相互渗透的。一方面，在总的量变过程中有阶段性和局部性的部分质变。另一方面，在质变过程中也有旧质在量上的收缩和新质在量上的扩张。量变和质变是相互依存、相互贯通的，量变引起质变，在新质的基础上，事物又开始新的量变，如此交替循环，形成事物质量互变的规律。质量互变规律体现了事物发展的渐进性和飞跃性的统一。质量互变规律的基本内容：事物的发展就是由量变到质变，又由质变到新的量变的无限循环往复，由低级到高级、由简单到复杂的演进过程。唯物辩证法关于量变质变辩证关系的原理对我们进行社会主义现代化建设具有理论指导意义。

3. 否定之否定规律

否定之否定规律揭示了事物发展的方向和道路，揭示了事物发展前进性和曲折性的统一。唯物辩证法认为，事物内部都存在肯定因素和否定因素。肯定因素是维持现存事物存在的因素。否定因素是促使现存事物灭亡的因素。辩证否定观的基本内容是：第一，否定是事物的自我否定，是事物内部矛盾运动的结果。第二，否定是事物发展的环节。它是旧事物向新事物的转变，是从旧质到新质的飞跃。只有经过否定，旧事物才能向新事物转变。第三，否定是新旧事物联系的环节，新事物孕育产生于旧事物，新旧事物是通过否定环节联系起来的。第四，辩证的否定实质是“扬弃”，即新事物对旧事物既批判又继承，既克服其消极因素又保留其积极因素。辩证的否定观要求我们对一切事物采取科学分析的态度。如对待中国传统文化遗产，要批判地继承，反对否定一切的历史虚无主义和肯定一切的复古主义；对待外国文化，要有批判地借鉴，反对否定一切的狭隘民族主义和肯定一切的崇洋媚外、全盘西化的错误倾向。事物发展是不断地由肯定阶段到否定阶段，再到否定之否定阶段，从而使事物的发展呈现为螺旋式上升和波浪式前进的过程。事物发展的前途是光明的，道路是曲折的。因此，我们在社会主义现代化建设过程中，既要树立坚定的信念，又要具有忧患意识。

以实践为基础的能动反映论

唯物主义坚持物质第一性，意识第二性，主张认识是主体在实践基础上对客体的能动反映。一切唯物主义的认识论都是反映论。但是，马克思主义以前的旧唯物主义，离开人的社会性和历史发展，以感性直观为基础，把人的认识看成是消极地、被动地反映和接受外界对象，也称为直观的、消极被动的反映论。这种认识论的缺陷，一是离开实践考察认识问题，因而不了解实践对认识的决定作用。二是不了解认识的辩证本性，离开辩证法来考察认识问题。

辩证唯物主义认识论把实践的观点引入了认识论，作为整个认识论的基础，因而科学地规定了认识的主体和客体及其相互关系。它把辩证法应用于反映论，应用于考察认识的发展过程，科学地揭示了认识过程中多方面的辩证关系，把认识看成是一个由不知到知、由浅入深的充满矛盾的能动的认识过程，因而能够全面地揭示认识过程的辩证性质。这种以实践观点和辩证观点为特征的反映论，就是能动的反映论。它不仅克服了旧唯物主义认识论的局限性，也彻底驳倒了不知论。辩证唯物主义认识论的两个特点：一方面，反映具有摹写性——客观性。另一方面，反映具有创造性——能动性。

真理和检验真理的标准

真理是标志主观与客观相符合的范畴，真理是人们对客观事物及其规律的正确反映。任何真理都是客观内容和主观形式的统一。真理的客观性是指真理的内容是对客观事物及其规律的正确反映，本身包含着不依赖于人和人的意识的客观内容。但是真理的形式是主观的。真理的客观性决定了真理的一元性。对于特定的认识客体来说，真理只有一个，它不因主体认识的差别和变化而改变。就真理的发展过程以及人们对它的认识和掌握程度来说，真理既具有绝对性，又具有相对性，这是真理问题上的辩证法。任何真理都是绝对性和相对性的统一。

实践是检验主观认识是否是真理的唯一标准，这是由真理的本性和实践的特点决定的。首先，从真理的本性看，真理是人们对客观事物及其发展规律的正确反映，它的本性在于主观和客观相符合。所谓检验真理，就是检验人的主观认识同客观实际是否相符合以及符合的程度。其次，从实践的特点看，实践是人们改造世界的客观的物质性活动，具有直接现实性的特点。实践的直接现实性的特点，是作为检验真理的标准的主要依据，使它成为最公正的审判官，具有最高权威。

承认实践是检验认识真理性的唯一标准，并不排斥逻辑证明在检验真理过程中的作用。但是，逻辑证明不能代替检验认识真理性的实践标准，只能是实践标准的必要补充。逻辑证明必须服从实践检验的最后结果，只有通过实践的检验才能最终证明一种认识是不是真理。

实践作为检验认识真理性的标准，具有确定性与不确定性。确定性：实践作为检验认识真理性的标准的确定性即绝对性，是指实践作为检验认识真理性的标准的唯一性。即任何认识是否正确，归根到底只能靠实践检验。肯定实践标准的确定性、绝对性，是由实践标准的客观性和唯一性所决定的。不确定性：实践作为检验认识真理性的标准的不确定性即相对性，是指实践对认识真理性的检验的条件性。任何实践都会受到一定具体条件的制约，因而都具有一定的局限性，实践对真理的检验不可能一次完成。因此，实践作为检验真理的标准，既是确定的，又是不确定的，是确定性和不确定性的统一。坚持实践是检验真理的唯一标准，既要看到实践标准的确定性，防止和反对否认真理标准问题的唯心主义、怀疑主义和相对主义，又要看到实践标准的不确定性，防止和反对教条主义和独断论错误。

社会基本矛盾及其运动规律

社会基本矛盾是指贯穿社会发展过程始终，规定社会发展过程的基本性质和基本趋势，并对社会历史发展起根本推动作用的矛盾。社会基本矛盾是社会发展的根本动力。生产力和生产关系、经济基础和上层建筑的矛盾是社会基本矛盾。这两对基本矛盾贯穿于人类社会发展过程的始终，并规定了社会发展过程中各种社会形态、社会制度的基本性质；制约着社会其他矛盾的存在和发展，决定社会历史的一般进程，推动社会向前发展。

1. 生产力与生产关系的矛盾运动的规律，是人类社会发展的基本规律

生产力是人类在生产实践中形成的改造和影响自然以使其适合社会需要的物质力量。生产力的基本要素主要包括：一是劳动资料，也称劳动手段。它是人们在劳动过程中所运用的物质资料或物质条件，其中最重要的是生产工具。生产工具是区分社会经济时代的客观依据。二是劳动对象。三是劳动者。劳动者是生产力中最活跃的因素。所以，人才资源是第一资源。

生产关系是人们在物质生产过程中形成的不以人的意志为转移的经济关系。生产关系是社会中最基本的关系。

生产力和生产关系是社会生产不可分割的两个方面。在社会生产中，生产力是生产的物质内容，生产关系是生产的社会形式，二者的有机结合，构成社会的生产方式。生产力和生产关系的相互关系是：生产力决定生产关系，而生产关系又反作用于生产力。具体表现在：第一，生产力决定生产关系。在二者的关系中，生产力是居支配地位、起决定作用的方面。生产力的发展决定生产关系的变化。第二，生产关系对生产力具有能动的反作用。当生产关系适合生产力发展的客观要求时，它对生产力的发展起推动作用。当生产关系不适合生产力发展的客观要求时，它就会阻碍生产力的发展。

在生产力和生产关系的矛盾运动中，内在的、本质的、必然的联系，就是生产关系一定要适合生产力状况的规律。这一规律就内容看，概括了生产力和生产关系相互作用的两个方面：生产力决定生产关系；生产关系反作用于生产力。从过程上看，这一规律表现为生产关系对

于生产力总是从基本相适合到基本不相适合，再到新的基础上基本相适合；与此相适应，生产关系也总是从相对稳定到新旧更替，再到相对稳定。生产力和生产关系的这种矛盾运动循环往复，不断推动社会生产发展，进而推动整个社会逐步走向高级阶段。这一规律的基本要求是：当生产关系适合生产力的状况时，应当保持生产关系的相对稳定；当生产关系不适合生产力的状况，甚至成为生产力发展的桎梏时，必须变革生产关系以适应生产力发展的需要。

这一规律在人类思想史上彻底否定了以“道德说教”作为评判历史功过是非的思想体系，第一次科学地确立了生产力发展是“社会进步的最高标准”。它也是马克思主义政党制定路线、方针和政策的重要依据。

2. 经济基础与上层建筑矛盾运动的规律，是人类社会发展的另一个基本规律

经济基础是指由社会一定发展阶段的生产力所决定的生产关系的总和。经济基础的实质是社会一定发展阶段上的基本经济制度，是制度化的物质社会关系。决定一个社会性质的是其占支配地位的经济基础。

上层建筑是建立在一定经济基础之上的意识形态以及相应的制度、组织和设施。上层建筑由意识形态（观念上层建筑）和政治法律制度及设施、政治组织（政治上层建筑）等两部分组成。在整个上层建筑中，政治上层建筑居于主导地位，国家政权是核心。

经济基础和上层建筑是辩证统一的，二者相互影响，相互作用。首先，经济基础决定上层建筑。其次，上层建筑对经济基础具有反作用。集中表现在：为自己的经济基础的形成和巩固服务，确立或维护其在社会中的统治地位。再次，经济基础和上层建筑的相互作用构成二者的矛盾运动。最后，经济基础和上层建筑的内在联系构成了上

层建筑一定要适合经济基础状况的规律。

上层建筑一定要适合经济基础状况的规律：经济基础状况决定上层建筑的发展方向，决定上层建筑相应的调整或变革，而不允许上层建筑长时期落后于或不适应自己的发展；上层建筑的反作用，也必须取决于和服从于经济基础的性质和客观要求，而不允许上层建筑脱离自己的发展状况和水平。

唯物史观认为，生产力发展到一定阶段，便会同自己的社会形式即生产关系发生矛盾。于是，人们便要求改变与生产力发展不相适应的旧的生产关系，建立新的生产关系，在此基础上，上层建筑和全部社会生活便会相应地或早或迟发生变革。生产方式的矛盾运动是社会发展的根本动力。在生产方式内部的矛盾中，生产力又是主要的方面，它决定生产关系，并通过生产关系决定社会生活的其他方面，所以生产力是推动社会发展的最终决定力量。

社会基本矛盾作为社会发展的根本动力，它在社会发展中的作用主要表现在：首先，生产力是社会基本矛盾运动中最基本的动力因素，是人类社会发展和进步的最终决定力量。生产力是社会进步的根本内容，是衡量社会进步的根本尺度。其次，社会基本矛盾特别是生产力和生产关系的矛盾是其他一切社会矛盾的根源，规定和制约着社会中其他各种矛盾的存在和发展。生产力与生产关系、经济基础与上层建筑之间是决定与被决定、作用力与反作用力的关系。生产力和生产关系的矛盾，制约着经济基础和上层建筑的矛盾。再次，社会基本矛盾具有不同的表现形式和解决方式，并从根本上影响和促进社会形态的变化和发展。

人民群众在历史上的作用

人民群众是社会历史的主体，是历史的创造者。这是马克思主义最基本的观点之一。人民群众是一个历史的范畴。从质上看，人民群众是指一切对社会历史发展起推动作用的人们；从量上看，人民群众是指社会人口中的绝大多数。在不同的历史时期，人民群众有着不同的内容，包含着不同的阶级、阶层和集团，但其中最稳定的主体部分始终是从事物质资料生产的劳动群众。在当代中国，凡是拥护、参加和推动中国特色社会主义事业的人们都属于人民群众的范畴。

人民群众推动历史发展的作用主要表现在以下三个方面：第一，人民群众是物质财富的创造者；第二，人民群众是精神财富的创造者；第三，人民群众是社会变革的决定力量。人们自己创造自己的历史，但是他们并不是随心所欲地创造，人民群众创造历史的活动是要受到一定社会历史条件制约的，他们是在直接碰到的、既定的、从过去承继下来的条件下创造。经济条件对于人民群众创造历史的活动有着首要的、决定性的影响。政治条件对人民群众创造历史的活动也有着直接的影响。精神文化条件也是制约人民群众创造历史的活动的重要因素。

个人在历史上的作用

个人在历史上的作用存在差别。有的人作用大些，可以称为“历史人物”；有的人作用小些，可以称为“普通个人”。历史人物是一定历史事件的主要倡导者、组织领导者或思想理论、科学文化的重要代表人物。个人在历史上的作用主要是指杰出人物在历史上的作用。杰出人物是历史人物中对推动历史发展作出重要贡献或起重要作用的人。先进阶级的政治代表人物所提出的思想能够成为社会变革的先导，他们为群众指明革命斗争的方向，在革命斗争中起着领导核心作用。杰出的科学家、思想家、艺术家、教育家等的创造性活动，对于人类科学文化的发展和社会进步有着巨大的推动作用。但是，不管什么样的历史人物，在历史上发挥什么样的作用，都要受到社会发展客观规律的制约，而不能决定和改变历史发展的总进程和总方向。

评价历史人物要坚持历史分析方法和阶级分析方法。历史分析方法要求从特定的历史背景出发，根据当时的历史条件，对历史人物的是非功过进行具体的、全面的考察。判断历史人物的历史功绩，要看历史人物比他们的前辈提供了什么新的东西。阶级分析方法要求把历史人物置于一定的阶级关系中，同他所属的阶级联系起来加以考察和评价。阶级的局限性决定了它的代表人物的局限性。

商　品

1. 商品的二因素

商品是用来交换的、能满足人们某种需要的劳动产品，具有使用价值和价值两个因素，是使用价值和价值的矛盾统一体。使用价值是指商品能满足人们某种需要的属性。商品的使用价值反映的是人与自然之间的物质关系，是商品的自然属性，是一切劳动产品所共有的属性。商品的使用价值构成社会财富的物质内容。商品的使用价值，不是用来满足生产者自身需要的，而是通过交换用来满足别人的、社会的需要。使用价值是交换价值的物质承担者。交换价值首先表现为一种使用价值同另一种使用价值相交换的数量上的关系或比例。决定商品交换比例的，不是商品的使用价值，而是价值。价值是凝结在商品中的无差别的一般人类劳动，即人类体力与脑力的消耗。价值是商品所特有的社会属性，体现商品生产者之间相互交换劳动的关系。任何有用物品都具有使用价值，但只有这种有用物品是劳动产品并且作为商品时，它才有价值。价值是交换价值的基础，交换价值是价值的表现形式。

商品的价值包括质的规定和量的规定两个方面。决定商品价值量的不是个别劳动时间，而是社会必要劳动时间。社会必要劳动时间是指在现有的社会正常的生产条件下，在社会平均的劳动熟练程度和劳动强度下制造某种商品所需要的劳动时间。形成商品价值量的劳动是以简单劳动为尺度的。商品的价值量与生产该商品所耗费的劳动时间成正比，与劳动生产力成反比。

商品的使用价值和价值是对立统一的。其对立性表现在：商品的使用价值和价值是相互排斥的，二者不可兼得。要获得商品的价值，就必须放弃商品的使用价值；要得到商品的使用价值，就不能得到商品的价值。任何人都不可能既占有商品的使用价值，又占有商品的价值。其统一性表现在：作为商品，必须同时具有使用价值和价值两个因素。使用价值是价值的物质承担者，价值寓于使用价值之中。

2. 生产商品的劳动二重性

商品是劳动产品，生产商品的劳动可区分为具体劳动和抽象劳动。具体劳动是指生产一定使用价值的具体形式的劳动。抽象劳动是指撇开了一切具体形式的、无差别的一般人类劳动，即人的体力和脑力的耗费。生产商品的具体劳动创造商品的使用价值，抽象劳动形成商品的价值。任何一种劳动一方面是特殊的具体劳动，另一方面又是一般的抽象劳动，这就是劳动的二重性。正是劳动的二重性决定了商品的二因素。劳动二重性学说是“理解政治经济学的枢纽”。

具体劳动和抽象劳动是对立统一的。其统一表现在：具体劳动和抽象劳动不是各自独立存在的两种劳动或两次劳动，它们在时间上和空间上是统一的，是商品生产者的同一劳动过程的不可分割的两个方面，而不是两种或两次劳动。其对立表现在：具体劳动和抽象劳动反映了劳动的不同性质，具体劳动所反映的是人与自然的关系，它是劳动的自然属性；而抽象劳动所反映的是商品生产者的社会关系，它是劳动的社会属性。

货　币

1. 货币的本质及职能

货币的本质是固定充当一般等价物的商品。

货币的职能包括五方面：价值尺度；支付手段；流通手段；贮藏手段；世界货币。价值尺度和流通手段是货币的最基本的职能，其他三项职能是随着商品经济的发展而逐渐发展起来的。货币产生后使整个商品世界分为商品和货币两极，它将商品二因素的内在矛盾发展为外在商品与货币的对立，如何把商品换成货币是商品的惊险跳跃。

2. 货币流通规律

社会在一定时期内究竟应有多少货币才能适应商品交换的需要呢？流通中所需要的货币量，取决于三个因素：待售商品总量；商品的价格水平；货币的流通速度。前两个因素构成商品价格总额。货币流通规律是，一定时期内商品流通中所需要的货币量等于商品价格总额除以货币流通速度。用公式表示就是：

一定时期内商品流通中所需要的货币量 = 商品价格总额 / 货币流通速度

资　本

资本就是能够带来剩余价值的价值。它的本质不是物，而是以物为媒介的社会生产关系。资本是一种对剩余劳动的占有权和支配权。所以说，“资本不是物，而是一定的、社会的、属于一定历史社会形态的生产关系”。资本是个历史范畴。在资本主义社会中，资本体现的是资本家对雇佣工人的剥削关系；在社会主义社会里，资本体现了社会主义的生产关系，反映着国家、企业与劳动者之间的利益关系。

为了进一步认识资本的本质，马克思根据资本的不同部分在剩余价值生产中的作用不同把资本分为不变资本和可变资本。

一般认为，用于购买生产资料的这部分资本，在生产过程中只是把它的价值一次地或多次地转移到新的产品中去，而不会改变原有的价值量，因此叫不变资本（用 c 表示）。用于购买劳动力的这部分资本，在生产过程中通过工人的劳动创造了包含剩余价值在内的新价值，发生了价值量的变化，是一个可变量，因此叫可变资本（用 v 表示）。剩余价值是由可变资本带来的，而不是由全部预付资本带来的。雇佣劳动者的剩余劳动才是剩余价值产生的唯一源泉。

为了确定资本的增殖率，进而揭示资本家对工人的剥削程度，就要计算剩余价值率。剩余价值率（用 m′ 表示）是剩余价值（用 m 表示）与可变资本（用 v 表示）的比率，用公式表示，就是：

$$m' = m/v$$

由于工人的必要劳动是用来生产劳动力价值或可变资本价值的，而剩余劳动则是生产剩余价值的。所以，剩余价值率的公式还可以表示为：

剩余价值率 = 剩余劳动 ÷ 必要劳动 = 剩余劳动时间 ÷ 必要劳动时间

这两个公式是以不同的形式表示同一个关系。前一个公式是以物化劳动的形式表示资本家对工人的剥削程度，而后一个公式则是以活劳动的形式表示资本家对工人的剥削程度。

价值规律

价值规律是商品生产和商品交换的基本规律。其主要内容是：商品的价值量由生产商品的社会必要劳动时间决定，商品交换以商品的价值量为基础。

价值规律贯穿于商品经济的全部过程，它既支配商品生产，又支配商品流通。在商品经济中，价值规律的表现形式是，商品的价格围绕商品的价值自发波动。当商品供过于求时，商品的价格低于价值；当商品供不应求时，商品的价格高于价值。不过，从较长时间来看，价格高于价值的部分和价格低于价值的部分能够相抵，商品的平均价格和价值是一致的。

价值规律的积极作用：第一，自发地调节生产资料和劳动力在社会各生产部门之间的分配比例。第二，自发地刺激社会生产力的发展。第三，自发地调节社会收入的分配。

价值规律在对经济活动进行自发调节时会产生消极后果：第一，价值规律自发调节资源在社会生产各个部门的配置，可能出现比例失调的状况，造成社会劳动的浪费。第二，导致收入两极分化，一部分具有有利条件的生产者可能积累大量的财富，而一部分处于不利地位的生产者可能亏损甚至破产。第三，可能导致垄断的发生，阻碍技术的进步，拥有先进技术和先进经营管理方法的生产者，为了在竞争中保持自己的优势，总要对自己所采用的先进技术和先进的经营管理方法保守秘密，这就阻碍了新技术和先进管理方法的推广，不利于社会生产力的发展。

剩余价值

剩余价值是在资本主义生产过程中产生的，是雇佣工人创造的并被资本家无偿占有超过劳动力价值的那部分价值，它是雇佣工人剩余劳动的凝结，体现着资本家对雇佣工人的剥削关系。生产剩余价值是资本主义生产方式的绝对规律。

1. 剩余价值的生产过程

资本主义的生产过程具有两重性，一方面是生产物质资料的劳动过程，另一方面是生产剩余价值的过程，即价值增殖过程。资本主义生产过程是劳动过程和价值增殖过程的统一。物质资料生产过程即劳动过程，包括三个基本要素：劳动者、劳动对象和劳动资料。劳动过程是劳动者通过有目的的活动，即运用劳动资料对劳动对象进行加工，改变自然界的物质形态，创造出满足人的某种需要的使用价值的过程。劳动是创造价值包括剩余价值的最终源泉。劳动过程的这种一般性质是任何社会经济形态下所共有的。由于资本主义劳动过程的要素都被资本家所占有，由此决定了资本主义劳动过程的两个特点：其一，工人在资本家的监督下劳动，他们的劳动隶属于资本家；其二，劳动的成果或者产品全部归资本家所有。价值增殖过程是剩余价值的生产过程，这是资本主义生产过程的主要方面。所谓价值增殖过程，是超过劳动力价值的补偿这个一定点而延长了的价值形成的过程。这个“一定点”，其实就是劳动者劳动力的价值。如果新创造的价值正好等于劳动力价值，那就只是单纯的价值形成过程，如果新创造的价值多于劳动力的价值，那就成为价值增殖过程。

2. 剩余价值生产的两种基本方法

资本家提高对工人的剥削程度有两种基本方法，即绝对剩余价值生产和相对剩余价值生产。

绝对剩余价值是指在必要劳动时间不变的条件下，通过绝对延长工作日的方法所生产的剩余价值。由于劳动者的工作日分为两大部分，即必要劳动时间和剩余劳动时间，必要劳动时间用以生产劳动力的价值，剩余劳动时间用以生产剩余价值。所以，在必要劳动时间不变，工作日延长的情况下，剩余劳动时间就被绝对地延长了，因而也就可以生产出更多的剩余价值。这种生产剩余价值的方法就叫做绝对剩余价值的生产方法。

相对剩余价值就是在工作日不变的条件下，通过缩短必要劳动时间而相对延长剩余劳动时间所生产的剩余价值。这种生产方法，就叫相对剩余价值生产。缩短必要劳动时间是通过全社会劳动生产率的提高实现的。全社会劳动生产率的提高是资本家追逐超额剩余价值的结果。超额剩余价值，是指企业由于提高劳动生产率，使其生产的商品的个别价值低于社会价值的差额。个别企业获得超额剩余价值，只是一种暂时的现象，等到该部门的劳动生产率普遍提高之后，原先获得超额剩余价值的企业就不能再获得超额剩余价值了。

资本主义再生产与资本积累

资本主义再生产可分为简单再生产和扩大再生产。简单再生产，就是在原有规模上重复进行的再生产。扩大再生产，是指生产规模不断扩大的再生产。资本主义简单再生产是资本家把剩余价值全部用于个人消费，生产在原有规模基础上进行。资本主义扩大再生产是资本家把剩余价值一部分用于个人消费，另一部分追加生产，使再生产在扩大基础上进行。

把剩余价值转化为资本，或者说，剩余价值的资本化，就是资本积累。如果资本家把剥削来的剩余价值全部用于个人消费，那就只能维持简单再生产即生产在原有规模上重复，资本主义生产的特点是扩大再生产，为了扩大再生产，资本家就不能把剥削来的剩余价值全部用于个人消费，必须把剩余价值的一部分用于资本积累。资本积累是资本主义扩大再生产的源泉，而剩余价值又是资本积累的源泉和动力。

因此，资本积累的实质是资本家不断地利用无偿占有工人创造的剩余价值来扩大自己的资本规模，进一步扩大和加强对工人的剥削和统治。

资本积累规模的大小取决于资本家对工人的剥削程度、劳动生产率高低、所用资本与所费资本间的差额以及资本家垫付资本的大小。

随着资本积累和生产规模的扩大，社会财富日益集中到资产阶级手中，而无产阶级只占有少部分社会财富，这必然导致社会的两极分化。资本积累不但是导致社会财富两极分化的主要原因，而且是资本主义社会失业现象的根源。

资本主义基本矛盾

生产社会化和生产资料资本主义私人占有之间的矛盾是资本主义基本矛盾。

在资本主义条件下，随着科学技术的进步和社会生产力的不断发展，资本主义生产不断社会化。但是，在资本家私人占有生产资料和剥削雇佣劳动者的生产关系中，社会化的生产力却变成资本的生产力，变成资本高效能地榨取剩余劳动、生产剩余价值、实现价值增殖的能力。这样，已经社会化的、由劳动者共同使用的生产资料，本应该由劳动者共同所有，却被少数资本家私人占有；已经在全社会范围内实行严密分工、协作而社会化了的生产过程，本应由社会按照社会需要进行管理、调节和控制，却分别由各自追求最大限度利润和私人利益的少数资本家进行管理；共同劳动生产的社会化产品，本应由劳动者共同占有，用于满足社会需要，却被少数资本家私人占有、私人支配，成为他们的私有财产。这样就形成了生产社会化和生产资料资本主义私人占有之间的矛盾。这是生产力和生产关系之间的矛盾在资本主义社会的具体体现。

资本主义经济危机

1. 经济危机的表现和实质

资本主义发展到一定阶段，发生了以生产过剩为基本特征的经济危机。经济危机发生时，大量商品积压，大批生产企业减产或停工，许多金融机构倒闭，整个社会经济生活一片混乱。生产过剩是资本主义经济危机的本质特征，但是这种过剩是相对过剩，即相对于劳动人民有支付能力的需求来说社会生产的商品显得过剩，而不是与劳动人民的实际需要相比的绝对过剩。

2. 经济危机的根源

经济危机的抽象的一般的可能性，首先是由货币作为流通手段和支付手段引起的。以货币为媒介的商品买卖在时间上分为两个相互独立的行为，如果有一些商品生产者在出卖了自己的商品后不接着购买，就会有另一些商品生产者的商品卖不出去。同时，在商品买卖有更多的部分采取赊购赊销的方式的情况下，如果有某些债务人在债务到期时不能支付，就会使整个信用关系遭到破坏。但是，这仅仅是危机的形式上的可能性。

资本主义经济危机爆发的根本原因是资本主义的基本矛盾。这种基本矛盾具体表现在以下两个方面：第一，生产无限扩大的趋势与劳动人民有支付能力的需求相对缩小的矛盾；第二，个别企业内部生产的有组织性和整个社会生产的无政府状态之间的矛盾。当这些矛盾尖锐激化时，必然造成普遍的买卖脱节，即生产的供给和需求之间脱节，致使大量商品卖不出去，社会再生产的实现条件遭到严重破坏，导致生产相对过剩和经济危机的爆发。

3. 资本主义再生产的周期性

资本主义经济危机具有周期性，这是由资本主义基本矛盾运动的阶段性决定的。当资本主义基本矛盾达到尖锐化程度时，社会生产结构严重失调，引发了经济危机。但是，经济危机只能暂时缓解而不能根除资本主义基本矛盾。这样，随着资本主义经济的恢复和高涨，资本主义基本矛盾又重新激化，必然导致再一次经济危机的爆发。只要存在资本主义制度，经济危机就是不可避免的。

资本主义经济危机的周期性爆发的特点，使社会资本再生产也呈现了周期性的特点，从一次危机开始到另一次危机的爆发，就是再生产的一个周期。社会资本再生产的周期一般包括四个阶段，即危机、萧条、复苏和高涨。资本主义再生产周期的四个阶段是相互联系的，其中危机阶段是周期的基本阶段或决定阶段。资本主义的再生产不一定都经过四个阶段，但是危机阶段则是必经阶段，没有危机阶段，就不存在资本主义再生产的周期性。

两大发现与科学社会主义的创立

1. 第一个发现是唯物史观

在 1845—1846 年与恩格斯合著的《德意志意识形态》一书中，马克思发现了唯物史观。在研究黑格尔哲学时，马克思发现了“合理的内核”，即辩证法，又看到了其“唯心主义的荒谬”，于是吸收了黑格尔辩证法和费尔巴哈唯物主义中的合理成分，并加以革命的改造，从而创立了辩证唯物主义。马克思用他的哲学世界观去研究历史，发现了唯物史观。这个发现，解开了人类历史之谜，是唯物主义的最终完成。

唯物史观认为：生产力决定生产关系，生产关系综合的经济基础决定上层建筑；生产关系对生产力，上层建筑对经济基础有巨大的反作用。当上层建筑及其生产关系束缚生产力的发展成为生产力发展的桎梏，那时社会革命就到来了，随着经济基础的变更，全部庞大的上层建筑也或慢或快地发生变革。在阶级社会里，人类社会这一基本矛盾表现为阶级矛盾。

唯物史观对创立科学社会主义的意义在于：（1）运用社会基本矛盾学说，证明了社会主义代替资本主义是社会生产力发展的客观要求，是资本主义生产方式中生产力和生产关系、经济基础和上层建筑之间矛盾运动的必然结果。（2）运用阶级斗争是阶级社会发展的直接动力学说，提出要从社会经济关系和阶级关系中去寻求解决无产阶级和资产阶级冲突的途径，说明无产阶级革命和无产阶级专政是实现社会主义的必由之路。（3）运用人民群众是历史创造者的学说，说明无产阶级和劳动群众只有依靠自己的力量才能解放自己，无产阶级必须从“自在阶级”上升到“自为阶级”。“无产者组织成为阶级，从而组织成为政党”，才能实现社会主义。

2. 第二个发现是剩余价值学说

从 19 世纪 50 年代开始，马克思把研究的重点从哲学转向经济学领域，用 20 年时间，写出了被称为“工人阶级圣经”的《资本论》，第一卷于 1867 年发表。马克思指出，资本主义生产是以雇佣劳动为基础的商品生产，其生产过程具有两重性：一方面是生产使用价值的劳动过程，另一方面是生产剩余价值的价值增殖过程。资本主义生产过程是劳动过程和价值增殖过程的统一。雇佣工人的劳动分为两部分：一部分是必要劳动时间，用于再生产劳动力的价值；另一部分是剩余劳动时间，用于无偿地为资本家生产剩余价值。因此，剩余价值就是雇佣工人所创造的并被资本家无偿占有的超过劳动力价值的那部分价值。

剩余价值学说对创立科学社会主义的意义在于：（1）剩余价值学说揭开了资本主义剥削的秘密，彻底弄清了资本与劳动的关系，从而揭示了资本主义产生、发展和走向灭亡的历史规律。（2）剩余价值学说揭示了无产阶级同资产阶级矛盾和对立的经济根源，阐明了无产阶级的真正地位，找到了变革资本主义的社会力量，克服了空想社会主义不了解无产阶级历史使命的缺陷。（3）剩余价值学说展示了无产阶级彻底解放的根本道路，指出无产阶级只有通过革命建立自己的国家政权，消灭资本主义私有制，实现社会主义公有制，才能获得彻底解放，从而否定了空想社会主义所鼓吹的宣传、示范和劝导富人改邪归正的和平途径，为社会主义的实现指明了现实的道路。

唯物史观和剩余价值学说两大发现，使社会主义从空想发展成为科学。唯物史观从人类社会的一般发展规律，剩余价值学说从资本主义社会的发展规律，指明社会主义一定要取代资本主义，从而将社会主义置于现实的基础之上，使社会主义从空想发展成为科学。唯物史观和剩余价值学说是科学社会主义的两大理论基石；科学社会主义就是在这两大基石之上耸立的一座宏伟大厦。科学社会主义的创立，是社会主义思想史上一次真正的革命，它推动了人类社会从资本主义向社会主义的变革进程。

社会发展和人的自由而全面发展

实现人的自由而全面的发展，是马克思主义追求的根本价值目标，也是共产主义社会的根本特征。在共产主义社会，人的发展是自由而全面的发展，是建立在个体高度自由自觉基础上的全面发展。共产主义社会中人的自由而全面的发展，指的是全体社会成员的发展，人与人之间形成事实上的平等，整个社会是和谐的，社会发展与个人发展实现了真正的统一，社会发展不再以牺牲某些个人的发展为代价。

旧式分工的消除为人的自由而全面的发展创造了条件。虽然共产主义社会仍然会有分工，但这是自觉的新式的分工，不再是生产者全面发展的限制。

自由时间的大大延长为人的自由而全面的发展提供了广阔的前景。人的自由而全面的发展，一方面是在多样化的生产劳动过程中实现的，另一方面又是在生产劳动之外的大量自由时间中实现的。

在共产主义社会，劳动不再是单纯的谋生手段，而是成为“生活的第一需要”。

共产主义是人类解放的实现，那时人类将最终从支配他们生活和命运的异己力量中解放出来，实现从必然王国向自由王国的飞跃。

共产主义

共产主义不仅是一种科学的理论和这种理论指导下的现实的运动，而且是一种未来的社会制度和社会形态。实现共产主义是人类历史发展的必然趋势，是马克思主义最崇高的社会理想。马克思主义经典作家揭示了共产主义社会的基本特征：物质财富极大丰富，消费资料按需分配；社会关系高度和谐，人们精神境界极大提高；每个人自由而全面的发展，人类从必然王国向自由王国的飞跃。

实现共产主义是人类历史发展的必然趋势，是历史发展的必然规律：共产主义理想是能够实现的社会理想；共产主义理想的实现是历史规律的必然要求；实现共产主义是人类最伟大的事业。实现共产主义理想是广大人民群众的共同愿望，是工人阶级解放斗争的最终目标。

实现共产主义是一个长期的历史过程。社会主义社会的充分发展和实现共产主义需要很长的历史时期。当代资本主义的灭亡和向社会主义、共产主义的转变也是一个长期的过程。正确理解“两个必然”

和“两个决不会”的关系。“两个必然”，即资本主义必然灭亡、社会主义必然胜利。“两个决不会”是马克思在《〈政治经济学批判〉序言》中提出的一个重要思想。他指出：在人类历史上，“无论哪一个社会形态，在它所能容纳的全部生产力发挥出来以前，是决不会灭亡的；而新的更高的生产关系，在它的物质存在条件在旧社会的胎胞里成熟以前，是决不会出现的。”“两个决不会”在马克思主义发展史上具有重要意义，指明了社会主义代替资本主义是一个长期的和艰巨的历史过程。

实现共产主义是一个长期的历史过程，包含着不同的历史阶段。社会主义是共产主义的低级阶段，为了最终实现共产主义，必须坚定不移地走中国特色社会主义道路，这是实现共产主义的必由之路。

二、毛泽东思想

复习要点提示

- 理解新民主主义革命理论的基本内容。
- 理解人民民主专政的内涵。
- 掌握毛泽东思想的活的灵魂。
- 掌握新民主主义革命的三个法宝。
- 掌握《实践论》、《矛盾论》、《关于正确处理人民内部矛盾的问题》和《论十大关系》的重要观点。

毛泽东思想的形成、主要内容和历史地位

毛泽东思想是马克思列宁主义在中国的运用和发展，是被实践证明了的关于中国革命和建设的正确的理论原则和经验总结，是中国共产党集体智慧的结晶。

作为马克思主义中国化的第一个重大理论成果，毛泽东思想是在我国新民主主义革命、社会主义革命和社会主义建设的实践过程中，在总结我国革命和建设正反两方面历史经验的基础上，逐步形成和发展起来的。19 世纪末 20 世纪初，世界进入帝国主义战争和无产阶级革命时代，战争和革命成为时代主题，这是毛泽东思想形成的时代背景。党领导的革命和建设是毛泽东思想形成和发展的实践基础。

毛泽东思想的主要内容：

1. 新民主主义革命理论

毛泽东从中国的历史状况和社会状况出发，深刻研究中国革命的特点和规律，发展了马克思列宁主义关于无产阶级领导权的思想，创立了无产阶级领导的，工农联盟为基础的，人民大众的，反对帝国主义、封建主义和官僚资本主义的新民主主义革命理论。

2. 社会主义革命和社会主义建设理论

毛泽东领导我们党采取社会主义工业化和社会主义改造并举的方针，实行逐步改造生产资料私有制的具体政策，从理论和实践上解决了在经济文化落后的大国建立社会主义制度的艰难任务，并领导全党和全国人民积极探索中国自己的建设社会主义的道路，提出了一系列具有战略意义的正确思想和方针。

3. 革命军队建设和军事战略的理论

毛泽东系统解决了以农民为主要成分的革命军队如何建设成为一支无产阶级性质的、具有严格纪律的、和人民群众保持亲密联系的新型人民军队的问题，解决了在半殖民地半封建的中国如何开展人民革命战争、应当实行什么样的战略战术，以及如何巩固国防等一系列重大方针问题。

4. 政策和策略的理论

毛泽东精辟论证了革命斗争中政策和策略问题的极端重要性，指出政策和策略是党的生命，必须根据政治形势、阶级关系和实际情况及其变化制定党的政策，把原则性和灵活性结合起来。

5. 思想政治工作和文化工作的理论

毛泽东高度重视意识形态领域的工作，根据“一定的文化（当作观念形态的文化），是一定社会的政治和经济的反映，又给予伟大影响和作用于一定社会的政治和经济；而经济是基础，政治是经济的集中的表现”这个基本观点，提出了许多长远意义的重要思想。

6. 党的建设理论

毛泽东成功地解决了在中国这样一个无产阶级人数很少而战斗力很强，农民和其他小资产阶级占人口大多数的国家，建设一个具有广泛群众性的马克思主义政党的难题。强调必须从思想上建党；概括了三大作风；提出了“团结—批评—团结”“惩前毖后、治病救人”等正确处理党内矛盾的方针；创造了整风这种进行马克思主义教育的形式；作为执政党要继续保持谦虚谨慎、戒骄戒躁、艰苦奋斗的作风，警惕资产阶级思想的侵蚀，反对脱离群众的官僚主义。

除了上面讲的这几个方面外，毛泽东思想体系中还有关于国际战略和外交工作的理论，关于思想方法和工作方法的理论，等等。

毛泽东思想的历史地位：

第一，毛泽东思想是马克思主义中国化的第一个重大理论成果。毛泽东是马克思主义中国化的伟大开拓者，是毛泽东思想的主要创立者。在中国共产党历史上，毛泽东第一个明确提出了“马克思主义中国化”的科学命题和重大任务，深刻论证了马克思主义中国化的必要性和极端重要性，系统阐述了马克思主义中国化的科学内涵和实现马克思主义中国化的正确途径，开辟了马克思主义在中国发展的宽广道路，为党领导的革命和建设事业的发展奠定了坚实的思想理论基础。

在马克思主义中国化的历史进程中，毛泽东思想为中国特色社会主义理论体系的形成奠定了理论基础。尤其是毛泽东思想关于社会主义建设的理论，为开创和发展中国特色社会主义作了重要的理论准备。

第二，毛泽东思想是中国革命和建设的科学指南。毛泽东思想是被实践证明了的关于中国革命和建设的正确的理论原则和经验总结。在毛泽东思想指引下，我们党领导全国人民，找到了一条新民主主义革命的正确道路，完成了反对帝国主义、封建主义、官僚资本主义的任务，结束了中国半殖民地半封建社会的历史，建立了中华人民共和国；找到了一条从新民主主义向社会主义过渡的道路，确立了社会主义基本制度，实现了中国历史上最深刻最伟大的社会变革。

毛泽东对适合中国国情的社会主义道路进行了艰苦探索，他领导我们建立起独立的比较完整的工业体系和国民经济体系，为社会主义现代化建设奠定了重要的物质技术基础，为在中国这样落后的东方大国进行社会主义建设积累了重要经验。

毛泽东关于社会主义建设的基本思想观点，仍具有重要的现实指导作用。关于正确认识和处理社会主义社会基本矛盾、两类不同性质的矛盾尤其是人民内部矛盾的思想，关于社会主义发展阶段的认识，关于调动一切积极因素为社会主义事业服务的思想，关于走中国工业化道路的思想，关于完善社会主义政治制度、扩大社会主义民主等思想，关于实行百花齐放、百家争鸣的思想，关于从思想上建党，加强执政党建设等思想，对于建设和发展中国特色社会主义仍然具有十分重要的指导意义。

第三，毛泽东思想是中国共产党和中国人民宝贵的精神财富。毛泽东思想形成和发展的历史条件，与我们今天面临的形势和任务有很大的不同，但是毛泽东思想的基本原理、原则和科学方法具有普遍的指导意义。毛泽东追求和倡导的中华民族重新自立于世界民族之林的远大理想，实事求是的思想路线，全心全意为人民服务的奋斗宗旨，自力更生、艰苦奋斗的革命精神，等等，依然是中国人民不断奋进的强大精神动力，将长期激励和指导我们前进。

新民主主义革命总路线

1948年，毛泽东《在晋绥干部会议上的讲话》中完整地表述了总路线的内容，即无产阶级领导的，人民大众的，反对帝国主义、封建主义和官僚资本主义的革命，这就是中国的新民主主义革命，这就是中国共产党在当前历史阶段的总路线和总政策。

1. 新民主主义革命的对象

分清敌友，这是革命的首要问题。近代中国社会的性质和主要矛盾，决定了中国革命的主要敌人就是帝国主义、封建主义和官僚资本主义。

帝国主义是中国革命的首要对象。帝国主义是社会进步和发展的最大障碍，是近代中国贫穷落后和一切灾祸的总根源。推翻帝国主义的压迫是中国走向独立和富强的前提。

封建地主阶级是帝国主义统治中国和封建军阀实行专制统治的社会基础。地主阶级是用封建制度剥削和压迫农民的阶级，是在政治上、经济上、文化上阻碍中国社会前进而没有丝毫进步作用的阶级，是中国经济现代化和政治民主化的主要障碍。在中国反对封建主义，从根本上就是要在政治上消灭地主阶级、在经济上消灭封建剥削制度，尤其是地主阶级的土地所有制，解放生产力，为经济现代化和政治民主化创造条件。官僚资本主义是依靠帝国主义、勾结封建势力、利用国家政权发展起来的买办的封建的国家垄断资本主义。

反对官僚资本主义并非因为它是资本主义，而是因为这种资本主义是同外国帝国主义、本国地主阶级和旧式富农密切地联系在一起的，他们依靠政治特权，通过各种手段，巧取豪夺，投机倒把，聚敛大量财富，严重束缚了中国社会生产力的发展。

2. 新民主主义革命的动力包括无产阶级、农民阶级、城市小资产阶级和民族资产阶级

无产阶级是中国革命最基本的动力。无产阶级是新的社会生产力的代表，是近代中国最进步的阶级，是中国革命的领导力量。

农民是中国革命的主力军，其中贫雇农是无产阶级最可靠的同盟军，而中农是无产阶级可靠的同盟军。中国革命实际上是无产阶级领导下的农民革命，农民问题是中国革命的中心问题。

城市小资产阶级是无产阶级的可靠同盟者，包括广大的知识分子、小商人、手工业者和自由职业者。

民族资产阶级也是革命的动力之一。民族资产阶级是一个带有两面性的阶级：革命性和动摇性。他们在一定时期和一定程度上能够参加反帝国主义和反官僚军阀政府的革命，他们可以成为革命的一种力量，而在另一个时期，又有跟从官僚资产阶级反对革命的危险。

3. 新民主主义革命的领导

无产阶级的领导权是中国革命的中心问题，也是新民主主义革命理论的核心问题。区别新旧两种不同范畴的民主主义革命，根本的标志是革命的领导权是掌握在无产阶级手中还是掌握在资产阶级手中。毛泽东《在晋绥干部会议上的讲话》中指出：“这个革命不能由任何别的阶级和任何别的政党充当领导者，只能和必须由无产阶级和中国共产党充当领导者。”

4. 新民主主义革命的性质和前途

中国半殖民地半封建社会性质决定中国革命的主要任务是反帝反

封建，这也就决定了中国革命的性质是资产阶级民主革命。新民主主义革命的前途是社会主义而不是资本主义。

中国革命的历史进程必须分两步走：第一步，是新民主主义革命，改变半殖民地半封建的社会形态，使中国成为一个独立的新民主主义社会。第二步，是社会主义革命，使革命向前发展，建立一个社会主义社会。这是两个性质不同的、互相区别又互相联系的革命过程。民主革命是社会主义革命的必要准备，社会主义革命是民主革命的必然趋势。

新民主主义革命的基本纲领

新民主主义的基本纲领包括新民主主义的政治纲领、经济纲领和文化纲领三个部分。

新民主主义的政治纲领：推翻帝国主义和封建主义的统治，建立一个无产阶级领导的、以工农联盟为基础的、各革命阶级联合专政的新民主主义的共和国。政治纲领包括了国体和政体两个方面。国体是指国家性质，即社会各阶级在国家中的地位。政体是指国家政权的组织形式，即统治者以何种形式组织自己的政权机关。新民主主义共和国的国体：无产阶级领导的以工农联盟为基础的，几个革命阶级的联合专政。新民主主义共和国的政体：民主集中制的人民代表大会制度。

新民主主义的经济纲领：没收封建阶级的土地归农民所有，没收官僚资产阶级的垄断资本归新民主主义国家所有，保护民族工商业。没收封建地主阶级的土地归农民所有，是新民主主义革命的主要内容。中国革命是无产阶级领导下的农民革命，农民问题是中国革命的中心问题，而农民问题实际上就是要解决农民最关心的土地问题。没收官僚资本归新民主主义国家所有，是新民主主义革命的题中应有之义。没收官僚资本，包含着新民主主义革命和社会主义革命的双重性质。

一方面，官僚资本是买办的封建的国家垄断资本主义经济，没收官僚资本从消灭他们的这种封建性和买办性来看，是完成民主革命的任务，具有新民主主义革命的性质；另一方面，没收官僚资本，消灭了官僚资产阶级，也就消灭了占统治地位的大资产阶级，没收官僚资本主义企业归国家所有，直接建立和发展了具有社会主义性质的国营经济，因此又具有社会主义革命的性质。

保护民族工商业，是新民主主义经济纲领中极具特色的一项内容。民族工商业是民族资产阶级所有的企业，代表了中国的民族资本主义。与封建主义相比，民族资本主义经济是一种与新生产力相联系的先进的生产方式和经济成分，它对发展现代技术、发展现代生产力具有积极作用。在民主革命时期保护民族工商业，充分发展资本主义，不仅是中国落后生产力发展的必然要求，也是不可避免的客观过程。

新民主主义文化，就是无产阶级领导的人民大众的反帝反封建的文化，即民族的科学的大众的文化。在新民主主义文化中居于指导地位的是共产主义思想。是否以共产主义思想为指导，是新民主主义文化同旧民主主义文化相区别的重要标志。新民主主义文化是民族的，就其内容说是反对帝国主义压迫，主张中华民族的尊严和独立的；就其形式说具有鲜明的民族风格、民族形式和民族特色，有中国作风和中国气派。新民主主义文化是科学的，是反对一切封建思想和迷信思想，主张实事求是，主张客观真理，主张理论和实践的统一。同时要尊重中国的历史，对于封建时代创造的文化，应去其封建糟粕，取其民主精华。新民主主义文化是人民大众的文化，也就是民主的文化。文化工作者要用革命文化教育和武装人民大众，使它成为人民大众的有力思想武器；同时又要以人民群众的实践作为创作的源泉，坚持为人民大众服务的方向。

总之，新民主主义的政治、新民主主义的经济和新民主主义的文化相结合，就是新民主主义的共和国。

人民民主专政

1. 人民民主专政是工人阶级领导的以工农联盟为基础的人民民主政权

总结我们的经验，集中到一点，就是工人阶级（经过共产党）领导的以工农联盟为基础的人民民主专政。这个专政必须和国际力量团结一致。这就是我们的公式，这就是我们的主要经验，这就是我们的主要纲领。

2. 人民民主专政的特点

人民民主专政的本质是人民当家做主。人民民主具有广泛性和真实性的特点。我国民主的广泛性表现在以下两方面。

第一，民主主体的广泛性。在我国，包括工人、农民、知识分子和其他社会主义劳动者，拥护社会主义的爱国者，拥护祖国统一的爱国者在内的全体人民都是国家和社会的主人。他们平等享有管理国家和社会事务的权利。

第二，人民享有民主权利的广泛性。我国宪法第二章确认我国公民享有政治、经济、文化等社会生活各方面的广泛的民主自由权利。

民主的真实性表现在：人民当家做主的权利有制度、法律和物质的保障。

3. 人民民主专政的优点

（1）人民民主专政实行大多数人对极少数敌人的专政。阶级斗争在一定范围内长期存在，是坚持国家专政职能的重要依据。在社会主义制度建立之后，剥削阶级作为一个阶级已被消灭，阶级矛盾已不是社会的主要矛盾。但由于受国内外因素的影响，阶级斗争还将在一定范围内长期存在，在某种条件下还可能被激化。

（2）人民民主专政，在概念表述上直接体现了民主与专政的辩证统一。它明确地表明了我国的阶级状况和政权的广泛社会基础；在实践上能使人们正确理解我国政权的性质和职能，防止只强调专政而忽视民主或只强调民主而忽视专政的片面性，有利于人民当家做主和对敌人实行专政。

（3）人民民主专政实质上就是无产阶级专政。领导力量：都是以工人阶级为领导。阶级基础：都以工农联盟为基础。国家职能：都有民主和专政两个方面。历史使命：都要实现共产主义。人民民主专政是无产阶级专政理论的发展，是在中国历史条件下的无产阶级专政，是新型的民主与新型的专政的结合。人民民主专政是有中国特色的无产阶级专政。

新民主主义革命的三大法宝（统一战线、武装斗争、党的建设）

毛泽东在《〈共产党人〉发刊词》一文中，总结了中国革命两次胜利和两次失败的经验教训，揭示了中国革命发展的客观规律，把统一战线、武装斗争、党的建设比作党在中国革命中战胜敌人的三个主要的法宝。“正确地理解了这三个问题及其相互关系，就等于正确地领导了全部中国革命。”

毛泽东系统地论述了统一战线、武装斗争和党的建设三者之间的关系。他指出，统一战线和武装斗争是中国革命的两个基本特点，是战胜敌人的两个基本武器。统一战线是实行武装斗争的统一战线，武装斗争是统一战线的中心支柱，党的组织则是掌握统一战线和武装斗争这两个武器以实行对敌冲锋陷阵的英勇战士。

1949 年，毛泽东在《论人民民主专政》一文中，对新民主主义革命的基本经验作了集中概括：“一个有纪律的，有马克思列宁主义的理论武装的，采取自我批评方法的，联系人民群众的党。一个由这样的党领导的军队。一个由这样的党领导的各革命阶级各革命派别的统一战线。这三件是我们战胜敌人的主要武器。这些都是我们区别于前人的。依靠这三件，使我们取得了基本的胜利。”毛泽东关于新民主主义革命基本经验的总结，丰富和发展了马克思主义关于无产阶级领导人民革命的理论。

毛泽东思想活的灵魂

毛泽东思想的活的灵魂，贯穿于上述各个理论的立场、观点和方法。它们有三个基本方面，即实事求是，群众路线，独立自主。

实事求是：一切从实际出发，理论联系实际，不断深化对中国国情的认识，找出适合中国情况的革命和建设道路。

群众路线：一切为了群众，一切依靠群众，从群众中来，到群众中去。

独立自主：坚持独立思考，走自己的路，就是坚定不移地维护民族独立、捍卫国家主权，把立足点放在依靠自己力量的基础上，同时积极争取外援，开展国际经济文化交流，学习外国一切对我们有益的先进事物。

习近平在2012年5月16日中央党校春季学期第二批入学学员开学典礼上的讲话中指出：实事求是作为党的思想路线，它始终是马克思主义中国化理论成果的精髓和灵魂，是毛泽东思想的精髓和灵魂，是包括邓小平理论、“三个代表”重要思想以及科学发展观在内的中国特色社会主义理论体系的精髓和灵魂；它始终是中国共产党人认识世界和改造世界的根本要求，是我们党的基本思想方法、工作方法和领导方法，是党带领人民推动中国革命、建设、改革事业不断取得胜利的重要法宝。

《实践论》、《矛盾论》、《关于正确处理人民内部矛盾的问题》和《论十大关系》

1.《实践论》

毛泽东阐述辩证唯物主义认识论的重要哲学著作，写于 1937 年 7 月，是《辩证法唯物论》（讲授提纲）的第二章第 11 节，后来以《实践论》为篇名编入《毛泽东选集》第一卷。毛泽东以此为讲稿在延安的抗日军事政治大学做过讲演。毛泽东的《实践论》，是为用马克思主义的认识论观点去揭露党内的教条主义和经验主义——特别是教条主义这些主观主义的错误而写的，因为重点是揭露看轻实践的教条主义这种主观主义，故题为《实践论》。

《实践论》深刻揭露了“左”“右”倾错误认识论根源，指出：“唯心论和机械唯物论，机会主义和冒险主义，都是以主观和客观相分裂，以认识和实践相脱离为特征的。以科学的社会实践为特征的马克思列宁主义的认识论，不能不坚决反对这些错误思想。”

《实践论》作为一篇认识论的著作，根据马列主义同中国革命具体实践相结合的需要，通过指出旧唯物主义的缺陷和教条主义者思想路线的弱点，从而强调了马克思主义哲学的实践唯物主义精神，集中阐明了认识与实践之具体历史统一的科学原理。在这个过程中，从许多方面拓展和深化了马克思主义认识论的研究。

第一，全面系统地阐明了实践在认识中的基础地位和决定性作用，形成了一个完整的以实践为基础的认识论系统，充分体现了马克思主义哲学的实践唯物主义本质。认识从哪里来？天上掉下来的吗？头脑里固有的吗？毛泽东明确指出：“只能从社会实践中来，只能从生产斗争、阶级斗争和科学实验这三项实践中来。”

毛泽东认为：“实践的观点是辩证唯物论的认识论之第一的和基本的观点。”《实践论》对马克思主义认识论进行了系统完备的构建，阐述了实践是人的认识的来源，是认识由低级向高级发展的动力，是检验认识真理性的标准。

第二，把辩证法运用于认识论，对认识过程作了深入研究，提出“两次飞跃”的著名论断。毛泽东同志不仅科学地论述了实现第一次飞跃，即：从感性认识到理性认识飞跃的条件和方法，而且特别强调第二次飞跃，即：从理性认识回到实践的飞跃的重大意义，指出“辩证唯物论的认识运动，如果只到理性认识为止，那末还只说到问题的一半。而且对于马克思主义的哲学说来，还只说到非十分重要的那一半。……认识的能动作用，不但表现于从感性认识到理性认识之能动的飞跃，更重要的还须表现于从理性认识到革命的实践这一飞跃”。这一论述，既充分体现了认识过程的辩证法，又进一步突出了马克思主义哲学的实践性特点。

第三，第一次对人类认识的总规律作了科学的概括和总结，指出“实践、认识、再实践、再认识，这种形式，循环往复以至无穷，而实践和认识之每一循环的内容，都比较地进到了高一级的程度”。这一论述，充分体现了以实践为基础的唯物主义反映论与辩证法的统一，特别是把“再认识”作为人类认识总过程中一个基本环节加以强调，这是马克思主义哲学史上一个新的贡献。

第四，阐述知行的合一是历史的产物，是具体的时间地点条件下的实践。毛泽东强调“我们的结论是主观和客观、理论和实践、知和行的具体的历史的统一”，中国共产党人正是在这个“具体的历史的统一”中实现了马克思主义理论与中国实际的结合，走出一条属于自己的中国道路。毛泽东还用“实践、认识、再实践、再认识，这种形式循环往复以至无穷……这就是辩证唯物论的知行统一观”阐述知行的合一是一个螺旋式上升过程，只有不断在实践中发现问题，又通过实践解决问题，最终知和行才能在实践的运动中达成合一。

2.《矛盾论》

毛泽东系统论述唯物辩证法的对立统一规律的著作，写于1937年8月。是《辩证法唯物论》（讲授提纲）的第3章第1节《矛盾统一法则》，后来以《矛盾论》为篇名编入《毛泽东选集》第一卷。这篇哲学论文，是毛泽东继《实践论》之后，为了同一的目的，即为了克服存在于中国共产党内的严重的教条主义思想而写的，曾在延安的抗日军事政治大学作过讲演。在收入《毛泽东选集》第一卷的时候，作者作了部分的补充、删节和修改。

《矛盾论》作为一篇辩证法的著作，根据马列主义同中国革命具体实践相结合的需要，抓住形而上学的要害和教条主义思想方法的弱点，突出强调了唯物辩证法的实质和核心，集中阐明了矛盾普遍性与特殊性关系的原理。在这个过程中，从许多方面拓展和深化了辩证法的研究。

第一，首次提出矛盾的普遍性同特殊性的关系问题是矛盾问题的精髓的科学思想，认为不懂得它就等于抛弃了辩证法。这一论断，在马克思主义哲学史上是一个新概括，深化了列宁关于辩证法的实质和核心的科学思想，也是中国革命基本经验的哲学升华。

第二，对矛盾普遍性的科学内涵作了完整的表述：“其一是说，矛盾存在于一切事物的发展过程中；其二是说，每一事物的发展过程中存在着自始至终的矛盾运动。”由此，不仅指出了空间上的矛盾无所不在，并且指明了时间上的矛盾无时不有，纠正了“差异不是矛盾”的形而上学思想，使矛盾普遍性的思想得到彻底贯彻。

第三，对矛盾特殊性问题作了系统发挥，论述了各种物质运动形式矛盾的特殊性，每一运动形式中各个发展过程矛盾的特殊性，各个发展过程矛盾各方面的特殊性，各个发展过程在其不同阶段上矛盾的特殊性，以及各个阶段矛盾各方面的特殊性等，从而形成了一个分析复杂现实矛盾的逻辑体系。

第四，创造性地阐明了矛盾不平衡性理论，即关于主次矛盾和矛盾主次方面的理论，提出了一个完整的关于矛盾不平衡性的科学理论，指出这是矛盾特殊性在矛盾地位上的表现；把主次矛盾和矛盾主次方面明确地上升为哲学概念，并对它们的科学内涵作了明确规定；对它们之间既相互联系、又相互区别和相互转化的辩证关系作了系统的阐述。强调对此问题的研究“成为革命政党正确地决定其政治上和军事上的战略战术方针的重要方法之一，是一切共产党人都应当注意的”。这些都是对辩证法思想宝库的新贡献。

3.《关于正确处理人民内部矛盾的问题》

毛泽东在1957年2月所作的《关于正确处理人民内部矛盾的问题》的报告，系统论述了社会主义社会矛盾的理论。

毛泽东指出，矛盾是普遍存在的，社会主义社会同样充满着矛盾，正是这些矛盾推动着社会主义社会不断地向前发展。“矛盾不断出现，又不断解决，就是事物发展的辩证规律。”他提倡运用对立统一规律深刻分析社会主义社会的矛盾。

（1）关于社会主义社会的基本矛盾。毛泽东指出：“在社会主义社会中，基本的矛盾仍然是生产关系和生产力之间的矛盾，上层建筑和经济基础之间的矛盾。”但社会主义社会的基本矛盾同以往社会的基本矛盾“具有根本不同的性质和情况”。以往社会的基本矛盾，生产关系与生产力之间存在着一定程度的对抗和冲突，而社会主义社会的基本矛盾是在生产关系和生产力基本适应、上层建筑和经济基础基本适应条件下的矛盾，是在人民根本利益一致基础上的矛盾。因此，它不是对抗性的矛盾，而是非对抗性的矛盾。社会主义社会基本矛盾运动具有“又相适应又相矛盾”的特点，一方面社会主义生产关系已经建立起来，它是和生产力的发展相适应的；另一方面它还很不完善，这些不完善的方面和生产力的发展又是相矛盾的。除了生产关系和生产力发展之间这种又相适应又相矛盾的情况以外，还有上层建筑和经济基础之间又相适应又相矛盾的情况。其中，相适应的一面是基本方面，相矛盾的一面是非基本方面。由于社会主义社会的矛盾不是对抗性的矛盾，因此“它可以经过社会主义制度本身，不断地得到解决”。毛泽东分析了社会主义社会的基本矛盾的性质、特点和解决途径，揭示了社会主义社会发展的一般规律。

（2）关于我国社会的主要矛盾和根本任务。党的八大正确分析了社会主义改造完成后我国社会主要矛盾的变化，指出：社会主义制度在我国已经基本上建立起来了。我们国内的主要矛盾，已经是人民对于建立先进的工业国的要求同落后的农业国的现实之间的矛盾，已经是人民对于经济文化迅速发展的需要同当前经济文化不能满足人民需要的状况之间的矛盾。据此，党中央提出要把党和国家的工作重点转到技术革命和社会主义建设上来，要求各级党委要抓社会主义建设工作，全党要学科学、学技术、学新本领。

（3）关于社会主义社会存在两类不同性质矛盾的理论。毛泽东强调：在我们面前有两类社会矛盾，这就是敌我矛盾和人民内部矛盾，这是两类性质完全不同的矛盾。敌我矛盾是人民同反抗社会主义革命、敌视和破坏社会主义建设的社会势力和社会集团的矛盾，这是根本利益对立基础上的矛盾，因而是对抗性的矛盾。人民内部矛盾，包括工人阶级内部的矛盾，农民阶级内部的矛盾，知识分子内部的矛盾，工农两个阶级之间的矛盾，工人、农民同知识分子之间的矛盾，工人阶级和其他劳动人民同民族资产阶级的矛盾，也包括政府和人民群众之间的矛盾，民主同集中的矛盾，领导同被领导之间的矛盾，国家机关某些工作人员的官僚主义作风同群众之间的矛盾，等等。一般说来，人民内部矛盾是在人民根本利益一致基础上的矛盾，因而是非对抗性的矛盾。

毛泽东还特别指出，在我国，由于民族资产阶级有两面性，工人阶级同民族资产阶级的矛盾属于人民内部的矛盾。毛泽东提醒人们注意两类不同性质矛盾的转化问题，认为两类不同性质的矛盾的存在是客观的，但不是固定不变的，在一定的条件下，两类不同性质的矛盾可以互相转化。一般情况下，人民内部矛盾不是对抗性的，但如果处理不当，也可能发生对抗。反之，有些本来是对抗性的矛盾，如果处理得当，则可以转化为非对抗性的矛盾。因此，必须严格区分和正确处理两类不同性质的矛盾，特别是要正确处理已经居于主导地位的人民内部矛盾。这对于发展社会主义事业具有极为重要的意义。

（4）毛泽东论述了正确处理两类不同性质社会矛盾的基本方法。他指出：敌我之间和人民内部这两类矛盾的性质不同，解决的方法也不同。简单地说起来，前者是分清敌我的问题，后者是分清是非的问题。“我们历来就主张，在人民民主专政下面，解决敌我之间的和人民内部的这两类不同性质的矛盾，采用专政和民主这样两种不同的方法。”所谓专政方法，就是运用人民民主专政的国家机器，对于国家内部那些反抗社会主义改造、破坏社会主义建设的敌对分子和严重犯罪分子依法治罪，剥夺他们的政治权利，强迫他们从事劳动，并在劳动中尽量使他们改造成为新人。所谓民主方法，就是讨论的方法、批评的方法、说服教育的方法。

（5）关于正确处理人民内部矛盾的方针。毛泽东指出，用民主的方法解决人民内部矛盾，这是一个总方针。针对人民内部矛盾在具体实践中的不同情况，毛泽东提出了一系列具体方针、原则：对于政治思想领域的人民内部矛盾，实行“团结—批评—团结”的方针，坚持说服教育、讨论的方法；对于物质利益、分配方面的人民内部矛盾，实行统筹兼顾、适当安排的方针，兼顾国家、集体和个人三方面的利益；对于人民群众和政府机关的矛盾，要坚持民主集中制原则，努力克服政府机关的官僚主义，也要加强对群众的思想教育；对于科学文化领域里的矛盾，实行“百花齐放、百家争鸣”的方针，通过自由讨论和科学实践、艺术实践去解决；对于共产党和民主党派的矛盾，实行在坚持社会主义道路和共产党领导的前提下“长期共存、互相监督”的方针；对于民族之间的矛盾，实行民族平等、团结互助的方针，着重反对大汉族主义，也要反对地方民族主义，等等。所有这些方针，都是用民主方法解决人民内部矛盾这一总方针的具体化，为解决不同形式的人民内部矛盾指明了方向。

毛泽东强调，关于正确处理人民内部矛盾的问题是社会主义国家政治生活的主题。这一论断的根本着眼点，在于调动一切积极因素，团结一切可以团结的力量，把全党的注意力转到社会主义建设上来。

毛泽东关于社会主义社会矛盾的学说，科学揭示了社会主义社会发展的动力，以独创性的内容丰富了马克思主义的理论宝库，为正确处理社会主义社会各种矛盾、创造良好的社会环境和政治环境，提供了基本的理论依据，也为后来的社会主义改革奠定了理论基础。

4.《论十大关系》

1956年4月和5月，毛泽东先后在中央政治局扩大会议和最高国务会议上，作了《论十大关系》的报告，初步总结了我国社会主义建设的经验，明确提出要以苏联为鉴，独立自主地探索适合中国情况的社会主义建设道路。他说：“特别值得注意的是，最近苏联方面暴露了他们在建设社会主义过程中的一些缺点和错误，他们走过的弯路，你还想走？过去我们就是鉴于他们的经验教训，少走了一些弯路，现在当然更要引以为戒。”这就明确了建设社会主义必须根据本国情况走自己的道路这一根本思想。《论十大关系》标志着党探索中国社会主义建设道路的良好开端。

《论十大关系》确定了一个基本方针，就是“努力把党内党外、国内国外的一切积极的因素，直接的、间接的积极因素全部调动起来”，为社会主义建设服务。为了贯彻这一方针，报告从十个方面论述了我国社会主义建设需要重点把握的一系列重大关系，内容涉及生产力和生产关系、经济基础和上层建筑各方面。前五条主要讨论经济问题，着眼于调动经济领域各个方面的积极因素。其中前三条讲重工业和轻工业、农业的关系，沿海工业和内地工业的关系，经济建设和国防建设的关系。这实际上是在论述如何开辟一条和苏联有所不同的中国工业化道路问题。第四、五条讲国家、生产单位和生产者个人的关系，中央和地方的关系，开始涉及经济体制改革。“十大关系”的后五条，讲汉族与少数民族的关系、党与非党的关系、革命和反革命的关系、是非关系、中国和外国的关系，论述的是政治生活和思想文化生活领域如何调动各种积极因素的问题。

毛泽东认为，社会主义建设中的积极因素与消极因素是一对矛盾，这一矛盾呈现出既统一又斗争的关系。充分调动一切积极因素，尽可能地克服消极因素，并且努力化消极因素为积极因素，是社会主义事业前进的现实需要。在社会主义事业的发展中，一般来说，积极因素是处于主导的、统治地位的，占有压倒的优势，这是社会主义事业不断前进的可靠保证。社会主义建设的积极因素与消极因素在一定条件下是可以互相转化的。我们的任务是创造条件，大力促使消极因素比较多、比较快地向积极因素转化，并同时尽力防止积极因素向消极因素逆转。

调动一切积极因素为社会主义事业服务，必须坚持中国共产党的领导。毛泽东多次强调：“领导我们事业的核心力量是中国共产党。”“中国共产党是全中国人民的领导核心。没有这样一个核心，社会主义事业就不能胜利。”毛泽东还明确提出了“党领导一切”的思想，指出：工、农、商、学、兵、政、党这七个方面，党是领导一切的。

调动一切积极因素为社会主义事业服务，是党关于社会主义建设的一条极为重要的方针，对于最大限度地团结全国各族人民，为建设社会主义现代化国家而奋斗，具有长远的指导意义。

三、邓小平理论、“三个代表”重要思想、科学发展观

复习要点提示

- 理解和掌握中国特色社会主义道路、中国特色社会主义理论体系，中国特色社会主义制度的基本内容。
- 理解和掌握社会主义核心价值体系和社会主义核心价值观。
- 理解和掌握党的建设面临“四大考验”、“四种危险”。
- 理解和掌握加强党的执政能力建设、先进性和纯洁性建设。

2011年7月1日，中共中央总书记胡锦涛在庆祝中国共产党成立90周年大会上指出，经过90年的奋斗、创造、积累，党和人民必须倍加珍惜、长期坚持、不断发展的成就是：开辟了中国特色社会主义道路，形成了中国特色社会主义理论体系，确立了中国特色社会主义制度。中国特色社会主义道路是实现途径，中国特色社会主义理论体系是行动指南，中国特色社会主义制度是根本保障，三者统一于中国特色社会主义伟大实践，是党领导人民在建设社会主义长期实践中形成的最鲜明特色。

邓小平理论的形成、主要内容和历史地位

邓小平理论是一个完整的科学理论体系。在邓小平理论中，贯穿于各个理论观点的基本线索是“解放思想、实事求是”的思想路线，

是辩证唯物主义和历史唯物主义的世界观和方法论。解放思想、实事求是为邓小平理论的产生提供了思想前提，也为新时期党的政治路线的制定和贯彻提供了思想理论基础。邓小平理论就是用“解放思想、实事求是”这样一种基本观点和基本方法分析和解决中国社会主义建设的实际问题而形成的科学理论体系。

1. 邓小平理论的主要内容

邓小平理论的内容，大体上可以说主要有十六个方面。

（1）关于建设社会主义思想路线的理论。

强调建设社会主义一定要解放思想，实事求是，一切从实际出发，独立自主地走自己的路，建设具有中国特色的社会主义。解放思想，实事求是，是我们党的思想路线。拨乱反正需要解放思想，实事求是，全面改革也需要解放思想，实事求是。

（2）关于社会主义本质和社会主义发展道路的理论。

强调什么是社会主义、怎样建设社会主义，是首要和根本的理论问题。要搞清楚这个问题，关键是要在坚持社会主义基本制度的基础上进一步认清社会主义的本质。社会主义的本质是解放生产力，发展生产力，消灭剥削，消除两极分化，最终达到共同富裕。党的基本路线体现了社会主义本质的要求，指明了中国特色社会主义的发展道路。

（3）关于社会主义发展阶段的理论。

作出了我国还处在社会主义初级阶段的正确判断。阐明了社会主义初级阶段的基本国情和含义。强调一切都要从社会主义初级阶段的实际出发，对社会主义建设的长期性、紧迫性、复杂性、艰巨性有清醒的思想准备。

（4）关于社会主义根本任务的理论。

强调中国特色的社会主义是不断发展生产力的社会主义。社会主义的根本任务是发展生产力，党和国家的工作重点是经济建设。要抓住机遇，发展自己，充分发挥科学技术作为第一生产力的作用。

（5）关于社会主义建设发展战略的理论。

设计了分“三步走”基本实现社会主义现代化的战略目标和战略步骤。强调要抓住战略重点，争取隔几年上一个台阶，鼓励一部分地区和人民先富起来，逐步达到共同富裕。

（6）关于社会主义发展动力的理论。

强调改革开放是决定中国命运的关键。党的十一届三中全会以来的政策概括起来就是改革开放。改革是中国的第二次革命，是推动社会主义发展的直接动力。改革也是一个大试验。判断改革是非得失的根本标准是“三个有利于”。

（7）关于社会主义国家对外开放的理论。

强调现在的世界是开放的世界，中国的发展离不开世界。对外开放是建设中国特色社会主义的一项基本国策。要正确对待和借鉴现代文明的成果，正确处理对外开放与独立自主的关系。

（8）关于社会主义经济体制改革的理论。

指出要从根本上改变束缚生产力发展的经济体制。计划和市场都是手段、方法，社会主义和市场经济没有根本矛盾，社会主义也可以搞市场经济。我国经济体制改革的目标是建立社会主义市场经济体制。

（9）关于社会主义政治体制改革的理论。

强调建设社会主义民主和法制是我们党自十一届三中全会以来坚定不移的方针。在推进经济体制改革的同时，必须积极推进政治体制改革。政治体制改革的目标，是按照民主化和法制化紧密结合的要求，建设社会主义的民主政治。民主政治建设必须有领导、有步骤、有秩序地进行。

（10）关于社会主义精神文明建设的理论。

强调精神文明是社会主义社会的重要特征，物质文明和精神文明都搞好，才是中国特色的社会主义。精神文明建设的根本目标和任务是培育“四有”新人，提高民族素质。要一手抓物质文明建设，一手抓精神文明建设。两手抓，两手都要硬。

（11）关于社会主义建设政治保证的理论。

强调四项基本原则是不可动摇的立国之本，是改革开放和现代化建设的政治保证。要始终坚持四项基本原则，旗帜鲜明地反对资产阶级自由化。正确处理改革、发展、稳定的关系，维护社会政治的稳定。

（12）关于社会主义国家外交战略的理论。

强调中国特色的社会主义是主张和平的社会主义。我们坚持独立自主的和平外交政策，反对霸权主义，维护世界和平。和平与发展是当代世界的两大主题。要以和平共处五项原则为基础建立国际政治和经济新秩序。要正确处理各国党与党之间的关系。要正确认识和对待国际形势的变化。

（13）关于祖国统一的理论。

提出“一个国家、两种制度”的构想，用以解决香港、澳门、台湾问题，努力实现祖国的和平统一。明确规定了“一国两制”的基本内容，强调这是中国特色社会主义理论的一个重要内容。

（14）关于社会主义事业依靠力量的理论。

强调建设中国特色的社会主义，必须依靠广大人民，依靠工人、农民、知识分子，依靠各族人民的团结，依靠最广泛的爱国统一战线。

（15）关于社会主义国家军队和国防建设的理论。

强调军队和国防建设的指导思想要实行战略性转变，走中国特色的精兵之路，服从和服务于国家经济建设的大局。要适应新时期的需要，建设一支强大的现代化正规化的革命军队。

（16）关于社会主义事业领导核心的理论。

强调建设中国特色的社会主义，关键在于坚持、加强和改善党的领导。要适应新时期的要求，进一步加强党的思想、组织和作风建设，充分发挥党在社会主义事业中的领导核心作用。

2. 邓小平理论的历史地位

党的十一届三中全会后，在邓小平理论这一当代中国的马克思主义形成和发展过程中，全党越来越认识到，它是我们党领导改革开放和现代化建设的指导思想。党的十三大报告明确指出，建设有中国特色的社会主义理论是全党同志和全国人民统一认识、增强团结的思想基础，是指引我们事业前进的伟大旗帜。党的十四大提出了坚持用邓小平同志建设有中国特色社会主义的理论武装全党的战略任务，并在党章中规定这一理论是“引导我国社会主义事业不断发展的指针”。党的十五大把邓小平理论确立为党的指导思想，并把这一理论同马克思列宁主义、毛泽东思想一起作为自己的行动指南写入党章。

（1）邓小平理论对中国社会主义建设规律的科学认识。

邓小平理论坚持和发展了毛泽东思想，是马克思主义在中国发展的新阶段。它坚持解放思想、实事求是，在新的实践基础上继承前人又突破陈规，它开拓了马克思主义的新境界。

（2）邓小平理论是改革开放和社会主义现代化建设的科学指南。

党的十一届三中全会以来，邓小平理论指引我们进行拨乱反正和全面改革，逐步实现了从“以阶级斗争为纲”到以经济建设为中心、从封闭半封闭到改革开放、从计划经济到社会主义市场经济等一系列重大转变，使我国实现政治稳定，经济发展，民族团结，社会生产力、综合国力和人民生活都上了一个大台阶，成功地走出了一条具有中国特色的社会主义新道路。

（3）党和国家必须长期坚持的指导思想。

今天我们推进中国特色社会主义的伟大事业，仍然要继续围绕什么是社会主义、怎样建设社会主义这个首要的基本的理论问题，紧紧抓住实事求是的思想路线，不断推进思想的解放；紧紧抓住和深入领会“两手抓，两手都要硬”的基本方针，推动经济社会的全面发展；贯彻执行“一个中心、两个基本点”的基本路线；紧紧抓住和领会社会主义初级阶段的理论，努力完成分“三步走”基本实现现代化的战略任务，等等。这些根本性的指针，关系到中国特色社会主义的命运和前途，我们不能有任何动摇。

“三个代表”重要思想的形成、主要内容、历史地位

江泽民同志 2000 年 2 月 25 日在广东省考察工作时，从全面总结党的历史经验和如何适应新形势新任务的要求出发，首次对“三个代表”重要思想进行了比较全面的阐述。提出：“总结我们党 70 多年的历史，可以得出一个重要的结论，这就是：我们党所以赢得人民的拥护，是因为我们党在革命、建设、改革的各个历史时期，总是代表着中国先进生产力的发展要求，代表着中国先进文化的前进方向，代表着中国最广大人民的根本利益，并通过制定正确的路线方针政策，为实现国家和人民的根本利益而不懈奋斗。人类又来到一个新的世纪之交和新的千年之交。在新的历史条件下，我们党如何更好地做到这‘三个代表’，是一个需要全党同志特别是党的高级干部深刻思考的重大课题。”

1.“三个代表”重要思想形成的社会历史条件

“三个代表”重要思想是在科学判断党的历史方位的基础上提出来的。我们党历经革命、建设和改革，已经从领导人民为夺取全国政权而奋斗的党，成为领导人民掌握全国政权并长期执政的党；已经从受到外部封锁和实行计划经济条件下领导国家建设的党，成为对外开放和发展社会主义市场经济条件下领导国家建设的党。党所处的地位和环境、党所肩负的历史任务、党的自身状况，都发生了新的重大变

化。“三个代表”重要思想，正是在科学分析我们党所处历史方位变化的基础上，着眼于新形势下如何走在时代前列，保持旺盛的生命力，领导好建设中国特色社会主义的伟大事业而提出来的。

“三个代表”重要思想是在对当今国际局势科学判断的基础上形成的。冷战结束后，国际局势发生深刻变化。世界多极化和经济全球化的趋势在曲折中发展，和平与发展仍是时代的主题。但霸权主义和强权政治有新的表现，恐怖主义危害上升，一些地区的冲突和争端时起时伏，世界还很不安宁。科技进步日新月异，以信息技术为核心的高新技术的发展，极大地改变了人们的生产、生活方式和国际经济、政治关系，以经济为基础、科技为先导的综合国力竞争更为激烈。世界社会主义运动曲折前进，中国作为最大的社会主义国家，成就举世瞩目，但也受到西方很大的压力。当今国际局势的深刻变化，是“三个代表”重要思想形成的时代背景。

“三个代表”重要思想是在对当代中国发展变化科学认识的基础上形成的。党的十一届三中全会以来，特别是十三届四中全会以来，我国改革开放和现代化建设取得了伟大成就。我们已经胜利实现了现代化建设“三步走”战略的前两步目标，进入了全面建设小康社会、加快社会主义现代化建设的新的发展阶段。丰富的实践积累了宝贵的基本经验。面向未来，推进现代化建设、完成祖国统一、维护世界和平与促进共同发展，是我们党在新世纪的三大历史任务。全面建设惠及十几亿人口的更高水平的小康社会，是21世纪头20年我们的战略目标。改革开放以来特别是党的十三届四中全会以来党和人民建设中国特色社会主义的伟大探索，是“三个代表”重要思想形成的实践基础。

“三个代表”重要思想是在对党的现状科学分析的基础上形成的。随着改革开放的深入，党所处的环境不断发生变化。新世纪的繁重任务，要求我们党进一步加强自身建设，改进领导方式和活动方式，认真研究和解决新形势下的新课题，充分发挥建设中国特色社会主义领导核心的作用。目前，党的总体状况是健康的，取得的成绩是巨大的。但随着国际国内条件的变化，遇到的挑战也非常尖锐。党的建设中也存在着这样那样的问题，如果不认真解决，就会影响党的先进性和战斗力，影响中国特色社会主义事业的发展。进一步提高党的领导水平和执政水平、提高拒腐防变和抵御风险的能力是我们党必须解决好的两大历史性课题。党的建设面临的新形势新任务，是“三个代表”重要思想形成的现实依据。

从历史发展新陈代谢的规律看，80多年来，我们党创造了巨大的辉煌，但是，在新的历史条件下，如何继续保持旺盛的生命力？这是全党同志特别是领导干部必须认真思考的问题。江泽民同志多次讲到大国的兴衰变化，包括中国的康乾盛世，以及苏联、东欧的教训。大国兴衰，文明交替。一个国家，一个民族，一个政党，如果不能紧跟人类社会进步的潮流，就很容易被历史淘汰。古今中外，这类事实不胜枚举。警钟长鸣，方能保持头脑清醒。

“三个代表”重要思想，正是基于对国际国内大局的清醒认识、对历史发展规律的科学把握、对党和国家前途命运的深刻关切，进一步回答了“什么是社会主义、怎样建设社会主义”的问题，创造性地回答了“建设什么样的党、怎样建设党”的问题，指明了面向未来建党治国的战略思路。只有按照“三个代表”重要思想的要求，从中国和世界的历史、现状和未来着眼，准确把握时代特点和党的任务，科学制定并正确执行党的路线方针政策，认真研究和解决推动中国社会进步和加强党的建设的问题，做到既不割断历史、又不迷失方向，既不落后于时代，又不超越阶段，才能使我们党永葆生机和活力，使我们的事业不断从胜利走向胜利。

2.“三个代表”重要思想的主要内容

我们党要始终代表中国先进生产力的发展要求，就是党的理论、路线、纲领、方针、政策和各项工作，必须努力符合生产力发展的规律，体现不断推动社会生产力的解放和发展的要求，尤其要体现推动先进生产力发展的要求，通过发展生产力不断提高人民群众的生活水平。

我们党要始终代表中国先进文化的前进方向，就是党的理论、路线、纲领、方针、政策和各项工作，必须努力体现发展面向现代化、面向世界、面向未来的，民族的科学的大众的社会主义文化的要求，促进全民族思想道德素质和科学文化素质的不断提高，为我国经济发展和社会进步提供精神动力和智力支持。

我们党要始终代表中国最广大人民的根本利益，就是党的理论、路线、纲领、方针、政策和各项工作，必须坚持把人民的根本利益作为出发点和归宿，充分发挥人民群众的积极性主动性创造性，在社会不断发展进步的基础上，使人民群众不断获得切实的经济、政治、文化利益。

3.“三个代表”重要思想的历史地位

（1）马克思列宁主义、毛泽东思想和邓小平理论的继承和发展。

认识“三个代表”重要思想的历史地位，首先要认识它在马克思主义发展史上的地位。

马克思主义是我们立党立国的根本指导思想，与时俱进是马克思主义最重要的理论品质。80多年来，我们党坚持把马克思主义基本原理同中国具体实际相结合，先后产生了毛泽东思想、邓小平理论和“三个代表”重要思想。“三个代表”重要思想紧密结合新的时代条件，生动而具体地坚持和发展马克思主义，赋予马克思主义新的鲜活力量，从而开辟了马克思主义发展的新境界，成为坚持和发展马克思主义的典范。十六大报告指出：“‘三个代表’重要思想是对马克思列宁主义、毛泽东思想和邓小平理论的继承和发展，反映了当代世界和中国的发展变化对党和国家工作的新要求。”胡锦涛同志在“七一”讲话中进一步指出："'三个代表'重要思想同马克思列宁主义、毛泽东思想和邓小平理论是一脉相承而又与时俱进的科学体系，是马克思主义在中国发展的最新成果。"

"中国共产党必须始终代表中国先进生产力的发展要求，代表中国先进文化的前进方向，代表中国最广大人民的根本利益。"这是对"三个代表"重要思想的集中概括。这三句话对于马克思主义的创新和发展，主要表现在：第一，抓住决定党的历史地位的三个根本性问题，从社会发展规律和党的进步本质的高度，把党的先进性与阶级性、群众性更加紧密地结合起来，把经济、政治、文化三方面的要求更加紧密地统一起来，对党的先进性作出了最新、也是最集中的提炼和概括。第二，从根本上回答了在新的历史条件下"建设一个什么样的党、怎样建设党"的问题，党应该怎样执政、执政到底干什么的问题，党怎样保持先进性和生命力、怎样走在时代前列的问题，深刻揭示了我们的立党之本、执政之基、力量之源，进一步明确了党的建设的总目标。第三，深刻总结世界社会主义运动的经验教训，总结世界文明变迁兴亡的经验教训，总结许多国家执政党成败兴衰的经验教训，也总结我们党 80 多年的历史经验，使我们对共产党执政规律、社会主义建设规律和人类社会发展规律的认识，达到了一个新的高度。

"三个代表"重要思想讲了三句话，但又并不仅仅是三句话，而是十几年来我们党的理论、实践创新的总汇和结晶。从围绕着三句话而展开的系统的科学理论来说，所作的创新更为丰富多彩。胡锦涛同志的"七一"讲话从四个方面分析了"三个代表"重要思想与马克思主义坚持和发展的关系。

第一，"'三个代表'重要思想坚持马克思主义的世界观和方法论，创造性地运用它们分析当今世界和中国的实际，为我们在新的时代条件下运用辩证唯物主义和历史唯物主义认识和把握社会发展规律、更好地推进我国社会主义事业作出了新的理论概括。""三个代表"

重要思想所具有的基本点，都遵循了辩证唯物主义和历史唯物主义的基本立场和思想方法，坚持了马克思主义的基本原理，同时，又结合新的实际作了创造性的阐发，赋予了鲜明的时代精神和实践要求。

第二，"'三个代表'重要思想坚持党的最高纲领和最低纲领的统一，为我们坚持马克思主义的最终奋斗目标、根据实际制定和实施推动我国社会主义发展的科学战略提供了新的理论基础。""三个代表"重要思想既鲜明地坚持马克思主义的社会理想，同时又强调实现共产主义是一个非常漫长的历史过程，要求立足于我国正处于并将长期处于社会主义初级阶段的实际，脚踏实地为实现党在现阶段的基本纲领而奋斗，从而为在锲而不舍的努力中朝着实现共产党人的远大理想和最终目标胜利前进指明了现实途径。

第三，"'三个代表'重要思想坚持马克思主义关于无产阶级政党必须植根于人民的政治立场，注重从人民群众的实践中吸取养分，为我们坚持马克思主义的群众观点、不断实现最广大人民的根本利益提出了新的理论要求。""三个代表"重要思想强调建设中国特色社会主义的根本目的是不断实现好、维护好、发展好最广大人民的根本利益，党的理论、路线、纲领、方针、政策和工作必须以符合最广大人民的根本利益为最高衡量标准，从而充分体现了立党为公、执政为民的本质。

第四，"'三个代表'重要思想坚持马克思主义与时俱进的理论品质，体现了马克思主义理论创新的巨大勇气，为我们坚持马克思主义基本原理、不断在实践中推进理论创新打开了新的理论视野。""三个代表"重要思想所提出的一系列思想和理论观点，深刻总结实践创造的新鲜经验，从各个方面丰富和发展了马克思列宁主义、毛泽东思想和邓小平理论，对马克思主义理论作出了重大贡献。

正因为"三个代表"重要思想把对马克思主义的坚持与发展结合起来，开辟了马克思主义在当代中国发展的新境界。所以，胡锦涛同志指出："在新的历史条件下，坚持'三个代表'重要思想，就是真正坚持马克思列宁主义、毛泽东思想和邓小平理论；高举'三个代表'重要思想的旗帜，就是真正高举马克思列宁主义、毛泽东思想和邓小平理论的旗帜。"

（2）加强和改进党的建设、推进社会主义自我完善和发展的强大理论武器。

"三个代表"重要思想不仅在理论上实现了马克思主义的又一次与时俱进，更重要的是对实践面临的课题作出了充满时代精神的回答，因而，对我们党和中国特色社会主义事业的发展具有重要的指导意义，是加强和改进党的建设、推进我国社会主义自我完善和发展的强大理论武器。

从党的建设来说，"三个代表"重要思想在科学判断党的历史方位的基础上，把党的建设新的伟大工程同中国特色社会主义伟大事业联系起来，创造性地回答了"建设什么样的党、怎样建设党"的问题，赋予党的性质、宗旨、指导思想和任务以丰富的时代内容，确定了党的建设的总体部署。

从中国特色社会主义事业来说，"三个代表"重要思想在邓小平理论的基础上，进一步回答了"什么是社会主义、怎样建设社会主义"的基本问题，深化了对中国特色社会主义的认识。因此，不仅对党的建设起着重要的指导作用，而且对党和国家的所有工作，对中国特色社会主义的事业都起着重要的指导作用。

党的十一届三中全会以来，我们党通过改革开放，不断对社会主义制度进行自我完善和发展，社会主义怎么发展、完善，各方面的体制怎样改革、朝着什么方向改革等，邓小平理论都作出了科学的回答，"三个代表"重要思想作出了进一步的回答。新世纪新阶段，社会主义要完善和发展，改革开放要深入，就要按"三个代表"的要求继续不断地下功夫。制度，要按照这样的思路和方向来设计、改进；体制，要按照这样的方向和思路来创新、完善；改革，要按照这样的思路和方向来推进、深化。从这样的意义上来说，“三个代表”重要思想既是党的建设的纲领，也是我们发展和完善社会主义的强大理论武器。

（3）党必须长期坚持的指导思想。

把“三个代表”重要思想与马克思列宁主义、毛泽东思想、邓小平理论一起，作为我们党必须长期坚持的指导思想，并且写入党章，这是党的十六大的一个历史性决策。

党的指导思想是党对于整个社会历史发展规律的基本认识，是党的全部理论观点、价值体系的集中体现，因而也是党制定全部纲领、路线、方针、政策、战略、策略的理论基础，是党的建设和党的事业的行动指南。党的指导思想的正确与否，对于党的事业的发展具有极为重要的影响。

党要与时俱进，党的指导思想也要与时俱进。80 多年来，我们党的指导思想随着实践的发展而不断发展。从诞生起，我们党就自觉地把马克思列宁主义作为自己的指导思想。1945 年的七大，确立了毛泽东思想的指导地位。1992 年的十四大，确立了邓小平理论的指导地位。1997 年的十五大，明确宣布高举邓小平理论的伟大旗帜，作出了把邓小平理论确立为党的指导思想的历史性决策。

党的十三届四中全会以来，我们党坚持解放思想、实事求是的思想路线，大力倡导与时俱进、开拓创新的精神，高举邓小平理论的伟大旗帜，又从当代中国和世界的实际出发，不断研究新情况，解决新问题，对马克思主义理论作出了重要的创新，形成了“三个代表”重要思想。“三个代表”重要思想深化了我们对“三个规律”的认识，开辟了马克思主义理论发展的新境界。它是全党全国人民共同奋斗和探索的结果，是我们党和国家宝贵的精神财富。把“三个代表”重要思想确立为指导思想并写入党章，反映了党心民意，是加强和改进党的建设、不断提高党的领导水平和执政水平的根本要求，是继续推进中国特色社会主义伟大事业的客观需要。它既是对现有理论成果的总结和肯定，更是对未来发展的规划和指导，有助于全党和全国人民统一思想，有助于规范和指导各项政策的制定。归根结底，有助于我们沿着正确的道路开创中国特色社会主义事业的新局面。

指导思想是党长远起作用的理论武器。党的十六大确认“三个代表”重要思想是我们党必须长期坚持的指导思想。“长期坚持”，就要有“长期”的信念和决心，自觉地用“三个代表”重要思想“长期”指导我们的实践。“长期坚持”并不排斥继续丰富发展。十六大报告指出：“‘三个代表’重要思想是发展的、前进的。全党必须在思想上不断有新解放，理论上不断有新发展，实践上不断有新创造，把‘三个代表’重要思想贯彻到社会主义现代化建设的各个领域，体现在党的建设的各个方面，使我们党始终与时代发展同步伐，与人民群众共命运。”这一论断体现了彻底的辩证唯物主义和历史唯物主义精神。长期坚持同与时俱进相辅相成，辩证统一，我们党就能始终保持蓬勃旺盛的生机和活力，不断开创中国特色社会主义事业的新局面。

（4）党的立党之本、执政之基、力量之源。

“三个代表”重要思想提出以后，江泽民同志多次强调：始终做到“三个代表”，是我们党的立党之本、执政之基、力量之源。这三个“之”，深刻地说明了始终坚持“三个代表”的重大意义。

从立党之本来说。我们党是适应于历史发展的要求而诞生的。党的历史使命、地位和作用是什么？党的先进性表现在哪里？最根本的，就是集中在代表中国先进生产力的发展要求、代表中国先进文化的前进方向、代表中国最广大人民的根本利益上。我们党的一切活动、一切事业，甚至赖以生存和发展的基础，都在于这“三个代表”。什么时候坚持并做到了“三个代表”，我们党就兴旺发达，就得到人民群众的拥护，就经得起任何风浪的冲击。新的世纪，我们面临着复杂的形势，既有难得的机遇，又有尖锐的挑战。党要固本强基，就必须始终坚持“三个代表”，当好“三个代表”，在不断解决新课题、完成新任务中始终走在时代的前列。

从执政之基来说。中国共产党已经从一个领导人民为夺取全国政权而奋斗的党，成为一个领导人民掌握着全国政权并长期执政的党。党的执政地位是历史赋予的、人民赋予的。我们党能够执政、并且能够执好政的基础，从根本上来说，就在于能够坚持“三个代表”。我们党执政的内容和任务，就是要不断解放和发展中国社会的生产力，增强综合国力，推进社会发展；就是要不断建设和发展面向现代化、面向世界、面向未来的，民族的科学的大众的社会主义文化，培育“四有”公民，弘扬民族精神；就是要全心全意为人民服务，维护最广大人民的根本利益，不断满足人民群众日益增长的物质文化生活需要。新世纪，我们党治国理政的任务更加艰巨，所要解决的问题也更多、更复杂。只有坚持“三个代表”，当好“三个代表”，才能始终用好人民赋予的执政权力，无愧于历史赋予的执政地位；才能不断提高我们的执政水平，巩固党的执政基础。

从力量之源来说。我们党建党之初，只有几十个党员。为什么能够不断发展壮大，成为今天拥有6700多万党员的世界第一大党；为什么能够战胜曾经比自己强大得多的国内外敌人，建立起社会主义的新中国；为什么能够在一穷二白的基础上，取得经济和社会发展的巨大成就，领导中国进入了小康社会；为什么始终经得起各种风浪的考验，得到人民群众的拥护和支持？所有这一切，就在于我们党能够始终从根本上促进中国社会生产力的发展，推动中国文化的进步，切切实实地为人民办实事、谋利益。这是我们党全部力量的源泉所在，也是我们党不断成功和发展的奥秘所在。新世纪，我们要继续立于不败之地，就必须始终坚持“三个代表”，当好“三个代表”，把我们党的根牢牢扎在人民群众之中，扎在社会发展的本质之中，扎在时代进步的要求之中。

4.“三个代表”重要思想是辩证统一的科学理论

（1）“三个代表”的内在联系。

“三个代表”中，每个“代表”都有明确的要求，但又相互联系、相互促进，构成一个统一的整体。2001年，江泽民同志在“七一”讲话中对“三个代表”之间的关系，作了全面的论述，体现了生产力与生产关系、经济基础与上层建筑的统一，体现了物质与精神、经济政治与文化的统一，也体现了历史发展规律与历史创造主体的统一。

第一，发展先进的生产力，是发展先进文化，实现最广大人民根本利益的基础条件。生产力是社会存在和发展的最一般条件，是推动人类历史发展和进步的决定性力量。在社会生产方式中，生产力总是最活跃、最革命的因素。生产力发展了，社会财富增加了，就能为文化的发展创造基础性的条件。物质文明进步了，在一定程度上也会反映和体现在精神文明上，推动或要求精神文明的进步，进而带动上层建筑的进步，带动整个社会的进步。只有在生产力不断发展的基础上，人民群众的物质利益才能得到实现，其他各方面的利益也才能相应地不断得到改善。所以，在“三个代表”中，代表先进生产力处于基础的地位。坚持“三个代表”，首先要代表好先进生产力的发展要求。

第二，人民群众是先进生产力和先进文化的创造主体，也是实现自身利益的根本力量。马克思主义认为，历史活动是群众的事业，人类社会的全部物质财富和精神财富，归根结底，都是人民群众创造的。人民群众作为历史的主人，作为创造先进生产力和先进文化的主体，理所当然地应该享用这种创造的成果和利益。所以，我们党从一开始就把自己的根扎在人民群众之中。一切为了群众，一切依靠群众，充分发挥人民群众的创造作用。坚持“三个代表”，必须始终坚持人民群众的这种历史主体地位，在任何时候、任何情况下，与人民群众同呼吸共命运的立场不能变，全心全意为人民服务的宗旨不能忘，坚信人民群众是真正英雄的历史唯物主义观点不能丢。

第三，不断发展先进生产力和先进文化，归根到底都是为了满足人民群众日益增长的物质文化生活需要，不断实现最广大人民的根本利益。在剥削阶级占国家统治地位的情况下，生产力和文化发展的成果往往被少数人占有，不能真正为最广大人民所利用。与这种情况相反，中国共产党是中国各族人民利益的忠实代表，始终坚持全心全意为人民服务，立党为公，执政为民，把人民的利益放在高于一切的位置。发展经济政治文化，归根到底，都是为人民服务，都是为人民谋利益，都是为人民所享用。这样一个根本的价值取向，是“三个代表”的灵魂。坚持“三个代表”，关键是代表最广大人民的根本利益。只有抓住这个灵魂和关键，其他两个“代表”才能不偏离方向，也才能真正取得成效。

（2）“三个代表”重要思想是系统的科学理论。

“三个代表”重要思想，围绕中国特色社会主义这个主题，全面体现党的基本理论、基本路线、基本纲领和基本经验，在建设中国特色社会主义的思想路线、发展道路、发展阶段和发展战略、根本任务、发展动力、依靠力量、国际战略、领导力量和根本目的等重大问题上，提出了一系列紧密联系、相互贯通的新思想、新观点、新论断，对马克思主义理论作出了重要的创新，构成了一个系统的科学理论。这一理论，在邓小平理论的基础上，进一步回答了“什么是社会主义、怎样建设社会主义”的问题，创造性地回答了“建设什么样的党、怎样建设党”的问题，集中起来就是深化了对中国特色社会主义的认识。“三个代表”重要思想的精髓是解放思想、实事求是、与时俱进，主题是建设中国特色社会主义，新世纪新阶段的奋斗目标是全面建设小康社会，核心是坚持党的先进性，本质是立党为公、执政为民。“三个代表”重要思想的形成，表明我们党对共产党执政规律、社会主义建设规律和人类社会发展规律的认识，达到了新的理论高度，开辟了马克思主义发展的新境界。

正因为如此，中共中央关于兴起学习贯彻“三个代表”重要思想新高潮的通知强调指出：“‘三个代表’重要思想内涵丰富、博大精深，涵盖了经济、政治、文化和党的建设各个领域，体现在改革发展稳定、内政外交国防、治党治国治军各个方面，是一个系统的科学理论。”

科学发展观的形成、主要内容、历史地位、指导意义

1. 科学发展观的形成、主要内容

党的十六大以来，以胡锦涛为总书记的中央领导集体丰富和发展党的三代中央领导集体关于发展的重要思想，提出了科学发展观。2003 年 10 月召开的中共中央十六届三中全会明确提出了“坚持以人为本，树立全面、协调、可持续的发展观，促进经济社会和人的全面发展”的科学发展观。2007 年 6 月 25 日，胡锦涛同志在中央党校的讲话中进一步揭示了科学发展观的内涵，指出：“科学发展观，第一要义是发展，核心是以人为本，基本要求是全面协调可持续，根本方法是统筹兼顾。”科学发展观是我们党坚持以邓小平理论和“三个代表”重要思想为指导，在准确把握世界发展趋势、认真总结我国发展经验、深入分析我国发展阶段性特征的基础上提出的重大战略思想。

科学发展观，第一要义是发展。发展才是硬道理；发展是党执政兴国的第一要务；发展是解决前进中的一切问题的根本方法。要牢牢抓住经济建设这个中心，坚持聚精会神搞建设、一心一意谋发展，不断解放和发展社会生产力。要着力把握发展规律、创新发展理念、转变发展方式、破解发展难题，提高发展质量和效益，实现又好又快发展。

科学发展观，核心是以人为本。要始终把实现好、维护好、发展好最广大人民的根本利益作为党和国家一切工作的出发点和落脚点，

尊重人民主体地位，发挥人民首创精神，保障人民各项权益，走共同富裕道路，促进人的全面发展，做到发展为了人民、发展依靠人民、发展成果由人民共享。

科学发展观，基本要求是全面协调可持续发展。全面发展，就是以经济建设为中心，全面推进经济、政治、文化、社会和生态文明建设，实现社会的全面进步。协调发展，就是要推进生产力和生产关系、经济基础和上层建筑相协调，推进经济、政治、文化、社会建设的各个环节、各个方面相协调。可持续发展，就是要促进人与自然的和谐，实现经济发展和人口、资源、环境相协调，坚持走生产发展、生活富裕、生态良好的文明发展道路，保证一代接一代地永续发展。

科学发展观，根本方法是统筹兼顾。要正确认识和妥善处理中国特色社会主义事业中的重大关系，统筹个人利益和集体利益、局部利益和整体利益、当前利益和长远利益，充分调动各方面积极性。既要总揽全局、统筹规划，又要抓住牵动全局的主要工作、事关群众利益的突出问题，着力推进、重点突破。

坚持以人为本，回答了“为谁发展”“靠谁发展”的根本问题。科学发展观的基本要求和根本方法回答了“发展什么”“怎样发展”的根本问题。科学发展观的实质是要实现经济社会又好又快的发展。

2. 科学发展观的历史地位

科学发展观是对党的三代中央领导集体关于发展的重要思想的继承和发展，是马克思主义关于发展的世界观和方法论的集中体现，对新形势下实现什么样的发展、怎样发展等重大问题作出了新的科学回答，把我们对中国特色社会主义规律的认识提高到新的水平，是同马克思列宁主义、毛泽东思想、邓小平理论和“三个代表”重要思想既一脉相承又与时俱进的科学理论，是我国经济社会发展的重要指导方针，是发展中国特色社会主义必须坚持和贯彻的重大战略思想。党的十八大站在历史和时代的高度，着眼中国特色社会主义事业长远发展，顺应全党全国人民的共同意愿，把科学发展观同马克思列宁主义、毛泽东思想、邓小平理论、“三个代表”重要思想一道，确立为党必须长期坚持的指导思想并写入党章，实现了党的指导思想的又一次与时俱进。

3. 科学发展观的指导意义

科学发展观是中国共产党集体智慧的结晶，是指导党和国家全部工作的强大思想武器。科学发展观是我国经济社会发展的重要指导方针，是发展中国特色社会主义必须坚持和贯彻的重大战略思想。

中国特色社会主义道路

中国特色社会主义道路，就是在中国共产党领导下，立足基本国情，以经济建设为中心，坚持四项基本原则，坚持改革开放，解放和发展社会生产力，巩固和完善社会主义制度，建设社会主义市场经济、社会主义民主政治、社会主义先进文化、社会主义和谐社会，建设富强、民主、文明、和谐的社会主义现代化国家。

中国特色社会主义理论体系

中国特色社会主义理论体系是对马克思列宁主义、毛泽东思想的继承和发展，是被实践证明了的关于在中国建设、巩固和发展社会主义的正确的理论原则和经验总结，是中国共产党集体智慧的结晶。

中国特色社会主义理论体系，紧紧围绕什么是社会主义、怎样建设社会主义，建设什么样的党、怎样建设党，实现什么样的发展、怎样发展这三大基本问题展开，在建设中国特色社会主义的思想路线、发展道路、发展阶段、根本任务、发展动力、国际战略、领导力量和依靠力量以及祖国统一等一系列基本问题上，提出了一系列紧密联系、相互贯通的思想理论观点，构成了一个科学的理论体系。包括十大独创性的成果：

（1）中国特色社会主义的思想路线理论。

党的思想路线是一切从实际出发，理论联系实际，实事求是，在实践中检验和发展真理。实事求是是党的思想路线核心，也是中国特色社会主义理论体系的精髓。

（2）建设中国特色社会主义总依据理论。

以社会主义初级阶段为依据，从这个最大的实际来思考和解决当代中国的一切问题。

（3）社会主义本质和建设中国特色社会主义总任务理论。

社会主义本质：解放生产力，发展生产力，消灭剥削，消除两极分化，最终达到共同富裕。中国特色社会主义总任务：实现社会主义现代化和中华民族伟大复兴。中国梦是实现中华民族伟大复兴的形象表达。社会主义的根本任务：解放和发展社会生产力。

（4）社会主义改革开放理论。

改革开放，是决定当代中国命运的关键抉择，是当代中国最鲜明的特色。改革开放是一场新的革命。不断解放和发展社会生产力的革命，社会主义制度自我完善和发展的革命，促进和推动人们思维方式深刻转变的革命，加速提升中国社会总体文明发展水平的革命。

（5）建设中国特色社会主义总布局理论。

坚持以经济建设为中心不动摇的情况下，坚持全面协调可持续发展的思路，全面落实经济建设、政治建设、文化建设、社会建设、生态文明建设“五位一体”的总布局。

（6）实现祖国完全统一理论。

按照“和平统一，一国两制”的方针和现阶段发展两岸关系、推进祖国和平统一的五点重要主张。

（7）中国特色社会主义外交和国际战略理论。

适应世界多极化和经济全球化的发展趋势，坚持独立自主的和平外交政策，奉行互利共赢的开放战略，推动建设持久和平、共同繁荣的和谐世界。

（8）中国特色社会主义建设的根本目的和依靠力量理论。

发展中国特色社会主义必须坚持以人为本，始终做到发展为了人民，发展依靠人民，发展成果由人民共享。

（9）国防和军队现代化理论。

坚持经济建设和国防建设协调发展的方针，围绕能打仗、打胜仗加快推进国防和军队现代化，到2020年军队建设实现机械化，信息化建设取得更大进展。

（10）中国特色社会主义建设的领导核心理论。

中国的问题关键在党。不断加强党的建设，使党始终成为中国特色社会主义事业的坚强领导核心。

中国特色社会主义理论体系从整体上进一步深化和丰富了我们党对执政规律、社会主义建设规律、人类社会发展规律的认识，开拓了马克思主义中国化的新境界。体现在这十大成果中的精髓就是：解放思想、实事求是、与时俱进、求真务实。

中国特色社会主义制度

中国特色社会主义制度，是人民代表大会的根本政治制度，中国共产党领导的多党合作和政治协商制度，民族区域自治制度和基层群众自治制度的基本政治制度；以公有制为主体，多种所有制经济共同发展的基本经济制度，中国特色社会主义法律体系，以及建立在基本政治经济制度上的其他政治制度，经济制度，文化制度，社会制度。中国特色社会主义制度，是当代中国发展进步的根本制度保障，集中体现了中国特色社会主义的特点和优势。坚持中国特色社会主义制度，就是要坚持把根本政治制度，基本政治制度，基本经济制度和其他各方面机制体制有机结合起来，坚持把国家民主制度和基层民主制度结合起来，坚持把党的领导、人民当家做主、依法治国有机结合起来。

中国特色社会主义理论体系的形成和发展

中国特色社会主义理论体系是在和平与发展成为时代主题的历史条件下，在我国改革开放和社会主义现代化建设的伟大实践中，在总结我国社会主义建设正反两方面历史经验和改革开放以来新鲜经验，并汲取其他社会主义国家兴衰成败经验教训的基础之上，逐渐形成和发展起来的。共分为四个阶段：邓小平理论阶段、“三个代表”重要思想阶段、科学发展观阶段、继续发展阶段。

1. 邓小平理论阶段（1978 年十一届三中全会—1997 年十五大）

邓小平理论是在我国改革开放和社会主义现代化建设的进程中逐步形成和发展起来的。十一届三中全会的召开，实现了新中国成立以来党的历史上具有深远意义的伟大转折，开启了改革开放和社会主义现代化建设历史新时期。以邓小平为核心的党的第二代中央领导集体重新确立了解放思想、实事求是的思想路线，作出了把工作重点转移到社会主义现代化建设上，实行改革开放，开始了建设社会主义的新探索。1982 年，邓小平同志在党的十二大开幕词中指出：把马克思主义的普遍真理同我国的具体实际结合起来，走自己的道路，建设有中国特色的社会主义。这是第一次用“建设有中国特色社会主义”为我们党和国家的事业命名。1987 年党的十三大第一次比较系统地提出了社会主义初级阶段理论，制定了党在社会主义初级阶段的基本路线，概括了改革开放以来党关于社会主义建设的一系列科学理论观点，构成了“建设有中国特色的社会主义理论”轮廓。1992 年，党的十四大报告从 9 个方面对邓小平建设有中国特色社会主义理论进一步作出科学的概括。1997 年党的十五大第一次把“建设有中国特色社会主义理论”称为“邓小平理论”，进一步阐明了邓小平理论是马克思主义在中国发展的新阶段，并且把邓小平理论确立为党的指导思想，写进了党章。第二年载入宪法。邓小平理论第一次比较系统地初步回答了在中国这样一个经济文化比较落后的国家如何建设社会主义、如何巩固和发展社会主义的一系列基本问题，是中国特色社会主义理论体系的开山之作。

2.“三个代表”重要思想阶段（1989 年十三届四中全会—2002 年十六大）

十三届四中全会以来，以江泽民为核心的党的第三代中央领导集体，科学地坚持和发展邓小平理论，紧紧围绕“什么是社会主义、怎样建设社会主义”，“建设什么样的党、怎样建设党”这两个根本问题，积累了十分宝贵的经验。

2000 年 2 月江泽民在广东考察期间，发表了题为《在新的历史条件下，我们党如何做到“三个代表”》的重要讲话，讲话中指出：“总结我们党 70 多年的历史，可以得出一个重要的结论，这就是：我们党所以赢得人民的拥护，是因为我们党在革命、建设、改革的各个历史时期，总是代表着中国先进生产力的发展要求，代表着中国先进文化的前进方向，代表着中国最广大人民的根本利益。”5 月，他在江苏、浙江、上海等地，又对“三个代表”重要思想作了重要阐述，指出它是我们党的立党之本、执政之基、力量之源。2002 年 11 月党的十六大将“三个代表”重要思想写入党章。“三个代表”重要思想进一步回答了什么是社会主义、怎样建设社会主义的问题，创造性地回答了建设什么样的党、怎样建设党的问题，丰富和发展了中国特色社会主义理论体系，开创全面改革开放新局面，推进党的建设新的伟大工程，成功把中国特色社会主义推向 21 世纪。

3. 科学发展观阶段（2002 年十六大—2012 年十八大）

党的十六大以来，以胡锦涛为总书记的党中央，紧紧围绕建设中国特色社会主义这个主题，准确把握时代特征和中国国情，认真研究和回答我国社会主义经济建设、政治建设、文化建设、社会建设和党的建设面临的一系列重大问题，提出了科学发展观。

2003 年 10 月，党的十六届三中全会通过的《中共中央关于完善社会主义市场经济体制若干问题的决定》中第一次研究科学发展观问题，也是党的文件第一次明确提出科学发展观。2004 年 9 月，党的十六届四中全会通过的《中共中央关于加强党的执政能力建设的决定》，把树立和落实科学发展观作为提高党的执政能力的重要内容。2005 年 10 月，党的十六届五中全会通过的《中共中央关于制定国民经济和社会发展第十一个五年计划的建议》强调：要坚定不移地以科学发展观统领经济社会发展全局，坚持以人为本……全面协调可持续发展。2007 年 10 月，胡锦涛在党的十七大报告中进一步阐述了科学发展观的时代背景、科学内涵、精神实质和根本要求。党的十八大将其立为党必须长期坚持的指导思想并写入党章。党的十八大提出："科学发展观同马克思列宁主义、毛泽东思想、邓小平理论、'三个代表'重要思想一道，是党必须长期坚持的指导思想。"

4. 继续发展阶段（十八大以来）

党的十八大以来，习近平总书记集中全党智慧，围绕改革发展稳定、内政外交国防、治党治国治军作出一系列新的阐述，提出许多富有创建的新思想、新观点、新论断、新要求，概括并深刻回答了新的历史条件下党和国家发展的重大理论和现实问题，形成了一系列新成果，特别是"四个全面"的战略布局，开拓了马克思主义发展的新境界，是中国特色社会主义理论体系的最新成果，是指导具有许多新的历史特点的伟大斗争最鲜活的马克思主义。

中国特色社会主义理论体系是马克思主义中国化的最新成果

党的十七大报告提出：中国特色社会主义理论体系是马克思主义中国化的最新成果，是党最可宝贵的政治和精神财富，在当代中国，坚持中国特色社会主义理论体系，就是真正坚持马克思主义。

对这个问题的深入理解，要注意把握以下三个要点。

一是要从新时期以来我们党全部理论创新成果准确鲜明而又富有新意的科学综合的角度，来认识和把握中国特色社会主义理论体系。富于理论创造精神的中国共产党人，在新时期29年来波澜壮阔的改革创新实践中，相继创立了邓小平理论、“三个代表”重要思想以及科学发展观等重大战略思想。党的十七大报告用中国特色社会主义理论体系，科学地综合了这些重大理论创新成果，并第一次阐明了高举中国特色社会主义伟大旗帜，最根本的就是要坚持中国特色社会主义道路和中国特色社会主义理论体系。这样，在党的十七大报告中，中国特色社会主义一面旗帜、一条道路、一个理论体系这“三个一”，就成为鲜明的、贯通的、完整的统一体。

与此同时，党的十七大报告还把这“三个一”同“四个坚定不移”，即：坚定不移地继续解放思想，坚定不移地坚持改革开放，坚定不移地推动科学发展、促进社会和谐，坚定不移地全面建设小康社会也统一起来，共同纳入党的十七大报告的主题，这样，就把新时期29年来以及今后一个时期改革发展进程中，我们党所要坚持的最重要最关键的东西都提炼和揭示出来了。“三个一”同“四个坚定不移”是有深刻内在联系的：只有始终坚持“三个一”，“四个坚定不移”

才能保持正确方向；只有全面做到“四个坚定不移”，才能真正坚持和发展中国特色社会主义。

二是要从中国特色社会主义理论体系体现了中国共产党人在新时期三个方面的新的伟大觉醒的角度，来认识和把握马克思主义中国化最新成果。党的十七大报告指出，在新时期，“我们党坚持马克思主义的思想路线，不断探索和回答什么是社会主义、怎样建设社会主义，建设什么样的党、怎样建设党，实现什么样的发展、怎样发展等重大理论和实际问题，不断推进马克思主义中国化”。这就表明，党在新时期不断推进马克思主义中国化的进程，是通过思想理论上三个方面了不起的伟大觉醒实现的。

第一个方面的伟大觉醒，是不断探索和回答什么是社会主义、怎样建设社会主义的问题。这是我们党从新时期启动拨乱反正进而全面改革开始，从困境中重新奋起，勇敢地全面开创社会主义现代化事业新局面，并且随着实践发展而不断深化的伟大觉醒。在这个过程中创立的邓小平理论，及其所包含的社会主义初级阶段论、社会主义市场经济论、社会主义本质论以及党在社会主义初级阶段“一个中心、两个基本点”的基本路线，正确界定了我国现实社会的历史方位和主要矛盾。在这个过程中，明确提出了党在社会主义初级阶段的兴国之要、立国之本、强国之路这一系列带根本性的问题。

第二个方面的伟大觉醒，是不断探索和回答建设什么样的党、怎样建设党的问题。同样从新时期一开始，我们党就启动了这一方面的探索和回答，并随着实践的发展而不断深化。以江泽民同志提出的“三个代表”重要思想为标志，世纪之交的中国共产党人，深刻认识和把握新的历史条件下变化了的世情、国情、党情，在进一步回答什么是社会主义、怎样建设社会主义问题的同时，又创造性地回答了建设什么样的党、怎样建设党的问题，从而正确界定了我们党的历史方位，并从代表中国先进生产力的发展要求、中国先进文化的前进方向和中国最广大人民的根本利益的高度，提出了坚持和发展党的先进性、提高党的执政能力的时代课题。这就反映了我们党更加自觉地进入了从新的历史高度来认识自己、完善自己、全面加强自己这样一种马克思主义新境界。在这个过程中，明确提出了立党之本、执政之基、力量之源这一系列带根本性的问题。

第三个方面的伟大觉醒，则是不断探索和回答实现什么样的发展、怎样发展的问题。从党的十一届三中全会后的中国式现代化，到“三步走”的战略部署，区域发展战略的“两个大局”，让人民共享经济繁荣成果，新世纪新阶段的全面小康，统筹城乡经济社会发展，新型工业化道路，坚持走生产发展、生活富裕、生态良好的文明发展道路等，直到以科学发展观的提出为标志，连同构建社会主义和谐社会等重大战略思想，明确了我国仍处于并将长期处于社会主义初级阶段而又进到新的历史起点的发展方位，把发展的问题提到体现以人为本，体现社会公平正义，体现人的全面发展和社会的全面发展以及资源环境的可持续发展的高度。在这个过程中，明确提出了发展之本、发展方式、发展规律这一系列带根本性的问题。新时期以来党在这三个方面新的伟大觉醒，不断把马克思主义中国化推进到新境界。

三是要从几代中国共产党人的智慧和心血，从一以贯之的创造性和连贯性的有机结合及其所体现的规律性的高度，来认识和把握党最可宝贵的政治和精神财富问题。党的十七大报告指出：中国特色社会主义理论体系，“坚持和发展了马克思列宁主义、毛泽东思想，凝聚了几代中国共产党人带领人民不懈探索实践的智慧和心血”。又说：“《共产党宣言》发表以来近一百六十年的实践证明，马克思主义只有与本国国情相结合、与时代发展同进步、与人民群众共命运，才能焕发出强大的生命力、创造力、感召力。”这就告诉我们，党最可宝贵的政治和精神财富，既是从几代中国共产党人智慧和心血的结晶这个角度来说的，又是从当代中国马克思主义在继往开来、承前启后中所体现的创造性和连贯性的有机结合及其所体现的规律性这个角度来说的，更重要的是从马克思主义中国化最新成果在新的实践中所体现的巨大威力这个角度来说的。因此，毫无疑问，在当代中国，坚持中国特色社会主义理论体系，就是真正坚持马克思主义。

建设社会主义文化强国

所谓文化强国，是指这个国家具有强大的文化力量。这种力量既表现为具有高度文化素养的国民，也表现为发达的文化产业，还表现为强大的文化软实力。

建设文化强国的必要途径：

第一，建设社会主义文化强国，需要培养高度的文化自觉自信。文化自觉自信是建设社会主义文化强国的一个必要条件。我国的文化发展面临着难得的机遇。要清醒认识我国文化发展的历史和现状，增强文化的自觉自信，更好地把握文化发展的规律，以主动担当的精神加快文化发展步伐，建设社会主义文化强国。

第二，建设社会主义文化强国，要大力发展文化事业和文化产业。发展文化事业，要坚持政府主导，按照公益性、基本性、均等性、便利性的要求，加强文化基础设施建设，完善公共文化服务网络，让人民群众广泛享有免费或优惠的基本公共服务，在满足人民群众基本文化需求的基础之上，提升国民素质。发展文化产业，要按照全面协调可持续的要求，推动文化产业跨越式发展，在满足人民多样化精神文化需求的基础上，使之成为国民经济支柱型产业，为推动科学发展提供重要支撑。

第三，建设社会主义文化强国，必须加快文化体制改革。十八届三中全会对深化文化体制改革作出了新的重大战略部署。要坚持以人为本为中心的工作导向，坚持把社会效益放在首位、社会效益和经济效益相统一，以激发全民族文化创造活力为中心环节，进一步深化文化体制改革。紧紧围绕建设社会主义核心价值体系、社会主义文化强国，深化文化体制改革，加快完善文化管理体制和文化生产经营机制，建立健全现代公共文化服务体系、现代文化市场体系，推动社会主义文化发展大繁荣。

社会主义核心价值体系和社会主义核心价值观

1. 社会主义核心价值体系

建设和发展中国特色社会主义，需要有一个能够被全社会共同接受和认同的社会主义核心价值体系来引领。马克思主义指导思想、中国特色社会主义共同理想、以爱国主义为核心的民族精神和以改革创新为核心的时代精神、社会主义荣辱观，构成社会主义核心价值体系的基本内容。马克思主义指导思想，是社会主义核心价值体系的灵魂。中国特色社会主义共同理想，是社会主义核心价值体系的主题。民族精神和时代精神，是社会主义核心价值体系的精髓。在中华民族五千年历史发展过程中，形成了以爱国主义为核心的团结统一、爱好和平、勤劳勇敢、自强不息的伟大民族精神；在改革开放和社会主义现代化建设新时期，形成了以改革创新为核心的时代精神。社会主义荣辱观，是社会主义核心价值体系的基础。以八荣八耻为主要内容的社会主义荣辱观，覆盖各个利益群体，涵盖了社会生活的方方面面。

社会主义核心价值体系是社会主义意识形态的本质体现，是社会主义制度的内在精神和生命之魂，体现了社会主义制度的内在价值取向，反映了全国各族人民的核心利益和共同愿望。在当前经济体制深刻变革、社会结构深刻变动、利益格局深刻调整、思想观念深刻变化，思想大活跃、观念大碰撞、文化大交融的背景下，建设社会主义核心价值体系，具有重要的理论意义和现实意义。

2. 社会主义核心价值观

在建设社会主义核心价值体系的基础上，十八大首次提出，要倡导富强、民主、文明、和谐，倡导自由、平等、公正、法治，倡导爱国、敬业、诚信、友善，积极培育和践行社会主义核心价值观。这与中国特色社会主义发展要求相契合，与中华优秀传统文化和人类文明优秀成果相承接，是党凝聚全党全社会价值共识作出的重要论断。富强、民主、文明、和谐是国家层面的价值目标，自由、平等、公正、法治是社会层面的价值取向，爱国、敬业、诚信、友善是公民个人层面的价值准则，这 24 个字是社会主义核心价值观的基本内容，为培育和践行社会主义核心价值观提供了基本遵循。

3. 社会主义核心价值体系和社会主义核心价值观的关系

社会主义核心价值观是在社会主义核心价值体系的基础上提出来的，社会主义核心价值观是社会主义核心价值体系的内核凝练，体现着社会主义核心价值体系的根本性质和基本特征，反映着社会主义核心价值体系的丰富内涵和实践要求，是社会主义核心价值体系的高度凝练和集中表达。

把握好社会主义核心价值观和核心价值体系的关系，首先要充分认识两者的内在一致性。社会主义核心价值体系和社会主义核心价值观方向一致，都体现了社会主义意识形态的本质要求，体现了社会主义制度在思想和精神层面的质的规定性，凝结着社会主义先进文化的精髓，是中国特色社会主义道路、理论体系和制度的价值表达，是实现中华民族伟大复兴的中国梦的价值引领。核心价值观和核心价值体系都坚持重在建设，就是要弘扬共同理想、凝聚精神力量、建设道德风尚。

把握好核心价值观和核心价值体系的关系，还要认识到两者各有侧重，特别是要看到相比于社会主义核心价值体系，社会主义核心价值观更加突出核心要素、更加注重凝练表达、更加强化实践导向。社会主义核心价值观把涉及国家、公民、社会的价值要求融为一体，既体现了社会主义本质要求，继承了中华优秀传统文化，也吸收了世界文明有益成果，体现了时代精神，回答了要建设什么样的国家、建设什么样的社会、培育什么样的公民的重大问题。

4. 培育和践行社会主义核心价值观

弘扬社会主义核心价值体系和核心价值观就是通过教育引导、舆论宣传、文化熏陶、实践养成、制度保障等，使社会主义核心价值观内化为人们的精神追求，外化为人们的自觉行动。

培育和践行社会主义核心价值观要在全社会深入开展理想信念教育（坚定四个自信）。

培育和践行社会主义核心价值观要使社会主义核心价值观成为人们日常生活的基本遵循（增强认同感和归属感）。

培育和践行社会主义核心价值观要突出道德价值的作用（树立崇高的道德境界）。

培育和践行社会主义核心价值观必须立足中国优秀传统文化（中华民族的象征和生命基因）。

培育和践行社会主义核心价值观要加强革命传统教育，弘扬红色文化（中国光荣历史的见证）。

加强党的执政能力、先进性和纯洁性建设

我们党担负着团结带领人民全面建成小康社会、推进社会主义现代化、实现中华民族伟大复兴的重任。党坚强有力，党同人民保持血

肉联系，国家就繁荣稳定，人民就幸福安康。形势的发展、事业的开拓、人民的期待，都要求我们以改革创新精神全面推进党的建设新的伟大工程，全面提高党的建设科学化水平。

新形势下，党面临的执政考验、改革开放考验、市场经济考验、外部环境考验是长期的、复杂的、严峻的，精神懈怠危险、能力不足危险、脱离群众危险、消极腐败危险更加尖锐地摆在全党面前。不断提高党的领导水平和执政水平、提高拒腐防变和抵御风险能力，是党巩固执政地位、实现执政使命必须解决好的重大课题。全党要增强紧迫感和责任感，牢牢把握加强党的执政能力建设、先进性和纯洁性建设这条主线，坚持解放思想、改革创新，坚持党要管党、从严治党，全面加强党的思想建设、组织建设、作风建设、反腐倡廉建设、制度建设，增强自我净化、自我完善、自我革新、自我提高能力，建设学习型、服务型、创新型的马克思主义执政党，确保党始终成为中国特色社会主义事业的坚强领导核心。

党的执政能力，就是党提出和运用正确的理论、路线、方针、政策和策略，领导制定和实施宪法和法律，采取科学的领导制度和领导方式，动员和组织人民依法管理国家和社会事务、经济和文化事业，有效治党治国治军，建设社会主义现代化国家的本领。执政能力建设是党执政后的一项根本建设，是党执政后始终面临和不断探索的一个重大课题。在60多年的执政实践中，党积累了执政的成功经验，主要是：必须坚持党在指导思想上的与时俱进，用发展着的马克思主义指导新的实践；必须坚持推进社会主义的自我完善，增强社会主义的生机和活力；必须坚持抓好发展这个党执政兴国的第一要务，把发展作为解决中国一切问题的关键；必须坚持立党为公，执政为民，始终保持党同人民群众的血肉联系；必须坚持科学执政、民主执政、依法执政，不断完善党的领导方式和执政方式，必须坚持以改革的精神加强党的建设，不断增强党的创造力、凝聚力、战斗力。

加强党的先进性建设，就是要通过推进党的各方面建设，使党的理论和路线方针政策顺应时代发展的潮流和我国社会发展进步的要求、反映全国各族人民的利益和愿望，使各级党组织不断提高创造力、凝聚力、战斗力，始终发挥领导核心和战斗堡垒作用，使广大党员不断提高自身素质、始终发挥先锋模范作用，使我们党永葆与时俱进的品质、始终走在时代前列。

加强党的纯洁性建设，就是要通过推进党的各方面建设，使党的各级组织和广大党员在思想上和行动上符合党的宗旨和要求，保持纯粹清正的状态。党的纯洁性体现在党的思想、政治、组织和作风各个方面。体现在思想上，就是坚持把马克思主义及其中国化的理论成果作为指导思想，坚持把为社会主义、共产主义奋斗作为理想信念，坚持马克思主义实事求是的思想路线，坚决同各种违背马克思主义的错误思想作斗争。体现在政治上，就是须坚决执行党的纲领、章程和路线方针政策，坚决抵制和反对一切违背党的基本路线的错误政治倾向。体现在组织上，就是坚持贯彻党的民主集中制原则和遵守党的组织纪律的要求，自觉维护党的团结统一，坚决反对一切危害和分裂党的行为，坚决把背离党纲党章、危害党的事业、已经丧失共产党员资格的蜕化变质分子和腐败分子清除出党。体现在作风上，就是坚持发扬党的理论联系实际、密切联系群众、批评和自我批评以及谦虚谨慎、戒骄戒躁、艰苦奋斗等优良作风，坚持贯彻党的从群众中来到群众中去的工作路线和调查研究的工作方法，坚决反对形式主义、官僚主义、享乐主义和奢靡之风。

先进性和纯洁性是马克思主义政党的本质属性，贯穿于党的性质、宗旨、任务和全部工作中，体现在各级党组织和全体党员的实际行动上。党的先进性同党的纯洁性相辅相成、密不可分。纯洁性是先进性的前提和基础，先进性是纯洁性的体现和保证，二者在本质上是一致的。当然，这种先进性和纯洁性，不是固定不变的，而是与时俱进、随着形势和任务的发展变化而不断丰富与发展的；不是一劳永逸的，而是必须通过坚持不懈地加强党的自身建设才能保持与发展的。正反两方面历史经验深刻表明，保持、发展先进性和纯洁性始终是马克思主义政党根本的思想政治任务，关系党的生死存亡和前途命运。

中国共产党领导中国人民不断赢得革命、建设、改革胜利的历史，也是党不断实现、保持、发展自己先进性和纯洁性的历史。新时期，面对各种困难和风险的挑战与考验，中国共产党需要以更大力度继续加强党的先进性和纯洁性建设。

坚持从思想教育入手，教育引导党员和干部认真学习并实践中国特色社会主义理论体系，做共产主义远大理想和中国特色社会主义共同理想的坚定信仰者和忠实执行者；巩固党的阶级基础和群众基础，把实现人民根本利益作为检验先进性和纯洁性的试金石，在为群众排忧解难、造福人民的实践中体现党的先进性和纯洁性；提高领导骨干素质，夯实组织基础，加强党的先进性和纯洁性建设，充分发挥基层党组织的战斗堡垒作用和党员的先锋模范作用；完善党内制度及工作机制，增强自我净化、自我完善、自我革新、自我提高能力，健全以党章为根本、以民主集中制为核心的制度体系，为保持党的先进性和纯洁性提供制度保证。

党的建设面临“四大考验”、“四种危险”

当前，我们正在进行具有许多新的历史特点的伟大斗争，党肩负着历史重任，经受着时代考验。只有坚持党要管党、从严治党，以改革创新精神推进党的建设，才能更好经受住执政考验、改革开放考验、市场经济考验、外部环境考验，更好战胜精神懈怠危险、能力不足危险、脱离群众危险、消极腐败危险。

建设学习型、服务型、创新型的马克思主义执政党

党的十八大提出了把党建设成为学习型、服务型、创新型的马克思主义执政党的战略目标。这充分体现了党对执政党建设规律的清醒认识和深刻把握，为党的执政能力建设、先进性和纯洁性建设注入了新的内涵，对于全面提高党的建设科学化水平，深入推进党的建设新的伟大工程具有深远影响。

把学习型放在第一位，是因为学习是开拓前进的基础，学习好才能服务好，学习好才有可能进行创新。所谓学习型政党，就是指能够形成重视学习、善于学习的理念、机制、方法，使学习成为内在需求，从而更好地处理和解决面临的问题，不断增强生机活力的政党。

创新是一个民族进步的灵魂，是一个国家兴旺发达的不竭动力，也是一个政党永葆生机的源泉。根据形势的发展，不断推进理论创新和实践创新，是中国共产党的显著特征。所谓创新型政党，就是在马克思主义指导下，坚持一切从变化着的实际出发，把改革创新作为事业发展的推动力量，使党的全部理论和工作体现时代性、把握规律性、富于创造性，始终保持与时俱进、奋发有为精神状态的政党。

建设服务型马克思主义执政党，是实现党的宗旨的本质体现，是巩固党的执政基础和转变执政方式的必然要求。所谓服务型政党，就是指在科学执政、民主执政、依法执政过程中贯彻以人为本、执政为民的理念，把服务人民作为执政的首要价值和核心任务，始终保持同人民群众血肉联系的政党。建设服务型执政党至少包括四方面内容：在思想认识上，牢固树立宗旨意识和群众观点；在工作方法上，自觉贯彻党的群众路线；在考核评价上，把群众满意度作为重要依据；在运行机制上，建立常态化的服务体系。建设服务型执政党集中体现了党的性质和宗旨，体现了科学发展观以人为本的核心立场，对党科学

执政、民主执政、依法执政提出了更高的要求，对加强和改进党的作风、密切党群关系、凝聚党心民心具有重要意义。

学习、服务、创新，三者是相互联系、相互贯通、相互促进的。加强学习是基础工作，服务群众是根本目的，改革创新是动力源泉。建设学习型、服务型、创新型的马克思主义执政党，要以学习为先，要以服务为魂，要以创新为本。三者各有侧重又相互促进，三者的有机联系，进一步拓宽了传统党建的思路，从不同方面深化了对共产党执政规律的认识，统一于全面提高党的建设科学化水平的伟大实践之中。

马克思主义中国化、时代化、大众化

2016 年 5 月 17 日，习近平总书记在哲学社会科学工作座谈会上的讲话指出："我国哲学社会科学的一项重要任务就是继续推进马克思主义中国化、时代化、大众化，继续发展 21 世纪马克思主义、当代中国马克思主义。"马克思主义是科学的理论，有着强大生命力。马克思主义是我们党的指导思想。马克思主义之所以有着强大生命力，就在于它深刻揭示了自然界、人类社会、人类思维发展的普遍规律，为人类社会发展进步指明了方向；就在于它坚持实现人民解放、维护人民利益的立场，以实现人的自由而全面的发展和全人类解放为己任，反映了人类对理想社会的美好憧憬；就在于它揭示了事物的本质、内在联系及发展规律，是"伟大的认识工具"，是人们观察世界、分析问题的有力思想武器；就在于它具有鲜明的实践品格，不仅致力于科学"解释世界"，而且致力于积极"改变世界"。实践证明，无论时代如何变迁、科学如何进步，马克思主义依然显示出科学思维的伟力，依然占据着真理和道义的制高点，依然有着强大生命力。马克思主义的生命力不仅来源于它的科学性，而且来源于它的与时俱进的理论品质。马克思主义是随着时代、实践、科学发展而不断发展的开放的理论体系，它并没有结束真理，而是开辟了通向真理的道路。因此，坚持以马克思主义为指导，就必须不断发展马克思主义，不断推进马克思主义中国化、时代化、大众化，这是马克思主义永葆生机活力的奥妙所在。

我们党之所以能够取得革命、建设和改革的巨大胜利，根本原因就在于中国共产党人坚持把马克思主义同中国国情、时代特征和群众实践紧密结合，不断推进马克思主义中国化、时代化、大众化。正如习近平总书记指出的："在革命、建设、改革各个历史时期，我们党坚持马克思主义基本原理同中国具体实际相结合，运用马克思主义立场、观点、方法研究解决各种重大理论和实践问题，不断推进马克思主义中国化，产生了毛泽东思想、邓小平理论、'三个代表'重要思想、科学发展观等重大成果，指导党和人民取得了新民主主义革命、社会主义革命和社会主义建设、改革开放的伟大成就。"

习近平总书记系列重要讲话，是中国特色社会主义理论体系最新成果，是马克思主义中国化最新成果，是指导具有许多新的历史特点的伟大斗争的鲜活的马克思主义。继续发展21世纪马克思主义、当代中国马克思主义，就必须深入学习贯彻习近平总书记系列重要讲话精神，以讲话精神指导新的伟大实践，以新的伟大实践丰富我们对讲话精神的理解，在新的更高的起点上升华马克思主义，续写中国特色社会主义事业伟大篇章。我们坚信，只要坚持继续推进马克思主义中国化、时代化、大众化，就一定能够使马克思主义彰显出更加强大的生命力、影响力、感染力，就一定能够在世界范围内各种思想文化交流交融交锋的新形势下，不断提高我国在国际上的话语权，为实现"两个一百年"奋斗目标、实现中华民族伟大复兴的中国梦作出新的更大的贡献。

四、习近平新时代中国特色社会主义思想

复习要点提示

- 理解和掌握习近平新时代中国特色社会主义思想的主要内容（八个明确）。
- 理解和掌握党的基本理论、基本路线、基本方略（“十四条坚持”）。
- 理解和掌握建成社会主义现代化强国“两步走”战略。
- 理解和掌握统揽“四个伟大”（伟大斗争、伟大工程、伟大事业、伟大梦想）。
- 理解和掌握以人民为中心的发展思想。
- 理解和掌握实现中华民族伟大复兴的中国梦。
- 理解和掌握统筹推进中国特色社会主义“五位一体”总体布局的重要内容。
- 理解和掌握“四个全面”战略布局及相互关系。
- 理解和掌握“三严三实”专题教育和“两学一做”学习教育。
- 理解和掌握中国特色社会主义最本质的特征和制度的最大优势。
- 理解和掌握坚定“四个自信”的内容和增强“四个意识”的内容。
- 理解和掌握中国特色强军之路和推动军民融合深度发展的内容。
- 理解和掌握“一带一路”的战略构想。
- 理解和掌握命运共同体和正确义利观。

历史性成就与历史性变革

党的十八大以来的五年，是党和国家事业取得历史性成就、发生历史性变革的五年。五年来，以习近平同志为核心的党中央，举旗定向、运筹帷幄，科学把握当今世界和当代中国的发展大势，顺应实践要求和人民愿望，以巨大的政治勇气和强烈的责任担当，统筹推进“五位一体”总体布局，协调推进“四个全面”战略布局，提出一系列具有开创性意义的新理念新思想新战略，出台一系列重大方针政策，推出一系列重大举措，推进一系列重大工作，解决了许多长期想解决而没有解决的难题，办成了许多过去想办而没有办成的大事，取得了改革开放和社会主义现代化建设的历史性成就。主要表现在以下十个方面：

（1）经济建设取得重大成就。经济保持中高速增长，在世界主要国家中名列前茅，国内生产总值从五十四万亿元增长到八十万亿元，稳居世界第二，对世界经济增长贡献率超过百分之三十。供给侧结构性改革深入推进，经济结构不断优化，数字经济等新兴产业蓬勃发展，高铁、公路、桥梁、港口、机场等基础设施建设快速推进。农业现代化稳步推进，粮食生产能力达到一万二千亿斤。城镇化率年均提高一点二个百分点，八千多万农业转移人口成为城镇居民。区域发展协调性增强，“一带一路”建设、京津冀协同发展、长江经济带发展成效显著。创新驱动发展战略大力实施，创新型国家建设成果丰硕，天宫、蛟龙、天眼、悟空、墨子、大飞机等重大科技成果相继问世。南海岛礁建设积极推进。开放型经济新体制逐步健全，对外贸易、对外投资、外汇储备稳居世界前列。

（2）全面深化改革取得重大突破。蹄疾步稳推进全面深化改革，坚决破除各方面体制机制弊端。改革全面发力、多点突破、纵深推进，着力增强改革系统性、整体性、协同性，压茬拓展改革广度和深度，推出一千五百多项改革举措，重要领域和关键环节改革取得突破性进展，主要领域改革主体框架基本确立。中国特色社会主义制度更加完善，国家治理体系和治理能力现代化水平明显提高，全社会发展活力和创新活力明显增强。

（3）民主法治建设迈出重大步伐。积极发展社会主义民主政治，推进全面依法治国，党的领导、人民当家作主、依法治国有机统一的制度建设全面加强，党的领导体制机制不断完善，社会主义民主不断发展，党内民主更加广泛，社会主义协商民主全面展开，爱国统一战线巩固发展，民族宗教工作创新推进。科学立法、严格执法、公正司法、全民守法深入推进，法治国家、法治政府、法治社会建设相互促进，中国特色社会主义法治体系日益完善，全社会法治观念明显增强。国家监察体制改革试点取得实效，行政体制改革、司法体制改革、权力运行制约和监督体系建设有效实施。

（4）思想文化建设取得重大进展。加强党对意识形态工作的领导，党的理论创新全面推进，马克思主义在意识形态领域的指导地位更加鲜明，中国特色社会主义和中国梦深入人心，社会主义核心价值观和中华优秀传统文化广泛弘扬，群众性精神文明创建活动扎实开展。公共文化服务水平不断提高，文艺创作持续繁荣，文化事业和文化产业蓬勃发展，互联网建设管理运用不断完善，全民健身和竞技体育全面发展。主旋律更加响亮，正能量更加强劲，文化自信得到彰显，国家文化软实力和中华文化影响力大幅提升，全党全社会思想上的团结统一更加巩固。

（5）人民生活不断改善。深入贯彻以人民为中心的发展思想，一大批惠民举措落地实施，人民获得感显著增强。脱贫攻坚战取得决定性进展，六千多万贫困人口稳定脱贫，贫困发生率从百分之十点二下降到百分之四以下。教育事业全面发展，中西部和农村教育明显加强。就业状况持续改善，城镇新增就业年均一千三百万人以上。城乡居民收入增速超过经济增速，中等收入群体持续扩大。覆盖城乡居民的社会保障体系基本建立，人民健康和医疗卫生水平大幅提高，保障性住房建设稳步推进。社会治理体系更加完善，社会大局保持稳定，国家安全全面加强。

（6）生态文明建设成效显著。大力度推进生态文明建设，全党全国贯彻绿色发展理念的自觉性和主动性显著增强，忽视生态环境保护的状况明显改变。生态文明制度体系加快形成，主体功能区制度逐步健全，国家公园体制试点积极推进。全面节约资源有效推进，能源资源消耗强度大幅下降。重大生态保护和修复工程进展顺利，森林覆盖率持续提高。生态环境治理明显加强，环境状况得到改善。引导应对气候变化国际合作，成为全球生态文明建设的重要参与者、贡献者、引领者。

（7）强军兴军开创新局面。着眼于实现中国梦强军梦，制定新形势下军事战略方针，全力推进国防和军队现代化。召开古田全军政治工作会议，恢复和发扬我党我军光荣传统和优良作风，人民军队政治生态得到有效治理。国防和军队改革取得历史性突破，形成军委管总、战区主战、军种主建新格局，人民军队组织架构和力量体系实现革命性重塑。加强练兵备战，有效遂行海上维权、反恐维稳、抢险救灾、国际维和、亚丁湾护航、人道主义救援等重大任务，武器装备加快发展，军事斗争准备取得重大进展。人民军队在中国特色强军之路上迈出坚定步伐。

（8）港澳台工作取得新进展。全面准确贯彻“一国两制”方针，牢牢掌握宪法和基本法赋予的中央对香港、澳门全面管治权，深化内地和港澳地区交流合作，保持香港、澳门繁荣稳定。坚持一个中国原则和“九二共识”，推动两岸关系和平发展，加强两岸经济文化交流合作，实现两岸领导人历史性会晤。妥善应对台湾局势变化，坚决反对和遏制“台独”分裂势力，有力维护台海和平稳定。

（9）全方位外交布局深入展开。全面推进中国特色大国外交，形成全方位、多层次、立体化的外交布局，为我国发展营造了良好外部条件。实施共建“一带一路”倡议，发起创办亚洲基础设施投资银行，设立丝路基金，举办首届“一带一路”国际合作高峰论坛、亚太经合组织领导人非正式会议、二十国集团领导人杭州峰会、金砖国家领导人厦门会晤、亚信峰会。倡导构建人类命运共同体，促进全球治理体系变革。我国国际影响力、感召力、塑造力进一步提高，为世界和平与发展作出新的重大贡献。

（10）全面从严治党成效卓著。全面加强党的领导和党的建设，坚决改变管党治党宽松软状况。推动全党尊崇党章，增强政治意识、大局意识、核心意识、看齐意识，坚决维护党中央权威和集中统一领导，严明党的政治纪律和政治规矩，层层落实管党治党政治责任。坚持照镜子、正衣冠、洗洗澡、治治病的要求，开展党的群众路线教育实践活动和“三严三实”专题教育，推进“两学一做”学习教育常态化制度化，全党理想信念更加坚定、党性更加坚强。贯彻新时期好干部标准，选人用人状况和风气明显好转。党的建设制度改革深入推进，党内法规制度体系不断完善。把纪律挺在前面，着力解决人民群众反映最强烈、对党的执政基础威胁最大的突出问题。出台中央八项规定，严厉整治形式主义、官僚主义、享乐主义和奢靡之风，坚决反对特权。巡视利剑作用彰显，实现中央和省级党委巡视全覆盖。坚持反腐败无禁区、全覆盖、零容忍，坚定不移“打虎”“拍蝇”“猎狐”，不敢腐的目标初步实现，不能腐的笼子越扎越牢，不想腐的堤坝正在构筑，反腐败斗争压倒性态势已经形成并巩固发展。

五年来的成就是全方位的、开创性的，五年来的变革是深层次的、根本性的。主要表现在：

（1）发展理念和发展方式发生深刻变革。党的十八大之后，面对世界经济持续低迷和国内经济“三期叠加”以及发展不平衡、不协调、不可持续问题突出的不利条件和复杂形势，党中央果断作出我国经济发展进入新常态的重大判断，提出创新、协调、绿色、开放、共享的发展理念，加快完善使市场在资源配置中起决定性作用和更好发挥政府作用的体制机制，坚持稳中求进工作总基调，坚定不移推进供给侧结构性改革，坚定不移推进“三去一降一补”，接连推出“一带一路”建设、京津冀协同发展、长江经济带发展、创新驱动发展等重大战略，加快推进经济结构调整和新旧动能转换，大力推进精准扶贫、精准脱贫，特别是强调要坚持正确政绩观，不简单以生产总值增长率论英雄。这些重大决策、举措和成就，引领和推动我国发展全局发生了一场深刻变革，发展观念不正确、发展方式粗放的状况得到明显改变，有力推动我国发展加快从速度规模型向质量效益型转变，为我国发展培育了新动力，拓展了新空间。

（2）各方面体制机制发生深刻变革。针对我国各方面体制机制由于多方面原因和长期积累仍然存在不少突出矛盾和问题从而严重阻碍党和国家事业发展的状况，党中央果断作出全面深化改革的重大战略决策和部署，强调改革开放只有进行时、没有完成时，停顿和倒退没有出路；要敢于啃硬骨头，敢于涉险滩，敢于向积存多年的顽瘴痼疾开刀。明确提出全面深化改革的总目标、路线图和时间表；明确提出经济、政治、文化、社会、生态、军队、党建等各个领域深化改革的任务和举措；成立中央全面深化改革领导小组，加强党对全国改革的顶层设计和集中统一领导，着力增强改革系统性、整体性、协同性，压茬拓展改革广度和深度。全面深化改革取得的重大成就，使各方面体制机制弊端阻碍全社会创造力和发展活力的状况得到明显改变，人民群众的获得感不断增强。全面深化改革成为当代中国最鲜明的特征。

（3）全面依法治国发生深刻变革。针对我国法治建设相对滞后，法治观念不强、有法不依、违法不究、司法不公、执法不作为等问题严重影响社会公平正义与和谐稳定的状况，党中央果断作出全面推进依法治国的重大决策，统筹加强科学立法、严格执法、公正司法、全民守法各环节建设，统筹推进法治国家、法治政府、法治社会一体建设，开展国家监察体制改革试点，全面推进行政体制改革、司法体制改革、权力运行制约和监督体系建设，着力建设中国特色社会主义法治体系。这些重大决策、举措和成就，有效提高了国家机构依法履职能力，有效提高了各级领导干部运用法治思维和法治方式解决问题、推动发展的能力，有效增强了全社会法治意识，有效促进了社会公平正义，维护了人民群众合法权益，显著增强了我们党运用法律手段领导和治理国家的能力。

（4）党对意识形态工作的领导发生深刻变革。针对境内外敌对势力加紧对我国进行意识形态渗透和各种错误思潮、观点给我国改革发展稳定带来的严重干扰，党中央果断作出加强党对意识形态工作领导的重大工作部署，顶住各种压力、各种非议，就意识形态领域方向性、根本性、全局性问题阐明立场，坚持马克思主义在意识形态领域的指导地位，建立健全意识形态工作责任制，创新工作方式方法，加强宣传舆论阵地管理，加强网络舆论监管，对错误思想敢于亮剑、敢于斗争，坚决遏制各种错误思想炒作和蔓延。这些重大决策、举措和成就，大大增强了党在意识形态领域的主导权和话语权，社会思想舆论环境中的混乱状况得到明显改变，社会主义核心价值观和中华优秀传统文化广泛弘扬，主旋律更加响亮，正能量更加强劲，文化自信得到彰显，全党全社会思想上的团结统一更加巩固。

（5）生态文明建设发生深刻变革。针对导致发展不可持续和人民群众反映强烈的生态环境恶化问题，党中央果断决定把生态文明建设放在更加突出的位置，作为“五位一体”总体布局和“四个全面”

战略布局的重要内容。大力倡导绿水青山就是金山银山的理念，强调要“像对待生命一样对待生态环境”，实行最严格的生态环境保护制度，全面加强生态文明制度建设，全面加强生态环境整治，着力解决人民群众反映强烈的突出环境问题，全力实施大气、水、土壤污染防治行动计划，并积极参与全球环境治理。五年来对生态文明建设的重视程度、投入力度前所未有。这些重大决策、举措和成就，显著增强了全党全国贯彻绿色发展理念的自觉性和主动性，忽视生态环境保护的状况明显改变，推动美丽中国建设迈出重要步伐。我国成为全球生态文明建设的重要参与者、贡献者、引领者。

（6）国防和军队现代化发生深刻变革。针对国防和军队建设上存在的许多体制性障碍、结构性矛盾以及部队内部的不正之风、腐败问题，党中央果断作出在全军开展正风肃纪的重大政治决策，在古田召开全军政治工作会议，对新形势下政治建军作出部署，坚定不移开展党风廉政建设和反腐败斗争。坚持改革强军，全面深化国防和军队改革，形成军委管总、战区主战、军种主建新格局，人民军队组织架构和力量体系实现革命性重塑。坚持依法治军、从严治军，推进治军方式根本性转变。坚持战斗力这个根本标准，推进科技兴军，加强练兵备战，注重军民融合。坚持统筹发展和安全两件大事，提出总体国家安全观，组建中央国家安全委员会，全面加强国家安全工作，突出抓好维护政治安全。这些重大决策、举措和成就，加强了党对军队的绝对领导，国防和军队改革取得历史性突破，实现了人民军队政治生态重塑、组织形态重塑、力量体系重塑、作风形象重塑，显著提高了国防实力和军队现代化水平，显著加强了国家安全工作，显著提升了维护国家主权、安全、发展利益的能力。

（7）推进中国特色大国外交发生深刻变革。改革开放以来，我国国际地位和影响力不断提高。同时，我们也面临着来自外部环境的严峻挑战，特别是美国等西方国家加紧对我国进行围堵、干扰、遏制。针对这种状况，党中央果断对外交总体布局作出战略谋划，坚持统筹国内国际两个大局，推进全方位外交，提出构建人类命运共同体，坚持正确义利观，阐明我国的发展观、合作观、安全观、全球治理观、经济全球化观等，倡议和推动“一带一路”建设，构建覆盖全球的伙伴关系网络，积极参与和引领全球治理改革，在对外工作上取得一系列新突破，形成全方位、多层次、立体化的外交布局。审时度势、精心运筹，开展钓鱼岛维权斗争，强化对南海重点岛礁和海域管控，取得了经略海洋、维护海权的历史性突破。这些重大决策、举措和成就，大大提高我国国际影响力、感召力、塑造力，推动构建新型国际关系，营造了我国发展的和平国际环境和良好周边环境，提高了我国参与全球治理能力和水平，为我国发展在国际上赢得了战略主动，我国在国际力量对比中面临的不利状况得到明显改变。

（8）全面从严治党发生深刻变革。针对新形势下党执政面临许多新的重大风险考验和党内存在的腐败等突出问题，党中央果断把全面从严治党纳入战略布局、作出重大部署，并以顽强的意志品质和空前的力度加以推进。大力推进理想信念教育，先后开展党的群众路线教育实践活动、“三严三实”专题教育、“两学一做”学习教育。加强和规范党内政治生活，严明党的政治纪律和政治规矩，坚决纠正选人用人上的不正之风。出台并坚持实施中央八项规定，严厉整治“四风”问题，坚决反对特权。全面强化党内监督，巡视利剑作用彰显，实现中央和省级党委巡视全覆盖。强调“以猛药去疴、重典治乱的决心，以刮骨疗毒、壮士断腕的勇气，坚决把党风廉政建设和反腐败斗争进行到底”。坚持反腐败无禁区、全覆盖、零容忍，坚定不移“打虎”“拍蝇”“猎狐”。五年来反腐败斗争气势猛烈，决心、勇气、力度和成效之大，可谓史无前例。这些重大决策、举措和成就，刹住了一些过去被认为不可能刹住的歪风邪气，攻克了一些司空见惯的顽瘴痼疾，形成了反腐败斗争压倒性态势，消除了党和国家内部存在的严重隐患。管党治党实现从宽松软到严紧硬的深刻转变。党内政治生活气象更新，党内政治生态明显好转，党在革命性锻造中更加坚强，焕发出新的强大生机活力。

（9）全面加强党的领导发生深刻变革。习近平总书记一直强调："坚持党的领导是中国特色社会主义最本质的特征，是中国特色社会主义制度的最大优势。"五年来党和国家事业之所以能取得历史性成就、发生历史性变革，根本原因是在以习近平同志为核心的党中央坚强领导下全面加强了党的领导。针对过去一个时期党的领导弱化问题比较普遍的状况，党中央果断提出坚持和改善党的领导的重大政治要求，鲜明强调中国共产党是执政党，党的领导是做好党和国家各项工作的根本保证，绝对不能有丝毫动摇；强调党政军民学，东西南北中，党是领导一切的；强调全党必须增强政治意识、大局意识、核心意识、看齐意识，自觉在思想上政治上行动上同党中央保持高度一致。从政治建设、思想建设、组织建设、作风建设、纪律建设等方面着手，改革和完善坚持党的领导的体制机制，坚持民主集中制，严明党的政治纪律和政治规矩，坚决反对个人主义、分散主义、自由主义、本位主义、好人主义、宗派主义，提高党把方向、谋大局、定政策、促改革的能力和定力，确保党始终总揽全局、协调各方。这些重大决策、举措和成就，纠正了一个时期以来在坚持党的领导问题上存在的模糊和错误思想认识，党的领导被忽视、淡化、削弱和党的建设缺失的状况得到明显改变，党的领导全面加强，党的团结统一更加巩固，党的创造力、凝聚力、战斗力和领导力显著增强，为党和国家事业发展提供了坚强政治保证。

党的十八大以来党和国家事业发生的历史性变革，对于党和国家事业长远发展，对于实现"两个一百年"奋斗目标、实现中华民族伟大复兴的中国梦，将产生重大而深远的影响。

社会主要矛盾变化

习近平同志所作的党的十九大报告对当前我国社会主要矛盾作出与时俱进的新表述，指出“中国特色社会主义进入新时代，我国社会主要矛盾已经转化为人民日益增长的美好生活需要和不平衡不充分的发展之间的矛盾”。正确认识和把握这个新的重大政治论断，对于深刻理解我国发展新的历史方位，贯彻落实以习近平同志为核心的党中央关于在新的时代条件下建设社会主义现代化强国、实现中华民族伟大复兴中国梦的一系列重大战略部署具有重要意义。

党的十九大报告关于我国社会主要矛盾变化的新表述，是根据中国特色社会主义进入新时代这个我国发展新的历史方位作出的，有充分的现实依据。

党的十九大报告指出：“我国稳定解决了十几亿人的温饱问题，总体上实现小康，不久将全面建成小康社会，人民美好生活需要日益广泛，不仅对物质文化生活提出了更高要求，而且在民主、法治、公平、正义、安全、环境等方面的要求日益增长。同时，我国社会生产力水平总体上显著提高，社会生产能力在很多方面进入世界前列，更加突出的问题是发展不平衡不充分，这已经成为满足人民日益增长的美好生活需要的主要制约因素。”这段精辟论述，深刻反映了我国社会生产和社会需求发生的新变化。原来关于“人民日益增长的物质文化需要同落后的社会生产之间的矛盾”的表述，已经不能准确反映这种变化了的客观实际，理所当然需要作出新的概括。

我国社会主要矛盾的变化没有改变我们对我国社会主义所处历史阶段的判断，准确理解这种“变”与“不变”的唯物辩证法至关重要。党的十九大报告指出：“必须认识到，我国社会主要矛盾的变化，没有改变我们对我国社会主义所处历史阶段的判断，我国仍处于并将长期处于社会主义初级阶段的基本国情没有变，我国是世界最大发展中国家的国际地位没有变。全党要牢牢把握社会主义初级阶段这个基本国情，牢牢立足社会主义初级阶段这个最大实际，牢牢坚持党的基本路线这个党和国家的生命线、人民的幸福线，领导和团结全国各族人民，以经济建设为中心，坚持四项基本原则，坚持改革开放，自力更生，艰苦创业，为把我国建设成为富强民主文明和谐美丽的社会主义现代化强国而奋斗。"

新时代内涵与意义

党的十九大报告指出："经过长期努力，中国特色社会主义进入了新时代，这是我国发展新的历史方位。" 作出这个重大政治判断，是改革开放以来特别是党的十八大以来我国社会所取得的历史性成就和发生的历史性变革的必然结果，是我国社会主要矛盾运动的必然结果，也是党团结带领人民开创光明未来的必然要求。这个新时代，是中国特色社会主义新时代，而不是别的什么新时代。深刻把握中国特色社会主义新时代的内涵和意义，有利于进一步统一思想、凝聚力量，在新的起点上把中国特色社会主义事业推向前进。

中国特色社会主义进入了新时代这一重大政治判断，具有丰富的思想内涵。

（1）这个新时代，是承前启后、继往开来、在新的历史条件下继续夺取中国特色社会主义伟大胜利的时代。

（2）这个新时代是决胜全面建成小康社会、进而全面建设社会主义现代化强国的时代。

（3）这个新时代是全国各族人民团结奋斗、不断创造美好生活、逐步实现全体人民共同富裕的时代。

（4）这个新时代是全体中华儿女勠力同心、奋力实现中华民族伟大复兴中国梦的时代。

（5）这个新时代，是我国日益走近世界舞台中央、不断为人类作出更大贡献的时代。

中国特色社会主义进入新时代，在中华人民共和国发展史上、中华民族发展史上具有重大意义，在世界社会主义发展史上、人类社会发展史上也具有重大意义。

第一，从中华民族复兴的历史进程看，中国特色社会主义进入新时代，意味着近代以来久经磨难的中华民族迎来了从站起来、富起来到强起来的伟大飞跃，迎来了实现中华民族伟大复兴的光明前景。

第二，从科学社会主义发展进程看，中国特色社会主义进入新时代，意味着科学社会主义在21世纪的中国焕发出强大生机活力，在世界上高高举起了中国特色社会主义伟大旗帜。

第三，从人类文明进程看，中国特色社会主义进入新时代，意味着中国特色社会主义道路、理论、制度、文化不断发展，拓展了发展中国家走向现代化的途径，给世界上那些既希望加快发展又希望保持自身独立性的国家和民族提供了全新选择，为解决人类问题贡献了中国智慧和中国方案。

习近平新时代中国特色社会主义思想的重大时代课题（“坚持和发展什么样的中国特色社会主义、怎样坚持和发展中国特色社会主义”）

伟大时代呼唤伟大理论，伟大时代孕育伟大理论。习近平新时代中国特色社会主义思想正是在这样的伟大时代中应运而生的。习近平新时代中国特色社会主义思想的核心要义，就是坚持和发展中国特色社会主义。坚持和发展中国特色社会主义，也是改革开放以来党的全部理论和实践的主题，从党的十三大起，历次党的全国代表大会报告标题都有中国特色社会主义这个主题词。正如习近平总书记指出的，“坚持和发展中国特色社会主义是一篇大文章，邓小平同志为它确定了基本思路和基本原则，以江泽民同志为核心的党的第三代中央领导集体、以胡锦涛同志为总书记的党中央在这篇大文章上都写下了精彩的篇章。现在，我们这一代共产党人的任务，就是继续把这篇大文章写下去。” 习近平总书记以为人民谋幸福、为民族谋复兴的历史担当，肩负起把中国特色社会主义这篇大文章写下去的政治责任，从理论和实践结合上系统回答了新时代坚持和发展什么样的中国特色社会主义、怎样坚持和发展中国特色社会主义的时代课题，创立了习近平新时代中国特色社会主义思想。这一思想，回答了一系列重大问题，提出了一系列富有时代性、创造性、人民性的重大论断，廓清了一系列大是大非，在坚持什么、反对什么上旗帜鲜明、正本清源，集中体现了我们党的政治意志、政治立场、政治主张，充分彰显了马克思主义的真理力量、科学社会主义的时代价值。对坚持和发展什么样的中国特色社会主义，习近平总书记从理论渊源、历史根据、本质特征、独特优势、强大生命力等多方位多角度作出了深刻回答，强调中国特色社会主义是既坚持科学社会主义基本原则，又具有鲜明实践特色、理论特色、民族特色、时代特色的社会主义，是中国特色社会主义道路、理论、制度、文化四位一体的社会主义，是统揽伟大斗争、伟大工程、伟大事业、伟大梦想的社会主义，是根植于中国大地、反映中国人民意愿、适应中国和时代发展进步要求的社会主义。对怎样坚持和发展中国特色社会主义，习近平总书记以一系列战略性、前瞻性、创造性的观点，深刻回答了新时代坚持和发展中国特色社会主义的总目标、总任务、总体布局、战略布局和发展方向、发展方式、发展动力、战略步骤、外部条件、政治保证等基本问题。这些思想观点，在理论上有重大突破、重大创新、重大发展，深刻揭示了新时代中国特色社会主义的本质特征、发展规律和建设路径，为在新的时代条件下坚持和发展中国特色社会主义提供了科学的理论指引。

习近平新时代中国特色社会主义思想的主要内容（八个明确）

党的十九大概括和提出了习近平新时代中国特色社会主义思想，确立为党必须长期坚持的指导思想并写进党章，实现了党的指导思想的与时俱进。这是党的十九大最重大的理论创新、最重要的政治成果、最深远的历史贡献。

坚持和发展中国特色社会主义，是改革开放以来我们党全部理论和实践的鲜明主题，也是习近平新时代中国特色社会主义思想的核心要义。

习近平新时代中国特色社会主义思想运用马克思主义立场观点方法，聚焦新的时代命题，凝结新的思想精华，总结开创性独创性的实践经验，提出一系列新思想新观点新论断，构建起新的理论体系。这一思想内涵十分丰富，其中最重要、最核心的内容就是党的十九大报告概括的“八个明确”。

第一，明确坚持和发展中国特色社会主义，总任务是实现社会主义现代化和中华民族伟大复兴，在全面建成小康社会的基础上，分两步走在本世纪中叶建成富强民主文明和谐美丽的社会主义现代化强国。

第二，明确新时代我国社会主要矛盾是人民日益增长的美好生活需要和不平衡不充分的发展之间的矛盾，必须坚持以人民为中心的发展思想，不断促进人的全面发展、全体人民共同富裕。

第三，明确中国特色社会主义事业总体布局是“五位一体”、战略布局是“四个全面”，强调坚定道路自信、理论自信、制度自信、文化自信。

第四，明确全面深化改革总目标是完善和发展中国特色社会主义制度、推进国家治理体系和治理能力现代化。

第五，明确全面推进依法治国总目标是建设中国特色社会主义法治体系、建设社会主义法治国家。

第六，明确党在新时代的强军目标是建设一支听党指挥、能打胜仗、作风优良的人民军队，把人民军队建设成为世界一流军队。

第七，明确中国特色大国外交要推动构建新型国际关系，推动构建人类命运共同体。

第八，明确中国特色社会主义最本质的特征是中国共产党领导，中国特色社会主义制度的最大优势是中国共产党领导，党是最高政治领导力量，提出新时代党的建设总要求，突出政治建设在党的建设中的重要地位。

“八个明确”是这一思想最为核心关键的组成部分，是支撑习近平新时代中国特色社会主义思想的四梁八柱。“八个明确”偏重于理论层面的高度概括和凝练，每一个“明确”都是具有原创性的新思想新观点，集中反映着我们党对科学社会主义在当今时代的理论思考和理论贡献。

党的基本理论、基本路线、基本方略（“十四个坚持”）

为贯彻落实习近平新时代中国特色社会主义思想，党的十九大报告提出新时代坚持和发展中国特色社会主义的基本方略，并概括为“十四个坚持”。这“十四个坚持”包括：坚持党对一切工作的领导、坚持以人民为中心、坚持全面深化改革、坚持新发展理念、坚持人民当家作主、坚持全面依法治国、坚持社会主义核心价值体系、坚持在发展中保障和改善民生、坚持人与自然和谐共生、坚持总体国家安全观、坚持党对人民军队的绝对领导、坚持“一国两制”和推进祖国统一、坚持推动构建人类命运共同体、坚持全面从严治党。“十四个坚持”的基本方略，涵盖坚持党的领导和“五位一体”总体布局、“四个全面”战略布局，涵盖国防和军队建设、维护国家安全、对外战略，是对党的治国理政重大方针、原则的最新概括，是实现“两个一百年”奋斗目标、实现中华民族伟大复兴中国梦的“路线图”和“方法论”。“十四个坚持”偏重于实践层面、方略层面的展开，从结构和逻辑看，第一个是“坚持党对一切工作的领导”，最后一个是“坚持全面从严治党”，体现着坚持和加强党的全面领导这一当代中国的最高政治原则，贯穿着以自我革命引领社会革命的内在逻辑。

“八个明确”“十四个坚持”是习近平新时代中国特色社会主义思想的核心内容。“八个明确”“十四个坚持”有机融合、有机统一，都凝结着我们党坚持和发展中国特色社会主义的经验总结，特别是凝结着以习近平同志为核心的党中央对中国特色社会主义规律性认识的深化、拓展、升华，体现了理论与实际相结合、战略和战术相一致、认识论和方法论相统一的理论特色。

习近平新时代中国特色社会主义思想的历史地位

习近平新时代中国特色社会主义思想与马克思列宁主义、毛泽东思想、邓小平理论、“三个代表”重要思想、科学发展观既一脉相承又与时俱进，是马克思主义中国化的新飞跃，是当代中国马克思主义、21 世纪马克思主义。

第一，习近平新时代中国特色社会主义思想是马克思主义中国化最新成果。

一是开辟了马克思主义新境界。习近平新时代中国特色社会主义思想贯穿改革发展稳定、内政外交国防、治党治国治军各个领域，既坚持了老祖宗，又谱写了新篇章，实现了马克思主义基本原理与中国具体实际相结合的又一次飞跃，是21世纪中国的马克思主义，是马克思主义中国化最新成果，为发展马克思主义作出了中国的原创性贡献，在马克思主义中国化进程中具有里程碑意义。

二是开辟了中国特色社会主义新境界。习近平新时代中国特色社会主义思想把中国特色社会主义和实现社会主义现代化、实现中华民族伟大复兴有机贯通起来，深刻回答了新时代坚持和发展中国特色社会主义的一系列重大问题，为中国特色社会主义注入了新的科学内涵，进一步彰显了新时代中国特色社会主义的蓬勃生机和活力。

三是开辟了治国理政新境界。在习近平新时代中国特色社会主义思想指引下，我们党团结带领人民推动党和国家事业发生了全方位、开创性、深层次、根本性的历史性变革，解决了许多长期想解决而没有解决的难题，办成了许多过去想办而没有办成的大事，我国经济实力、科技实力、国防实力、综合国力、国际影响力和人民获得感显著提升，党的面貌、国家的面貌、人民的面貌、军队的面貌、中华民族的面貌发生了前所未有的变化。

四是开辟了管党治党新境界。遵循习近平新时代中国特色社会主义思想，我们党以坚强的决心、空前的力度，推进全面从严治党，坚持思想从严、管党从严、执纪从严、治吏从严、作风从严、反腐从严，管党治党实现从宽松软到严紧硬的深刻转变，消除了党和国家内部存在的严重隐患，党内政治生活气象更新，积极健康的党内政治文化得到弘扬，党内政治生态明显好转，党的创造力、凝聚力、战斗力和领导力、号召力显著增强，党的团结统一更加巩固，党群关系明显改善，党在革命性锻造中更加坚强，焕发出新的强大生机活力。

实践没有止境，理论创新也没有止境。提出习近平新时代中国特色社会主义思想，并不是说党的理论创新和实践创新达到了一个终点，而是说我们推进马克思主义中国化达到了一个新的起点。

第二，习近平新时代中国特色社会主义思想是新时代的精神旗帜。

旗帜问题至关重要，事关党的正确方向，决定着党的凝聚力、引领力、战斗力，关乎国家前途命运和人民根本利益。在革命、建设、改革的实践中，我们党大力推进马克思主义中国化，先后形成了毛泽东思想、邓小平理论、“三个代表”重要思想、科学发展观等重大理论创新成果，指引我们夺取一个又一个伟大胜利。习近平总书记以为人民谋幸福、为民族谋复兴的历史担当，肩负起把中国特色社会主义这篇大文章写下去的政治责任，从理论和实践结合上系统回答了新时代坚持和发展什么样的中国特色社会主义、怎样坚持和发展中国特色社会主义的时代课题，创立了习近平新时代中国特色社会主义思想。有了习近平新时代中国特色社会主义思想这面旗帜，全党思想上精神上就有了鲜明的时代标识，党的团结统一就有了思想根基、“共同语言”，带领全国人民奋勇前进就有了正确方向。党的十八大以来，习近平新时代中国特色社会主义思想在新的伟大斗争中，展现出强大的真理穿透力、价值感召力、实践引领力、文化自信力，已经成为全党全国各族人民的思想指引、行动遵循，成为我国社会主义经济、政治、文化、社会、生态文明建设以及国防军队、祖国统一、外交工作、党的建设等各方面的科学指南，以这一思想为指引的中国人民实现了精神上的完全主动。

第三，习近平新时代中国特色社会主义思想是实现中华民族伟大复兴的行动指南。

实现伟大复兴是近代以来中华民族最伟大的梦想。习近平新时代中国特色社会主义思想，鲜明提出并系统论述了中国梦这个重大命题，深刻阐述了民族复兴的基本内涵，深刻揭示了我们在民族复兴历史进程中所处的方位，科学规划了民族复兴的实现路径、战略步骤，为新时代坚持和发展中国特色社会主义注入了新的内涵。习近平新时代中国特色社会主义思想，深刻揭示和自觉遵循中华民族传承发展的历史逻辑，承载着中华文明再创辉煌的历史责任，是中华优秀传统文化创造性转化和创新性发展的光辉典范，吹响了全党全国向民族复兴进军的号角，照亮了迈向民族复兴的伟大征程，注入了实现民族复兴的强大精神力量。在这一思想的指引下，我们比以往任何时候都更有信心、更有能力完成新时代党的历史使命，实现国家富强、民族振兴、人民幸福的中国梦。

当代中国马克思主义和21世纪马克思主义

习近平新时代中国特色社会主义思想源于实践又指导实践，为新时代坚持和发展中国特色社会主义、推进党和国家事业提供了基本遵循，为发展21世纪马克思主义、当代中国马克思主义作出了中国的原创性贡献，谱写了马克思主义新篇章。马克思主义是我们立党立国的根本指导思想。习近平总书记强调，马克思主义是我们党和人民事业不断发展的参天大树之根本，是我们党和人民不断奋进的万里长河之泉源。长期以来，马克思主义在中国之所以显示出强大生命力，最根本的就是我们党把坚持马克思主义和发展马克思主义有机统一起来，做到既不忘老祖宗、又讲出新话。习近平新时代中国特色社会主义思想，鲜明贯穿着马克思主义立场观点方法，始终把马克思主义作为理论起点、逻辑起点、价值起点，集中体现了马克思主义的理论品格和精神实质，闪耀着马克思主义真理光辉，是当今时代最现实、最鲜活的马克思主义。同时，这一思想以我们正在做的事情和将要做的事情为中心，以一系列具有原创性的新思想新观点新论断，写出了马克思主义新的时代篇章，以全新视野深化了对共产党执政规律、社会主义建设规律、人类社会发展规律的认识，实现了马克思主义基本原理与中国具体实际相结合的又一次飞跃，充分彰显了马克思主义的强大生命力和中国共产党人的理论创造力。我们要始终保持与时俱进的马克思主义理论品格，不断推进理论创新、实践创新、制度创新、文化创新以及其他各方面创新，不断开创马克思主义中国化新境界，使21世纪中国的马克思主义展现出更强大、更有说服力的真理力量。

坚持和发展中国特色社会主义

党的十八大精神，说一千道一万，归结为一点，就是坚持和发展中国特色社会主义。党的十八大以来，习近平总书记紧紧围绕坚持和发展中国特色社会主义这一重大时代主题，发表一系列治国理政重要讲话，深刻回答了新形势下党和国家事业发展的一系列重大理论和实践问题，提出了许多富有创见的新思想新理论。

中国特色社会主义是党和人民长期实践取得的根本成就。中国特色社会主义是中国共产党和中国人民团结的旗帜、奋进的旗帜、胜利的旗帜。我们要全面建成小康社会、加快推进社会主义现代化、实现中华民族伟大复兴，必须始终高举中国特色社会主义伟大旗帜，坚定不移坚持和发展中国特色社会主义。

中国特色社会主义是由道路、理论体系、制度三位一体构成的。中国特色社会主义道路是实现我国社会主义现代化的必由之路，是创造人民美好生活的必由之路。中国特色社会主义理论体系是马克思主义中国化最新成果。在当代中国，坚持中国特色社会主义理论体系，就是真正坚持马克思主义。中国特色社会主义制度符合我国国情，集中体现了中国特色社会主义的特点和优势，是中国发展进步的根本制度保障。中国特色社会主义事业不断发展，中国特色社会主义制度也需要不断完善，从而为夺取中国特色社会主义新胜利提供更加有效的制度保障。

建设中国特色社会主义的总依据是我们现在处于并将长期处于社会主义初级阶段。社会主义初级阶段是当代中国的最大国情、最大实际，我们在任何情况下都要牢牢把握这个最大国情，坚持“一个中心、两个基本点”不动摇。建设中国特色社会主义的总布局是“五位一体”。

中国特色社会主义是全面发展的社会主义，我们要在经济不断发展的基础上，协调推进政治建设、文化建设、社会建设、生态文明建设以及其他各方面建设。建设中国特色社会主义的总任务就是实现社会主义现代化和中华民族伟大复兴。我们党领导人民进行革命建设改革，就是要让中国人民富裕起来，国家强盛起来，振兴伟大的中华民族。我们要紧紧抓住这个总任务，一代一代锲而不舍干下去。

坚持和发展中国特色社会主义，要确保党始终成为中国特色社会主义事业的坚强领导核心。全党要增强紧迫感和责任感，牢牢把握党的建设总要求，坚定理想信念，保持同人民群众的血肉联系，保持党的肌体健康，不断提高党的领导水平和执政水平、提高拒腐防变和抵御风险能力，使我们党在坚持和发展中国特色社会主义的历史进程中始终成为坚强领导核心。

中国特色社会主义是社会主义而不是其他什么主义，科学社会主义基本原则不能丢，丢了就不是社会主义。一个国家实行什么样的主义，关键要看这个主义能否解决这个国家面临的历史性课题。历史和现实都告诉我们，只有社会主义才能救中国，只有中国特色社会主义才能发展中国，这是历史的结论、人民的选择。随着中国特色社会主义不断发展，我们的制度必将越来越成熟，我国社会主义制度的优越性必将进一步显现，我们的道路必将越走越宽广。我们就是要有这样的道路自信、理论自信、制度自信，真正做到“千磨万击还坚劲，任尔东西南北风”。

发展中国特色社会主义是一项长期的艰巨的历史任务。全党同志一定要以更加坚定的信念、更加顽强的努力，毫不动摇坚持、与时俱进发展中国特色社会主义，不断丰富中国特色社会主义的实践特色、理论特色、民族特色、时代特色，团结带领全国各族人民，努力实现全面建成小康社会各项目标任务。

改革开放前后两个历史时期的关系

2013年1月5日，习近平同志在新进中央委员会的委员、候补委员学习贯彻党的十八大精神研讨班上发表的重要讲话中，在论述改革开放前后两个历史时期的关系时，明确提出："不能用改革开放后的历史时期否定改革开放前的历史时期，也不能用改革开放前的历史时期否定改革开放后的历史时期。"

1. 新中国成立以来的历史包括改革开放前后两个历史时期，两个时期都不能否定

路是一步一步走过来的，跨出第一步，才有第二步。我们党领导的革命、建设、改革，也是一脉相承、薪火相传、生生不息的壮丽事业。新中国取得的一切成就，都是在新民主主义革命胜利基础上接续奋斗、接力探索的结果。以党的十一届三中全会为标志，新中国历史分为改革开放前后两个历史时期。无数事实表明，这两个历史时期都是不能否定的。

（1）改革开放前的历史，是党领导全国各族人民进行社会主义革命和建设并取得巨大成就的历史。

我们党自诞生之日起，就以实现中华民族伟大复兴为己任，肩负起争取民族独立、人民解放和实现国家富强、人民富裕这两大历史任务。党领导人民完成新民主主义革命，实现了中国人民梦寐以求的民族独立、人民解放。这就为在中国建立社会主义制度、进行社会主义建设扫清了障碍，为实现国家富强、人民富裕进而实现中华民族伟大复兴提供了根本政治前提。

改革开放前的奋斗探索，是承接新民主主义革命胜利成果而开始的新的伟大历史进军。新中国成立后，以毛泽东同志为核心的党的第

一代中央领导集体领导人民建立和巩固人民民主专政的国家政权，创造性地实现从新民主主义到社会主义的转变，全面确立社会主义基本制度，成功实现了中国历史上最深刻最伟大的社会变革。党不失时机地提出过渡时期总路线，经过社会主义改造，建立起社会主义基本经济制度。党还领导人民建立起人民代表大会制度、中国共产党领导的多党合作和政治协商制度、民族区域自治制度，确立了马克思主义在意识形态领域的指导地位。社会主义制度的确立，符合中国国情和人民根本利益，为当代中国一切发展进步奠定了根本制度基础。

社会主义制度基本建立后，如何在中国建设社会主义，是党面临的崭新课题。党曾经号召学习苏联经验，但很快察觉到苏联模式的局限。毛泽东同志提出把马克思列宁主义同中国实际进行“第二次结合”的任务，要以苏联的经验教训为鉴戒，独立探索适合中国国情的社会主义建设道路。经过实践探索，党积累了领导社会主义建设的重要经验。党团结带领人民全力推进社会主义建设，取得了巨大成就。对改革开放前的历史时期的探索成果和巨大成就，必须充分肯定。

毋庸讳言，由于党领导社会主义事业的经验不多，党的领导对形势的分析和对国情的认识有主观主义偏差，也犯过把阶级斗争扩大化、在所有制问题上急于求纯和在经济建设上急于求成的错误。在后来的实践中，由于党在指导思想上“左”倾错误的发展，又发生了“文化大革命”这样全局性的、长时间的严重错误，使党的探索进程遭受严重挫折，给党、国家和各族人民带来严重灾难。这些刻骨铭心的教训，是我们永远不能忘却的。也就是说，不能否定改革开放前的历史时期，那是从整体上说的，并不意味着要忽视甚至掩盖“文化大革命”前和“文化大革命”的错误。对于“文化大革命”前的错误，党的十一届六中全会通过《关于建国以来党的若干历史问题的决议》（以下简称“历史决议”）已经作出科学分析和客观评价；对于“文化大革命”，“历史决议”更是从根本上作出彻底否定的明确结论，指出“‘文化大革命’

不是也不可能是任何意义上的革命或社会进步”。这些，都是我们必须继续坚持的。

改革开放前的历史时期是同毛泽东同志紧密联系在一起的。不能否定改革开放前的历史时期，也并不意味着要忽视甚至掩盖毛泽东同志晚年的错误。同时，也不能人为夸大毛泽东同志晚年的错误，更不能全盘否定毛泽东同志和毛泽东思想，如果这样做，既违背历史事实和人民意愿，也势必造成十分严重的政治后果。邓小平同志指出：“对毛泽东同志的评价，对毛泽东思想的阐述，不是仅仅涉及毛泽东同志个人的问题，这同我们党、我们国家的整个历史是分不开的。要看到这个全局。”邓小平同志郑重地提出这个重大问题，其基本精神同“历史决议”是完全一致的。“历史决议”指出：“毛泽东同志是伟大的马克思主义者，是伟大的无产阶级革命家、战略家和理论家。他虽然在‘文化大革命’中犯了严重错误，但是就他的一生来看，他对中国革命的功绩远远大于他的过失。他的功绩是第一位的，错误是第二位的。”我们要深刻领会这一论断的精神实质，理直气壮地肯定毛泽东同志的历史地位和毛泽东思想，实事求是地评价改革开放前的历史时期。

（2）改革开放后的历史，是党领导全国各族人民成功开创和发展中国特色社会主义的历史。

1978 年党的十一届三中全会重新确立解放思想、实事求是的思想路线，作出把党和国家工作中心转移到经济建设上来，实行改革开放的历史性决策，实现了新中国成立以来党的历史上具有深远意义的伟大转折。以邓小平同志为核心的党的第二代中央领导集体顺应时代要求和人民期待，以巨大的政治勇气和理论勇气推进改革开放，并明确提出必须搞清楚什么是社会主义、怎样建设社会主义这个重大理论和实践问题。邓小平同志指出：“我们的经验教训有许多条，最重要的一条，就是要搞清楚这个问题。”正因为这样尖锐地提出问题，才有了邓小平同志对这些重大问题的深入探索和开创性科学回答。1981年，党的十一届六中全会作出“历史决议”，标志着党胜利地完成了指导思想上的拨乱反正。1982年，邓小平同志在党的十二大上发出“走自己的道路，建设有中国特色的社会主义”的响亮号召。经过实践探索，党进一步提出了社会主义初级阶段理论，确立了党在社会主义初级阶段的基本路线，深刻揭示了社会主义的本质。邓小平同志深刻总结历史经验和新鲜经验，第一次比较系统地初步回答了在中国这样一个经济文化比较落后的国家如何建设社会主义、如何巩固和发展社会主义的一系列基本问题，用新的思想观点继承和发展了马克思列宁主义、毛泽东思想，开拓了马克思主义新境界，把对社会主义的认识提高到新的科学水平，成功开创了中国特色社会主义。

中国特色社会主义是不断发展、与时俱进的。党的十三届四中全会以后，以江泽民同志为核心的党的第三代中央领导集体成功地把中国特色社会主义推向21世纪。新世纪新阶段，以胡锦涛同志为总书记的党中央成功地在新的历史起点上坚持和发展了中国特色社会主义。党的十八大以来，以习近平同志为总书记的党中央团结带领全国各族人民，实现了夺取中国特色社会主义新胜利的良好开局。30多年来，党领导人民坚持和拓展中国特色社会主义道路，坚持和丰富包括邓小平理论、“三个代表”重要思想、科学发展观在内的中国特色社会主义理论体系，坚持和完善中国特色社会主义制度，使中国特色社会主义焕发出勃勃生机和旺盛活力。

中国特色社会主义一经根植于中华大地，便显示出强大的生命力和感召力，成为引领当代中国发展进步的光辉旗帜。30多年来，党领导人民谱写了改革开放和社会主义现代化建设新的壮丽篇章。经济建设、政治建设、文化建设、社会建设、生态文明建设取得举世瞩目的巨大成就，党的自身建设大大加强。我国社会生产力、综合国力大幅提升，科技实力、国防实力显著增强。1978年至2012年，国内生产总值由 3645 亿元增长到 51.93 万亿元，成为世界第二大经济体。人民生活实现了从温饱不足到总体小康的历史性跨越。今天的中国，人民意气风发，发展日新月异，社会活力迸发，国际地位显著提高。在中国这样一个人口众多、经济文化十分落后的东方大国，在如此短的时间内，以如此快的速度，呈现如此大的变化，这的确是了不起的成就。在此过程中出现一些人们普遍关注而亟待解决的问题是正常的、不奇怪的，决不能因此而否定改革开放后的历史时期。早在 1981 年，“历史决议”就曾指出：“三中全会以来，我们党已经逐步确立了一条适合我国情况的社会主义现代化建设的正确道路。这条道路还将在实践中不断充实和发展，但是它的主要点，已经可以从建国以来正反两方面的经验，特别是‘文化大革命’的教训中得到基本的总结。”从那以后，党和国家又走过了 32 年。30 多年来，党始终清醒地认识、科学地应对前进道路上出现的问题，坚持用发展的思路解决发展中遇到的困难，用改革的办法解决改革中出现的问题，依靠人民攻坚克难、继续前进，使中国特色社会主义道路越走越宽广。实践雄辩地证明，中国特色社会主义是当代中国发展进步的根本方向和唯一正确道路，只有中国特色社会主义才能发展中国。改革开放后的历史时期的正确方向和巨大成就，必须充分肯定。

2. 改革开放前后两个历史时期本质上都是党领导人民进行社会主义建设的实践探索，不能相互否定

站在中国特色社会主义事业发展全局看，改革开放前后两个历史时期既有重大区别，又有本质联系。我们要坚持辩证唯物主义和历史唯物主义的基本观点，在充分肯定各自历史贡献、充分注意各自历史特点的基础上，牢牢把握两个历史时期的辩证统一，决不能相互否定。

（1）改革开放前社会主义的实践探索为改革开放后社会主义的实践探索提供了重要条件。

中国特色社会主义是在改革开放历史新时期开创的，但也是在新中国已经建立起社会主义基本制度并进行20多年建设的基础上开创的。党的十八大高度评价以毛泽东同志为核心的党的第一代中央领导集体对探索适合中国国情的社会主义建设道路作出的重要贡献，强调党在社会主义建设中取得的独创性理论成果和巨大成就，为新的历史时期开创中国特色社会主义提供了宝贵经验、理论准备、物质基础。这是完全符合历史事实的正确结论。

1956年党的八大前后，以毛泽东同志发表《论十大关系》《关于正确处理人民内部矛盾的问题》等为主要标志，党对适合中国国情的社会主义建设道路的探索有了一个良好开端。经过实践探索特别是总结经验教训，党就探索这条道路逐步形成了一些十分重要而又具有长远指导意义的思想观点。主要是：生产力和生产关系、经济基础和上层建筑的矛盾是社会主义社会的基本矛盾，人民对于经济文化迅速发展的需要同当前经济文化不能满足人民需要的状况之间的矛盾是我国国内的主要矛盾，发展生产力是根本任务；要把党和国家的工作重点转到技术革命和社会主义建设上来；要坚持以农业为基础和以工业为主导，以农轻重为序安排国民经济，走一条中国工业化的道路；社会主义发展目标是建设现代工业、现代农业、现代科学技术、现代国防；社会主义可分为“不发达”和“比较发达”两个阶段；必须扩大社会主义民主，坚持民主集中制，加强社会主义法制建设，反对领导机关和领导干部官僚化、特殊化；必须正确区分和处理敌我矛盾和人民内部矛盾，等等。党还提出了建设社会主义经济、政治、文化以及国防和军队建设、外交工作等一系列重要指导方针和政策主张。尽管上述正确的思想观点和方针政策有的并没有得到贯彻落实，有的没有坚持下去，但党在这一时期的经验总结和认识成果，为开创和发展中国特色社会主义提供了重要思想来源。中国特色社会主义理论体系对毛泽东思想的继承和发展，不仅包括对毛泽东思想活的灵魂即“实事求是、群众路线、独立自主”的继承和发展，也包括对探索中正确的经验总结和独创性理论成果的继承和发展。正如习近平同志所指出的：“毛泽东同志带领我们党在艰辛探索中形成的重要思想成果，是我们党的宝贵财富，也是中国特色社会主义理论体系的重要思想来源。”

新中国成立后，党领导人民恢复国民经济并开展有计划的经济建设，实施并提前完成第一个五年计划。社会主义基本制度建立后，党领导人民开展全面的社会主义建设，尽管经历严重曲折，但各方面建设仍取得了巨大成就，其中最重要的成就是在“一穷二白”基础上建立了独立的比较完整的工业体系和国民经济体系，使古老的中国以崭新的姿态巍然屹立于世界东方。经济发展速度尽管有起伏，但总体上看还是比较快的。1952 年至 1978 年，工农业总产值年均增长 8.2%，其中工业年均增长 11.4%。我国经济实力、科技实力、国防实力显著增强。国内生产总值从 1952 年的 679 亿元增加到 1978 年的 3645 亿元。这个数字虽然不是很高，但在原有基础上的增长还是比较明显的。以“两弹一星”为代表的尖端科学技术取得重大突破。邓小平同志后来评价说：“如果六十年代以来中国没有原子弹、氢弹，没有发射卫星，中国就不能叫有重要影响的大国，就没有现在这样的国际地位。这些东西反映一个民族的能力，也是一个民族、一个国家兴旺发达的标志。”随着经济发展，人民生活水平逐步得到提高。总的来看，改革开放后的历史时期所赖以进行社会主义现代化建设的物质技术基础，是在这个时期建设起来的；经济文化建设等方面的骨干力量和他们的工作经验也是在这个时期培养和积累起来的。这是这个时期党的工作的主导方面。

历史已经证明，如果没有 1949 年建立新中国并进行社会主义革命和建设，积累了重要的思想、物质、制度条件，积累了正反两方面经验，改革开放就很难顺利推进，中国特色社会主义也很难成功开创。

（2）改革开放后社会主义的实践探索是对改革开放前社会主义

实践探索的坚持、改革、发展。

早在改革开放初期，邓小平同志就指出："现在我们还是把毛泽东同志已经提出、但是没有做的事情做起来，把他反对错了的改正过来，把他没有做好的事情做好。今后相当长的时期，还是做这件事。"事实正是如此，党在改革开放前的社会主义实践探索中提出的许多正确主张，在改革开放后得到了真正贯彻；改革开放后的社会主义实践探索，是对改革开放前社会主义实践探索的坚持、改革、发展。历史就是这样在矛盾运动中发展进步的。

改革开放之初，党就强调要坚持中国共产党的领导和社会主义制度。邓小平同志指出："我们实行改革开放，这是怎样搞社会主义的问题。作为制度来说，没有社会主义这个前提，改革开放就会走向资本主义。"他强调："一个公有制占主体，一个共同富裕，这是我们必须坚持的社会主义的根本原则。"面对社会上有人鼓吹照抄照搬西方制度的思潮，党及时地、旗帜鲜明地提出必须在思想政治上坚持四项基本原则，即必须坚持社会主义道路，坚持无产阶级专政即人民民主专政，坚持共产党的领导，坚持马克思列宁主义、毛泽东思想，强调这是立国之本，从而保证了改革开放从一起步就具有坚定明确的社会主义方向。

党强调改革是新的时代条件下进行的新的伟大革命，是社会主义制度的自我完善和发展。改革开放使我国成功实现了从高度集中的计划经济体制到充满活力的社会主义市场经济体制、从封闭半封闭到全方位开放的伟大历史转折。如果没有1978年党果断决定实行改革开放，并坚定不移推进改革开放，坚定不移把握改革开放的正确方向，社会主义中国就不可能有今天这样的大好局面。历史证明，改革开放是决定当代中国命运的关键抉择，是发展中国特色社会主义、实现中华民族伟大复兴的必由之路。

在改革开放历史新时期，党领导人民成功开创了中国特色社会主义，这是继承和发展改革开放前社会主义实践探索提供的思想、物质、制度成果基础上取得的最重要、最根本的成就。中国特色社会主义，既坚持了科学社会主义基本原则，又根据时代条件赋予其鲜明的中国特色，从理论和实践结合上系统回答了在中国这样人口多、底子薄的东方大国建设什么样的社会主义、怎样建设社会主义这个根本问题。党强调，中国特色社会主义是马克思主义的社会主义而不是别的什么主义，不论怎么改革、怎么开放，都必须始终坚持中国特色社会主义道路、理论体系、制度。30 多年的实践证明，中国特色社会主义在新中国成立以后取得巨大成就的基础上，又取得了举世瞩目的更大成就。这是它得以站得住、行得远的一个重要原因。

党的十八大报告对中国特色社会主义道路、理论体系、制度的内涵作了系统概括，提出了夺取中国特色社会主义新胜利的八项基本要求，这些都是在新的历史条件下科学社会主义基本原理的重要体现和实际应用。事实无可辩驳地表明：如同改革开放 30 多年来取得的巨大成就不容否定一样，我国改革开放的社会主义性质也是不能否定和无法否定的。

（3）坚持用历史的观点、实践的观点、辩证的观点正确看待改革开放前后两个历史时期。

改革开放前后两个历史时期是两个相互联系又有重大区别的时期。看到相互联系，就是说这种联系并不只是时间上的顺延和承续，而是在坚持社会主义发展方向、基本制度、根本任务、奋斗目标基础上的联系，两个历史时期之间决不是彼此割裂的，更不是根本对立的；看到重大区别，主要是指在进行社会主义建设的思想指导、方针政策、实际工作上有着很大差别，也包括进行社会主义实践探索的内外条件、实践基础等方面存在很大差别，其中，有的差别是具有转折意义的，比如，从“以阶级斗争为纲”到“以经济建设为中心”，从高度集中的计划经济体制到社会主义市场经济。而前后两个时期的联系则大多是本质的、内在的，都是党领导人民进行社会主义建设的实践探索。只有正确认识这种联系与区别，才能看到，无论用哪一个历史时期否定另一个历史时期，都是对自己这个历史时期的否定，也才能更加自觉地坚持“两个不能否定”。

中国特色社会主义，是科学社会主义理论逻辑和中国社会发展历史逻辑的辩证统一。强调“两个不能否定”，就要把这两个历史时期放到历史发展的长河中，特别是放到党的90多年历史中去观察、去把握，既注重分析前一时期为后一个时期提供了什么，又注重分析后一时期从前一个时期扬弃或拨正了哪些内容，提供和增添了哪些内容。这样，才能正确认识各个历史时期在探索、开创、发展中国特色社会主义历程中独特的地位和作用，尊重历史而不歪曲或割断历史，实事求是而不拔高或苛求前人，自觉做到新民主主义革命胜利的成果决不能丢失、社会主义革命和建设的成就决不能否定、改革开放和社会主义现代化建设的方向决不能动摇。

3. 在正确认识和把握改革开放前后两个历史时期基础上坚持和发展中国特色社会主义

习近平总书记指出：“一个国家实行什么样的主义，关键要看这个主义能否解决这个国家面临的历史性课题。”中国特色社会主义，凝结着实现中华民族伟大复兴这个近代以来中华民族最根本的梦想，也体现着近现代以来中国人民对社会主义的美好憧憬和不懈探索。正确认识和把握改革开放前后两个历史时期，就要在新的历史条件下毫不动摇地坚持和发展中国特色社会主义。

（1）正确认识和把握改革开放前后两个历史时期是对党的历史的尊重和珍惜，有利于增强党的历史自信。

我们党是在异常复杂环境中团结带领全国各族人民进行革命、建设、改革并创造了伟大奇迹的党，是一个经得起胜利和挫折、高潮和低潮、顺境和逆境考验的党。其中，有危难之际的绝处逢生，有挫折之后的毅然奋起，有失误之后的拨乱反正，有磨难面前的百折不挠，既充满艰险又充满神奇，既历尽苦难又辉煌迭出。90 多年党的历史，是几代共产党人在同一信仰凝聚下、同一信念引领下、同一追求驱动下始终不渝的奋斗探索历程。中国特色社会主义，就是几代共产党人历经千辛万苦、付出各种代价开创和发展起来的。历史和现实一再证明，只有社会主义能够救中国，只有中国特色社会主义才能发展中国。坚持“两个不能否定”，不仅是对改革开放前后两个时期历史事实的尊重和珍惜，也是对 90 多年来党的整个历史的应有的自信。

（2）正确认识和把握改革开放前后两个历史时期是应对意识形态领域挑战、推动党和人民事业发展的现实需要。

正确认识和把握改革开放前后社会主义实践探索的关系，不只是一个历史问题，更主要的是一个现实的政治问题。这个重大政治问题处理不好，就会产生严重政治后果。如果用不正确的观点简单地否定这两个时期或者其中的任何一个时期，必然导致对中国共产党的领导和社会主义制度的否定，也必然导致对改革开放和中国特色社会主义的否定。我们一定要有这样的政治上的清醒。

古人说：“灭人之国，必先去其史。”从国内外敌对势力这个方面分析，他们否定改革开放前的历史时期，就是要否定我们党的重大历史贡献，放大我们党在实践探索中的失误和挫折，把中国共产党妖魔化，进而从根本上否定中国共产党的执政地位；他们否定改革开放后的历史时期，就是要否定改革开放的社会主义性质，夸大改革开放中出现的困难、矛盾和问题，把中国特色社会主义妖魔化，进而动摇中国人民团结奋斗的共同思想基础。敌对势力这两个方面的否定，从根本上说，都是对历史事实的背离，都是想搞乱人心，企图瓦解中国共产党执政的历史依据和思想根基，进而毁掉社会主义中国的未来和广大中国人民的福祉。“前车之覆，后车之鉴。”苏联解体、苏共垮台的一个重要原因，就是全面否定苏联历史、苏共历史，否定列宁等领袖人物，搞历史虚无主义，把人们的思想搞乱了。因而，正确认识和把握改革开放前后两个历史时期，是一个事关党、国家、人民前途命运的重大政治问题。在这样的大是大非面前，我们每一个共产党员特别是领导干部，都应该坚决捍卫党的历史，认真学习党的历史，自觉运用党的历史。

在如何看待改革开放前后两个历史时期问题上，还有一种情况，就是在人民内部也存在一些模糊认识。这种模糊认识虽然性质完全不同于前一种情况，但也是需要通过正确的教育和引导来加以澄清的。如果不能了解和认识党的历史发展的主流和本质，如果不能正确对待党所走过的弯路，就会动摇对党的信赖，动摇对中国特色社会主义的信念，动摇对实现中华民族伟大复兴的信心，最终受到损害的还是党和国家的事业，以及与这个事业紧密联系在一起的广大人民群众的根本利益。因而，我们要坚持准确宣传党的历史，教育广大人民群众正确认识和对待党的历史，进一步坚定跟党走中国特色社会主义道路的决心和信心。

（3）正确认识和准确把握改革开放前后两个历史时期，在中国特色社会主义道路上奋力实现中国梦。

当前，党和人民在以习近平同志为总书记的党中央领导下，正满怀中国特色社会主义的道路自信、理论自信、制度自信，为全面建成小康社会、夺取中国特色社会主义新胜利而努力奋斗。正确认识和准确把握改革开放前后两个历史时期的社会主义实践探索，对于我们进一步增强坚持和发展中国特色社会主义的自觉性、坚定性，为实现中华民族伟大复兴的中国梦而奋斗，具有重要的激励和启示作用。

改革开放前后社会主义实践探索的历史告诉我们，实现中国梦，必须坚定不移走中国道路。在改革开放前的历史时期，党为探索适合中国国情的社会主义建设道路付出了艰辛努力，形成了一系列重要认识成果。改革开放以来，党立足社会主义初级阶段基本国情，不断深化对共产党执政规律、社会主义建设规律、人类社会发展规律的认识，成功开创了中国特色社会主义道路。在新的征程上，我们一定要坚持把马克思主义同中国实际和时代特征相结合，坚持和发展中国特色社会主义，既不走封闭僵化的老路，也不走改旗易帜的邪路，要坚定不移沿着正确的中国道路奋勇前进。

改革开放前后社会主义实践探索的历史又告诉我们，实现中国梦，必须大力弘扬中国精神。在改革开放前的历史时期，党坚持马克思主义的指导地位，用爱国主义、集体主义、社会主义教育人民，培育和形成了雷锋精神、“铁人”精神、焦裕禄精神、“两弹一星”精神等富有时代特色的精神。改革开放以来，党坚持用马克思主义中国化最新成果武装全党、教育人民，以一往无前的进取精神和波澜壮阔的创新实践，谱写了改革开放和社会主义现代化建设事业的辉煌篇章。在新的征程上，我们一定要大力弘扬以爱国主义为核心的民族精神和以改革创新为核心的时代精神，不断增强团结一心的精神纽带、自强不息的精神动力，永远朝气蓬勃迈向未来。

改革开放前后社会主义实践探索的历史还告诉我们，实现中国梦，必须广泛凝聚中国力量。在改革开放前的历史时期，我国实现了从几千年封建专制政治向人民民主政治的伟大跨越，人民成为国家、社会和自己命运的主人。在激情燃烧的建设岁月，党和人民休戚与共、同甘共苦，艰苦奋斗、无私奉献，汇聚成建设社会主义的强大力量。改革开放以来，党把全国各族人民团结凝聚在中国特色社会主义伟大旗帜下，为实现中华民族伟大复兴而共同奋斗。在新的征程上，我们一定要牢记使命、同心同德，不为任何风险所惧，不被任何干扰所惑，用亿万人民的奋斗和智慧汇集起不可战胜的磅礴力量。

回顾历史，党和人民充满自信；展望未来，伟大祖国前程似锦。让我们紧密团结在以习近平同志为总书记的党中央周围，在中国特色社会主义道路上奋力开拓，为实现伟大的中国梦而不懈奋斗！

中国特色社会主义的总依据

建设中国特色社会主义总依据是社会主义初级阶段。社会主义初级阶段理论是党的重大理论创新，为中国特色社会主义奠定了重要的基础。中国之所以会发生“文化大革命”及其以前“左”的错误，一个重要的原因就是对我国社会主义发展阶段缺乏科学的、清醒的认识，制定的政策超越了社会主义的初级阶段。十一届三中全会以后，党对社会主义初级阶段基本国情的统一认识和准确把握，从整体上解决了我国社会主义发展的现实起点问题，构成了邓小平理论的立论基础。

2012 年召开的十八大强调，我国仍处于并将长期处于社会主义初级阶段的基本国情没有变，人民日益增长的物质文化需要同落后的社会生产之间的矛盾这一社会主要矛盾没有变，我国是世界最大发展中国家的国际地位没有变。在任何情况下都要牢牢把握社会主义初级阶段这个最大国情，推进任何方面的改革发展都要牢牢立足社会主义初级阶段这个最大实际。

“社会主义初级阶段”有两层基本含义：一是我国社会已经是社会主义社会，二是我国的社会主义社会还处在初级阶段。它是中国特色社会主义的社会性质与社会发展程度的统一。

（1）从社会主义初级阶段的社会性质上阐述：我国社会已经是社会主义社会。我们必须坚持而不能离开社会主义。

我国已经建立了以生产资料公有制为基础的社会主义经济制度，剥削制度和剥削阶级已经被消灭，人民民主专政的社会主义政治制度和马克思主义在意识形态领域中的指导地位已经确立，社会主义精神文明已经得到初步的发展。社会主义基本制度的建立，是我们党和人民经过长期艰苦奋斗所取得的胜利成果。毫无疑问，我国是社会主义性质的国家并将沿着社会主义方向继续前进，我们必须坚持而不能离开社会主义。

（2）从我国社会主义社会的发展程度上来讲：我国的社会主义社会还处在初级阶段。我们必须从这个实际出发，而不能超越这个阶段。

经过二十多年的改革和发展，我国社会生产力有了巨大发展，综合国力大幅度增强。人民生活普遍显著改善。这是大家有目共睹，能亲身感受到的。但是，我们要清醒地认识，我国仍然处在社会主义初级阶段，仍然是一个发展中国家。经济方面：国内生产总值在世界上处于前列。但人均产值才一千美元多一点，同人均二万多、三万多美元的发达国家比较，相差甚远。政治文化社会等方面：我们的市场经济体制还不够完善，民主法制还不够健全。我国人民的受教育程度还比较低。

（3）社会主义初级阶段是我国建设社会主义必然要经历的特定历史阶段：社会主义初级阶段的两层基本含义既相互区别、又紧密联系，构成了一个具有特定内涵的新概念。所谓社会主义初级阶段，不是泛指任何国家进入社会主义都会经历的起始阶段，而是特指我国生产力发展水平不高、商品经济不发达条件下建设社会主义必然要经历的特定历史阶段。江泽民指出，社会主义初级阶段是整个建设中国特色社会主义的历史过程中的初始阶段。

（4）社会主义初级阶段和新民主主义社会的区别：社会主义公有制经济是否成为社会经济的主体，从而整个经济社会生活是否牢牢建立在社会主义的经济基础之上。新民主主义社会公有制经济虽然处于领导地位，但不是社会经济的主体。因此这个时期社会的主要矛盾和由此决定的根本任务也不同于社会主义初级阶段。我国社会主义初级阶段虽然发展程度还比较低，但它毕竟属于社会主义制度已经确立起来了的新社会的范畴。而新民主主义社会则属于社会主义社会制度还没有建立、正在为进入社会主义社会而过渡的历史阶段。

中国特色社会主义的总任务

在党的十八大报告中，明确指出了建设中国特色社会主义，总依据是社会主义初级阶段，总布局是“五位一体”，总任务是实现社会主义现代化和中华民族伟大复兴。

“两个一百年”奋斗目标

实现中华民族伟大复兴是中华民族近代以来最伟大的梦想。在中国共产党成立一百年时全面建成小康社会，这是中国梦的第一个宏伟目标；在中华人民共和国成立一百年时建成社会主义现代化国家，这是中国梦的第二个宏伟目标。实现中国梦的实践基础是中国特色社会主义道路，理论基础就是中国特色社会主义理论体系，制度基础就是中国特色社会主义制度，动力基础就是不断增强人民群众的幸福感。

决胜全面建成小康社会

习近平总书记指出，全面建成小康社会，是我们党向人民、向历史作出的庄严承诺，是13亿多中国人民的共同期盼。这个宏伟目标，是“两个一百年”奋斗目标的第一个百年奋斗目标，是中华民族伟大复兴征程上的一座重要里程碑。从现在到2020年，是全面建成小康社会决胜期，如期高质量全面建成小康社会，为开启全面建设社会主义现代化国家新征程奠定坚实基础。

1. 全面建成小康社会的内涵

党的十八大提出了到2020年全面建成小康社会的奋斗目标。如期全面建成小康社会，更重要、更难做到的是“全面”。“小康”讲的是发展水平，“全面”讲的是发展的平衡性、协调性、可持续性。

全面小康，覆盖的领域要全面，是“五位一体”全面进步的小康。全面小康社会要求经济持续健康发展，人民民主不断扩大，文化软实力显著增强，人民生活水平全面提高，资源节约型、环境友好型社会建设取得重大进展。这是一个整体性目标要求，它们之间相互联系、相互促进、不可分割。

全面小康，覆盖的人口要全面，是惠及全体人民的小康。坚持发展为了人民、发展依靠人民、发展成果由人民共享，全面小康才能真正造福全体人民。没有全民小康，就没有全面小康。全面建成小康社会，一个都不能少；共同富裕的路上，一个都不能掉队。不能一边宣布全面建成了小康社会，另一边还有几千万人口的生活水平处在扶贫标准线以下，这既影响人民群众对全面建成小康社会的满意度，也影响国际社会对我国全面建成小康社会的认可度。

全面小康，覆盖的区域要全面，是城乡区域共同发展的小康。没有农村的全面小康和欠发达地区的全面小康，就没有全国的全面小康。要加大统筹城乡发展、统筹区域发展的力度，推进城乡发展一体化，把努力缩小城乡区域发展差距作为全面建成小康社会的一项重要任务。缩小城乡区域发展差距，不仅是缩小国内生产总值总量和增长速度的差距，而且是缩小居民收入水平、基础设施通达水平、基本公共服务均等化水平、人民生活水平等方面的差距。

全面建成小康社会，要实事求是、因地制宜。我国幅员辽阔，各地发展差距较大，生产力发展水平层次多，不可能是“同一水平小康”，完全没有差距是不可能的。全面建成小康社会是针对全国讲的，不是每个地区、每个民族、每个人都达到同一个水平，不能把相关指标简单套用到各省区市，那既不科学，也不现实。

2. 全面建成小康社会新的目标要求

第一，经济实现高质量发展。在提高发展平衡性、包容性、可持续性基础上，主要经济指标平衡协调，发展质量和效益明显提高。产业迈向中高端水平，农业现代化进展明显，工业化和信息化融合发展水平进一步提高，先进制造业和战略性新兴产业加快发展，新产业新业态不断成长，服务业比重进一步提高。

第二，创新驱动成效显著。创新驱动发展战略深入实施，创业创新蓬勃发展，全要素生产率明显提高。科技与经济深度融合，创新要素配置更加高效，重点领域和关键环节核心技术取得重大突破，自主创新能力全面增强，迈进创新型国家和人才强国行列。

第三，发展协调性明显增强。消费对经济增长贡献继续加大，投资效率和企业效率明显上升。城镇化质量明显改善，户籍人口城镇化率加快提高。区域协调发展新格局基本形成，发展空间布局得到优化。对外开放深度广度不断拓展，全球配置资源能力进一步增强，进出口结构不断优化，国际收支基本平衡。

第四，人民生活水平和质量普遍提高。就业、教育、文化体育、社保、医疗、住房等公共服务体系更加健全，基本公共服务均等化水平稳步提高。教育现代化取得重要进展，劳动年龄人口受教育年限明显增加。就业比较充分，收入差距缩小，中等收入人口比重上升。我国现行标准下农村贫困人口实现脱贫，贫困县全部摘帽，解决区域性整体贫困。

第五，国民素质和社会文明程度显著提高。中国梦和社会主义核心价值观更加深入人心，爱国主义、集体主义、社会主义思想广泛弘扬，向上向善、诚信互助的社会风尚更加浓厚，国民思想道德素质、科学文化素质、健康素质明显提高，全社会法治意识不断增强。公共文化服务体系基本建成，文化产业成为国民经济支柱性产业。中华文化影响持续扩大。

第六，生态环境质量总体改善。生产方式和生活方式绿色、低碳水平提升。能源资源开发利用效率大幅提高，能源和水资源消耗、建设用地、碳排放总量得到有效控制，主要污染物排放总量大幅减少。主体功能区布局和生态安全屏障基本形成。

第七，各方面制度更加成熟更加定型。国家治理体系和治理能力现代化取得重大进展，各领域基础性制度体系基本形成。人民民主更加健全，法治政府基本建成，司法公信力明显提高。人权得到切实保障，产权得到有效保护。开放型经济新体制基本形成。中国特色现代军事力量体系更加完善。党的建设制度化水平显著提高。

这些新的目标要求，与党的十六大以来提出的全面建设小康社会的奋斗目标要求相衔接，与中国特色社会主义事业总体布局相一致，进一步明确了全面建成小康社会的基本内涵，体现了目标导向与问题导向相统一，体现了战略性和操作性相结合。

3. 夺取决胜全面建成小康社会伟大胜利

党的十九大进一步明确了决胜全面建成小康社会的战略安排。从现在到2020年是全面建成小康社会决胜期，决胜阶段最为关键，冲锋时刻愈显奋勇。全面建成小康社会已经到了一鼓作气、决战决胜的历史节点。要紧扣新时代我国社会主要矛盾变化，综合施策、精准发力，突出抓重点、补短板、强弱项，特别是要坚决打好防范化解重大风险、精准脱贫、污染防治三大攻坚战，推动经济社会持续健康发展，确保决胜全面建成小康社会完美收官。

第一，坚决打好防范化解重大风险攻坚战。当前和今后一个时期，可能是我国发展面临的各方面风险不断积累，甚至集中显露的时期。

我们面临的重大风险是多方面的，既包括国内的经济、政治、意识形态、社会风险以及来自自然界的风险，也包括国际经济、政治、战略、主权、军事等方面的风险。各种风险往往不是孤立出现的，很可能是相互交织并形成一个风险综合体。党的十九大把防范化解重大风险作为决胜全面建成小康社会三大攻坚战的首要战役，要切实增强忧患意识和底线思维，坚决打好这场攻坚战。要加强风险隐患排查，摸清风险底数，坚持标本兼治，注重以完善体制机制来防范化解风险。要加强对各种风险源的调查研判，提高动态监测、实时预警、应急处置能力，有效防范“黑天鹅”事件、“灰犀牛”事件冲击，防止小风险演化成大风险，防止外部风险演化为内部风险，防止经济金融风险演化为社会政治风险，防止个别风险演化为系统性风险，为全面建成小康社会创造良好环境。

第二，坚决打好精准脱贫攻坚战。要坚持精准扶贫、精准脱贫基本方略，坚持专项扶贫、行业扶贫、社会扶贫“三位一体”大扶贫格局。要发挥集中力量办大事的制度优势，重点解决好深度贫困问题，加强东西部扶贫协作和对口支援，做好中央单位定点帮扶。结合实际实施好“五个一批”工程，即发展生产脱贫一批、易地搬迁脱贫一批、生态补偿脱贫一批、发展教育脱贫一批、社会保障兜底一批。坚持中央统筹、省负总责、市县抓落实的工作机制，强化党政一把手负总责的责任制。注重把扶贫同扶志、扶智结合起来，提高贫困地区和贫困群众的自我发展能力和脱贫致富内在动力。坚持“两不愁三保障”脱贫标准，即不愁吃、不愁穿，保障义务教育、基本医疗、住房安全，既不能降低标准，也不盲目抬高标准。实行最严格的考核评估，确保到2020年我国现行标准下农村贫困人口实现脱贫，贫困县全部摘帽，做到脱真贫、真脱贫，补齐农村这块全面建成小康社会的最大短板。

第三，坚决打好污染防治攻坚战。目前，我国环境形势依然严峻，大气、水、土壤等污染问题仍较突出。要贯彻绿色发展理念，坚持节约优先、保护优先、自然恢复为主，加快形成节约资源和保护环境的空间格局、产业结构、生产和生活方式。要加快产业结构优化升级，推动能源生产和消费革命，推进绿色低碳循环发展，总体改善生态环境质量，重点要打赢蓝天保卫战。强化大气、水、土壤等污染防治，着力解决损害群众健康、社会反映强烈的突出环境问题。加强环保督察，落实环保主体责任，健全环境损害赔偿和责任追究制度，形成全社会齐抓共管的生态环境保护格局和氛围，使生态环境改善与全面建成小康社会相适应。

决胜全面建成小康社会已进入关键阶段。习近平总书记指出："这个时跨本世纪头 20 年的奋斗历程到了需要一鼓作气向终点线冲刺的历史时刻。完成这一战略任务，是我们的历史责任，也是我们的最大光荣。" 2020 年如期全面建成小康社会，无论在中华民族发展史上，还是在世界发展史上、在社会主义发展史上，都具有极为重大的意义。

实现中华民族伟大复兴的中国梦

1. 中华民族伟大复兴中国梦的提出

2012 年 11 月 29 日，中共中央总书记习近平在参观《复兴之路》展览时指出，"实现中华民族伟大复兴，就是中华民族近代以来最伟大的梦想！"实现中华民族伟大复兴，是全体中华儿女的伟大梦想和共同愿望，也是中国近现代史的主题。

从 1840 年起，中华民族为实现中国梦，整整走过了 109 年，才迈出了赢得民族独立、人民解放的第一步。中国在人类社会发展史上曾经长期处于领先地位，但进入近代以后，逐渐落伍了。1840 年以后，由于西方列强的入侵和清王朝的腐朽，中国一步步沦为半殖民地半封建社会。为了改变国家和民族的命运，一批又一批仁人志士进行了艰辛努力和不懈探索。然而，从太平天国到洋务运动，从戊戌变法到辛亥革命，都没有完成救亡图存的历史使命。实践证明，不触动封建根基的自强运动、旧式的农民起义、资产阶级革命派领导的民主革命，都无法改变中国的命运。

最终是中国共产党人用马克思主义理论与社会主义道路，使中华民族结束了百年灾难，走向了真正独立之路。不仅如此，中国共产党人还带领着中国人民用几十年的时间渐渐走向民主富强之路。中国梦是在中国已经成为世界第二大经济实体、综合国力不断提高、中国人民已逐渐富裕并正朝向全面建成小康社会之际提出的，因而它已不是一般的梦想，它是已部分变成现实并最终将完全变成现实的科学理想。中国特色社会主义道路优越性不断彰显，实现中华民族伟大复兴的中国梦指日可待。近代以来，中国人民从未像今天这样离实现中国梦如此之近。

2. 中国梦的思想内涵

2013年3月17日，十二届全国人大一次会议闭幕会，习近平发表重要讲话：实现全面建成小康社会、建成富强民主文明和谐的社会主义现代化国家的奋斗目标，实现中华民族伟大复兴的中国梦，就是要实现国家富强、民族振兴、人民幸福。中国梦归根到底是人民的梦，必须紧紧依靠人民来实现，必须不断为人民造福。

"中国梦"的本质内涵是实现国家富强、民族复兴、人民幸福。

国家富强，是指我国的综合国力进一步增强，中国特色社会主义事业进一步发展和完善。经济更加发达，科技创新在经济发展中的驱动力更加强劲，政治更加民主，文化更加繁荣，社会更加和谐，生态更加美好。

民族振兴，就是通过自身的不断发展与强大，继承并创造中华民族的优秀文化以及先进的文明成果，进而使中华民族再次处于世界领先地位，再次以高昂的姿态屹立于世界民族之林。民族振兴，也会更好地造福世界人民，共创世界美好的未来。

人民幸福，就是人民权利保障更加充分、人人得享共同发展，生活在伟大祖国和伟大时代的中国人民，共同享有人生出彩的机会，共同享有梦想成真的机会，共同享有同祖国和时代一起成长与进步的机会。中国梦是国家的梦，民族的梦，也是每一个中国人民的梦。

“中国梦”不仅是属于中国的，也是属于世界的。2013年3月22日，习近平接受金砖国家媒体采访时，强调走和平发展道路。“随着国力不断增强，中国将在力所能及范围内承担更多国际责任和义务，为人类和平与发展作出更大贡献。中国将坚定不移走和平发展道路。我们也希望世界各国都走和平发展道路，国与国之间、不同文明之间平等交流、相互借鉴、共同进步，齐心协力推动建设持久和平、共同繁荣的和谐世界。”处于伟大复兴进程中的中国，在追求本国利益时兼顾他国合理关切，在谋求本国发展中促进各国共同发展；处于伟大复兴进程中的中国，坚持把本国人民利益同各国人民共同利益结合起来，以更加积极的姿态参与国际事务，共同应对全球性挑战，共同破解人类发展难题。

3. 中国梦的实现途径（三个必须）

实现中国梦必须坚持中国道路、弘扬中国精神、凝聚中国力量。

实现中国梦必须走中国道路。这就是中国特色社会主义道路。这条道路来之不易，它是在改革开放30多年的伟大实践中走出来的，是在中华人民共和国成立60多年的持续探索中走出来的，是在对近代以来170多年中华民族发展历程的深刻总结中走出来的，是在对中华民族5000多年悠久文明的传承中走出来的，具有深厚的历史渊源和广泛的现实基础。中华民族是具有非凡创造力的民族，我们创造了伟大的中华文明，我们也能够继续拓展和走好适合中国国情的发展道路。全国各族人民一定要增强对中国特色社会主义的理论自信、道路自信、制度自信，坚定不移沿着正确的中国道路奋勇前进。

实现中国梦必须弘扬中国精神。这就是以爱国主义为核心的民族精神，以改革创新为核心的时代精神。这种精神是凝心聚力的兴国之魂、强国之魄。爱国主义始终是把中华民族坚强团结在一起的精神力量，改革创新始终是鞭策我们在改革开放中与时俱进的精神力量。全国各族人民一定要弘扬伟大的民族精神和时代精神，不断增强团结一心的精神纽带、自强不息的精神动力，永远朝气蓬勃迈向未来。

实现中国梦必须凝聚中国力量。这就是中国各族人民大团结的力量。中国梦是民族的梦，也是每个中国人的梦。只要我们紧密团结，万众一心，为实现共同梦想而奋斗，实现梦想的力量就无比强大，我们每个人为实现自己的梦想努力就拥有广阔的空间。生活在我们伟大祖国和伟大时代的中国人民，共同享有人生出彩的机会，共同享有梦想成真的机会，共同享有同祖国和时代一起成长与进步的机会。有梦想，有机会，有奋斗，一切美好的东西都能够创造出来。全国各族人民一定要牢记使命，心往一处想，劲往一处使，用 13 亿人的智慧和力量汇集起不可战胜的磅礴力量。

实现中华民族伟大复兴的中国梦，是一项光荣而艰巨的事业，需要脚踏实地依靠全体人民的创造性劳动，需要一代又一代中国人为之顽强奋斗、艰苦奋斗、不懈奋斗。空谈误国，实干兴邦，中国梦表达的不仅是一种未来的美好前景，而且它又要求现实的行动，为了实现中国梦，我们必须勇于担当，甘于奉献，从我做起，从今天做起！

建成社会主义现代化强国“两步走”战略

社会主义现代化国家“两步走”战略安排，完整勾画了我国社会主义现代化建设的时间表、路线图，确立了党和国家事业长远发展的宏伟目标。

党的十九大围绕新时代实现中华民族伟大复兴新的历史使命，对新时代推进我国社会主义现代化建设，作出新的顶层设计，提出分“两步走”在本世纪中叶建成社会主义现代化强国的战略安排，展现了实现中国梦的光明前景。

第一个阶段，从2020年到2035年，在全面建成小康社会的基础上，再奋斗15年，基本实现社会主义现代化。到那时，我国经济实力、科技实力将大幅跃升，跻身创新型国家前列；人民平等参与、平等发展权利得到充分保障，法治国家、法治政府、法治社会基本建成，各方面制度更加完善，国家治理体系和治理能力现代化基本实现；社会文明程度达到新的高度，国家文化软实力显著增强，中华文化影响更加广泛深入；人民生活更为宽裕，中等收入群体比例明显提高，城乡区域发展差距和居民生活水平差距显著缩小，基本公共服务均等化基本实现，全体人民共同富裕迈出坚实步伐；现代社会治理格局基本形成，社会充满活力又和谐有序；生态环境根本好转，美丽中国目标基本实现。

第二个阶段，从2035年到本世纪中叶，在基本实现现代化的基础上，再奋斗15年，把我国建成富强民主文明和谐美丽的社会主义现代化强国。到那时，我国物质文明、政治文明、精神文明、社会文明、生态文明将全面提升，实现国家治理体系和治理能力现代化，成为综合国力和国际影响力领先的国家，全体人民共同富裕基本实现，我国人民将享有更加幸福安康的生活，中华民族将以更加昂扬的姿态屹立于世界民族之林。

进行具有许多新的历史特点的伟大斗争

“发展中国特色社会主义是一项长期的艰巨的历史任务，必须准备进行具有许多新的历史特点的伟大斗争”，这是党的十八大报告提出的一个重要论断。这就告诫全党，要时刻准备应对重大挑战、抵御重大风险、克服重大阻力、解决重大矛盾，坚持和发展中国特色社会主义，坚持和巩固党的领导地位和执政地位，使我们的党、我们的国家、我们的人民永远立于不败之地。

2014 年 8 月 20 日，在纪念邓小平同志诞辰 110 周年座谈会上的讲话中，习近平总书记告诫全党："在前进道路上，我们将进行许多具有新的历史特点的伟大斗争。"

这些"伟大斗争"它们都是围绕着"推进社会主义现代化，实现中华民族伟大复兴"这一总任务进行的。习近平指出："我们党的庄严使命、改革开放的根本目的、我们国家的奋斗目标，都聚焦于这个总任务、归结于这个总任务。我们要紧紧扭住这个总任务，一代一代锲而不舍干下去。"习近平指出，只有紧紧扭住这个总任务，牢记我们执着奋斗的最终目的是什么，才能在面对各种"伟大斗争"时，准确分析形势、牢牢站稳立场，不动摇、不折腾、不懈怠，问题一个一个地解决、困难一个一个地克服，扎扎实实向既定目标前进。

伟大斗争是由伟大事业决定的。越是伟大的事业，往往越是充满艰难险阻，越是需要进行艰苦卓绝的斗争。我们正在从事的中国特色社会主义事业是前无古人的伟大事业，没有现成经验可以借鉴的开创性的伟大事业。中国特色社会主义事业是向着共产主义远大目标奋斗的事业。习近平多次指出，"想一帆风顺推进我们的事业，想顺顺当当实现我们的奋斗目标，那是不可能的。可以预见，在今后的前进道路上，来自各方面的困难、风险、挑战肯定还会不断出现"。但是，"我们比历史上任何时期都更接近实现中华民族伟大复兴的目标，比历史上任何时期都更有信心、更有能力实现这个目标。"

"莫言下岭便无难，赚得行人错喜欢。正入万山圈子里，一山放出一山拦。"习近平多次引用杨万里的这首诗告诫全党：实现"两个一百年"奋斗目标，我们不知还要爬多少坡、过多少坎、经历多少风风雨雨、克服多少艰难险阻。发展中国特色社会主义是一项长期的艰巨的历史任务，要继续把这篇大文章写下去、写精彩，就必须以强烈的历史使命感和责任感，最大限度集中全党全社会智慧，最大限度调动一切积极因素，随时准备进行具有许多新的历史特点的伟大斗争。

统筹推进中国特色社会主义“五位一体”总体布局

十八大报告指出：必须更加自觉地把全面协调可持续作为深入贯彻落实科学发展观的基本要求，全面落实经济建设、政治建设、文化建设、社会建设、生态文明建设“五位一体”总体布局，促进现代化建设各方面相协调，促进生产关系与生产力、上层建筑与经济基础相协调，不断开拓生产发展、生活富裕、生态良好的文明发展道路。这是我党对中国特色社会主义认识规律的深化。

第一，以经济建设为中心，发展社会主义市场经济，建设社会主义物质文明。坚持走中国特色社会主义新型工业化、信息化、城镇化、农业现代化道路，推动信息化和工业化深度融合、工业化和城镇化良性互动、城镇化和农业现代化相互协调，促进工业化、信息化、城镇化、农业现代化同步发展。以科学发展为主题，以加快转变经济发展方式为主线，是关系我国发展全局的战略抉择。要适应国内外经济形势新变化，加快形成新的经济发展方式，把推动发展的立足点转到提高质量和效益上来。全面深化经济体制改革，处理好政府和市场的关系，必须更加尊重市场规律，更好发挥政府作用。实施创新驱动发展战略。要坚持走中国特色自主创新道路，以全球视野谋划和推动创新，提高原始创新、集成创新和引进消化吸收再创新能力，更加注重协同创新。推进经济结构战略性调整。这是加快转变经济发展方式的主攻方向。必须以改善需求结构、优化产业结构、促进区域协调发展、推进城镇化为重点，着力解决制约经济持续健康发展的重大结构性问题。

推动城乡发展一体化。解决好农业农村农民问题是全党工作重中之重，城乡发展一体化是解决“三农”问题的根本途径。要加大统筹城乡发展力度，增强农村发展活力，逐步缩小城乡差距，促进城乡共同繁荣。加快完善城乡发展一体化体制机制，着力在城乡规划、基础设施、公共服务等方面推进一体化，促进城乡要素平等交换和公共资源均衡配置，形成以工促农、以城带乡、工农互惠、城乡一体的新型工农、城乡关系。全面提高开放型经济水平。适应经济全球化新形势，必须实行更加积极主动的开放战略。我们一定要坚定信心，打胜全面深化经济体制改革和加快转变经济发展方式这场硬仗，把我国经济发展活力和竞争力提高到新的水平。

第二，建设社会主义民主政治，继续积极稳妥推进政治体制改革，发展更加广泛、更加充分、更加健全的人民民主。必须坚持党的领导、人民当家做主、依法治国有机统一，以保证人民当家做主为根本，以增强党和国家活力、调动人民积极性为目标，扩大社会主义民主，加快建设社会主义法治国家，发展社会主义政治文明。支持和保证人民通过人民代表大会行使国家权力。健全社会主义协商民主制度。全面推进依法治国。深化行政体制改革，建设职能科学、结构优化、廉洁高效、人民满意的服务型政府。健全权力运行制约和监督体系，加强党内监督、民主监督、法律监督、舆论监督，让人民监督权力，让权力在阳光下运行。巩固和发展最广泛的爱国统一战线。

第三，发展社会主义先进文化，构建社会主义精神文明，建设社会主义文化强国，走中国特色社会主义文化发展道路。加强社会主义核心价值体系建设，用社会主义核心价值体系引领社会思潮、凝聚社会共识。牢牢掌握意识形态工作领导权和主导权，坚持正确导向，提高引导能力，壮大主流思想舆论。全面提高公民道德素质。丰富人民精神文化生活，让人民享有健康丰富的精神文化生活。增强文化整体实力和竞争力。要坚持把社会效益放在首位、社会效益和经济效益相统一，推动文化事业全面繁荣、文化产业快速发展。

第四，改善民生和加强社会建设，发展社会事业，建设社会主义社会文明。必须从维护最广大人民根本利益的高度，加快健全基本公共服务体系，加强和创新社会管理，推动社会主义和谐社会建设。必须以保障和改善民生为重点，提高人民物质文化生活水平。要多谋民生之利，多解民生之忧，解决好人民最关心最直接最现实的利益问题，在学有所教、劳有所得、病有所医、老有所养、住有所居上持续取得新进展，努力让人民过上更好生活。加强社会建设，必须加快推进社会体制改革。

第五，建设社会主义生态文明。建设生态文明，是关系人民福祉、关乎民族未来的长远大计。面对资源约束趋紧、环境污染严重、生态系统退化的严峻形势，必须树立尊重自然、顺应自然、保护自然的生态文明理念，把生态文明建设放在突出地位，融入经济建设、政治建设、文化建设、社会建设各方面和全过程，努力建设美丽中国，实现中华民族永续发展。坚持节约资源和保护环境的基本国策，坚持节约优先、保护优先、自然恢复为主的方针，着力推进绿色发展、循环发展、低碳发展，形成节约资源和保护环境的空间格局、产业结构、生产方式、生活方式，从源头上扭转生态环境恶化趋势，为人民创造良好生产生活环境，为全球生态安全作出贡献。

统揽“四个伟大”（伟大斗争、伟大工程、伟大事业、伟大梦想）

习近平总书记明确指出，实现伟大梦想，必须进行伟大斗争、建设伟大工程、推进伟大事业。把伟大斗争、伟大工程、伟大事业、伟大梦想作为一个统一整体提出来，是一个重大理论创新，体现了奋斗目标、实现路径、前进动力的高度统一，体现了历史传承、现实任务、未来方向的高度统一，体现了党的前途命运、国家的前途命运、民族的前途命运的高度统一，使我们党对肩负的历史使命的认识达到了新的高度。

实现伟大梦想，必须进行伟大斗争。社会是在矛盾运动中前进的，有矛盾就会有斗争。要有效应对重大挑战、抵御重大风险、克服重大阻力、解决重大矛盾，就必须进行具有许多新的历史特点的伟大斗争，防止任何贪图享受、消极懈怠、回避矛盾的思想和行为；就必须更加自觉地坚持党的领导和我国社会主义制度，坚决反对一切削弱、歪曲、否定党的领导和我国社会主义制度的言行；就必须更加自觉地维护人民利益，坚决反对一切损害人民利益、脱离群众的行为；就必须更加自觉地投身改革创新时代潮流，坚决破除一切顽瘴痼疾：就必须更加自觉地维护我国主权、安全、发展利益，坚决反对一切分裂祖国、破坏民族团结和社会和谐稳定的行为；就必须更加自觉地防范各种风险，坚决战胜一切在政治、经济、文化、社会等领域和自然界出现的困难和挑战。要充分认识这场伟大斗争的长期性、复杂性、艰巨性，发扬斗争精神，提高斗争本领，不断夺取伟大斗争新胜利。

实现伟大梦想，必须建设伟大工程。深入推进党的建设新的伟大工程，是保持党的先进性和纯洁性的必然要求，是提高党的执政能力和水平的必然要求，是确保党对一切工作的领导的必然要求。历史已经并将继续证明，没有中国共产党的领导，民族复兴必然是空想。我们党要始终成为时代先锋、民族脊梁，始终成为马克思主义执政党，自身必须始终过硬。全党要更加自觉地坚定党性原则，勇于直面问题，敢于刮骨疗毒，消除一切损害党的先进性和纯洁性的因素，清除一切侵蚀党的健康肌体的病毒，不断增强党的政治领导力、思想引领力、群众组织力、社会号召力，确保我们党永葆旺盛生命力和强大战斗力。

实现伟大梦想，必须推进伟大事业。中国特色社会主义是改革开放以来党的全部理论和实践的主题，是党和人民历尽千辛万苦、付出巨大代价取得的根本成就。中国特色社会主义道路是实现社会主义现代化、创造人民美好生活的必由之路，中国特色社会主义理论体系是指导党和人民实现中华民族伟大复兴的正确理论，中国特色社会主义制度是当代中国发展进步的根本制度保障，中国特色社会主义文化是激励全党全国各族人民奋勇前进的强大精神力量。全党要更加自觉地增强道路自信、理论自信、制度自信、文化自信，保持政治定力，坚持实干兴邦，始终坚持和发展中国特色社会主义。

伟大斗争，伟大工程，伟大事业，伟大梦想，紧密联系、相互贯通、相互作用，其中起决定性作用的是党的建设新的伟大工程。推进伟大工程，要结合伟大斗争、伟大事业、伟大梦想的实践来进行，确保党在世界形势深刻变化的历史进程中始终走在时代前列，在应对国内外各种风险和考验的历史进程中始终成为全国人民的主心骨，在坚持和发展中国特色社会主义的历史进程中始终成为坚强领导核心。

协调推进“四个全面”战略布局

“四个全面”战略布局，是以习近平同志为核心的党中央从坚持和发展中国特色社会主义全局出发，立足中国发展现实需要，顺应人民群众的热切期盼，为推动解决我们面临的突出矛盾和问题提出来的。

“四个全面”战略布局是以习近平同志为核心的党中央治国理政新理念新思想新战略的重要内容。

协调推进“四个全面”战略布局，要深刻理解这一战略布局的理论渊源、科学内涵、精神实质、内在联系和实践要求，深刻认识这一战略布局的重大政治意义、理论意义、实践意义，深刻把握这一战略布局贯穿的马克思主义立场观点方法，把对“四个全面”战略布局的认识不断提高到新水平，不断提升贯彻“四个全面”战略布局的思想自觉和行动自觉。

全面建成小康社会，全力落实好“三大战略”及其他重点任务。认真贯彻落实“十三五”规划《纲要》这个全面建成小康社会的宏伟蓝图，真正把党中央国务院提出的新战略新任务落到实处。一方面，推动实施“三大战略”。深入学习贯彻习近平总书记对“一带一路”建设提出的八项要求，切实把“一带一路”建设作为强化双边、多边、次区域合作，构建合作共赢新型国际关系的战略平台。紧紧围绕疏解北京非首都功能的战略核心，积极有序推进京津冀协同发展。把保护和修复长江生态环境摆在首要位置，推进长江经济带发展。另一方面，落实好双创、国际产能合作、新型城镇化等其他重点任务。鼓励引导大众创业万众创新，着力培育新动能。加快推进铁路、核电等优质产能走出去步伐，积极开展第三方市场产能合作。以人为核心推进新型城镇化，推动农业转移人口市民化，培育发展新生中小城市和特色小城镇，促进重点地区城市群发展。

全面深化改革，在重点领域和关键环节改革上取得突破性进展。坚持把经济体制改革作为全面深化改革的重点，坚持社会主义市场经济改革方向，围绕处理好政府和市场关系，使市场在资源配置中起决定性作用和更好发挥政府作用，在基本经济制度、产权制度、市场体系、行政管理体制、投融资体制、财税体制、金融体制、宏观调控等领域，实施具有重大牵引作用的改革举措。同时，深入推进简政放权、放管结合、优化服务改革，切实抓好电力体制、国有企业混合所有制、盐业体制、国有林场林区等全局性的重大改革，强化综合配套改革试验区的示范功能，推动形成有利于引领经济发展新常态的体制机制。

全面依法治国，加强经济、社会和生态领域法治建设。坚持走中国特色社会主义法治道路，建设中国特色社会主义法治体系，加快推动经济、社会和生态领域立法。一是完善社会主义市场经济法律制度。

健全以公平为核心原则的产权保护制度，制定和完善发展规划、投资管理、土地管理、能源和矿产资源、农业、财政税收、金融等方面法律法规。二是加快社会建设领域法律制度建设。依法加强和规范公共服务，完善教育、就业、收入分配、社会保障、医疗卫生等方面的法律法规。三是用严格的法律制度保护生态环境。强化生产者环境保护的法律责任，制定完善生态补偿和土壤、水、大气污染防治及海洋生态环境保护等法律法规。

全面从严治党，保障和促进经济社会发展。落实全面从严治党主体责任，统筹融合业务党务队伍建设，发挥好领导核心和战斗堡垒作用。一是坚持和完善党的领导。严格落实管党治党责任，不断增强“四个意识”，在发展改革工作的方方面面体现党的领导。二是严肃党的政治纪律和政治规矩。加强和规范党内政治生活，严格执行中央八项规定精神，持之以恒加强作风建设，以零容忍态度惩治腐败，全面净化党内政治生态。三是强化党员干部队伍建设。把严格管理干部和热情关心干部结合起来，充分调动干部的积极性、主动性、创造性，打造忠诚干净担当的党员干部队伍。

我们要更加紧密地团结在以习近平同志为核心的党中央周围，认真贯彻落实党中央国务院决策部署，按照“五位一体”总体布局和“四个全面”战略布局，紧紧围绕引领经济新常态、贯彻新发展理念，适度扩大总需求，坚定不移推进供给侧结构性改革，引导良好发展预期，促进经济社会全面协调可持续发展，为实现“两个一百年”奋斗目标和中华民族伟大复兴的中国梦而努力奋斗。

“四个全面”战略布局及相互关系

“四个全面”的战略布局是立足我国实际，顺应人民群众的热切期盼，从破解我们面临的突出矛盾和问题出发，在深入总结实践经验的基础上，逐步形成的。“四个全面”，即全面建成小康社会、全面深化改革、全面依法治国、全面从严治党。“四个全面”战略布局是以习近平同志为总书记的党中央治国理政战略思想的重要内容，闪耀着马克思主义与中国实际相结合的思想光辉，饱含着马克思主义的立场观点方法。

从时间轴来看，“四个全面”是在不同高层会议场合逐步提出的。

2012 年，中国共产党第十八次全国代表大会报告提出，确保到 2020 年实现全面建成小康社会宏伟目标的时间表，以及经济持续健康发展，人民民主不断扩大，文化软实力显著增强，人民生活水平全面提高，资源节约型、环境友好型社会建设取得重大进展等具体内涵。

2013 年，中国共产党第十八届中央委员会第三次全体会议审议通过了《中共中央关于全面深化改革若干重大问题的决定》，提出“全面深化改革的总目标是完善和发展中国特色社会主义制度，推进国家治理体系和治理能力现代化”，并对经济体制改革、政治体制改革、文化体制改革、社会体制改革、生态文明体制改革和党的建设制度改革进行了全面部署。

2014 年 10 月，中国共产党第十八届中央委员会第四次全体会议通过了《中共中央关于全面推进依法治国若干重大问题的决定》，对全面推进依法治国作出战略部署。

2014 年 10 月，习近平总书记在党的群众路线教育实践活动总结大会上，进一步提出全面推进从严治党的要求，并对全面推进从严治党进行了部署。

“四个全面”战略布局，言简意赅、精辟深刻。“四个全面”战略布局是一个整体，它既包括战略目标，又包括战略举措。全面建成小康社会是战略目标，全面深化改革、全面依法治国、全面从严治党是一个都不能缺的三大战略举措。到 2020 年全面建成小康社会，是实现中华民族伟大复兴中国梦的“关键一步”；全面深化改革是全面建成小康社会的动力源泉，是实现中国梦的“关键一招”；全面依法治国是全面深化改革的法治保障和全面建成小康社会的重要基石；全面深化改革、全面依法治国如同鸟之两翼、车之两轮，推动着全面建成小康社会目标的实现；全面从严治党则是全面建成小康社会、全面深化改革、全面依法治国的必然要求和根本保证。

“四个全面”战略布局是党坚持和发展中国特色社会主义的新实践新成果，是对党治国理政经验的科学总结和丰富发展，集中体现了时代和实践发展对党和国家工作的新要求，是实现中华民族伟大复兴的中国梦、续写中国特色社会主义新篇章的行动纲领。

坚定实施“七大战略”（科教兴国战略、人才强国战略、创新驱动发展战略、乡村振兴战略、区域协调发展战略、可持续发展战略、军民融合发展战略）

1. 科教兴国战略

党的十九大报告指出，要“坚定实施科教兴国战略”。1995 年 5 月 6 日，中共中央、国务院颁布《中共中央国务院关于加速科学技术进步的决定》，首次提出在全国实施科教兴国的战略。

科教兴国，是指全面落实科学技术是第一生产力的思想，坚持教育为本，把科技和教育摆在经济、社会发展的重要位置，增强国家的科技实力及向实现生产力转化的能力，提高全民族的科学文化素质，把经济建设转移到依靠科技进步和提高劳动者素质的轨道上来，加速实现国家的繁荣强盛。

自 1995 年科教兴国战略提出以来，中国把科技创新和教育事业摆在重要位置，一大批重大原创成果领跑全球。经过长期努力，中国特色社会主义进入了新时代，“科学技术是第一生产力”的论断深入人心，全民科学意识觉醒，中国科教事业发展的良好环境，成为国家发展、民族振兴永不枯竭的重要源泉。

党的十八大以来，以习近平同志为核心的党中央，着眼统筹推进“五位一体”总体布局、协调推进“四个全面”战略布局，对教育工作作出一系列重大决策部署。从《关于深化考试招生制度改革的实施意见》到《统筹推进世界一流大学和一流学科建设总体方案》，从《乡村教师支持计划（2015—2020年）》到《关于深化教育体制机制改革的意见》，一连串上下贯通、关涉全局的顶层设计方案陆续印发实施。

党的十八大以来的教育改革，覆盖了教育的全过程。每一个学段都有需要解决的突出问题，都有亮点纷呈的改革措施。我们把公平和质量作为教育改革的两大主题。公平，主要是在义务教育阶段作为一个突破口来抓；质量，也是覆盖整个教育领域的。

2013年10月23日，习近平主席在会见清华大学经济管理学院顾问委员会海外委员时表示，科教兴国已成为中国的基本国策。我们将秉持科技是第一生产力、人才是第一资源的理念，兼收并蓄，吸取国际先进经验，推进教育改革，提高教育质量，培养更多、更高素质的人才，同时为各类人才发挥作用、施展才华提供更加广阔的天地。

为实现民族伟大复兴，中国正坚定不移贯彻科教兴国战略和创新驱动发展战略，坚定不移走科技强国之路，为科研创新营造良好的环境。

党的十八大以来，科技经费使用、科技成果评价、项目评审开展了一系列改革，科研项目申请、经费预算、项目执行汇报等环节都得以简化。科教兴国战略指引下的体制创新和制度改革为科研创新提供了便利，有利于科研人员将更多的精力投入到科研活动上。

23年来，科教兴国战略结出的累累硕果正在反哺中国经济，今天的中国正以前所未有的创新勇气、创新能力、创新速度将最新科学技术快速转化为生产力，从而推动中国经济向着质量变革、效率变革、动力变革的方向发展。未来，中国科研将瞄准世界科技前沿，强化基础研究，实现前瞻性基础研究、引领性原创成果重大突破，加强应用基础研究，加强国家创新体系建设，深化科技体制改革，倡导创新文化，培养造就一大批具有国际水平的战略科技人才、科技领军人才、青年科技人才和高水平创新团队……

十九大报告指出，“建设教育强国是中华民族伟大复兴的基础工程。”这是教育在中华民族伟大复兴中的新定位、新使命，从“有学上”到“上好学”，从“大起来”到“强起来”，建设教育强国，为社会主义现代化建设服务，为中华民族伟大复兴奠定基础，实现全体人民共同富裕和共同发展，是新时代中国特色社会主义教育的新要求。未来，中国将优先发展教育事业，全面贯彻党的教育方针，推动城乡义务教育一体化发展，完善职业教育和培训体系，加快一流大学和一流学科建设，健全学生资助制度，支持和规范社会力量兴办教育，加强师德师风建设，办好继续教育，向着科技强国、教育强国的目标迈进。

2. 人才强国战略

习近平同志在党的十九大报告中提出，坚定实施人才强国战略。人才资源是第一资源。充分发掘人才资源宝库，是实现“两个一百年”奋斗目标和中华民族伟大复兴中国梦最牢固的依靠、最有力的支撑。

中国特色社会主义进入新时代，以习近平同志为核心的党中央提出并深入实施一系列强国战略。其中，人才强国战略居于重要位置。建设人才强国，既反映了当今世界的时代特征和经济社会的发展大势，又有力指导了我国人才事业的发展，极大促进了社会主义现代化建设。

充分认识人才强国战略的重大意义：

习近平同志指出：“人才是实现民族振兴、赢得国际竞争主动的战略资源。”近代以来，西方国家之所以能够称雄世界，一个重要原因就是掌握了高端科技。“国之利器，不可以示人。”正如总书记所说：

“真正的核心技术是买不来的。”要保持快速发展，抓住机遇走在时代前列，就要“坚持人才为本”，紧紧抓住这重要的“第一资源”。

（1）实施人才强国战略是抓住新一轮科技革命和产业变革机遇的必要条件。当前，世界新一轮科技革命和产业变革孕育兴起，催生出一系列颠覆性科学技术和重大产业变革，创造出越来越多的新产品、新需求、新业态，深刻影响着国际战略力量对比和世界经济格局变化。抓住和用好新一轮科技革命和产业变革机遇，最重要的战略资源就是人才，特别是能够紧跟并引领世界科技潮流的创新型人才。只有造就和汇聚一大批高端人才，才能在世界新一轮科技革命和产业变革中占据制高点、掌握主动权。

（2）实施人才强国战略是其他各项强国战略顺利实施的重要基础。党的十八大以来，党中央提出人才强国战略、质量强国战略、文化强国战略、海洋强国战略等一系列强国战略。其中，人才是各项强国战略顺利实施的第一资源。只有紧紧牵住人才这个“牛鼻子”，加快改革人才发展体制机制，搭建人才施展才华的平台，创造良好的条件和环境，充分发挥各级各类人才的作用，才能保障各项强国战略顺利实施。

（3）实施人才强国战略是破解我国发展难题的必由之路。经过40年改革开放，我国社会生产力、科技实力、综合国力和国际竞争力均迈上了一个大台阶。但也应看到，我国发展中不平衡不充分的问题仍然比较突出，人口、资源、环境面临的挑战依然严峻，经济发展质量和效益还不够高。有效应对这些问题和挑战，离不开科技进步和科学管理，离不开创新驱动发展，而归根结底要靠人才。只有大力实施人才强国战略，才能充分发挥人才优势，有效弥补人均资源少、环境压力大的短板，实现经济高质量发展，更好满足人民日益增长的美好生活需要。

当今世界的综合国力竞争，说到底是人才竞争。哪个国家拥有人才上的优势，哪个国家最后就会拥有实力上的优势。源源不断的人才资源是我国在激烈的国际竞争中的重要潜在力量和后发优势。充分发掘人才资源宝库，关键是以识才的慧眼、爱才的诚意、用才的胆识、容才的雅量、聚才的良方，广开进贤之路，把党内和党外、国内和国外等各方面优秀人才吸引过来、凝聚起来，努力形成人人渴望成才、人人努力成才、人人皆可成才、人人尽展其才的良好局面。

历史和现实都表明，千条万条没有人才就是白条，千招万招不抓人才就是虚招，千忙万忙不重人才就是瞎忙。培养人才是最大的德，推荐人才是最大的义，用好人才是最大的功，应将人才意识始终装进头脑里、落实到行动上。

3. 创新驱动发展战略

创新驱动发展战略关系我国经济社会发展全局。党的十九大报告提出坚定实施创新驱动发展战略，表明我们党把实施这一战略作为一项重大而长期的任务，摆在国家发展全局的核心位置。

党的十八大以来，我国在实施创新驱动发展战略上取得显著成就，科技进步对经济增长的贡献率从 2012 年的 52.2% 提高到 2016 年的 56.2%，有力推动了产业转型升级。高速铁路、水电装备、特高压输变电、杂交水稻、对地观测卫星、北斗导航、电动汽车等重大科技成果产业化取得突破，部分产业走在世界前列，持续提升我国经济发展的质量和效益，拓展了我国发展的新空间。

实施创新驱动发展战略，要突出科技创新对供给侧结构性改革和培育发展新动能的支撑引领作用。一是围绕新一代信息网络、智能绿色制造、现代农业、现代能源等领域推动产业技术体系创新，注重运用新技术新业态改造升级传统产业，以技术的群体性突破支撑引领新兴产业集群发展。二是促进技术创新与管理创新、商业模式创新融合，拓展数字消费、电子商务、现代物流、互联网金融等新兴服务业，大力发展数字经济、平台经济、共享经济、智能经济。三是大力推动创新创业，建立一批低成本、便利化、开放式的众创空间和虚拟创新社区，孵化培育“专精特新”的创新型小微企业。四是打造新的经济增长点、增长带、增长极，深入推进北京、上海建设具有全球影响力的科技创新中心，加快推进京津冀、长江经济带、东西部协同创新，强化国家自主创新示范区和国家高新区的辐射带动作用，建设一批具有强大带动作用的创新型城市和区域创新中心。

4. 乡村振兴战略

习近平同志所作的党的十九大报告高度重视“三农”工作，强调农业农村农民问题是关系国计民生的根本性问题，必须始终把解决好“三农”问题作为全党工作重中之重；提出坚持农业农村优先发展，实施乡村振兴战略。大力推进乡村振兴，并将其提升到战略高度、写入党章，这是党中央着眼于全面建成小康社会、全面建设社会主义现代化国家作出的重大战略决策，是加快农业农村现代化、提升亿万农民获得感幸福感、巩固党在农村的执政基础和实现中华民族伟大复兴的必然要求，为新时代农业农村改革发展指明了方向、明确了重点。

实施乡村振兴战略，要按照产业兴旺、生态宜居、乡风文明、治理有效、生活富裕的总要求，建立健全城乡融合发展体制机制和政策体系，加快推进农业农村现代化。产业兴旺，就是要紧紧围绕促进产业发展，引导和推动更多资本、技术、人才等要素向农业农村流动，调动广大农民的积极性、创造性，形成现代农业产业体系，促进农村一二三产业融合发展，保持农业农村经济发展旺盛活力。生态宜居，就是要加强农村资源环境保护，大力改善水电路气房讯等基础设施，统筹山水林田湖草保护建设，保护好绿水青山和清新清净的田园风光。乡风文明，就是要促进农村文化教育、医疗卫生等事业发展，推动移风易俗、文明进步，弘扬农耕文明和优良传统，使农民综合素质进一步提升、农村文明程度进一步提高。治理有效，就是要加强和创新农村社会治理，加强基层民主和法治建设，弘扬社会正气、惩治违法行为，使农村更加和谐安定有序。生活富裕，就是要让农民有持续稳定的收入来源，经济宽裕，生活便利，最终实现共同富裕。在实践中，推进乡村振兴，必须把大力发展农村生产力放在首位，支持和鼓励农民就业创业，拓宽增收渠道；必须坚持城乡一体化发展，体现农业农村优先原则；必须遵循乡村发展规律，保留乡村特色风貌。

5. 区域协调发展战略

习近平总书记所作的党的十九大报告从我国区域发展新形势和决胜全面建成小康社会、开启全面建设社会主义现代化国家新征程的新要求出发，明确提出要实施区域协调发展战略。这是对“两个一百年”奋斗目标历史交汇期我国区域发展的新部署，是今后一个时期推进区域协调发展的行动指南。

党的十九大报告明确提出了区域协调发展战略的主要任务和战略取向。

第一，加大力度支持革命老区、民族地区、边疆地区、贫困地区加快发展。老少边穷地区是我国特殊类型困难地区。党的十八大以来，以习近平同志为核心的党中央采取一系列举措，推动贫困地区脱贫攻坚，支持革命老区开发建设，促进民族地区健康发展，推进边疆地区开发开放，老少边穷地区面貌发生前所未有的变化。党的十九大报告进一步将老少边穷地区放在区域协调发展战略的优先位置，体现了党中央加快老少边穷地区发展的决心。要加大力度支持老少边穷地区改善基础设施条件，提高基本公共服务能力，培育发展优势产业和特色经济，加强生态环境建设，真正为老少边穷地区加快发展创造条件。

第二，强化举措推进西部大开发形成新格局。实施西部大开发战略以来，西部地区开发建设取得重大进展。党的十八大以来，推进“一带一路”建设和长江经济带发展，增强了西部地区与沿海地区经济联系，拓展了西部地区对外开放空间。今后一个时期推进西部大开发，要充分发挥“一带一路”建设的引领带动作用，加大西部开放力度，加快建设内外通道和区域性枢纽，完善基础设施网络，提高对外开放和外向型经济发展水平。加快培育发展符合西部地区比较优势的特色产业和新兴产业，增强产业竞争力。加强生态环境建设，筑牢国家生态安全屏障。

第三，深化改革加快东北等老工业基地振兴。实施东北等老工业基地振兴战略以来，东北地区经济发展迈上新台阶。近年来，受深层次体制性因素影响，东北地区发展面临新的困难和挑战。加快东北等老工业基地振兴，必须从深化改革上找出路，加快转变政府职能，减少政府对市场主体的不合理干预。深化国有企业改革，真正确立国有企业的市场主体地位，增强市场竞争力。积极改善营商环境，促进民营经济发展。进一步扩大开放，以开放推动改革不断深化，加快形成有活力的体制机制，促进东北振兴取得新突破。

第四，发挥优势推动中部地区崛起。中部地区具有连接东西、贯通南北的区位条件和产业体系较为完整的优势。推动中部地区崛起，要进一步发挥优势，加强综合立体交通枢纽和物流设施建设，发展多式联运，构建现代综合交通体系和物流体系。加快建设现代产业体系，依托功能平台承接产业转移，发展现代农业、先进制造业和战略性新兴产业，培育一批有国际竞争力的产业集群。加快发展内陆开放型经济，全面融入“一带一路”建设，积极开展国际产能和装备制造合作。

第五，创新引领率先实现东部地区优化发展。东部地区是我国经济发展的先行区，对全国经济发挥着重要的增长引擎和辐射带动作用。东部地区率先实现优化发展，必须加快在创新引领上实现突破，充分利用和拓展创新要素集聚的特殊优势，打造具有国际影响力的创新高地。率先实现产业升级，引领新兴产业和现代服务业发展，打造全球先进制造业基地。率先建立全方位开放型经济体系，更高层次参与国际经济合作和竞争，增创扩大开放新优势。

第六，以疏解北京非首都功能为“牛鼻子”推动京津冀协同发展。推动京津冀协同发展，核心是疏解北京非首都功能，根本是要健全区域协调发展新机制，走出一条中国特色解决“大城市病”的路子。要加快北京城市副中心建设，优化空间格局和功能定位。推进交通、生态、产业三个重点领域率先突破，构建一体化现代交通网络，扩大环境容量和生态空间，优化产业布局，建设京津冀协同创新共同体。规划建设雄安新区，是以习近平同志为核心的党中央深入推进实施京津冀协同发展战略、积极稳妥有序疏解北京非首都功能的一项重大决策部署，要坚持“世界眼光、国际标准、中国特色、高点定位”的理念，高起点规划、高标准建设，努力将雄安新区打造成为贯彻新发展理念的创新发展示范区。

第七，以共抓大保护、不搞大开发为导向推动长江经济带发展。长江经济带横贯东西、辐射南北、通江达海，是我国人口、经济、产业最为密集的经济轴带。近年来，随着开发强度增大，长江经济带生态环境形势日趋严峻，必须把修复长江生态环境摆在压倒性位置，共抓大保护，不搞大开发，实施好长江防护林体系建设等生态保护修复工程，建设沿江绿色生态廊道。在此基础上，以畅通黄金水道为依托，建设高质量综合立体交通走廊，推进产业转型升级和新型城镇化建设，优化沿江产业和城镇布局，实现长江上中下游互动合作和协同发展。

第八，坚持陆海统筹，加快建设海洋强国。我国是海洋大国，海洋在国家发展全局和对外开放中具有十分重要的地位，必须坚持陆海统筹，加快建设海洋强国。要加快发展海洋经济，优化海洋产业结构，促进海洋产业成为支柱产业，为建设海洋强国奠定坚实基础。深入实施以海洋生态系统为基础的综合管理，加大对海岸带、沿海滩涂保护和开发管理力度。统筹运用各种手段维护和拓展国家海洋权益，维护好我国管辖海域的海上航行自由和海洋通道安全。

6. 可持续发展战略

习近平同志在党的十九大报告中提出，坚定实施可持续发展战略。1987年，联合国环境与发展世界委员会在其调研报告《我们共同的未来》（Our Common Future）中对可持续发展给出了一个定义："可持续发展是这样的发展，它满足当代的需求，而不损害后代满足他们需求的能力。"

1992年6月，在巴西举行的联合国环境与发展大会上，提出并通过了全球的可持续发展战略——《21世纪议程》，要求各国根据本国情况，制定各自的可持续发展战略、计划和对策。中国政府于1994年3月发布《中国21世纪议程——中国21世纪人口、环境与发展白皮书》，1996年将可持续发展上升为国家战略并全面推进实施。

进入新世纪，中国进一步深化对可持续发展内涵的认识，于2003年提出了以人为本、全面协调可持续的科学发展观。

党的十八大提出了中国特色社会主义"五位一体"总体布局，以习近平同志为核心的党中央把生态文明建设摆在改革发展和现代化建设全局位置，坚定贯彻新发展理念，不断深化生态文明体制改革，推进生态文明建设的决心之大、力度之大、成效之大前所未有，开创了生态文明建设和环境保护新局面。党的十九大明确了到本世纪中叶把我国建设成为富强民主文明和谐美丽的社会主义现代化强国的目标。

建设生态文明，要以资源环境承载能力为基础，以自然规律为准则，以可持续发展、人与自然和谐为目标，坚定走生产发展、生活富裕、生态良好的文明发展道路，建设美丽中国。

可持续发展要求经济的发展，必须与人口、环境、资源统筹考虑，不仅要安排好当前的发展，还要为子孙后代着想，为未来的发展创造更好的条件，决不能走浪费资源、先污染后治理的路子，更不能吃祖宗饭、断子孙路。

7. 军民融合发展战略

习近平总书记在党的十九大报告中指出："坚持富国和强军相统一，强化统一领导、顶层设计、改革创新和重大项目落实，深化国防科技工业改革，形成军民融合深度发展格局，构建一体化的国家战略体系和能力。"这是以习近平同志为核心的党中央着眼新时代坚持和发展中国特色社会主义，着眼国家发展和安全全局作出的重大战略部署。我们要坚持以习近平新时代中国特色社会主义思想为指导，全面贯彻习近平强军思想，深入实施军民融合发展战略，在新的起点上开创军民融合发展新局面，为实现中国梦强军梦提供坚强有力支撑。

（1）党的十八大以来军民融合发展取得显著成效。

第一，把军民融合发展上升为国家战略。党的十八大以来，习近平总书记深刻把握世情、国情、军情的变化，在国家总体战略中兼顾发展和安全，把军民融合发展确立为兴国之举、强军之策，作出一系列重要论述和重大决策，形成了习近平总书记关于军民融合发展重大战略思想。党的十八届三中全会把军民融合发展改革纳入全面深化改革总体布局加以推进，军民融合发展体制改革基本到位。党中央成立中央军民融合发展委员会，强化对军民融合发展的集中统一领导。这些重大创举，开辟了中国特色军民融合发展理论和实践的新境界，促进了国家战略体系和能力新发展。

第二，战略指导和规划统筹显著加强。中共中央、国务院、中央军委印发《关于经济建设和国防建设融合发展的意见》，首次从中央层面明确了军民融合发展的重点。国务院、中央军委颁布实施《经济建设和国防建设融合发展"十三五"规划》，勾画出"十三五"时期军民融合发展蓝图。《国防交通法》《军人保险法》等颁布实施，综合性法律立法工作加紧推进。军民融合发展相关财政、税收、金融政策进一步完善，资金保障渠道不断拓展。国家主导、需求牵引、市场运作相统一的融合局面加快形成。

第三，重点领域军民融合深化拓展。基础设施建设统筹力度加大，交通、测绘、信息等领域共建共用取得重要进展。"军转民""民参军"步伐加快，军民科技协同创新加速推进，北斗导航系统、国产大型客机 C919、华龙一号等研发应用取得重大突破。重大安全领域融合发展全面推进，公共安全和应急能力建设持续加强，海外综合保障能力稳步提升，依托国民教育培养军事人才深入开展。军队保障社会化成效明显，全面停止有偿服务扎实推进。军队出色完成抢险救灾任务，积极参与脱贫攻坚和生态文明建设，军政军民关系进一步巩固发展。

第四，区域性军民融合蓬勃发展。各省（自治区、直辖市）制定推进军民融合发展的具体意见和规划计划，设立各类专项领导小组和专门办事机构，充分挖掘本地区潜力，因地制宜推动国防建设与区域经济融合发展。省军区系统军民融合协调职能得到拓展。军地科技信息交流、科研资源共享不断深化。地方市政对部队基础设施建设保障力度加大。国家军民融合创新示范区创建活动有序开展，一批信息共享、投资融资、孵化转化平台相继建成。

（2）准确把握军民融合深度发展的目标任务。

第一，深入理解军民融合深度发展的目标指向。党的十九大报告明确提出，形成军民融合深度发展格局，构建一体化的国家战略体系和能力。当前和今后一个时期，就要紧紧围绕这一目标，坚持总体国家安全观，贯彻习近平强军思想，坚持党的领导，强化国家主导，注重融合共享，发挥市场作用，深化改革创新，推动军民融合由初步融合向深度融合过渡，进而实现跨越发展，力争到 2020 年形成全要素、多领域、高效益的军民融合深度发展格局。

军民融合深度发展的最终指向是构建一体化的国家战略体系和能力，就是要实现国家发展和安全兼顾、富国与强军相统一，经济建设和国防建设融合发展，经济实力和国防实力同步提升，从国家层面形成各领域战略布局一体融合，各方面资源一体整合，政治、经济、军事、科技、外交、文化等力量一体运用的战略态势，增强国家综合实力和战略竞争力，维护国家主权、安全、发展利益。

第二，紧紧扭住强化顶层设计这个着力重点。破解军民融合发展方面的突出问题，关键是加强集中统一领导，同步推进体制和机制改革、体系和要素融合、制度和标准建设。一是强化战略引领，健全军民融合发展规划计划体系，使国家重大战略规划、重大政策法规充分统合国防和军队建设需求，军队建设发展规划计划全面落实经济社会发展总体部署。二是完善体制机制，深化军民融合发展体制改革，统筹推进具有四梁八柱性质的重大改革事项，构建组织管理体系、工作运行体系、政策制度体系。三是加强法治建设，加快军民融合综合性法律立法进程，推进相关法律法规立改废释工作，提高军民融合发展的法治化水平。四是推动标准融合，构建军民通用标准化体系，解决好新时代的“车同轨、书同文”问题。

第三，扎实推动军民融合深度发展的重点任务。军民融合是一个系统工程，必须以聚焦重点领域带动整体水平的提升。要推进基础建设军民一体，统筹军民一体化的国家科技基础、工业基础、人才基础和基础设施建设，实现国家一份投入、多份产出。推进国防军工军民结合，推动军工行业与制造业深度融合，构建中国特色先进国防科技工业体系。推进科技创新军民协同，加快建立军民融合创新体系，推动科技成果双向转移转化。推进关键领域军民共建，军地合力建设海洋强国、航天强国、网络强国。推进人力资源军民共用，培养高素质新型军事人才和经济社会发展急需特殊人才。推进社会服务军民共享，做好双拥和优抚安置工作，军队和武警部队全面停止有偿服务。推进公共安全军民统筹，提高应急应战一体化建设水平和能力。推进对外合作军民互补，构建海外综合保障体系，加快形成军政企协同、国内外互动的维护海外利益格局。

以人民为中心的发展思想

党的十九大报告将“坚持以人民为中心”确立为新时代坚持和发展中国特色社会主义的基本方略之一。党的十九大报告指出：“坚持以人民为中心。人民是历史的创造者，是决定党和国家前途命运的根本力量。必须坚持人民主体地位，坚持立党为公、执政为民，践行全心全意为人民服务的根本宗旨，把党的群众路线贯彻到治国理政全部活动之中，把人民对美好生活的向往作为奋斗目标，依靠人民创造历史伟业。”深入领会和牢牢坚守以人民为中心的根本立场，对于准确把握和全面贯彻习近平新时代中国特色社会主义思想，凝聚起实现“两个一百年”奋斗目标、实现中华民族伟大复兴中国梦的磅礴力量具有十分重要的意义。

1. 人民对美好生活的向往就是我们的奋斗目标

2012 年 11 月，在十八届中央政治局常委与中外记者见面会上，习近平总书记郑重宣示：“人民对美好生活的向往，就是我们的奋斗目标。”习近平总书记强调：“为人民谋幸福，是中国共产党人的初心。我们要时刻不忘这个初心，永远把人民对美好生活的向往作为奋斗目标。”坚持一切为了人民，带领全国人民不断创造美好生活，生动诠释了中国共产党人的根本立场，生动诠释了全心全意为人民服务的根本宗旨，生动诠释了新时代中国特色社会主义的根本追求。

第一，把人民对美好生活的向往作为奋斗目标，从根本上回答了“为了谁”的问题，是立党为公、执政为民的生动体现，是共产党人始终坚守的政治灵魂和精神支柱。我们党来自人民、植根人民、服务人民，除了工人阶级和最广大人民群众的利益，党没有自己特殊的利益，任何时候都把群众利益放在第一位，不允许任何党员脱离群众，凌驾于群众之上。在革命、建设和改革的不同历史时期，我们党始终把人民放在心中最高位置，始终全心全意为人民服务，始终为人民利益和幸福而努力工作；我们党制定的路线、方针、政策都充分体现了最广大人民的根本利益。中国共产党的奋斗史，就是一部全心全意为人民服务的历史。

第二，把人民对美好生活的向往作为奋斗目标，关键是站稳人民立场。人民立场体现了马克思主义唯物史观，体现了对人民创造历史的地位和作用的深刻认识，体现了对人类社会发展规律的科学把握，体现了对保持党的先进性纯洁性的坚定追求，是马克思主义政党区别于其他政党的显著标志。只有真正领悟了人民立场的真谛，才会自觉站在人民立场上想问题、作决策，做事情、干事业，做有利于人民、符合人民眼前利益要求和人民长远利益要求的事。

第三，把人民对美好生活的向往作为奋斗目标，最终要落实到实现好、维护好、发展好最广大人民的根本利益上。习近平总书记指出："党的一切工作，必须以最广大人民根本利益为最高标准。""我们要不断解决人民最关心最直接最现实的利益问题，努力让人民过上更好生活。"以习近平同志为核心的党中央始终秉持以人民为中心的发展思想，以造福人民为最大政绩，从群众最关心的问题入手，把民生疾苦放在心头，把改革发展责任扛在肩上，一大批惠民举措落地实施，推动发展成果更多更公平惠及全体人民；始终把人民利益摆在至高无上的地位，顺应我国社会主要矛盾已经发生历史性变化的实践要求，着力解决我国发展不平衡不充分的问题，在更高水平上不断满足人民群众日益增长的美好生活需要。

2. 依靠人民创造历史伟业

人民是真正的英雄，人民是决定党和国家前途命运的根本力量，要依靠人民创造历史伟业。波澜壮阔的中华民族发展史是中国人民书写的，博大精深的中华文明是中国人民创造的，历久弥新的中华民族精神是中国人民培育的，中华民族迎来从站起来、富起来到强起来的伟大飞跃是中国人民奋斗出来的。

依靠人民群众创造伟业，关键是在思想上牢固树立人民群众的主体地位。习近平总书记动情地讲："老百姓是天，老百姓是地。忘记了人民，脱离了人民，我们就会成为无源之水、无本之木，就会一事无成。"党的根基在人民、血脉在人民、力量在人民。尊重不尊重人民群众的主体地位，承认不承认人民群众是历史的创造者和社会发展的决定力量，是区别唯物史观和唯心史观的分界线。谋划发展，最了解实际情况的，是人民群众；推动改革，最大的依靠力量，也是人民群众。治国理政，只有亲身征询于田野，虚心问计于百姓，才能把握群众所思所想所盼，凝聚民心民智民力，开创改革发展新局。基层是最大的课堂，群众是最好的老师。生活最深刻，群众最智慧。习近平总书记强调："在人民面前，我们永远是小学生，必须自觉拜人民为师，向能者求教，向智者问策。"坚持"以百姓心为心"，把尊重社会发展规律与尊重人民历史主体地位统一起来，就没有克服不了的困难，就没有越不过的坎。

尊重人民群众的首创精神，最大限度地激发人们的创造热情，我们的工作就能获得最广泛的支持，就有强大的生命力。建设中国特色社会主义的伟大实践，从根本上说是广大人民群众自己的实践，群众在实践中创造的经验，反映了事物发展的客观规律，代表了社会进步的方向。正如习近平总书记所指出的，改革开放在认识和实践上的每一次突破和发展，改革开放中每一个新生事物的产生和发展，改革开放每一个方面经验的创造和积累，无不来自亿万人民的实践和智慧。总结我们党发展壮大的经验，很重要的一条，就是始终把群众作为智慧和力量的源泉，始终把政治智慧的增长、执政本领的增强深深扎根于人民的创造性实践之中。面对新时代的新形势新任务，必须把人民群众的实践创造作为源头活水，及时发现、总结、概括人民群众创造出来的新鲜经验，使之上升为理论和政策，同时动员指导人民开展新的实践，推动党和国家事业不断向前发展。

坚持由人民群众评判，把人民群众满意作为检验工作的第一标准。以什么为标准、用什么来衡量，实质上是一个对谁负责、让谁满意的问题。我们党是代表最广大人民利益的政党，一切工作的成败得失必然要由人民群众来检验，以人民拥护不拥护、赞成不赞成、高兴不高兴、答应不答应作为根本标准。群众意见是一把最好的尺子，最能衡量我们工作的长短优劣。习近平总书记深刻指出，时代是出卷人，我们是答卷人，人民是阅卷人。坚持群众标准、由群众来评判，不能走过场，必须具有约束力，群众拥护什么就鼓励什么，群众期盼什么就做好什么，群众反对什么就纠正什么。无论是制定政策、出台规范，还是评选评比、考核表彰，都要注重群众评价，增加群众的话语权、评判权，不能关起门来搞自我评价、自我认可。要经常看一看工作是不是按照群众的要求在展开，看一看有哪些措施和办法还需要改进，让群众真满意而不是"被满意"，使党和人民事业始终体现群众意愿，经得起实践、人民和历史的检验。

3. 朝着实现全体人民共同富裕不断迈进

共同富裕，是中国共产党带领人民追求的一个基本目标，也是自古以来我国人民的一个基本理想。按照马克思、恩格斯的构想，共产主义社会将彻底消除阶级之间、城乡之间、脑力劳动和体力劳动之间的对立和差别，实行各尽所能、按需分配，真正实现社会共享、实现每个人自由而全面的发展。实现共同富裕，反映了社会主义的本质特征，体现了坚持以人民为中心的根本立场。

作为马克思主义政党，带领人民创造美好生活、实现共同富裕，是我们党矢志不渝的奋斗目标。习近平总书记强调：“我们追求的发展是造福人民的发展，我们追求的富裕是全体人民共同富裕。”在革命、建设和改革的各个历史时期，我们党为实现人民幸福、迈向共同富裕而不懈奋斗。党的十八大以来，以习近平同志为核心的党中央始终坚持、着力践行以人民为中心的发展思想，把实现人民幸福作为发展的根本目的和归宿，努力使发展成果更多更公平惠及全体人民，不断朝着全体人民共同富裕的目标前进。

新时代中国特色社会主义的一个鲜明特征，是全国各族人民团结奋斗、不断创造美好生活、逐步实现全体人民共同富裕。从现在到2020年，是全面建成小康社会决胜期，我们要着力实施精准扶贫、精准脱贫，推动经济社会持续健康发展，使人民生活更加殷实，使全面建成小康社会得到人民认可、经得起历史检验。在此基础上，党的十九大进一步明确了全面建设社会主义现代化强国的两步走战略安排，到2035年基本实现社会主义现代化时，全体人民共同富裕必将迈出坚实步伐，人民生活更为宽裕，城乡区域发展差距和居民生活水平差距显著缩小，基本公共服务均等化基本实现；到本世纪中叶我国建成富强民主文明和谐美丽的社会主义现代化强国时，社会主义优越性必将充分显现，我国人民将享有更加富裕、更加公平、更加幸福安康的生活。把全体人民共同富裕作为建设社会主义现代化强国的重要内容，对新时代坚持和发展中国特色社会主义必将产生重大和深远的影响。

蓝图已绘就，关键在落实。要完成全体人民共同富裕的宏伟目标，必须坚持以人民为中心，在全民共享、全面共享、共建共享、渐进共享中，不断实现好、维护好、发展好最广大人民的根本利益。要紧扣新时代我国社会主要矛盾的新变化，自觉用新发展理念统领发展全局，着力破解发展不平衡不充分问题，不断满足人民日益增长的美好生活需要。要以保障和改善民生为重点，多谋民生之利、多解民生之忧，发展各项社会事业，加大收入分配调节力度，打赢脱贫攻坚战，努力补齐民生短板、促进社会公平正义。要大力弘扬“幸福都是奋斗出来的”理念，鼓励人民群众艰苦奋斗、勤劳致富、守法经营，通过自身努力创造美好幸福生活。

4. 把党的群众路线贯彻到治国理政全部活动中

习近平总书记强调，群众路线始终是党的生命线和根本工作路线，是我们党永葆青春活力和战斗力的重要传家宝。不论过去、现在和将来，我们都要坚持一切为了群众，一切依靠群众，从群众中来，到群众中去，把党的正确主张变为群众的自觉行动。坚持以人民为中心的根本立场，必须把群众路线贯彻到治国理政全部活动之中。

把群众路线融入经济社会发展全过程。要在经济发展的各个环节贯彻新发展理念，做到老百姓关心什么、期盼什么，就抓住什么、推进什么，通过改革发展给人民群众带来更多实惠。坚持中国特色社会主义政治发展道路，保证人民当家作主落实到国家政治生活和社会生活之中，巩固和发展生动活泼、安定团结的政治局面。坚持为人民服务、为社会主义服务，坚持百花齐放、百家争鸣，坚持创造性转化、创新性发展，为人民群众提供丰富的精神食粮，努力满足人民群众不断增长的精神文化需求。紧紧抓住人民最关心最直接最现实的利益问题，从人民群众关心的事情做起，从让人民群众满意的事情做起，使人民获得感、幸福感、安全感更加充实、更有保障、更可持续。坚定走生产发展、生活富裕、生态良好的文明发展道路，建设人与自然和谐共生的现代化，为人民群众提供更多优质生态产品。

把群众路线贯穿党的全部工作之中。做好群众工作是领导干部的重要职责。是否重视做群众工作，是否善于做群众工作，是衡量领导干部政治上是否合格、工作上是否称职、领导能力强不强的一个基本标准。总体上看，当前各级党组织和党员干部贯彻执行党的群众路线情况是好的，广大党员干部在改革发展稳定各项工作中，冲锋陷阵、忘我奉献，发挥了先锋模范作用，赢得了广大人民群众的肯定和拥护，这是主流，必须充分肯定。同时必须看到，一些脱离群众的现象在党内不同程度存在，有的问题还相当严重。这里面，既有立场问题、感情问题，也有方法问题、能力问题。要从政治的高度深刻认识密切联系群众的重要性，在全心全意为人民服务中提升政治站位、提高工作能力，在真心实意向人民学习中拓展工作视野、丰富工作经验、提高理论联系实际的水平，在倾听人民呼声、虚心接受人民监督中自觉进行自我反省、自我批评、自我教育，在服务人民中不断完善自己，持之以恒克服形式主义、官僚主义，久久为功祛除享乐主义和奢靡之风。实践证明，只有始终保持党同人民群众的血肉联系，才能真正把以人民为中心落到实处。

全面深化改革的总目标

党的十八届三中全会通过的《中共中央关于全面深化改革若干重大问题的决定》提出：“全面深化改革的总目标是完善和发展中国特色社会主义制度，推进国家治理体系和治理能力现代化。必须更加注重改革的系统性、整体性、协同性，加快发展社会主义市场经济、民主政治、先进文化、和谐社会、生态文明，让一切劳动、知识、技术、管理、资本的活力竞相迸发，让一切创造社会财富的源泉充分涌流，让发展成果更多更公平惠及全体人民。”

社会主义协商民主

习近平同志在党的十九大报告中强调“发挥社会主义协商民主重要作用”并作出重要部署，进一步明确了社会主义协商民主的前进方向。

1. 社会主义协商民主是中国社会主义民主政治特有形式

社会主义协商民主，是在中国共产党领导下，人民内部各方面围绕改革发展稳定重大问题和涉及群众切身利益的实际问题，在决策之前和决策实施之中开展广泛协商，努力形成共识的重要民主形式。习近平总书记指出："协商民主是中国社会主义民主政治中独特的、独有的、独到的民主形式。"它源自中华民族长期形成的优秀传统政治文化，源自近代以后中国政治发展的现实进程，源自中国共产党领导人民进行革命、建设、改革的长期实践，源自新中国成立后各党派、各团体、各民族、各阶层、各界人士在政治制度上的伟大实践，源自改革开放以来中国在政治体制上的不断创新，具有深厚的文化基础、理论基础、实践基础、制度基础。协商民主适应了我国经济社会发展不同历史时期的实际需要，是中国共产党和中国人民的伟大创造，是适合中国国情、具有鲜明中国特色的重要民主形式。

第一，社会主义协商民主具有深厚的文化基础。我国协商民主根植于中国传统价值理念。中华民族长期以来形成了天下为公、兼容并蓄、求同存异等优秀政治文化传统，强调人与人之间要"忠恕仁和"，人与社会之间要"合群睦众"。民间社会也素有调解说和的风尚，协调协商在日常生活中发挥着排难解纷、止讼息争功能。这些优秀文化基因形成了协商民主的历史文化资源。

第二，社会主义协商民主具有坚实的理论基础。我国社会主义民主是维护人民根本利益的最广泛、最真实、最管用的民主，社会主义协商民主是人民民主的重要形式，在人民内部开展广泛协商是实现人民民主的必然要求。习近平总书记强调："全心全意为人民服务，始终代表最广大人民根本利益，是我们能够实行和发展协商民主的重要前提和基础。”协商民主是中国特色社会主义民主理论的重要内容和鲜明特色，推进协商民主就是要找到人民群众意愿和要求的最大公约数。只有坚持有事多商量，遇事多商量，做事多商量，商量得越多越深入，才能真正维护好实现好人民群众的根本利益，保障实现人民当家作主。

第三，社会主义协商民主具有坚实的实践基础。习近平总书记指出：“协商民主深深嵌入了中国社会主义民主政治全过程。”早在新民主主义革命时期，我们党科学分析中国社会的性质、主要矛盾和特点，明确中国革命的领导力量、依靠力量和革命对象，联合一切可以联合的力量，大胆运用协商等形式建立广泛的统一战线。1949 年 9 月 21 日，中国人民政治协商会议第一届全体会议召开，标志着中国共产党领导的多党合作和政治协商制度正式确立。新中国成立后，人民政协为恢复和发展国民经济、巩固新生人民政权、推动各项社会改革、促进社会主义革命和建设作出了历史性贡献。改革开放以来，中国共产党领导的多党合作和政治协商制度不断创新发展，并被确立为我国的一项基本政治制度。党的十八大翻开了社会主义协商民主建设的新篇章，以习近平同志为核心的党中央对推进协商民主建设作出全面部署，协商民主在实践中不断发展，在发展中不断完善。

第四，社会主义协商民主具有稳固的制度基础。我国协商民主以根本政治制度和基本政治制度为支撑。人民政协是具有中国特色的制度安排，是社会主义协商民主的重要渠道和专门协商机构，协商民主贯穿于人民政协开展政治协商、民主监督、参政议政全过程。坚持根本政治制度和基本政治制度，是人民依法直接行使民主权利的重要保障，是协商民主得以蓬勃发展的重要保障。在坚持根本政治制度和基本政治制度基础上，协商民主的制度化建设也在稳步推进。近年来，中共中央印发《关于加强社会主义协商民主建设的意见》，中办、国办印发《关于加强人民政协协商民主建设的实施意见》《关于加强城乡社区协商的意见》《关于加强政党协商的实施意见》等配套文件，这些文件的出台标志着我国协商民主制度体系基本建成。

2. 社会主义协商民主是中国社会主义民主政治独特优势

习近平总书记指出，保证和支持人民当家作主，通过依法选举、让人民的代表来参与国家生活和社会生活的管理是十分重要的，通过选举以外的制度和方式让人民参与国家生活和社会生活的管理也是十分重要的。人民只有投票的权利而没有广泛参与的权利，人民只有在投票时被唤醒、投票后就进入休眠期，这样的民主是形式主义的。与名为“一人一票”实为“少数人专政”的资本主义民主相比，社会主义协商民主是切实保障人民当家作主的制度安排，具有不可比拟的优越性和强大生命力。

第一，社会主义协商民主有利于扩大公民有序政治参与，更好实现人民当家作主的权利。毛泽东同志说过，“国家各方面的关系都要协商”，我们政府“可以叫它是个商量政府”。我国协商民主建设是全方位、多层次、立体化的。从渠道看，包含政党协商、人大协商、政府协商、政协协商、人民团体协商、基层协商以及社会组织协商等；从内容看，涵盖党和国家政治生活中的重大事项，法律法规的制定和修改，经济社会发展的重要决策，涉及人民群众切身利益的实际问题，各协商渠道自身建设的相关事务等；从层级看，包括从中央到基层各个层级。通过社会主义协商民主，吸纳各党派团体、社会各阶层各领域广泛参与协商，广泛接受批评和监督，充分反映各方面意见建议，可以广泛达成决策和工作的最大共识，确保广大人民群众的民主权利最大限度地得到实现，真正实现人民当家作主。

第二，社会主义协商民主有利于促进科学民主决策，推进国家治理体系和治理能力现代化。在人民内部各方面广泛商量的过程，就是发扬民主、集思广益的过程，就是统一思想、凝聚共识的过程，就是科学决策、民主决策的过程，就是实现人民当家作主的过程。通过社会主义协商民主，能够吸纳社会公众特别是利益相关方参与决策，凝聚各方面的智慧，提高决策的针对性；能够吸收专家学者、智库机构进行决策咨询，提高决策的专业化水平；能够在决策过程中进行交流讨论，增强决策的公开性和透明度，更好地增进理解、凝聚共识；能够广泛畅通各种利益要求和诉求进入决策程序的渠道，广泛形成发现、改正失误和错误的机制。

第三，社会主义协商民主有利于化解矛盾冲突，促进社会和谐稳定。习近平总书记强调："民主不是装饰品，不是用来做摆设的，而是要用来解决人民要解决的问题的。"协商民主为社会各方面搭建了对话交流、恳谈沟通的平台。通过社会主义协商民主，能够更好地让群众表达诉求、理顺情绪，有效化解分歧、增进共识，形成顺民心、合民意的政策措施；能够让人们增进彼此理解，在关心自身利益的同时更多关切对方利益、理解公共利益、考虑长远利益；能够广泛形成人民群众参与各层次管理和治理的机制，有助于从源头上预防和化解可能产生的矛盾和风险，促进社会和谐稳定。

第四，社会主义协商民主有利于保持党同人民群众的血肉联系，巩固和扩大党的执政基础。协商民主是中国共产党的群众路线在政治领域的重要体现。习近平总书记强调，人民群众是社会主义协商民主的重点，凡是涉及群众切身利益的决策都要充分听取群众意见，通过各种方式，在各个层级、各个方面同群众进行协商。通过协商民主，可以广泛听取人民群众声音，充分吸收他们的意见建议，想群众之所想，急群众之所急，忧群众之所忧，把提高执政能力深深扎根于人民的创造性实践之中。协商民主还有利于进一步改善党的领导方式和工作作风，通过平等交流对话，党员干部和群众能够拉近距离、改善关系、增进感情，引导人民群众更好地了解并认同党的方针政策，从而凝聚起全社会推进改革发展的智慧和力量。

第五，社会主义协商民主有利于发挥我国政治制度优越性，增强中国特色社会主义道路自信、理论自信、制度自信、文化自信。习近平总书记指出，人民是否享有民主权利，要看人民是否在选举时有投票的权利，也要看人民在日常政治生活中是否有持续参与的权利；要看人民有没有进行民主选举的权利，也要看人民有没有进行民主决策、民主管理、民主监督的权利。我国社会主义协商民主，既坚持了中国共产党的领导，又发挥了各方面的积极作用；既坚持了人民主体地位，又贯彻了民主集中制的领导制度和组织原则；既坚持了人民民主的原则，又贯彻了团结和谐的要求，极大地丰富了民主的形式、拓展了民主的渠道、深化了民主的内涵，从而更好体现出我国社会主义民主政治的巨大优越性和强大生命力。

3. 加强和完善党对社会主义协商民主建设的领导

中国共产党的领导是中国特色社会主义最本质的特征，也是社会主义协商民主健康有序发展的根本保证。坚持和加强党的全面领导，有利于将协商民主要求贯穿党和国家建设各领域各方面，凝聚最大共识，形成强大合力，有效防止议而不决、决而不行，确保协商有组织开展、有步骤实施、有计划进行，推动人民依法有效管理国家事务、管理经济和文化事业、管理社会事务。

把握正确方向。发展社会主义协商民主，必须始终坚持党的领导、人民当家作主、依法治国有机统一，坚定不移走中国特色社会主义政治发展道路，绝不照搬西方政治模式。充分发挥党总揽全局、协调各方的领导核心作用，坚决贯彻民主集中制，不能因为搞协商民主就削弱党的领导和权威、放弃党的领导责任。把协商民主纳入党委工作部署和议事日程，统一领导、统一规划、统一部署，确保各项协商活动有组织地开展、有步骤地实施、有计划地进行。各级领导干部带头实践协商民主，善于通过推进协商民主加强党的领导、改善党的领导。

健全抓落实机制。各级党委根据年度工作重点，在做好调查研究、广泛征求意见的基础上制定年度协商计划，统筹安排协商活动，建立健全提案、会议、座谈、论证、听证、公示、评估、咨询、网络等多种协商方式，不断提高协商民主的科学性和实效性。要在党的领导下，以经济社会发展重大问题和涉及群众切身利益的实际问题为内容开展广泛协商，坚持协商于决策之前和决策之中。进一步完善协商成果采纳、落实和反馈机制，探索建立督查和考核机制，引导督促各级干部养成有事多协商、遇事多协商、做事多协商的良好习惯，自觉推进协商民主建设。

鼓励探索创新。尊重人民主体地位，尊重群众首创精神，紧紧依靠人民推进协商民主，最大程度吸纳人民参与协商民主。支持各地结合实际，通过各种途径、各种渠道、各种方式进行广泛协商，不断积累和提炼实践经验，对其中一些已经成熟的好经验好做法要适时提升为制度规范。坚持问题导向，及时发现新情况、解决新问题，不断深化规律性认识，加快构建科学完善的社会主义协商民主理论体系。营造良好的氛围，倡导协商民主精神，培育协商民主文化，让大家乐于讲真话、讲实话、讲心里话，形成又有集中又有民主、又有纪律又有自由、又有统一意志又有个人心情舒畅生动活泼的政治局面。

全面依法治国及其总目标

为贯彻落实党的十八大作出的战略部署，加快建设社会主义法治国家，十八届中央委员会第四次全体会议研究了全面推进依法治国若干重大问题，提出：全面推进依法治国，总目标是建设中国特色社会主义法治体系，建设社会主义法治国家。这就是，在中国共产党领导下，坚持中国特色社会主义制度，贯彻中国特色社会主义法治理论，形成完备的法律规范体系、高效的法治实施体系、严密的法治监督体系、有力的法治保障体系，形成完善的党内法规体系，坚持依法治国、依法执政、依法行政共同推进，坚持法治国家、法治政府、法治社会一体建设，实现科学立法、严格执法、公正司法、全民守法，促进国家治理体系和治理能力现代化。

实现这个总目标，必须坚持以下原则：

坚持中国共产党的领导。党的领导是中国特色社会主义最本质的特征，是社会主义法治最根本的保证。把党的领导贯彻到依法治国全过程和各方面，是我国社会主义法治建设的一条基本经验。我国宪法确立了中国共产党的领导地位。坚持党的领导，是社会主义法治的根本要求，是党和国家的根本所在、命脉所在，是全国各族人民的利益所系、幸福所系，是全面推进依法治国的题中应有之义。党的领导和社会主义法治是一致的，社会主义法治必须坚持党的领导，党的领导必须依靠社会主义法治。只有在党的领导下依法治国、厉行法治，人民当家做主才能充分实现，国家和社会生活法治化才能有序推进。依法执政，既要求党依据宪法法律治国理政，也要求党依据党内法规管党治党。必须坚持党领导立法、保证执法、支持司法、带头守法，把依法治国基本方略同依法执政基本方式统一起来，把党总揽全局、协调各方同人大、政府、政协、审判机关、检察机关依法依章程履行职能、开展工作统一起来，把党领导人民制定和实施宪法法律同党坚持在宪法法律范围内活动统一起来，善于使党的主张通过法定程序成为国家意志，善于使党组织推荐的人选通过法定程序成为国家政权机关的领导人员，善于通过国家政权机关实施党对国家和社会的领导，善于运用民主集中制原则维护中央权威、维护全党全国团结统一。

坚持人民主体地位。人民是依法治国的主体和力量源泉，人民代表大会制度是保证人民当家做主的根本政治制度。必须坚持法治建设为了人民、依靠人民、造福人民、保护人民，以保障人民根本权益为出发点和落脚点，保证人民依法享有广泛的权利和自由、承担应尽的义务，维护社会公平正义，促进共同富裕。必须保证人民在党的领导下，依照法律规定，通过各种途径和形式管理国家事务，管理经济文化事业，管理社会事务。必须使人民认识到法律既是保障自身权利的有力武器，也是必须遵守的行为规范，增强全社会学法尊法守法用法意识，使法律为人民所掌握、所遵守、所运用。

坚持法律面前人人平等。平等是社会主义法律的基本属性。任何组织和个人都必须尊重宪法法律权威，都必须在宪法法律范围内活动，都必须依照宪法法律行使权力或权利、履行职责或义务，都不得有超越宪法法律的特权。必须维护国家法制统一、尊严、权威，切实保证宪法法律有效实施，绝不允许任何人以任何借口任何形式以言代法、以权压法、徇私枉法。必须以规范和约束公权力为重点，加大监督力度，做到有权必有责、用权受监督、违法必追究，坚决纠正有法不依、执法不严、违法不究行为。

坚持依法治国和以德治国相结合。国家和社会治理需要法律和道德共同发挥作用。必须坚持一手抓法治、一手抓德治，大力弘扬社会主义核心价值观，弘扬中华传统美德，培育社会公德、职业道德、家庭美德、个人品德，既重视发挥法律的规范作用，又重视发挥道德的教化作用，以法治体现道德理念、强化法律对道德建设的促进作用，以道德滋养法治精神、强化道德对法治文化的支撑作用，实现法律和道德相辅相成、法治和德治相得益彰。

坚持从中国实际出发。中国特色社会主义道路、理论体系、制度是全面推进依法治国的根本遵循。必须从我国基本国情出发，同改革开放不断深化相适应，总结和运用党领导人民实行法治的成功经验，围绕社会主义法治建设重大理论和实践问题，推进法治理论创新，发展符合中国实际、具有中国特色、体现社会发展规律的社会主义法治理论，为依法治国提供理论指导和学理支撑。汲取中华法律文化精华，借鉴国外法治有益经验，但决不照搬外国法治理念和模式。

全面推进依法治国是一个系统工程，是国家治理领域一场广泛而深刻的革命，需要付出长期艰苦努力。全党同志必须更加自觉地坚持依法治国、更加扎实地推进依法治国，努力实现国家各项工作法治化，向着建设法治中国不断前进。

科学立法、严格执法、公正司法、全民守法的“新十六字”方针

党的十八大报告指出：法治是治国理政的基本方式。要推进科学立法、严格执法、公正司法、全民守法，坚持法律面前人人平等，保证有法必依、执法必严、违法必究。

完善中国特色社会主义法律体系，加强重点领域立法，拓展人民有序参与立法途径。

推进依法行政，切实做到严格规范公正文明执法。

进一步深化司法体制改革，坚持和完善中国特色社会主义司法制度，确保审判机关、检察机关依法独立公正行使审判权、检察权。

深入开展法制宣传教育，弘扬社会主义法治精神，树立社会主义法治理念，增强全社会学法尊法守法用法意识。提高领导干部运用法治思维和法治方式深化改革、推动发展、化解矛盾、维护稳定能力。党领导人民制定宪法和法律，党必须在宪法和法律范围内活动。任何

组织或者个人都不得有超越宪法和法律的特权，绝不允许以言代法、以权压法、徇私枉法。

健全人民当家作主制度体系

党的十九大报告强调，“加强人民当家作主制度保障。”习近平总书记指出：“我国社会主义民主是维护人民根本利益的最广泛、最真实、最管用的民主。发展社会主义民主政治就是要体现人民意志、保障人民权益、激发人民创造活力，用制度体系保证人民当家作主。”

我们党从成立之日起就以实现人民当家作主为己任。新中国成立后，我们党领导人民建立了人民当家作主的国家政权，开辟了人民当家作主的历史新纪元。改革开放 40 年来特别是党的十八大以来，中国特色社会主义政治发展道路越走越宽广，人民当家作主的制度保障越来越健全，社会主义民主的优越性更加充分地展示出来。

人民当家作主是社会主义民主政治的本质和核心。

人民当家作主的基本内涵主要有：

第一，国家一切权力属于人民，体现在国家根本性质（即国体）上，就是工人阶级领导的、以工农联盟为基础的人民民主专政的社会主义国家；体现在国家政权组织形式（即政体）上，就是人民通过各级人民代表大会行使国家权力。

第二，国家建立健全法律制度和体制机制，保证人民依照法律规定，通过各种途径和形式，管理国家事务，管理经济文化事业，管理社会事务。

第三，一切国家机关和国家工作人员必须依靠人民的支持，保持同人民的密切联系，倾听人民的意见和建议，接受人民的监督，努力为人民服务。

第四，国家制定实施的法律法规和方针政策，必须体现人民意志、尊重人民意愿、得到人民拥护，维护最广大人民根本利益。

第五，国家各方面事业和各方面工作，必须坚持以人民为中心的发展思想，不断满足人民日益增长的美好生活需要，促进人的全面发展。

1. 发展适合我国国情的社会主义民主政治制度

一个国家的政治制度决定于这个国家的经济社会基础，同时又反作用于这个国家的经济社会基础，乃至起到决定性作用。中国实行工人阶级领导的、以工农联盟为基础的人民民主专政的国体，实行人民代表大会制度的政体，实行中国共产党领导的多党合作和政治协商制度，实行民族区域自治制度，实行基层群众自治制度，这样一套制度安排，具有鲜明的中国特色。

人民代表大会制度是坚持党的领导、人民当家作主、依法治国有机统一的根本政治制度安排。在中国实行人民代表大会制度，是中国人民在人类政治制度史上的伟大创造，是深刻总结近代以来中国政治生活惨痛教训得出的基本结论，是中国社会一百多年激越变革、激荡发展的历史结果，是中国人民翻身作主、掌握自己命运的必然选择。人民代表大会制度建立六十多年来，在实践中不断得到巩固和发展，展现出蓬勃生机活力。历史充分证明，人民代表大会制度是符合中国国情和实际、体现社会主义国家性质、保证人民当家作主、保障实现中华民族伟大复兴的好制度。在新时代奋斗征程上，必须充分发挥人民代表大会制度的根本政治制度作用，继续通过人民代表大会制度牢牢把国家和民族前途命运掌握在人民手中。必须毫不动摇坚持党的全面领导，善于使党的主张通过法定程序成为国家意志，善于使党组织推荐的人选通过法定程序成为国家政权机关的领导人员，善于通过国家政权机关实施党对国家和社会的领导，善于运用民主集中制原则维护党和国家权威、维护全党全国团结统一；必须保证和发展人民当家作主，从各层次各领域扩大公民有序政治参与，发展更加广泛、更加充分、更加健全的人民民主；必须坚持全面推进依法治国，使民主制度化、法律化，保证人民平等参与、平等发展权利，维护社会公平正义，尊重和保障人权，实现国家各项工作法治化。

2. 充分展现社会主义民主政治的鲜明品格和巨大优势

中国的社会主义民主政治，始终坚持以马克思主义民主理论与中国实际相结合的基本原则为指导，借鉴人类政治文明的有益成果，吸收中华优秀传统文化和制度文明中的民主性因素，具有鲜明品格和巨大优势。

我国社会主义民主政治制度安排具有鲜明品格和巨大优势。我国的政治制度安排，能够有效保证人民享有更加广泛、更加充实的权利和自由，保证人民广泛参加国家治理和社会治理；能够有效调节国家政治关系，发展充满活力的政党关系、民族关系、宗教关系、阶层关系、海内外同胞关系，增强民族凝聚力，形成安定团结的政治局面；能够集中力量办大事，有效促进社会生产力解放和发展，促进现代化建设各项事业，促进人民生活质量和水平不断提高；能够有效维护国家独立自主，有力维护国家主权、安全、发展利益，维护中国人民和中华民族的福祉。

中国特色社会主义进入新时代，如何进一步发展社会主义民主政治，更好保证人民当家作主？习近平总书记强调，发展社会主义民主政治，关键是要增加和扩大我们的优势和特点，而不是要削弱和缩小我们的优势和特点。要坚持发挥党总揽全局、协调各方的领导核心作用，提高党科学执政、民主执政、依法执政水平，保证党领导人民有效治理国家，切实防止出现群龙无首、一盘散沙的现象；要坚持国家一切权力属于人民，既保证人民依法实行民主选举，也保证人民依法实行民主决策、民主管理、民主监督，切实防止出现选举时漫天许诺、选举后无人过问的现象；要坚持和完善中国共产党领导的多党合作和政治协商制度，加强社会各种力量的合作协调，切实防止出现党争纷沓、相互倾轧的现象；要坚持和完善民族区域自治制度，巩固平等团结互助和谐的社会主义民族关系，促进各民族和睦相处、和衷共济、和谐发展，切实防止出现民族隔阂、民族冲突的现象；要坚持和完善基层群众自治制度，发展基层民主，保障人民依法直接行使民主权利，切实防止出现人民形式上有权、实际上无权的现象；要坚持和完善民主集中制的制度和原则，促使各类国家机关提高能力和效率、增进协调和配合，形成治国理政的强大合力，切实防止出现相互掣肘、内耗严重的现象。这“六个坚持”和“六个防止”的明确要求，是深刻认识、准确把握社会主义民主政治的优势和特点，更好发展社会主义民主政治的基本遵循。

中国特色社会主义民主政治的优势和特点，必须聚焦到保障人民当家作主上来。习近平总书记指出：“民主不是装饰品，不是用来做摆设的，而是要用来解决人民要解决的问题的。”要坚定不移走中国特色社会主义政治发展道路，不断推进社会主义民主政治制度化、规范化、程序化，更好发挥中国特色社会主义政治制度的优越性，为党和国家兴旺发达、长治久安提供更加完善的制度保障。

推动社会主义文化繁荣兴盛

习近平总书记指出，文化是一个国家、一个民族的灵魂，文化兴国运兴，文化强民族强，没有高度的文化自信，没有文化的繁荣兴盛，就没有中华民族伟大复兴。

1. 文化自信是更基本、更深沉、更持久的力量

坚定文化自信，是事关国运兴衰、事关文化安全、事关民族精神

独立性的大问题。习近平总书记强调，文化自信，是更基础、更广泛、更深厚的自信，是更基本、更深沉、更持久的力量。党的十九大将中国特色社会主义文化同中国特色社会主义道路、理论、制度一道，作为中国特色社会主义的重要组成部分，强调要增强“四个自信”，这反映了我们党对文化地位和作用认识的极大深化，充分体现了我们党高度的文化自觉和文化担当。

坚定中国特色社会主义道路自信、理论自信、制度自信，说到底就是要坚定文化自信。历史和现实反复表明，一个国家、一个民族只有对自身文化理想、文化价值充满信心，对自身文化生命力、创造力充满信心，才能有坚持坚守的定力、奋起奋发的勇气、创新创造的活力。

文化自信的充分理由和充足底气。

中国特色社会主义文化，源自中华民族五千多年文明历史所孕育的中华优秀传统文化，熔铸于党领导人民在革命、建设、改革中创造的革命文化和社会主义先进文化，植根于中国特色社会主义伟大实践。

博大精深、灿烂辉煌的中华优秀传统文化积淀着中华民族最深层的精神追求，包含着中华民族最根本的精神基因，代表着中华民族独特的精神标识，不仅为中华民族发展壮大提供了丰厚滋养，也为人类文明进步作出了卓越贡献。这是我们坚定文化自信的深厚基础。

激昂向上的革命文化和生机勃勃的社会主义先进文化是中华优秀传统文化的凝聚升华，是中国共产党人和中国人民伟大创造精神的生动体现，是激励全党全国各族人民奋勇前进的强大精神力量。这是我们坚定文化自信的坚强基石。

改革开放以来，我们党团结带领全国各族人民坚持不懈进行中国特色社会主义伟大实践，推动我国经济实力、科技实力、国防实力、综合国力进入世界前列，使科学社会主义在21世纪显示出强大生命力，使中华民族以崭新姿态屹立于世界的东方。这是我们坚定文化自信的强大支撑。

在中国特色社会主义进入新时代的今天，在中华民族伟大复兴迎来光明前景的今天，坚定文化自信，发展中国特色社会主义文化，必须坚持马克思主义，牢固树立共产主义远大理想和中国特色社会主义共同理想，培育和践行社会主义核心价值观，不断增强意识形态领域主导权和话语权，推动中华优秀传统文化创造性转化、创新性发展，继承革命文化，发展社会主义先进文化，不忘本来、吸收外来、面向未来，更好构筑中国精神、中国价值、中国力量，为人民提供精神指引。

2. 坚持用社会主义核心价值观凝心聚力

核心价值观是一个国家的重要稳定器。一个民族、一个国家，如果没有共同的核心价值观，就会魂无定所、行无依归。习近平总书记强调，我国是一个有着13亿多人口、56个民族的大国，确立反映全国各族人民共同认同的价值观“最大公约数”，使全体人民同心同德、团结奋进，关乎国家前途命运，关乎人民幸福安康。

一个民族、一个国家的核心价值观必须同自身的历史文化相契合，同自身正在进行的奋斗相结合，同自身需要解决的时代问题相适应。

在当代中国，我们的民族、我们的国家应该坚守什么样的核心价值观？

党的十八大以来，我们坚持倡导富强、民主、文明、和谐，自由、平等、公正、法治，爱国、敬业、诚信、友善的社会主义核心价值观。社会主义核心价值观把涉及国家、社会、公民三个层面的价值要求融为一体，深入回答了我们要建设什么样的国家、建设什么样的社会、培育什么样的公民的重大问题，是当代中国精神的集中体现，凝结着全体人民共同的价值追求。

党的十九大指出，培育和践行社会主义核心价值观，要以培养担当民族复兴大任的时代新人为着眼点。

面对新时代新要求，落实好这一重大战略任务，必须强化教育引导、实践养成、制度保障，发挥社会主义核心价值观的引领作用，使之融入社会发展各方面，转化为人们的情感认同和行为习惯。

培育和践行社会主义核心价值观，要着力培养担当民族复兴大任的时代新人。建设什么样的社会、实现什么样的目标，人是决定性因素。社会主义核心价值观建设，说到底是人的思想建设、灵魂建设，聚焦的是造就具有正确世界观人生观价值观的建设者。这样的时代新人，应当在有自信、尊道德、讲奉献、重实干、求进取等方面，有新风貌、新姿态、新作为。要进一步探索把握时代新人的标准和要求，把“培育什么样的价值观”同“培养什么样的人”更加紧密地结合起来，不断深化和拓展社会主义核心价值观建设。

培育和践行社会主义核心价值观，要注重全方位贯穿、深层次融入。任何一种价值观在全社会的确立，都是一个思想教育与社会孕育相互促进的过程，都是一个内化与外化相辅相成的过程。把社会主义核心价值观更好地贯穿国民教育之中，融入教育教学、校风学风，引领师德建设。把培育和践行社会主义核心价值观作为精神文明创建的根本任务，体现到文明城市、文明村镇、文明单位、文明家庭、文明校园创建活动各个方面。把社会主义核心价值观渗透到精神文化产品创作生产传播各环节，潜移默化地增进人们对社会主义核心价值观的认同和践行。立足中华优秀传统文化，从中汲取丰富营养，使其成为涵养社会主义核心价值观的重要源泉。充分发挥法律和政策的保障作用，坚持依法治国和以德治国相结合，把社会主义核心价值观融入法治国家、法治政府、法治社会建设全过程，贯穿立法、执法、司法、守法各方面。

培育和践行社会主义核心价值观，要在落细、落小、落实上下功夫。习近平总书记强调，要使社会主义核心价值观的影响像空气一样无所不在、无时不有，必须坚持全民行动、干部带头，从家庭做起，从娃娃抓起。动员全社会共同参与、共同行动，使之与人们的日常生产生活深度融合，成为全体人民日用而不觉的行为准则。党员干部要发挥示范带动作用，用自己的模范行为和高尚人格感召群众、带动群众。把家风建设作为重要抓手，运用生活化的场景、日常化的活动、具体化的载体，推动社会主义核心价值观在家庭中生根。深化未成年人思想道德建设，教育引导广大青少年“扣好人生第一粒扣子”，勤学、修德、明辨、笃实，身体力行社会主义核心价值观。

3. 加快构建中国特色哲学社会科学

哲学社会科学作为人们认识世界、改造世界的重要工具，是推动历史发展和社会进步的重要力量。习近平总书记强调，人类社会每一次重大跃进，人类文明每一次重大发展，都离不开哲学社会科学的知识变革和思想先导。新时代坚持和发展中国特色社会主义，需要不断在实践和理论上进行探索、用发展着的理论指导发展着的实践。在这个过程中，哲学社会科学具有不可替代的重要地位，哲学社会科学工作者具有不可替代的重要作用。

坚持以马克思主义为指导，是当代中国哲学社会科学区别于其他哲学社会科学的根本标志。历史和现实证明，马克思主义是科学的理论，迄今仍然有着强大生命力，依然占据着真理和道义的制高点。没有马克思主义的指导，我国哲学社会科学就会失去灵魂、迷失方向，最终也不能发挥应有的作用。坚持以马克思主义为指导，首先要解决真懂真信的问题，核心要解决好为什么人的问题，最终要落实到怎么用上来。广大哲学社会科学工作者要自觉把马克思主义中国化最新成果贯穿研究和教学全过程，转化为清醒的理论自觉、坚定的政治信念、科学的思维方法。要坚持以人民为中心的研究导向，树立为人民做学问的理想，努力多出经得起实践、人民、历史检验的研究成果。要增强问题意识，聆听时代的声音，回应时代的呼唤，认真研究我国发展和我们党执政面临的重大理论和实践问题。要把坚持马克思主义和发展马克思主义统一起来，结合新的实践不断作出新的理论创造，继续发展 21 世纪中国的马克思主义。

加快构建中国特色哲学社会科学，是历史赋予我们的时代重任。要按照立足中国、借鉴国外，挖掘历史、把握当代，关怀人类、面向未来的思路，着力构建中国特色哲学社会科学，在指导思想、学科体系、学术体系、话语体系等方面充分体现中国特色、中国风格、中国气派。要体现继承性、民族性，坚持古为今用、洋为中用，善于融通马克思主义、中华优秀传统文化和国外哲学社会科学的资源；坚持从我国实际出发，着力提出立足中国立场、具有中国智慧、反映中国价值的理念、主张、方案。要体现原创性、时代性，以我们正在做的事情为中心，从改革发展的实践中挖掘新材料、发现新问题、提出新观点、构建新理论。要体现系统性、专业性，努力使基础学科健全扎实、重点学科优势突出、新兴学科和交叉学科创新发展、冷门学科代有传承、基础研究和应用研究相辅相成、学术研究和成果应用相互促进；完善哲学社会科学教材体系，加强话语体系建设，增强我国哲学社会科学研究的国际影响力。

构建中国特色哲学社会科学，要一手抓繁荣发展、一手抓引导管理。要充分发挥哲学社会科学在治国理政中的重要作用，推进马克思主义理论研究和建设工程，加强中国特色新型智库建设，重点围绕国家重大战略需求开展前瞻性、针对性、储备性政策研究。广大哲学社会科学工作者要立志做大学问、做真学问，自觉践行社会主义核心价值观，严肃对待学术研究的社会效果，以深厚的学识修养赢得尊重，以高尚的人格魅力引领风气，做真善美的追求者和传播者。

4. 提高党的新闻舆论传播力、引导力、影响力、公信力

党的新闻舆论工作处在意识形态斗争最前沿，是党的一项重要工

作，是治国理政、定国安邦的大事。习近平总书记强调，做好党的新闻舆论工作，事关旗帜和道路，事关贯彻落实党的理论和路线方针政策，事关顺利推进党和国家各项事业，事关全党全国各族人民凝聚力和向心力，事关党和国家前途命运。必须从党的工作全局出发把握党的新闻舆论工作，做到思想上高度重视、工作上精准有力，不断提高新闻舆论传播力、引导力、影响力、公信力。

新时代党的新闻舆论工作的职责和使命是，高举旗帜、引领导向，围绕中心、服务大局，团结人民、鼓舞士气，成风化人、凝心聚力，澄清谬误、明辨是非，联接中外、沟通世界。这是党中央对新闻舆论工作的基本定位和明确要求，为新闻舆论战线不负重托、履职尽责指明了方向。承担起这个职责和使命，必须把正确政治方向摆在第一位。

第一，牢牢坚持党性原则。党性原则是党的新闻舆论工作的根本原则。坚持党性原则，最根本的是坚持党对新闻舆论工作的领导。无论时代如何发展、媒体格局如何变化，党管媒体的原则和制度不能变。党和政府主办的媒体必须姓党，必须抓在党的手里，必须成为党和人民的喉舌。党的新闻舆论媒体的所有工作，都要体现党的意志、反映党的主张，维护党中央权威、维护党的团结，做到爱党、护党、为党；都要增强“四个意识”，自觉在思想上政治上行动上同以习近平同志为核心的党中央保持高度一致。要坚持党性和人民性的统一，确保新闻媒体始终为人民服务。

第二，牢牢坚持马克思主义新闻观。新闻观是新闻舆论工作的灵魂。马克思主义新闻观是马克思主义立场、观点、方法在新闻舆论工作中的根本体现，是做好党的新闻舆论工作的“定盘星”。要深入开展马克思主义新闻观教育，引导广大新闻舆论工作者认清西方所谓“新闻自由”的本质，自觉抵制西方新闻观等错误观点影响，做党的政策主张的传播者、时代风云的记录者、社会进步的推动者、公平正义的守望者。

第三，牢牢坚持正确舆论导向。这是全国各族人民的根本利益所在，也是最重要最根本的导向。习近平总书记指出，舆论导向正确，就能凝聚人心、汇聚力量，推动事业发展；舆论导向错误，就会动摇人心、瓦解斗志，危害党和人民事业。要坚持以正确舆论引导人，做到所有工作都有利于坚持中国共产党领导和社会主义制度，有利于推动改革发展，有利于增进全国各族人民团结，有利于维护社会和谐稳定。要把坚持正确舆论导向贯穿新闻舆论工作各个方面、各个环节，落实到每一个新闻舆论工作者身上，层层把关、人人负责，唱响主旋律，传播正能量。

第四，牢牢坚持正面宣传为主。团结稳定鼓劲、正面宣传为主，是党的新闻舆论工作必须遵循的基本方针。做好正面宣传，要注重提高质量和水平，用心用情开展宣传，让群众爱听爱看，不断增强吸引力和感染力。坚持正面宣传为主，要把真实性视为新闻的生命，坚持马克思主义立场观点方法，既准确报道个别事实，又从宏观上把握和反映事件或事物的全貌。坚持正面宣传为主，不是不能触及负面问题，关键是要从总体上把握好平衡，既要直面工作中存在的问题，直面社会丑恶现象，激浊扬清、针砭时弊，也要事实准确、分析客观。

“明者因时而变，知者随事而制。”随着形势发展，党的新闻舆论工作必须坚持改进创新，不断提高能力和水平。增强工作针对性，适应分众化、差异化传播趋势，加快构建舆论引导新格局。推动融合发展，推动传统媒体和新兴媒体在内容、渠道、平台、经营、管理等方面深度融合，形成立体多样、融合发展的现代传播体系。把握好时、度、效，把准时机、节奏，把准力度、分寸，从群众口碑、社会共识上看效果。加强国际传播能力建设，增强国际话语权，讲好中国故事。新闻舆论工作者要增强政治家办报意识，提高业务能力、转作风改文风、加强道德修养，努力成为全媒型、专家型人才，努力推出有思想、有温度、有品质的作品。

5. 进行无愧于时代的文艺创造

文艺是时代前进的号角，最能代表一个时代的风貌，最能引领一个时代的风气。文运同国运相牵，文脉同国脉相连。实现中华民族伟大复兴，需要坚忍不拔的伟大精神，需要振奋人心的伟大作品。习近平总书记指出，社会主义文艺是人民的文艺，必须坚持以人民为中心的创作导向，在深入生活、扎根人民中进行无愧于时代的文艺创造，不断繁荣发展社会主义文艺。

繁荣发展社会主义文艺，首先要解决文艺为什么人的问题，这是一个根本的问题、原则的问题。社会主义文艺，从本质上讲，就是人民的文艺。文艺要反映人民心声，就要坚持为人民服务、为社会主义服务这个根本方向，努力为人民抒写、为人民抒情、为人民抒怀。要把满足人民精神文化需求作为文艺和文艺工作的出发点和落脚点，把人民作为文艺表现的主体，把人民作为文艺审美的鉴赏家和评判者，把为人民服务作为文艺工作者的天职。

必须坚持以人民为中心的创作导向，深刻认识和把握好文艺与人民的辩证关系。

一是人民需要文艺。随着人民美好生活需要日益广泛，人民对包括文艺作品在内的文化产品的质量、品位、风格等的要求越来越高。文学艺术各领域都要跟上时代发展、把握人民需求，以充沛的激情、生动的笔触、优美的旋律、感人的形象创作生产出有筋骨、有道德、有温度的优秀作品，让人民精神文化生活不断迈上新台阶。

二是文艺需要人民。文艺创作方法有一百条、一千条，但最根本、最关键、最牢靠的办法是扎根人民。只有永远同人民在一起，艺术之树才能常青。人民生活是一切文学艺术取之不尽、用之不竭的创作源泉，人民的需要是文艺存在的根本价值所在。要虚心向人民学习、向生活学习，从人民的伟大实践和丰富多彩的生活中汲取营养，始终把人民的冷暖、人民的幸福放在心中，把人民的喜怒哀乐倾注在自己的笔端，讴歌奋斗人生，刻画最美人物，坚定人们对美好生活的憧憬和信心。

三是文艺要热爱人民。有没有感情，对谁有感情，决定着文艺创作的命运。文艺工作者要想有成就，就必须对人民爱得真挚、爱得彻底、爱得持久。要深入群众、深入生活，诚心诚意做人民的小学生，解决好“为了谁、依靠谁、我是谁”这个问题，不仅要“身入”，更要“心入”“情入”，在人民中体悟生活本质、吃透生活底蕴，创作出激荡人心的优秀作品。

6. 推动中华优秀传统文化创造性转化、创新性发展

中华优秀传统文化是中华民族的“根”和“魂”，是最深厚的文化软实力，是中国特色社会主义植根的沃土，是我们在世界文化激荡中站稳脚跟的根基。习近平总书记指出，中华民族伟大复兴需要以中华文化发展繁荣为条件，要推动中华优秀传统文化创造性转化、创新性发展，不断增强中华文化的影响力和吸引力，创造中华文化新的辉煌。

在人类文明历史长河中，中国人民创造了源远流长、博大精深的优秀传统文化，为中华民族生生不息、发展壮大提供了强大精神支撑。中国共产党在领导人民进行革命、建设、改革伟大实践中，自觉肩负起传承发展中华优秀传统文化的历史责任，是中华优秀传统文化的忠实传承者和弘扬者。传承弘扬中华优秀传统文化，要推动传统文化与现实文化相融相通。

中华民族是一个兼容并蓄、海纳百川的民族，在漫长历史进程中，不断学习他人的好东西，把他人的好东西化成自己的东西，这才形成我们的民族特色。文明因交流而多彩，文明因互鉴而丰富，对各国人民创造的优秀文明成果，应该采取学习借鉴的态度，积极吸纳其中的

有益成分。坚持从本国本民族实际出发，取长补短、择善而从、兼收并蓄，在不断汲取各种文明养分中丰富和发展中华文化。

7. 提高国家文化软实力

文化软实力集中体现了一个国家基于文化而具有的凝聚力和生命力，以及由此产生的吸引力和影响力。古往今来，一个大国的发展进程，往往既是经济总量、军事力量等硬实力提高的过程，也是价值观念、思想文化等软实力提高的进程。习近平总书记指出，提高国家文化软实力，关系我国在世界文化格局中的定位，关系我国国际地位和国际影响力，关系“两个一百年”奋斗目标和中华民族伟大复兴的中国梦的实现。

提高国家文化软实力，是一项“形于中”而“发于外”的重大战略任务。我们既要深化文化体制改革，推动文化事业和文化产业发展，更好构筑中国精神、中国价值、中国力量，夯实国家文化软实力的根基，也要不忘本来、吸收外来、面向未来，着眼扩大中华文化影响，推进国际传播能力建设，讲好中国故事，向世界展现真实、立体、全面的中国。

深化文化体制改革。为人民提供丰富的精神食粮、推动文化繁荣发展，动力在改革，出路在改革。要把握文化创作生产传播特点，进一步发挥市场在文化资源配置中的积极作用，推进文化体制机制创新，完善文化管理体制，加快构建把社会效益放在首位、社会效益和经济效益相统一的体制机制，形成有利于创新创造的文化发展环境，调动全社会参与文化发展改革的积极性、主动性、创造性。推动文化事业繁荣发展，以完善公共文化服务体系为重点，创新公共文化服务方式，深入实施文化惠民工程，丰富群众性文化活动，提高基本公共文化服务标准化均等化水平。推动文化产业加快发展，以健全现代文化产业体系和市场体系为重点，促进文化产品和要素在全国范围内合理流动；创新生产经营机制，完善文化经济政策，运用云计算、人工智能、物联网等科技成果，培育新型文化业态。

大力弘扬中国精神。实现中华民族伟大复兴，不仅在物质上要强大起来，在精神上也要强大起来。中国精神就是中国人民在长期奋斗中培育、继承、发展起来的伟大民族精神。弘扬这一精神，就是要始终发扬伟大创造精神、伟大奋斗精神、伟大团结精神、伟大梦想精神，为中国发展和人类文明进步提供强大精神动力。在几千年历史长河中，中国人民始终辛勤劳作、发明创造，始终革故鼎新、自强不息，始终团结一心、同舟共济，始终心怀梦想、不懈追求，推动我国不断向前发展，走在世界前列。在新时代的伟大征程上，只要始终发扬中国精神，振奋起全民族的精气神，就一定能够创造出更加辉煌的人间奇迹，就一定能够创造人民更加美好的生活。

传播中国价值。当代中国价值，就是中国特色社会主义价值观念，代表了中国先进文化的前进方向。我国成功走出了中国特色社会主义道路，实践证明我们的道路、理论、制度、文化是成功的。要加强提炼和阐释，拓展对外传播平台和载体，把当代中国价值贯穿国际交流和传播方方面面。要把中国梦的宣传和阐释与当代中国价值紧密结合起来，从哲理、历史、文化、社会、生活等方面深入阐释中国梦，不要空喊口号，不能庸俗化。要注重从历史层面、国家层面、个人层面、全球层面等方面说清楚、讲明白，使中国梦成为传播当代中国价值的生动载体。

凝聚中国力量。人民是历史的创造者和改革开放事业的实践主体。中国力量就是全国各族人民大团结以及与港澳同胞、台湾同胞、海外侨胞大团结的力量。中国人民坚持解放思想、实事求是，实现解放思想和改革开放相互激荡、观念创新和实践探索相互促进，充分显示了思想引领的强大力量；中国人民勇于自我革命、自我革新，不断完善中国特色社会主义制度，不断革除各方面体制弊端，充分显示了制度保障的强大力量；中国人民敢闯敢试、敢为人先，积极性、主动性、创造性空前高涨，充分显示了13亿多人民作为国家主人和真正英雄推动历史前进的强大力量。

努力提高国际话语权。习近平总书记强调，落后就要挨打，贫穷就要挨饿，失语就要挨骂。现在国际舆论格局总体是西强我弱，我们往往有理说不出，或者说了传不开，这表明我国发展优势和综合实力还没有转化为话语优势。要着力推进国际传播能力建设，创新对外宣传方式，用中国理论阐释中国实践，用中国实践升华中国理论，更加鲜明地展现中国思想、提出中国主张。加强对外话语体系建设，研究国外不同受众的习惯和特点，采用融通中外的概念、范畴、表述，把我们想讲的和国外受众想听的结合起来，把“陈情”和“说理”结合起来，把“自己讲”和“别人讲”结合起来，增强对外话语的创造力、感召力、公信力。提高讲好故事的能力，着重讲好中国的故事、中国共产党的故事、中国特色社会主义的故事、中国人民的故事，展示文明大国、东方大国、负责任大国、社会主义大国形象，让当代中国形象在世界上不断树立和闪亮起来。

新时代党的建设总要求

党的十九大报告提出的新时代党的建设总要求和8个方面重点任务，对推进党的建设新的伟大工程作出顶层设计、战略部署，丰富和发展了马克思主义建党学说，进一步回答了“建设什么样的党、怎样建设党”这一历史性课题，标志着我们党对执政党建设规律的认识达到新的高度。

新时代党的建设总要求是：坚持和加强党的全面领导，坚持党要管党、全面从严治党，以加强党的长期执政能力建设、先进性和纯洁性建设为主线，以党的政治建设为统领，以坚定理想信念宗旨为根基，以调动全党积极性、主动性、创造性为着力点，全面推进党的政治建设、思想建设、组织建设、作风建设、纪律建设，把制度建设贯穿其中，深入推进反腐败斗争，不断提高党的建设质量，把党建设成为始终走在时代前列、人民衷心拥护、勇于自我革命、经得起各种风浪考验、朝气蓬勃的马克思主义执政党。

总要求高屋建瓴地指明了新时代党的建设的方向。总要求开宗明义提出要“坚持和加强党的全面领导”，指明了新时代党的建设的目的和根本原则。总要求明确了“坚持党要管党、全面从严治党”这一党的建设指导方针。“全面”是基础。体现为管党治党对象全覆盖、领域全范围、责任全担负，人人、处处、时时纳入其中，无一例外。“严”是关键，就是坚持“严”字当头，把严的要求贯彻全过程，做到真管真严、敢管敢严、长管长严。“治”是要害。坚持标本兼治，以猛药去疴、重典治乱的决心，以刮骨疗毒、壮士断腕的勇气，拔“烂树”、治“病树”、正“歪树”。总要求提出“以加强党的长期执政能力建设、先进性和纯洁性建设为主线”，深刻昭示长期执政条件下提高党的执政能力和领导水平、保持党的先进和纯洁永远在路上，必然伴随我们党执政的全过程、伴随中国特色社会主义的壮阔征程。总要求进一步明确了党的建设总体布局，强调“全面推进党的政治建设、思想建设、组织建设、作风建设、纪律建设，把制度建设贯穿其中，深入推进反腐败斗争”，抓住了新时代党的建设的关键，突出了政治建设的统领地位和纪律建设这个管党治党的治本之策。总要求确立了新时代党的建设目标，就是“把党建设成为始终走在时代前列、人民衷心拥护、勇于自我革命、经得起各种风浪考验、朝气蓬勃的马克思主义执政党”，集中体现了党的性质、宗旨、纲领，体现了新时代中国共产党人的价值取向、政治定力、使命担当。

总要求构成了新时代党的建设科学有机的整体。新时代党的建设目的、方针、主线、总体布局、目标，紧密联系、相互作用、相互促进。目的是依据、是根本点，党的建设要紧紧围绕这个目的来展开，时刻不能游离、偏离；方针是原则、是遵循，引领着党的建设沿着正确方向前进；主线是纲和魂，纲举目张，魂在本在；总体布局是重点、是路径，总体布局立起来了，党的建设就有了实体支撑、有力抓手；目标是指向和落脚点，党的建设一切工作都要朝着这个目标来加强、按照这个目标来检验。我们要深刻理解把握总要求的基本内涵及相互关系，坚持协调推进、统筹推进、一体推进，不断提高党的建设质量，做到管党有方、治党有力、建党有效。

全面从严治党

坚持党要管党，从严治党，是我们党的一个重要经验。党的十八大以来，习近平站在新的历史高度，更加重视党的建设，发表了一系列重要讲话，把党要管党、从严治党提高到了一个新的水平。全面从严治党，所谓“全面”，就是治党要覆盖党的思想、组织作风、反腐倡廉和制度建设等各个领域；所谓“从严”，就是要用更严格的标准管党治党，对党员的要求比对普通群众的要求更严格，党规党纪严于国家法律。

2014 年 10 月在党的群众路线教育实践活动总结大会上的讲话中，习近平明确地提出了从严治党的要求。

第一，落实从严治党责任。从严治党，必须增强管党治党意识、落实管党治党责任。历史和现实特别是这次活动都告诉我们，不明确责任，不落实责任，不追究责任，从严治党是做不到的。经过这些年努力，各级建立了党建工作责任制，党委抓、书记抓、各有关部门抓、一级抓一级、层层抓落实的党建工作格局基本形成。各级各部门党委（党组）必须树立正确政绩观，坚持从巩固党的执政地位的大局看问题，把抓好党建作为最大的政绩。各级党委要把从严治党责任承担好、落实好，坚持党建工作和中心工作一起谋划、一起部署、一起考核，把每条战线、每个领域、每个环节的党建工作抓具体、抓深入，坚决防止“一手硬、一手软”。对各级各部门党组织负责人特别是党委（党组）书记的考核，首先要看抓党建的实效，考核其他党员领导干部工作也要加大这方面的权重。

第二，坚持思想建党和制度治党紧密结合。从严治党靠教育，也靠制度，二者一柔一刚，要同向发力、同时发力。对党员、干部来说，思想上的滑坡是最严重的病变，“总开关”没拧紧，不能正确处理公私关系，缺乏正确的是非观、义利观、权力观、事业观，各种出轨越界、跑冒滴漏就在所难免了。思想上松一寸，行动上就会散一尺。思想认识问题一时解决了，不等于永远解决。就像房间需要经常打扫一样，思想上的灰尘也要经常打扫，镜子要经常照，衣冠要随时正，有灰尘就要洗洗澡，出毛病就要治治病。

思想教育要突出重点，加强党性和道德教育，引导党员、干部坚定理想信念，坚守共产党人精神追求。党员、干部必须认真学习马克思列宁主义、毛泽东思想特别是中国特色社会主义理论体系，自觉用贯穿其中的立场、观点、方法武装头脑、指导实践、推动工作，始终不渝为中国特色社会主义共同理想而奋斗。要加强警示教育，让广大党员、干部受警醒、明底线、知敬畏，主动在思想上划出红线、在行为上明确界限，真正敬法畏纪、遵规守矩。思想教育要结合落实制度规定来进行，抓住主要矛盾，不搞空对空。要使加强制度治党的过程成为加强思想建党的过程，也要使加强思想建党的过程成为加强制度治党的过程。

制度不在多，而在于精，在于务实管用，突出针对性和指导性。如果空洞乏力，起不到应有的作用，再多的制度也会流于形式。牛栏关猫是不行的！要搞好配套衔接，做到彼此呼应，增强整体功能。要增强制度执行力，制度执行到人到事，做到用制度管权管事管人。制定制度要广泛听取党员、干部意见，从而增加对制度的认同。要坚持制度面前人人平等、执行制度没有例外，不留“暗门”、不开“天窗”，坚决维护制度的严肃性和权威性，坚决纠正有令不行、有禁不止的行为，使制度成为硬约束而不是橡皮筋。

第三，严肃党内政治生活。党内政治生活是党组织教育管理党员和党员进行党性锻炼的主要平台，从严治党必须从党内政治生活严起。有什么样的党内政治生活，就有什么样的党员、干部作风。从严治党，最根本的就是要使全党各级组织和全体党员、干部都按照党内政治生活准则和党的各项规定办事。

严肃党内政治生活需要多方努力，其中至关重要的是要使全党深刻认识马克思主义政党有别于其他政党的本质特征，深刻认识严肃党内政治生活的重大作用，深刻认识党内政治生活不正常的严重后果。要坚持和发扬实事求是、理论联系实际、密切联系群众、开展批评和自我批评、坚持民主集中制等优良传统，下大气力解决好影响严肃认真开展党内政治生活的各种问题，提高党内政治生活的政治性、原则性、战斗性，使党内政治生活真正起到教育改造提高党员、干部的作用。

严肃党内政治生活贵在经常、重在认真、要在细节。批评和自我批评是解决党内矛盾的有力武器，也是保持党的肌体健康的有力武器。严肃党内政治生活是每个党员、干部的事，大家都要增强角色意识和政治担当，在党言党、在党忧党、在党为党，把爱党、忧党、兴党、护党落实到工作生活各个环节，敢于同形形色色违反党内政治生活原则和制度的现象作斗争。

第四，坚持从严管理干部。从严治党，重在从严管理干部。从严管理干部，总的是要坚定理想信念，加强道德养成，规范权力行使，培育优良作风，使各级干部自觉履行党章赋予的各项职责，严格按照党的原则和规矩办事。要坚持以严的标准要求干部、以严的措施管理干部、以严的纪律约束干部，使干部心有所畏、言有所戒、行有所止。

一方面，要根据形势变化，完善干部管理规定，既重激励又重约束，把哪些能做、哪些不能做真正搞得清清楚楚、明明白白。另一方面，要严格执行干部管理各项规定，讲原则不讲关系，发现问题该提醒的提醒、该教育的教育、该处理的处理，让干部感到身边有一把戒尺，随时受到监督。特别是要把对一把手的监督、管理作为重中之重。

第五，持续深入改进作风。我们党历来强调，党风问题关系党的生死存亡。作风建设永远在路上，永远没有休止符，必须抓常、抓细、抓长，持续努力、久久为功。逆水行舟，一篙不可放缓；滴水穿石，一滴不可弃滞。各级党委要把作风建设紧紧抓在手上，持续抓好各项整改任务的落实，绝不允许出现“烂尾”工程，决不能让“四风”问题反弹回潮。各级干部要从我做起、从小事做起，带头坚守正道、弘扬正气，努力营造良好从政环境。要紧紧盯住作风领域出现的新变化新问题，及时跟进相应的对策措施，做到掌握情况不迟钝、解决问题不拖延、化解矛盾不积压，谁以身试法就要坚决纠正和查处。要从解决“四风”问题延伸开去，努力改进思想作风、工作作风、领导作风、干部生活作风，努力改进学风、文风、会风，加强治本工作，使党员、干部不仅不敢沾染歪风邪气，而且不能、不想沾染歪风邪气，使党的作风全面纯洁起来。

第六，严明党的纪律。纪律面前一律平等，党内不允许有不受纪律约束的特殊党员。党的各级组织要积极探索纪律教育经常化、制度化的途径，多做提提领子、扯扯袖子的工作，使党员、干部真正懂得，党的纪律是全党必须遵守的行为准则，严格遵守和坚决维护纪律是做合格党员、干部的基本条件。有纪可依是严明纪律的前提，党的纪律规定要根据形势和党的建设需要不断完善，确保系统配套、务实管用，防止脱离实际、内容模糊不清、滞后于实践。各级党组织和领导干部要切实履行执纪职责，拒绝说情风、关系网、利益链，采取管用的措施提高组织管理的有效性，使违纪问题能及时发现、及时查处。

第七，发挥人民监督作用。得民心者得天下，失民心者失天下，人民拥护和支持是党执政最牢固的根基。人民群众中蕴藏着治国理政、管党治党的智慧和力量，从严治党必须依靠人民。让人民支持和帮助我们从严治党，要注意畅通两个渠道，一个是建言献策渠道，一个是批评监督渠道。各级干部要多沉下身子、走近群众，就从严治党问题多向群众请教。各级党组织和党员、干部的表现都要交给群众评判。群众对党组织和党员、干部有意见，应该欢迎他们批评指出。群众发现党员、干部有违纪违法问题，要让他们有安全畅通的举报渠道。群众提出的意见只要对从严治党有好处，我们就要认真听取、积极采纳。

第八，深入把握从严治党规律。从严治党有其自身规律，对我们这样一个老党大党来说，从严治党更有其自身规律。我们党在长期实践中，不断总结自己正反两方面经验，也积极借鉴国外执政党建设的经验教训，深刻认识到了一些从严治党规律，这些都要继续运用好。

随着世情、国情、党情的不断变化，影响从严治党的因素更加复杂，提出了很多新课题。我们要深入基层、深入实际，深入研究管党治党实践，通过纵向和横向的比较，进行去伪存真、由表及里的分析，正确把握掩盖在纷繁表面现象后面的事物本质，深化对从严治党规律的认识。要注重把继承传统和改革创新结合起来，把总结自身经验和借鉴世界其他政党经验结合起来，增强从严治党的系统性、预见性、创造性、实效性，使从严治党的一切努力都集中到增强党自我净化、自我完善、自我革新、自我提高能力上来，集中到提高党的领导能力和执政能力、保持和发展党的先进性和纯洁性上来。

共产主义理想和中国特色社会主义共同理想

坚定社会主义和共产主义理想信念，必须正确认识共产主义远大理想与中国特色社会主义共同理想的关系。这对关系具有丰富的理论内涵，需要我们从不同的角度和层面去认识和把握。大体上，我们可以从时间、层次和范围三个维度加以考察。

首先，从时间上看，远大理想与共同理想的关系是最终理想与阶段性理想的关系。共产主义远大理想也就是我们的最终理想，它的实现需要许多代人的接续奋斗，在这个接续奋斗的过程中，会有一些阶段性的理想。只有通过实现一个一个的阶段性理想，才能最终实现共产主义远大理想。如果说最终理想只有一个，那么阶段性理想则可以有许多个，而究竟会有多少个以及会有怎样的阶段性理想，则取决于理想追求的历史起点的高低、奋斗过程的长短以及社会条件的影响。实现共产主义远大理想的过程就像万里长征，应该一步一个脚印、踏踏实实地向着未来迈进，因而必然包含着许多不同的历史阶段。

中国特色社会主义共同理想，就是我们在追求和实现共产主义远大理想过程中的一个阶段性理想，是当前正在着力追求的阶段性理想或近期理想。经过几十年来的努力，这个理想正在逐步化为现实。

其次，从层次上看，远大理想与共同理想的关系是最高纲领与最低纲领的关系。我们党的最高理想和最终目标是实现共产主义，这也是我们党的最高行动纲领。但追求党的理想和实行党的纲领，必须从中国当下的实际出发，从实现最近的目标开始。我们党早在新民主主义革命时期，就区分了最高纲领与最低纲领，并阐明了二者的关系。尽管随着新中国的成立和发展，特别是随着改革开放以来中国特色社会主义取得伟大成就，我们当下所处的历史起点不同了，站在了新的历史起点上，但最高纲领与最低纲领的区分仍然是正确的。我们的最高理想和最高纲领没有变，而且也不会变，但在当前，坚定中国特色社会主义共同理想，进一步推进中国特色社会主义事业，就是我们党的最低纲领在当前的要求。习近平明确指出："中国特色社会主义是党的最高纲领和基本纲领的统一。中国特色社会主义的基本纲领……

是从我国正处于并将长期处于社会主义初级阶段的基本国情出发的，也没有脱离党的最高理想。我们既要坚定走中国特色社会主义道路的信念，也要胸怀共产主义的崇高理想。”

最后，从范围来看，远大理想与共同理想的关系也是全人类理想与全体中国人民理想的关系。共产主义远大理想体现的是全人类解放的共性，是面向全人类的。中国人民当然要树立远大理想，但这个理想不只属于中国人民，而是属于全人类。因此，从这个意义上讲，共产主义理想也是“共同理想”，而且是面向全人类的更大的共同理想。而中国特色社会主义共同理想，主要是面向中国人民和中华民族成员的，是全体中华儿女和中国人民的“共同理想”，无疑具有“共同”性，但与全人类相比，又体现了“中国特色”，体现了中国人民在社会主义和共产主义理想方面的个性特色。当我们讲要坚定中国特色社会主义共同理想的时候，不仅是指中国人民对社会主义理想的向往和追求，而且也包含着对“中国道路”的认同，即我们是通过中国自己的道路来追求社会主义理想和共产主义远大理想。这种中国特色和民族特色并没有否定理想的共同原则，而是把共同原则与国情民情相结合，使社会主义和共产主义理想展现出更丰富的色彩。

总之，必须以辩证思维把握和处理远大理想和共同理想的关系。不能用简单化的态度来对待它，而是要用马克思主义的辩证思维和历史思维去把握它。任何时候都要坚持远大理想和共同理想的统一，不能把它们割裂开来、对立起来。没有远大理想的指引，就不会有共同理想的确立和坚持；没有共同理想的实现，远大理想就没有现实的基础。忘记远大理想而只顾眼前，就会失去前进的方向；离开现实工作而空谈远大理想，就会脱离实际。这是我们党在长期实践中得出的基本结论。

坚持党对一切工作的领导

习近平总书记强调，党政军民学，东西南北中，党是领导一切的。中国共产党是中国特色社会主义事业的坚强领导核心，是最高政治领导力量，各个领域、各个方面都必须坚定自觉坚持党的领导。只有始终坚持党对一切工作的领导，才能在更高水平上实现全党全社会思想上的统一、政治上的团结、行动上的一致，才能进一步增强党的创造力、凝聚力、战斗力，才能为决胜全面建成小康社会，夺取新时代中国特色社会主义伟大胜利提供根本政治保证。

第一，坚持党对一切工作的领导是由我们党的性质决定的。中国共产党是中国工人阶级的先锋队，同时是中国人民和中华民族的先锋队，是中国特色社会主义事业的坚强领导核心。我们党始终高举马克思主义伟大旗帜，把实现社会主义、共产主义作为奋斗目标，历经革命、建设和改革的锤炼，已经锻造为成熟的马克思主义政党。正是有了这一先进成熟政党的领导，才形成了中国特色社会主义道路、理论、制度、文化。如果弱化党的领导，甚至放弃党的领导，党的执政地位就会丢失，中国特色社会主义性质就会改变，中国人民接续奋斗取得的伟大成就也会毁于一旦。中国特色社会主义是党领导人民经过长期探索取得的根本成就，也只有在党的领导下才能不断向前发展。要从根本上保证中国特色社会主义不变色、不变质，必须毫不动摇地坚持党的领导。

第二，坚持党对一切工作的领导是历史和人民的选择。在近代以后中国社会的剧烈运动中，在中国人民反抗封建统治和外来侵略的激烈斗争中，在马克思列宁主义同中国工人运动的结合过程中，1921 年中国共产党应运而生。中国共产党一经成立就义无反顾肩负起带领人民谋求民族独立、人民解放和实现国家富强、人民幸福的历史重任。

在革命、建设、改革的历史进程中，正是人民选择了中国共产党，中国彻底结束了半殖民地半封建社会的历史，完成了中华民族有史以来最为广泛而深刻的社会变革，开启了改革开放新的伟大革命，开辟了中国特色社会主义道路，取得了社会主义现代化建设的伟大成就。历史深重的轨迹清晰表明，没有共产党，就没有新中国；没有共产党，就没有中华民族从站起来到富起来再到强起来。这是中国人民从长期奋斗中得出的最基本的结论。

第三，坚持党对一切工作的领导是实现中华民族伟大复兴的根本保证。习近平总书记指出："中国共产党人的初心和使命，就是为中国人民谋幸福，为中华民族谋复兴。"近百年来，为了实现中华民族伟大复兴的历史使命，我们党初心不改、矢志不渝，团结带领人民历经千难万险，付出巨大牺牲，取得了一个又一个伟大斗争的胜利。实践证明，坚持和加强党的全面领导，是党和国家的根本所在、命脉所在，是全国各族人民的利益所在、幸福所在，是战胜一切困难和风险的"定海神针"。今天，中国比历史上任何时期都更接近、更有信心和能力实现中华民族伟大复兴的目标。同时要看到，在实现民族复兴的伟大征程上，不知还要爬多少坡、过多少坎，经历多少风风雨雨、克服多少艰难险阻。完成艰巨光荣的历史使命，战胜前进道路上的风险挑战，从根本上要靠党的全面领导，靠党把好方向盘。

中国特色社会主义最本质的特征和制度的最大优势

1. 中国共产党领导是中国特色社会主义最本质的特征

十三届全国人大一次会议审议通过的宪法修正案，把"中国特色社会主义最本质的特征是中国共产党的领导"载入宪法总纲，以国家根本大法的形式强调党的领导在中国特色社会主义中的核心地位，使党的领导在国家运行机制和各项制度中具有更强的制度约束力和更高的法律效力，有利于把党的领导贯彻落实到国家政治生活和社会生活的各个领域，确保中国特色社会主义事业始终沿着正确轨道推进。

党的领导地位不是自封的，是历史和人民选择的，是由我国国体性质决定的，是由我国宪法明文规定的。习近平总书记强调，中国特色社会主义最本质的特征是中国共产党领导，中国特色社会主义制度的最大优势是中国共产党领导。这一重要论断，丰富发展了马克思主义建党学说，深刻反映了对党的领导和中国特色社会主义这一基本关系的认识达到了新高度。

第一，这是由科学社会主义的理论逻辑所决定的。坚持无产阶级政党的领导是无产阶级革命和社会主义建设取得胜利的根本保证。社会主义代替资本主义，必须通过无产阶级的革命运动来实现。无产阶级只有建立代表自己阶级利益的先进政党，才能最终完成阶级解放和人类解放的重大历史任务。中国特色社会主义是科学社会主义基本原理同当代中国实践和时代特征相结合的产物，是植根于当代中国的科学社会主义。坚持和发展中国特色社会主义，必须坚持中国共产党的领导。只有坚持中国共产党的领导，才能保证中国特色社会主义的性质和正确方向。

第二，这是由中国特色社会主义产生与发展的历史逻辑所决定的。中国特色社会主义不是从天上掉下来的，而是在改革开放 40 年的伟大实践中得来的，是在中华人民共和国成立近 70 年的持续探索中得来的，是在我们党领导人民进行伟大社会革命 90 多年的实践中得来的，是党和人民历经千辛万苦、付出各种代价取得的宝贵成果。取得这一成果最根本的就是中国共产党的坚强领导。中国共产党是中国特色社会主义事业的开创者、推动者、引领者，党团结带领人民开辟了中国特色社会主义道路，创立了中国特色社会主义理论体系，创建了中国特色社会主义制度，发展了中国特色社会主义文化。历史和现实证明，没有中国共产党的领导，就没有中国特色社会主义的产生与发展。

第三，这是由中国特色社会主义迈向新征程的实践逻辑所决定的。实现中华民族伟大复兴，关键在党。要坚定走中国道路，把13亿多人口凝聚成中国力量，焕发出中国精神，实现“两个一百年”的奋斗目标，我们国家和民族必须有一个坚强的领导核心，这个领导核心就是中国共产党。现在我们踏上了决胜全面建成小康社会、分两步走到本世纪中叶建成社会主义现代化强国的新征程。要走好新时代的长征路，不断跨越“雪山”、征服“腊子口”，把新时代中国特色社会主义这篇大文章继续写好、写精彩，就要继续坚持中国共产党的领导。

2. 中国共产党的领导是中国特色社会主义制度的最大优势

中国共产党的领导是中国特色社会主义制度的最大优势。党是中国特色社会主义制度的创建者，党的领导是中国特色社会主义制度优势发挥的根本保障，党的优势是中国特色社会主义制度优势之源。

第一，党是中国特色社会主义制度的创建者。没有中国共产党，也就没有中国特色社会主义制度，制度优势就无从谈起。中国共产党把科学社会主义原则和中国实际相结合，创建了人民代表大会制度的根本政治制度，中国共产党领导的多党合作和政治协商制度、民族区域自治制度以及基层群众自治制度等基本政治制度，中国特色社会主义法律体系，公有制为主体、多种所有制经济共同发展的基本经济制度。在党的领导下通过改革不断完善中国特色社会主义制度。党的十八届三中全会提出了全面深化改革的总目标，即完善和发展中国特色社会主义制度，推进国家治理体系和治理能力现代化，推动中国特色社会主义制度更加成熟更加定型。

第二，党的领导是充分发挥中国特色社会主义制度优势的根本保障。中国特色社会主义制度是当代中国发展进步的根本制度保障，具有鲜明的中国特色，拥有明显的制度优势。中国共产党是中国工人阶级、中国人民和中华民族的先锋队，能够充分调动广大人民的积极性、主动性、创造性，有利于充分发挥中国特色社会主义制度在保持党和国家活力方面的优势；党是先进生产力、先进文化的代表，有利于发挥中国特色社会主义制度在解放和发展社会生产力、推动经济社会全面发展方面的优势；党代表了中国最广大人民的根本利益，有利于充分发挥中国特色社会主义制度在维护和促进社会公平正义、实现全体人民共同富裕方面的优势；党能够总揽全局，协调各方，有利于充分发挥中国特色社会主义制度集中力量办大事、有效应对前进道路上的各种风险挑战方面的优势；党是领导和团结全国各族人民的核心力量，有利于充分发挥中国特色社会主义制度在维护民族团结、社会稳定、国家统一方面的优势。

第三，党的自身优势是中国特色社会主义制度优势的主要来源。中国共产党在长期奋斗中形成了独特的自身优势：以马克思主义为指导，用马克思主义中国化最新理论成果武装全党、教育人民的理论优势；坚定崇高的政治理想、政治信念和百折不挠的革命意志的政治优势；遵循马克思主义建党原则，严密组织体系、严格组织生活、严明组织纪律，使党成为统一整体的组织优势；坚持民主集中制这一制度优势；密切联系群众的优势。中国共产党作为具有领导地位的长期执政的党，以自身优势引领和锻造了中国特色社会主义的制度优势，保证了中国特色社会主义制度优势的有效发挥。

新时代中国共产党的历史使命

新时代中国共产党的历史使命，就是统揽伟大斗争、伟大工程、伟大事业、伟大梦想，在全面建成小康社会的基础上全面建成社会主义现代化强国，实现中华民族伟大复兴。

实现伟大梦想，必须进行具有许多新的历史特点的伟大斗争。社会在矛盾运动中前进，有矛盾就会有斗争。进入新时代，我们面临的矛盾更加复杂，我们要开展的斗争更加艰巨。要坚决反对一切削弱、歪曲、否定党的领导和社会主义制度的言行，更加自觉地坚持党的领导和中国特色社会主义制度。要坚决反对一切损害人民利益、脱离群众的行为，更加自觉地维护人民利益。要坚决破除一切顽瘴痼疾，更加自觉地投身改革创新时代潮流。要坚决反对一切分裂祖国、破坏民族团结和社会和谐稳定的行为，更加自觉地维护我国主权、安全、发展利益。要坚决战胜一切在政治、经济、文化、社会等领域和自然界出现的困难和挑战，更加自觉地防范各种风险。要充分认识这场伟大斗争的长期性、复杂性、艰巨性，发扬斗争精神，提高斗争本领，同任何贪图享受、消极懈怠、回避矛盾的思想和行为作斗争，有效应对重大挑战、抵御重大风险、克服重大阻力、解决重大矛盾，不断夺取伟大斗争新胜利。

实现伟大梦想，必须深入推进党的建设新的伟大工程。历史已经并将继续证明，没有中国共产党的领导，民族复兴必然是空想。经历了民族的沉沦与崛起，见证了历史的苦难与辉煌，中国人民愈来愈深刻地认识到，办好中国的事情关键在党，实现中华民族伟大复兴关键在党。中国共产党要始终成为时代先锋、民族脊梁，始终成为马克思主义执政党，自身必须始终过硬。党的十八大以来全面从严治党取得了重大成果，获得了人民群众的高度赞誉。同时要清醒地看到，党面临的执政环境是复杂的，影响党的先进性、弱化党的纯洁性的因素是复杂的，全面从严治党依然任重道远。我们要更加自觉地坚定党性原则，勇于直面问题，敢于刮骨疗毒，消除一切损害党的先进性和纯洁性的因素，清除一切侵蚀党的健康肌体的病毒，不断增强党的政治领导力、思想引领力、群众组织力、社会号召力，确保我们党永葆旺盛生命力和强大战斗力。

实现伟大梦想，必须推进中国特色社会主义伟大事业。中国特色社会主义是改革开放以来党的全部理论和实践的主题，是党和人民历尽千辛万苦、付出巨大代价取得的根本成就。中国特色社会主义道路是实现社会主义现代化、创造人民美好生活的必由之路，中国特色社会主义理论体系是指导党和人民实现中华民族伟大复兴的正确理论，中国特色社会主义制度是当代中国发展进步的根本制度保障，中国特色社会主义文化是激励全党全国各族人民奋勇前进的强大精神力量。中国特色社会主义既坚持科学社会主义基本原则，又根据时代条件赋予其鲜明的中国特色，是21世纪的科学社会主义。我们要更加自觉地增强道路自信、理论自信、制度自信、文化自信，既不走封闭僵化的老路，也不走改旗易帜的邪路，保持政治定力，坚持实干兴邦，始终坚持和发展中国特色社会主义。

伟大斗争、伟大工程、伟大事业、伟大梦想是一个紧密联系、相互贯通、相互作用、有机统一的整体，统一于新时代坚持和发展中国特色社会主义伟大实践。伟大梦想是目标，指引前进方向；伟大斗争是手段，激发前进动力；伟大工程是保障，提供前进保证；伟大事业是主题，开辟前进道路。其中，起决定性作用的是党的建设伟大工程。伟大工程建设得好不好，直接关系到我们党有没有底气和能力去进行伟大斗争，有没有责任和策略去推进伟大事业，有没有韧性和途径去实现伟大梦想。因此，必须把党建设好，把伟大工程建设好，确保党在世界形势深刻变化的历史进程中始终走在时代前列，在应对国内外各种风险和考验的历史进程中始终成为全国人民的主心骨，在坚持和发展中国特色社会主义的历史进程中始终成为坚强领导核心。

党的群众路线教育实践活动

党的十八大明确提出，围绕保持党的先进性和纯洁性，在全党深入开展以为民务实清廉为主要内容的党的群众路线教育实践活动，这是新形势下坚持党要管党、从严治党的重大决策，是顺应群众期盼、加强学习型服务型创新型马克思主义执政党建设的重大部署，是推进中国特色社会主义伟大事业的重大举措。

中共中央政治局 2013 年 4 月 19 日召开会议，决定从 2013 年下半年开始，用一年左右时间，在全党自上而下分两批开展党的群众路线教育实践活动，这是党的十八大作出的一项战略决策。

2013 年 6 月 18 日，党的群众路线教育实践活动工作会议在北京召开，习近平总书记出席会议并发表重要讲话，对全党开展教育实践活动进行部署。

习近平总书记强调指出，开展党的群众路线教育实践活动，是实现党的十八大确定的奋斗目标的必然要求，是保持党的先进性和纯洁性、巩固党的执政基础和执政地位的必然要求，是解决群众反映强烈的突出问题的必然要求。

习近平强调，群众路线是我们党的生命线和根本工作路线。实现党的十八大确定的奋斗目标，实现中华民族伟大复兴的中国梦，必须紧紧依靠人民，充分调动最广大人民的积极性、主动性、创造性。开展党的群众路线教育实践活动，就是要使全党同志牢记并恪守全心全意为人民服务的根本宗旨，以优良作风把人民紧紧凝聚在一起，为实现党的十八大确定的目标任务而努力奋斗。

习近平指出，人心向背关系党的生死存亡。党只有始终与人民心连心、同呼吸、共命运，始终依靠人民推动历史前进，才能做到坚如磐石。开展党的群众路线教育实践活动，就是要把为民务实清廉的价值追求深深植根于全党同志的思想和行动中，夯实党的执政基础，巩固党的执政地位，增强党的创造力凝聚力战斗力，使保持党的先进性和纯洁性、巩固党的执政基础和执政地位具有广泛、深厚、可靠的群众基础。

习近平强调，总体上看，当前各级党组织和党员、干部贯彻执行党的群众路线情况是好的，党群干群关系也是好的，广大党员、干部在改革发展稳定各项工作中冲锋陷阵、忘我奉献，发挥了先锋模范作用，赢得了广大人民群众的肯定和拥护。这是主流，必须充分肯定。同时，我们必须看到，面对世情、国情、党情的深刻变化，精神懈怠危险、能力不足危险、脱离群众危险、消极腐败危险更加尖锐地摆在全党面前，党内脱离群众的现象大量存在，集中表现在形式主义、官僚主义、享乐主义和奢靡之风这“四风”上。我们要对作风之弊、行为之垢来一次大排查、大检修、大扫除。

习近平强调，这次教育实践活动的主要任务聚焦到作风建设上，集中解决形式主义、官僚主义、享乐主义和奢靡之风这“四风”问题。这“四风”是违背我们党的性质和宗旨的，是当前群众深恶痛绝、反映最强烈的问题，也是损害党群干群关系的重要根源。“四风”问题解决好了，党内其他一些问题解决起来也就有了更好条件。

习近平指出，教育实践活动要着眼于自我净化、自我完善、自我革新、自我提高，以“照镜子、正衣冠、洗洗澡、治治病”为总要求。照镜子，主要是以党章为镜，对照党的纪律、群众期盼、先进典型，对照改进作风要求，在宗旨意识、工作作风、廉洁自律上摆问题、找差距、明方向。正衣冠，主要是按照为民务实清廉的要求，勇于正视缺点和不足，严明党的纪律特别是政治纪律，敢于触及思想、正视矛盾和问题，从自己做起，从现在改起，端正行为，自觉把党性修养正一正、把党员义务理一理、把党纪国法紧一紧，保持共产党人良好形象。洗洗澡，主要是以整风的精神开展批评和自我批评，深入分析发生问题的原因，清洗思想和行为上的灰尘，保持共产党人政治本色。治治病，主要是坚持惩前毖后、治病救人方针，区别情况、对症下药，对作风方面存在问题的党员、干部进行教育提醒，对问题严重的进行查处，对不正之风和突出问题进行专项治理。

习近平强调，要以整风精神开展批评和自我批评，开好民主生活会，坚持开门搞活动。教育实践活动要以县处级以上领导机关、领导班子、领导干部为重点。各级领导干部既是活动组织者、推进者、监督者，更是活动参与者，要以普通党员身份把自己摆进去，力争认识高一层、学习深一步、实践先一着、剖析解决突出问题好一筹。保持党同人民群众的血肉联系是一个永恒课题，作风问题具有反复性和顽固性，必须经常抓、长期抓，特别是要建立健全促进党员、干部坚持为民务实清廉的长效机制。要以这次活动为契机，制定新的制度，完善已有的制度，废止不适用的制度。制度一经形成，就要严格遵守，执行制度没有例外。

习近平强调，各级党委要增强责任感和紧迫感，把开展好教育实践活动作为一项重大政治任务抓紧抓好抓实。要明确责任职责，主要领导亲自抓；深入调查研究，制定切实可行的实施方案；加强具体指导，确保正确方向；坚持统筹兼顾，做到两手抓、两促进；加强宣传引导，营造良好舆论氛围。

2013 年 6 月，中央党的群众路线教育实践活动领导小组印发《关于认真学习贯彻习近平总书记在党的群众路线教育实践活动工作会议上的讲话的通知》，是全党深入开展教育实践活动的基本遵循和纲领性文件。《通知》要求，要切实把《习近平总书记在党的群众路线教育实践活动工作会议上的讲话》精神落实到教育实践活动各个环节、各项工作中。要扎实推进三个环节工作。学习教育、听取意见环节要把加强理论武装摆在第一位，查摆问题、开展批评环节要贯彻整风精神，组织开好一次高质量的专题民主生活会，整改落实、建章立制环节要落实正风肃纪的各项措施和制度规定。

2014 年 1 月，中共中央办公厅印发了《关于开展第二批党的群众路线教育实践活动的指导意见》，第二批教育实践活动从 2014 年 1 月开始，在省以下各级机关及其直属单位和基层组织开展。

2014 年 10 月 8 日，习近平在党的群众路线教育实践活动总结大会上的讲话指出，整个活动进展有序、扎实深入，达到了预期目的，取得了重大成果。一是广大党员、干部受到马克思主义群众观点的深刻教育，贯彻党的群众路线的自觉性和坚定性明显增强。二是形式主义、官僚主义、享乐主义和奢靡之风得到有力整治，群众反映强烈的突出问题得到有效解决。三是恢复和发扬了批评和自我批评优良传统，探索了新形势下严肃党内政治生活的有效途径。四是以转作风改作风为重点的制度体系更加完善，制度执行力和约束力得到增强。五是影响群众切身利益的症结难点得到突破，党的执政基础更加稳固。

实践证明，党的十八大作出的在全党深入开展党的群众路线教育实践活动的战略决策是完全正确的，党中央关于这次活动的一系列部署是完全正确的。这次活动为我们进行具有许多新的历史特点的伟大斗争作了思想上组织上作风上的重要准备，其重大意义必将随着时间的推移不断显现出来。

这一次党的群众路线教育实践活动基本结束了，但贯彻党的群众路线、保持党同人民群众的血肉联系的历史进程永远不会结束。全党同志要更加紧密地团结在党中央周围，一心一意谋发展，聚精会神抓党建，继续打好党风建设这场硬仗，以好的作风保障党和国家各项工作顺利开展，为实现“两个一百年”奋斗目标、实现中华民族伟大复兴的中国梦而不懈奋斗！

“三严三实”专题教育

2014 年 3 月 9 日，习近平总书记在参加十二届全国人大二次会议安徽代表团的审议时，就加强作风建设，提出“三严三实”要求。强调作风建设永远在路上。各级领导干部都要既严以修身、严以用权、严以律己，又谋事要实、创业要实、做人要实。

严以修身，就是要加强党性修养，坚定理想信念，提升道德境界，追求高尚情操，自觉远离低级趣味，自觉抵制歪风邪气。

严以用权，就是要坚持用权为民，按规则、按制度行使权力，把权力关进制度的笼子里，任何时候都不搞特权、不以权谋私。

严以律己，就是要心存敬畏、手握戒尺，慎独慎微、勤于自省，遵守党纪国法，做到为政清廉。

谋事要实，就是要从实际出发谋划事业和工作，使点子、政策、方案符合实际情况、符合客观规律、符合科学精神，不好高骛远，不脱离实际。

创业要实，就是要脚踏实地、真抓实干，敢于担当责任，勇于直面矛盾，善于解决问题，努力创造经得起实践、人民、历史检验的实绩。

做人要实，就是要对党、对组织、对人民、对同志忠诚老实，做老实人、说老实话、干老实事，襟怀坦白，公道正派。

2015 年 4 月，中共中央办公厅印发《关于在县处级以上领导干部中开展“三严三实”专题教育方案》，对 2015 年在县处级以上领导干部中开展“三严三实”专题教育作出安排。

“三严三实”专题教育作为党的群众路线教育实践活动的延展深化，作为加强党的思想政治建设和作风建设的重要举措，要融入领导干部经常性学习教育，不分批次、不划阶段、不设环节，不是一次活动。

“三严三实”专题教育聚焦对党忠诚、个人干净、敢于担当。

“三严三实”专题教育目的：努力在深化“四风”整治、巩固和拓展党的群众路线教育实践活动成果上见实效，在守纪律讲规矩、营造良好政治生态上见实效，在真抓实干、推动改革发展稳定上见实效。

“三严三实”专题教育着力解决的问题：理想信念动摇、信仰迷茫、精神迷失，宗旨意识淡薄、忽视群众利益、漠视群众疾苦，党性修养缺失、不讲党的原则等问题；着力解决滥用权力、设租寻租，官商勾结、利益输送，不直面问题、不负责任、不敢担当，顶风违纪还在搞“四风”、不收敛不收手等问题；着力解决无视党的政治纪律和政治规矩，对党不忠诚、做人不老实，阳奉阴违、自行其是，心中无党纪、眼里无国法等问题。

“三严三实”专题教育开展方法：坚持以上率下、示范带动。

“三严三实”专题教育要强化整改落实：整改落实和立规执纪，坚持边学边查边改，主要领导干部带头，列出问题清单，一项一项整改，进行专项整治，严格正风肃纪。对存在“不严不实”问题的领导干部，立足于教育提高，促其改进；对群众意见大、不能认真查摆问题、没有明显改进的，要进行组织调整。针对“不严不实”问题，建制度、立规矩，强化刚性执行。

“两学一做”学习教育

为深入学习贯彻习近平总书记系列重要讲话精神，推动全面从严治党向基层延伸，巩固拓展党的群众路线教育实践活动和“三严三实”专题教育成果，进一步解决党员队伍在思想、组织、作风、纪律等方面存在的问题，保持发展党的先进性和纯洁性，党中央决定，2016 年在全体党员中开展“学党章党规、学系列讲话，做合格党员”学习教育（简称“两学一做”学习教育）。

2016 年 2 月 29 日，中共中央办公厅印发了《关于在全体党员中开展“学党章党规、学系列讲话，做合格党员”学习教育方案》（简称《方案》）。

“两学一做”学习教育的总体要求：

《方案》指出，开展“两学一做”学习教育，是落实党章关于加强党员教育管理要求、面向全体党员深化党内教育的重要实践，是推动党内教育从“关键少数”向广大党员拓展、从集中性教育向经常性教育延伸的重要举措，是加强党的思想政治建设的重要部署。“两学一做”学习教育不是一次活动，要突出正常教育，区分层次，有针对性地解决问题，用心用力，抓细抓实，真正把党的思想政治建设抓在日常、严在经常。

开展“两学一做”学习教育，基础在学，关键在做，实现四个“进一步”：进一步坚定理想信念，提高党性觉悟；进一步增强政治意识、大局意识、核心意识、看齐意识，坚定正确政治方向；进一步树立清风正气，严守政治纪律政治规矩；进一步强化宗旨观念，勇于担当作为，在生产、工作、学习和社会生活中起先锋模范作用，为党在思想上政治上行动上的团结统一夯实基础，为协调推进“四个全面”战略布局、贯彻落实五大发展理念提供坚强组织保证。

开展“两学一做”学习教育，要增强针对性，“学”要带着问题学，“做”要针对问题改。突出问题导向，着力解决“五个问题”：着力解决一些党员理想信念模糊动摇的问题，主要是对共产主义缺乏信仰，对中国特色社会主义缺乏信心，精神空虚，推崇西方价值观念，热衷于组织、参加封建迷信活动等；着力解决一些党员党的意识淡化的问题，主要是看齐意识不强，不守政治纪律政治规矩，在党不言党、不爱党、不护党、不为党，组织纪律散漫，不按规定参加党的组织生活，不按时交纳党费，不完成党组织分配的任务，不按党的组织原则办事等；着力解决一些党员宗旨观念淡薄的问题，主要是利己主义严重，漠视群众疾苦、与民争利、执法不公、吃拿卡要、假公济私、损害群众利益，在人民群众生命财产安全受到威胁时临危退缩等；着力解决一些党员精神不振的问题，主要是工作消极懈怠，不作为、不会为、不善为，逃避责任，不起先锋模范作用等；着力解决一些党员道德行为不端的问题，主要是违反社会公德、职业道德、家庭美德，不注意个人品德，贪图享受、奢侈浪费等。要持之以恒纠正“四风”，抓好不严不实突出问题整改，推动党的作风不断好转。

开展“两学一做”学习教育，要做到“五个坚持”：坚持正面教育为主，用科学理论武装头脑；坚持学用结合，知行合一；坚持问题导向，注重实效；坚持领导带头，以上率下；坚持从实际出发，分类指导。

学习教育内容：

（1）学党章党规。着眼明确基本标准、树立行为规范，逐条逐句通读党章等；认真学习《中国共产党廉洁自律准则》《中国共产党纪律处分条例》等党内法规；学习党的历史，学习革命先辈和先进典型等；从周永康、薄熙来、徐才厚、郭伯雄、令计划等违纪违法案件中汲取教训，守住为人、做事的基准和底线。

（2）学系列讲话。认真学习习近平总书记关于改革发展稳定、内政外交国防、治党治国治军的重要思想，认真学习以习近平同志为总书记的党中央治国理政新理念新思想新战略，引导党员深入领会系列重要讲话的丰富内涵和核心要义，深入领会贯穿其中的马克思主义立场观点方法。

（3）做合格党员。做到“四讲四有”：做讲政治、有信念，讲规矩、有纪律，讲道德、有品行，讲奉献、有作为的合格党员。具体要求做到五个方面：引导党员强化政治意识，保持政治本色，把理想信念时时处处体现为行动的力量；坚定自觉地在思想上政治上行动上同以习近平同志为总书记的党中央保持高度一致，经常主动向党中央看齐，向党的理论和路线方针政策看齐，做政治上的明白人；践行党的宗旨，保持公仆情怀，牢记共产党员永远是劳动人民的普通一员，密切联系群众，全心全意为人民服务；加强党性锻炼和道德修养，心存敬畏、手握戒尺，廉洁从政、从严治家，筑牢拒腐防变的防线；始终保持干事创业、开拓进取的精气神，平常时候看得出来，关键时刻冲得上去。

开展“两学一做”学习教育主要措施：

（1）围绕专题学习讨论；

（2）创新方式讲党课；

（3）召开党支部专题组织生活会；

（4）开展民主评议党员；

（5）立足岗位作贡献；

（6）领导机关领导干部作表率。

开展“两学一做”学习教育的组织领导：

“两学一做”学习教育在中央政治局常委会领导下进行，由中央组织部牵头组织实施，中央纪委机关、中央宣传部、中央党校配合做好相关工作。

（1）层层落实责任；

（2）强化组织保障；

（3）注重分类指导；

（4）发挥媒体作用。

2016 年在全体党员中开展的“学党章党规、学系列讲话，做合格党员”学习教育，取得显著成效，受到各级党组织和广大党员欢迎。为贯彻落实党的十八届六中全会精神，持续推动全面从严治党突出“关键少数”并向基层延伸，2017 年 3 月 28 日，中共中央办公厅印发了《关于推进“两学一做”学习教育常态化制度化的意见》。

推进“两学一做”学习教育常态化制度化的重大意义：推进“两学一做”学习教育常态化制度化，对于进一步用习近平总书记系列重要讲话精神武装全党，加强和规范党内政治生活，保持党的先进性和纯洁性，增强党的生机活力，确保全党更加紧密地团结在以习近平同志为核心的党中央周围，激励全党为实现崇高理想和宏伟目标而不懈奋斗，不断开创中国特色社会主义事业新局面，具有重大而深远的意义。

推进“两学一做”学习教育常态化制度化的目标要求：把思想教育作为首要任务。

要坚持：用党章党规规范党组织和党员行为，用习近平总书记系列重要讲话精神武装头脑、指导实践、推动工作，坚持学思践悟、知行合一，坚持全覆盖、常态化、重创新、求实效。

要增强：党组织和党员政治意识、大局意识、核心意识、看齐意识，不断增强党内政治生活的政治性、时代性、原则性、战斗性，不断增强党自我净化、自我完善、自我革新、自我提高能力。

要确保：党的组织充分履行职能、发挥核心作用，确保党员领导干部忠诚干净担当、发挥表率作用，确保广大党员党性坚强、发挥先锋模范作用。

目标：为统筹推进“五位一体”总体布局和协调推进“四个全面”战略布局提供坚强组织保证。

基本要求：各级党委（党组）要以理论学习中心组学习、民主生活会等制度为主要抓手，组织党员领导干部定期开展集体学习；基层党组织要以“三会一课”为基本制度，以党支部为基本单位，把“两学一做”作为党员教育的基本内容，长期坚持、形成常态。

要做到：突出问题导向；注重以上率下；强化分类指导；激发基层活力；选树先进典型。

要克服：防止和克服紧一阵松一阵、表面化形式化、学习教育与思想工作实际“两张皮”。

学习内容：读原著、学原文、悟原理，联系实际学、带着问题学、不断跟进学，领会掌握基本精神、基本内容、基本要求，做到学而信、学而思、学而行。

具体要求：

学习党章党规，要深刻认识党章是管党治党的总规矩总遵循，践行党内政治生活准则、党内监督条例和廉洁自律准则等党内法规要求。

学习习近平总书记系列重要讲话，要深刻认识讲话的重大理论意义和实践意义，深刻理解讲话的时代背景、鲜明主题、科学体系，准确把握蕴含其中的治国理政新理念新思想新战略，领会掌握贯穿其中的马克思主义立场观点方法。要把学习习近平总书记系列重要讲话同学习马克思列宁主义、毛泽东思想、邓小平理论、“三个代表”重要思想、科学发展观紧密结合起来。

引导党员做到“四个合格”：

教育引导广大党员做到政治合格、执行纪律合格、品德合格、发挥作用合格。

政治合格：重点是坚定理想信念，正确把握政治方向，坚定站稳政治立场，坚决维护以习近平同志为核心的党中央权威，不断增强中国特色社会主义道路自信、理论自信、制度自信、文化自信。

执行纪律合格：重点是增强组织纪律性，执行党的决定，服从组织分配，严守党的纪律特别是政治纪律和政治规矩。

品德合格：重点是继承发扬党的优良传统和作风，大力弘扬忠诚老实、光明坦荡、公道正派、实事求是、艰苦奋斗、清正廉洁等共产党人价值观，带头践行社会主义核心价值观。

发挥作用合格：重点是牢记党的根本宗旨，爱岗敬业、履职尽责，服务群众、奉献社会，敢担当、敢负责、敢作为，在促进改革发展稳定中作表率、当先锋。

严肃党内政治生活、净化党内政治生态

党的十八届六中全会通过的《关于新形势下党内政治生活的若干

准则》（简称《准则》），全面总结近年来特别是党的十八大以来管党治党的新鲜经验，顺应时代发展变化对全面从严治党提出的新要求，对加强和规范党内政治生活的重点内容、主要任务、重要举措作出系统部署，是指导新形势下全面从严治党的行动纲领，是严肃党内政治生活、净化党内政治生态的根本遵循，是增强党内政治生活的政治性、时代性、原则性、战斗性的强大武器。

深刻认识严肃党内政治生活、净化党内政治生态的重大意义。

严肃党内政治生活、净化党内政治生态，是保持党的先进性和纯洁性、增强党的创造力凝聚力战斗力的必然要求。我们党是马克思主义政党，是中国工人阶级的先锋队，同时是中国人民和中华民族的先锋队。党的先进性纯洁性和创造力凝聚力战斗力从哪里来？就来自科学的理论指导、共同的理想信念、严密的组织体系和铁的纪律，而这些都要靠严肃的党内政治生活来保障。有了严肃的党内政治生活，党的政治优势、思想优势、组织优势、作风优势、纪律优势才能得到充分发挥，党员干部的思想境界、政治素养、道德水平才能得到不断提高，党自我净化、自我完善、自我革新、自我提高的能力才能得到不断增强。可以说，严肃的党内政治生活，是保持党的先进性和纯洁性的根本保证，是党的旺盛生机和蓬勃活力的动力源泉。

严肃党内政治生活、净化党内政治生态，是我们党管党治党的宝贵经验。我们党从成立之日起，就高度重视党内政治生活。在长期实践中，形成了以实事求是、理论联系实际、密切联系群众、批评和自我批评、坚持民主集中制、严明党的纪律为主要内容的党内政治生活基本规范。回顾我们党已走过的96年的历程，正反两方面的经验告诉我们，什么时候党内政治生活正常健康，我们党就风清气正、团结统一，充满生机活力，党的事业就蓬勃发展；反之，就弊病丛生、人心涣散，各种错误思想、错误路线得不到及时纠正，给党的事业造成严重损失。

严肃党内政治生活、净化党内政治生态，是解决当前党内突出矛盾和问题的迫切需要。党的十八大以来，以习近平同志为核心的党中央，以坚强的决心和有力的举措，全面从严治党，党内政治生活展现新气象，为开创党和国家事业新局面提供了重要保证。新的时代条件下，我们党要团结带领人民进行具有许多新的历史特点的伟大斗争，成功应对重大挑战、抵御重大风险、克服重大阻力、解决重大矛盾，迫切需要以严肃党内政治生活、净化党内政治生态为重点，持续推进全面从严治党，切实解决党内存在的突出问题，把党建设得更加坚强有力。

全面落实严肃党内政治生活、净化党内政治生态的各项任务，要突出抓好以下几个方面：第一，把加强思想教育作为严肃党内政治生活、净化党内政治生态的首要任务。第二，把严明政治纪律和政治规矩作为严肃党内政治生活、净化党内政治生态的关键。第三，把坚持正确选人用人导向作为严肃党内政治生活、净化党内政治生态的组织保证。第四，把党的组织生活、开展批评和自我批评作为严肃党内政治生活、净化党内政治生态的重要载体和手段。第五，把加强制度建设作为严肃党内政治生活、净化党内政治生态的根本保障。

新形势下加强和规范党内政治生活，重点是各级领导机关和领导干部，关键是高级干部特别是中央委员会、中央政治局、中央政治局常委会的组成人员。《准则》对领导干部特别是高级干部提出了更高的标准、更严的要求。这是由领导干部特别是高级干部执掌重要权力的特殊地位所决定的，也是由领导干部特别是高级干部发挥示范作用的特殊职责所要求的。

在领导干部中，“一把手”具有特殊影响力，对决策和决策执行起着关键作用。发挥好“一把手”在贯彻落实《准则》上的示范表率作用，对于全面从严治党，对于管理好领导班子和领导干部，对于形成良好的政治生态，具有特别重要的意义。

在高级干部中，中央委员会、中央政治局、中央政治局常委会组成人员首当其责。要从党和国家长治久安、中华民族伟大复兴的战略高度，来认识建设好中央委员会、中央政治局、中央政治局常委会的极端重要性，切实把这个层面的党内政治生活搞好，真正做到打铁还需自身硬。

对于领导干部特别是高级干部来说，贯彻《准则》的一个基本要求是，坚决维护以习近平同志为核心的党中央权威、保证全党令行禁止。党的十八大以来的实践充分证明，习近平总书记作为党中央的核心、全党的核心当之无愧、名副其实，正式明确习近平总书记的核心地位是众望所归、正当其时。各级党的领导机关和领导干部特别是高级干部要带头维护以习近平同志为核心的党中央权威，自觉向党中央看齐，向习近平总书记看齐，向党的理论和路线方针政策看齐，向党中央决策部署看齐，做到党中央提倡的坚决响应、党中央决定的坚决执行、党中央禁止的坚决不做，自觉防止和反对个人主义、分散主义、自由主义、本位主义。对党中央决策部署，任何党组织和任何党员都不准合意的就执行、不合意的就不执行，决不允许有令不行、有禁不止，决不允许搞上有政策、下有对策。领导干部特别是高级干部要自觉对照习近平总书记指出的“七个有之”查找自身问题，对照“五个必须”明确努力方向，把加强和规范党内政治生活的各项要求落实到日常修为和具体工作中去。

各级党委（党组）要全面履行加强和规范党内政治生活的领导责任。要认真落实党委主体责任和纪委监督责任，强化责任追究，加强对《准则》落实情况的督促检查，建立健全问责机制，严肃查处违反《准则》的各种行为，把加强和规范党内政治生活的各项任务落到实处。

坚定“四个自信”（道路自信、理论自信、制度自信、文化自信）

2016年7月1日，习近平总书记在庆祝中国共产党成立95周年大会上指出：“坚持不忘初心、继续前进，就是要坚持中国特色社会主义道路自信、理论自信、制度自信、文化自信，坚持党的基本路线不动摇，不断把中国特色社会主义伟大事业推向前进。”

党的十八大以来，习近平总书记着眼实现中华民族伟大复兴的中国梦，紧紧围绕坚持和发展中国特色社会主义这一当代共产党人最核心的使命，鲜明提出“四个自信”的重要思想。强调：“全党要坚定道路自信、理论自信、制度自信、文化自信。当今世界，要说哪个政党、哪个国家、哪个民族能够自信的话，那中国共产党、中华人民共和国、中华民族是最有理由自信的。”事实再清楚不过地表明：只有社会主义才能救中国，只有中国特色社会主义才能发展中国，这是历史的结论、人民的选择。

方向决定道路，道路决定命运。中国特色社会主义不是从天上掉下来的，是党和人民历尽千辛万苦、付出巨大代价取得的根本成就。中国特色社会主义，既是我们必须不断推进的伟大事业，又是我们开辟未来的根本保证。

我们要坚信，中国特色社会主义道路是实现社会主义现代化的必由之路，是创造人民美好生活的必由之路。我们要坚信，中国特色社会主义理论体系是指导党和人民沿着中国特色社会主义道路实现中华民族伟大复兴的正确理论，是立于时代前沿、与时俱进的科学理论。我们要坚信，中国特色社会主义制度是当代中国发展进步的根本制度保障，是具有鲜明中国特色、明显制度优势、强大自我完善能力的先进制度。

文化自信，是更基础、更广泛、更深厚的自信。在5000多年文明发展中孕育的中华优秀传统文化，在党和人民伟大斗争中孕育的革命文化和社会主义先进文化，积淀着中华民族最深层的精神追求，代表着中华民族独特的精神标识。我们要弘扬社会主义核心价值观，弘扬以爱国主义为核心的民族精神和以改革创新为核心的时代精神，不断增强全党全国各族人民的精神力量。

全党同志必须牢记，我们要建设的是中国特色社会主义，而不是其他什么主义。历史没有终结，也不可能被终结。中国特色社会主义是不是好，要看事实，要看中国人民的判断，而不是看那些戴着有色眼镜的人的主观臆断。中国共产党人和中国人民完全有信心为人类对更好社会制度的探索提供中国方案。

增强“四个意识”（政治意识、大局意识、核心意识、看齐意识）

2016年1月29日，中共中央召开政治局会议指出：“中国共产党领导是中国特色社会主义制度的最大优势，加强党的领导关键是坚持党中央集中统一领导。只有增强政治意识、大局意识、核心意识、看齐意识，自觉在思想上政治上行动上同以习近平同志为总书记的党中央保持高度一致，才能使我们党更加团结统一、坚强有力，始终成为中国特色社会主义事业的坚强领导核心。”这是中央首次公开提出“四个意识”。

2016年7月1日，在庆祝中国共产党成立95周年大会上，习近平总书记在以往论述的基础上，再次突出地强调：“我们要加强和规范党内政治生活，严肃党的政治纪律和政治规矩，增强党内政治生活的政治性、时代性、原则性、战斗性，全面净化党内政治生态。全党同志要增强政治意识、大局意识、核心意识、看齐意识，切实做到对党忠诚、为党分忧、为党担责、为党尽责。”

政治意识，主要是指政治思想、政治观点，以及对于政治现象的态度和评价。当前和今后一个时期，决胜全面小康、进而实现中华民族伟大复兴的中国梦，迫切需要党员干部保持清醒的政治头脑，保持敏锐的政治观察力和鉴别力，坚定正确的政治立场，始终坚守对马克思主义的信仰、对中国特色社会主义和共产主义的信念、对党和人民的绝对忠诚。

大局意识，主要指自觉站在党和国家大局上想问题、看问题，坚决贯彻落实中央决策部署，确保中央政令畅通。

核心意识，就是要更加紧密地团结在以习近平同志为核心的党中央周围，更加坚定地维护以习近平同志为核心的党中央权威，自觉在思想上政治上行动上同以习近平同志为核心的党中央保持高度一致。

党的十八届六中全会正式提出“以习近平同志为核心的党中央”，党的十八大以来的实践充分证明，习近平总书记作为党中央的核心、全党的核心，是众望所归、实至名归，是党心所向、民心所向。明确习近平总书记的核心地位，反映了全党的共同意志，反映了全党全军全国各族人民的共同心愿。

看齐意识，就是要经常主动全面地向党中央看齐、向习近平总书记看齐，向党的理论和路线方针政策看齐，向党的十八大和十八届三中、四中、五中、六中全会精神看齐，向党中央改革发展稳定、内政外交国防、治党治国治军各项决策部署看齐，确保党和国家的事业沿着正确方向前进。

人民立场是我们党的根本政治立场

习近平总书记在庆祝中国共产党成立 95 周年大会上的讲话中指出：“人民立场是中国共产党的根本政治立场，是马克思主义政党区别于其他政党的显著标志。党与人民风雨同舟、生死与共，始终保持血肉联系，是党战胜一切困难和风险的根本保证，正所谓‘得众则得国，失众则失国’。”

习近平总书记强调：把人民放在心中最高位置，坚持全心全意为人民服务的根本宗旨，实现好、维护好、发展好最广大人民根本利益，把人民拥护不拥护、赞成不赞成、高兴不高兴、答应不答应作为衡量一切工作得失的根本标准，使我们党始终拥有不竭的力量源泉。

带领人民创造幸福生活，是我们党始终不渝的奋斗目标。我们要顺应人民群众对美好生活的向往，坚持以人民为中心的发展思想，以保障和改善民生为重点，发展各项社会事业，加大收入分配调节力度，打赢脱贫攻坚战，保证人民平等参与、平等发展权利，使改革发展成果更多更公平惠及全体人民，朝着实现全体人民共同富裕的目标稳步迈进。

尊重人民主体地位，保证人民当家做主，是我们党的一贯主张。我们要毫不动摇走中国特色社会主义政治发展道路，长期坚持、全面贯彻、不断发展人民代表大会制度、中国共产党领导的多党合作和政治协商制度、民族区域自治制度、基层群众自治制度，发展社会主义协商民主，巩固和发展最广泛的爱国统一战线，扩大人民群众有序政治参与，保证人民广泛参加国家治理和社会治理，形成生动活泼、安定团结的政治局面。

党在社会主义初级阶段的基本路线是党和国家的生命线、人民的幸福线

2016 年 7 月 1 日，在庆祝中国共产党成立 95 周年大会上，习近平总书记引用邓小平原话：“基本路线要管一百年，动摇不得。只有坚持这条路线，人民才会相信你，拥护你。谁要改变三中全会以来的

路线、方针、政策，老百姓不答应，谁就会被打倒。”

习近平接着强调：“党的基本路线是国家的生命线、人民的幸福线，我们要坚持把以经济建设为中心作为兴国之要、把四项基本原则作为立国之本、把改革开放作为强国之路，不能有丝毫动摇。”

党的基本路线是国家的生命线。它抓住了我们党治国理政所要解决的主要矛盾、根本问题和工作重点。以经济建设为中心是我们党全部工作的中心，是“主导”，坚持四项基本原则和坚持改革开放是两个基本点，是“两个基石”，坚持四项基本原则关乎我国经济社会发展的方向、规范和秩序，坚持改革开放关乎我国经济社会发展的道路、动力、活力。它既注重经济社会发展的动力、活力，又注重经济社会发展的旗帜、方向、道路，其目的是避免在根本问题上出现颠覆性错误。

党的基本路线是人民的幸福线。以经济建设为中心能为实现人民幸福奠定物质基础，坚持四项基本原则能为实现人民幸福提供政治保障，坚持改革开放能为实现人民幸福注入推动力量。

党在社会主义初级阶段基本路线的内容是“领导和团结全国各族人民，以经济建设为中心，坚持四项基本原则，坚持改革开放，自力更生，艰苦创业，为把我国建设成为富强民主文明和谐的社会主义现代化国家而奋斗”。这是在1987年党的第十三次全国代表大会上确定的。这也是党章对党在社会主义初级阶段的基本路线的明确规定。这条基本路线核心是“一个中心、两个基本点”。

2012年11月，刚刚就任总书记的习近平就在十八届中央政治局第一次集体学习时指出，我们在实践中要始终坚持“一个中心、两个基本点”不动摇，既不偏离“一个中心”，也不偏废“两个基本点”。两个“基本点”服务于“经济建设”这个中心，彼此依赖，不可分割。离开经济建设这个中心，社会主义的发展和进步，就会沦为一句空话；离开四项基本原则和改革开放，经济建设就会迷失方向、失去动力。

改革开放以来，我国社会主义现代化建设之所以能够取得辉煌的成就，我们党和国家事业之所以能够经受住国际国内各种风浪的考验，闯过一个又一个难关，其中一个很重要原因，就是因为我们党和人民对党的基本路线坚定不移、一以贯之。它使我们党和人民的方向坚定，目标明确，能够在各种风浪中处惊不乱，稳住阵脚。

党的自我革命与伟大社会革命

习近平总书记指出，中国共产党能够带领人民进行伟大的社会革命，也能够进行伟大的自我革命。勇于自我革命，从严管党治党，是我们党最鲜明的品格，也是我们党最大的优势。要把新时代坚持和发展中国特色社会主义这场伟大社会革命进行好，我们党必须勇于进行自我革命。

我们党之所以有自我革命的勇气，是因为我们党始终不忘初心、牢记使命，坚持为中国人民谋幸福、为中华民族谋复兴。除了国家、民族、人民的利益，我们党没有任何自己的特殊利益。不谋私利才能谋根本、谋大利，才有资格、有底气敢于直面问题、勇于自我革命。在领导中同革命、建设、改革近一个世纪的奋斗历程中，我们党为什么能够在现代中国各种政治力量反复较量中脱颖而出？为什么能够始终走在时代前列、成为中国人民和中华民族的主心骨？根本原因在于我们党始终保持了自我革命精神，一次次拿起手术刀革除自身的病症，一次次依靠自身力量和与群众结合的力量解决自身问题，攻克了一个又一个看似不可攻克的难关。习近平总书记指出：“中国共产党的伟大不在于不犯错误，而在于从不讳疾忌医，敢于直面问题，勇于自我革命。”实践证明，我们党每一次自我革命，都不是简单的自我修复，而是从里到外的深刻改造、深度重塑，使我们党能够一次次转危为安、化危为机，不断由小到大、由弱变强，带领中国人民从胜利走向胜利。

习近平总书记指出，我们党要担负起新时代的历史使命，始终成为时代先锋、民族脊梁，始终成为马克思主义执政党，自身必须始终过硬。怎样才算过硬？就是要敢于进行自我革命，敢于刀刃向内，敢于刮骨疗伤，敢于壮士断腕。我们党只有勇于直面问题，消除一切损害党的先进性和纯洁性的因素，清除一切侵蚀党的健康肌体的病毒，不断增强党自我净化、自我完善、自我革新、自我提高的能力，才能确保党拥有旺盛的生命力和强大的战斗力，为党和国家事业发展提供坚强的政治保证。

勇于自我革命、全面从严治党，是党的建设的一贯要求和根本方针。党的十九大明确提出了新时代党的建设总要求，对推进党的建设新的伟大工程作出了顶层设计和战略部署，进一步丰富发展了马克思主义建党学说，标志着我们党对执政党建设规律的认识达到新的高度，为新时代推进党的建设新的伟大工程，继续推进党的自我革命指明了前进路径和努力方向。

树立创新、协调、绿色、开放、共享的发展理念

理念是行动的先导，一定的发展实践都是由一定的发展理念来引领的。发展理念是否对头，从根本上决定着发展成效乃至成败。面对全面建成小康社会决胜阶段复杂的国内外形势，面对当前经济社会发展新趋势、新机遇和新矛盾、新挑战，党的十八届五中全会坚持以人民为中心的发展思想，鲜明提出了创新、协调、绿色、开放、共享的发展理念。新发展理念符合我国国情，顺应时代要求，在理论和实践上有新的突破，对破解发展难题、增强发展动力、厚植发展优势具有重大指导意义。

创新、协调、绿色、开放、共享的发展理念，是管全局、管根本、管长远的导向，具有战略性、纲领性、引领性。新发展理念，指明了“十三五”乃至更长时期我国的发展思路、发展方向和发展着力点，

要深入理解、准确把握其科学内涵和实践要求。

创新是引领发展的第一动力。发展动力决定发展速度、效能、可持续性。对我国这么大体量的经济体来讲，如果动力问题解决不好，要实现经济持续健康发展和“两个翻番”是难以做到的。坚持创新发展，是分析近代以来世界发展历程特别是总结我国改革开放成功实践得出的结论，是应对发展环境变化、增强发展动力、把握发展主动权，更好引领新常态的根本之策。习近平总书记指出，抓住了创新，就抓住了牵动经济社会发展全局的“牛鼻子”。树立创新发展理念，就必须把创新摆在国家发展全局的核心位置，不断推进理论创新、制度创新、科技创新、文化创新等各方面创新，让创新贯穿党和国家一切工作，让创新在全社会蔚然成风。

协调是持续健康发展的内在要求。新形势下，协调发展具有一些新特点。比如，协调既是发展手段又是发展目标，同时还是评价发展的标准和尺度；协调是发展两点论和重点论的统一，既要着力破解难题、补齐短板，又要考虑巩固和厚植原有优势，两方面相辅相成、相得益彰，才能实现高水平发展；协调是发展平衡和不平衡的统一，协调发展不是搞平均主义，而是更注重发展机会公平、更注重资源配置均衡；协调是发展短板和潜力的统一，协调发展就是找出短板，在补齐短板上多用力，通过补齐短板挖掘发展潜力、增强发展后劲。树立协调发展理念，就必须牢牢把握中国特色社会主义事业总体布局，正确处理发展中的重大关系，重点促进城乡区域协调发展，促进经济社会协调发展，促进新型工业化、信息化、城镇化、农业现代化同步发展，在增强国家硬实力的同时注重提升国家软实力，不断增强发展整体性。

绿色是永续发展的必要条件和人民对美好生活追求的重要体现。绿色发展，就是要解决好人与自然和谐共生问题。人类发展活动必须尊重自然、顺应自然、保护自然，否则就会遭到大自然的报复，这个规律谁也无法抗拒。人因自然而生，人与自然是一种共生关系，对自然的伤害最终会伤及人类自身。只有尊重自然规律，才能有效防止在开发利用自然上走弯路。树立绿色发展理念，就必须坚持节约资源和保护环境的基本国策，坚持可持续发展，坚定走生产发展、生活富裕、生态良好的文明发展道路，加快建设资源节约型、环境友好型社会，形成人与自然和谐发展现代化建设新格局，推进美丽中国建设，为全球生态安全作出新贡献。

开放是国家繁荣发展的必由之路。实践告诉我们，要发展壮大，必须主动顺应经济全球化潮流，坚持对外开放，充分运用人类社会创造的先进科学技术成果和有益管理经验。要看到现在搞开放发展，面临的国际国内形势同以往有很大不同，总体上有利因素更多，但也面临更深层次的风险挑战：国际力量对比正在发生前所未有的积极变化，但更加公正合理的国际政治经济秩序的形成依然任重道远；世界经济逐渐走出国际金融危机阴影，但还没有找到全面复苏的新引擎；我国在世界经济和全球治理中的分量迅速上升，但经济大而不强问题依然突出，我国经济实力转化为国际制度性权力依然需要付出艰苦努力；我国对外开放进入引进来和走出去更加均衡的阶段，但支撑高水平开放和大规模走出去的体制和力量仍显薄弱。树立开放发展理念，就必须顺应我国经济深度融入世界经济的趋势，奉行互利共赢的开放战略，坚持内外需协调、进出口平衡、引进来和走出去并重、引资和引技引智并举，发展更高层次的开放型经济，积极参与全球经济治理和公共产品供给，提高我国在全球经济治理中的制度性话语权，构建广泛的利益共同体。

共享是中国特色社会主义的本质要求。共享发展理念，其内涵主要有四个方面。一是全民共享，即共享发展是人人享有、各得其所，不是少数人共享、一部分人共享。二是全面共享，即共享发展就要共享国家经济、政治、文化、社会、生态文明各方面建设成果，全面保障人民在各方面的合法权益。三是共建共享，即只有共建才能共享，共建的过程也是共享的过程。四是渐进共享，即共享发展必将有一个从低级到高级、从不均衡到均衡的过程，即使达到很高的水平也会有差别。树立共享发展理念，就必须坚持发展为了人民、发展依靠人民、发展成果由人民共享，作出更有效的制度安排，使全体人民在共建共享发展中有更多获得感，增强发展动力，增进人民团结，朝着共同富裕方向稳步前进。

创新、协调、绿色、开放、共享的发展理念，相互贯通、相互促进，是具有内在联系的集合体，要统一贯彻，不能顾此失彼，也不能相互替代。哪一个发展理念贯彻不到位，发展进程都会受到影响。一定要深化认识，从整体上、从内在联系中把握新发展理念，增强贯彻落实的全面性系统性，不断开拓发展新境界。

发挥社会主义市场经济的决定性作用、更好地发挥政府的作用

党的十八届三中全会提出“使市场在资源配置中起决定性作用和更好发挥政府作用”的重大理论观点。这是因为，经济体制改革仍然是全面深化改革的重点，经济体制改革的核心问题仍然是处理好政府和市场关系。进一步处理好政府和市场关系，实际上就是要处理好在资源配置中市场起决定性作用还是政府起决定性作用这个问题。作出“使市场在资源配置中起决定性作用和更好发挥政府作用”这个重大判断，有利于在全党全社会树立关于政府和市场关系的正确观念，有利于转变经济发展方式，有利于转变政府职能，有利于抑制消极腐败现象。

切实发挥市场在资源配置中的决定性作用。市场决定资源配置是市场经济的一般规律，市场经济本质上就是市场决定资源配置的经济。理论和实践都证明，市场配置资源是最有效率的形式。必须不失时机

地加大改革力度，坚持社会主义市场经济改革方向，在思想上更加尊重市场决定资源配置这一市场经济的一般规律，在行动上大幅度减少政府对资源的直接配置，推动资源配置依据市场规则、市场价格、市场竞争实现效益最大化和效率最优化，让发展活力竞相迸发、社会财富充分涌流。要以完善产权制度和要素市场化配置为重点推进经济体制改革，实现产权有效激励、要素自由流动、价格反应灵活、竞争公平有序、企业优胜劣汰。

要更好发挥政府作用。市场在资源配置中起决定性作用，并不是起全部作用，不是说政府就无所作为，而是必须坚持有所为、有所不为，着力提高宏观调控和科学管理水平。习近平总书记指出："更好发挥政府作用，不是要更多发挥政府作用，而是要在保证市场发挥决定性作用的前提下，管好那些市场管不了或管不好的事情。"我国实行的是社会主义市场经济体制，仍然要坚持发挥社会主义制度的优越性、发挥党和政府的积极作用。科学的宏观调控、有效的政府治理，是发挥社会主义市场经济体制优势的内在要求。政府的职责和作用主要是保持宏观经济稳定，加强和优化公共服务，保障公平竞争，弥补市场失灵，加强市场监管，维护市场秩序，推动可持续发展，促进共同富裕。

无论是使市场在资源配置中起决定性作用，还是更好发挥政府作用，都必须毫不动摇地坚持我国基本经济制度。实行公有制为主体、多种所有制经济共同发展，是我们国家的基本经济制度。公有制经济和非公有制经济都是社会主义市场经济的重要组成部分，都是我国经济社会发展的重要基础。必须毫不动摇巩固和发展公有制经济，坚持公有制主体地位，发挥国有经济主导作用，深化国有企业改革，发展混合所有制经济，培育具有全球竞争力的世界一流企业，推动国有资本做强做优做大。必须毫不动摇鼓励、支持和引导非公有制经济发展，激发非公有制经济活力和创造力。任何想把公有制经济否定掉或者想把非公有制经济否定掉的观点，都是不符合最广大人民根本利益的，都是不符合我国改革发展要求的，因此也都是错误的。

处理好政府和市场的关系，要讲辩证法、两点论，把“看不见的手”和“看得见的手”都用好。两者关系处理得好，经济发展就会“琴瑟和鸣”；处理不好，经济发展就会“孤掌难鸣”。要坚持使市场在资源配置中起决定性作用，完善市场机制，打破行业垄断、进入壁垒、地方保护，增强企业对市场需求变化的反应和调整能力，提高企业资源要素配置效率和竞争力；要更好发挥政府作用，不是简单下达行政命令，而是在尊重市场规律的基础上，用改革激发市场活力，用政策引导市场预期，用规划明确投资方向，用法治规范市场行为。

建设现代化经济体系（科学内涵、主要任务）

建设现代化经济体系，这是以习近平同志为核心的党中央从党和国家事业全局出发，着眼于实现“两个一百年”奋斗目标，顺应中国特色社会主义进入新时代的新要求作出的重大战略决策部署。习近平总书记强调，国家强，经济体系必须强。建设现代化经济体系是一篇大文章，既是一个重大理论命题，更是一个重大实践课题，需要从理论和实践的结合上进行深入探讨。建设现代化经济体系是我国发展的战略目标，也是转变经济发展方式、优化经济结构、转换经济增长动力的迫切要求。全党一定要深刻认识建设现代化经济体系的重要性和艰巨性，科学把握建设现代化经济体系的目标和重点，推动我国经济发展焕发新活力、迈上新台阶。

2018 年 1 月 30 日中央政治局第三次集体学习，习近平总书记在主持学习时强调，只有形成现代化经济体系，才能更好顺应现代化发展潮流和赢得国际竞争主动，也才能为其他领域现代化提供有力支撑。我们要按照建设社会主义现代化强国的要求，加快建设现代化经济体系，确保社会主义现代化强国目标如期实现。

习近平总书记从七个方面阐释了现代化经济体系的内涵：

现代化经济体系，是由社会经济活动各个环节、各个层面、各个领域的相互关系和内在联系构成的有机整体。这个经济体系主要包括以下几个方面内容：一是建设创新引领、协同发展的产业体系，实现实体经济、科技创新、现代金融、人力资源协同发展，使科技创新在实体经济发展中的贡献份额不断提高，现代金融服务实体经济的能力不断增强，人力资源支撑实体经济发展的作用不断优化。二是建设统一开放、竞争有序的市场体系，实现市场准入畅通、市场开放有序、市场竞争充分、市场秩序规范，加快形成企业自主经营公平竞争、消费者自由选择自主消费、商品和要素自由流动平等交换的现代市场体系。三是建设体现效率、促进公平的收入分配体系，实现收入分配合理、社会公平正义、全体人民共同富裕，推进基本公共服务均等化，逐步缩小收入分配差距。四是建设彰显优势、协调联动的城乡区域发展体系，实现区域良性互动、城乡融合发展、陆海统筹整体优化，培育和发挥区域比较优势，加强区域优势互补，塑造区域协调发展新格局。五是建设资源节约、环境友好的绿色发展体系，实现绿色循环低碳发展、人与自然和谐共生，牢固树立和践行绿水青山就是金山银山理念，形成人与自然和谐发展现代化建设新格局。六是建设多元平衡、安全高效的全面开放体系，发展更高层次开放型经济，推动开放朝着优化结构、拓展深度、提高效益方向转变。七是建设充分发挥市场作用、更好发挥政府作用的经济体制。以上几个方面是个统一的整体，要一体建设、一体推进。

建设现代化经济体系的主要任务：

第一，大力发展实体经济，筑牢现代化经济体系的坚实基础。实体经济是一国经济的立身之本，是财富创造的根本源泉，是国家强盛的重要支柱。要深化供给侧结构性改革，加快发展先进制造业，推动互联网、大数据、人工智能同实体经济深度融合，推动资源要素向实体经济集聚、政策措施向实体经济倾斜、工作力量向实体经济加强，激发和保护企业家精神，弘扬劳模精神和工匠精神，营造脚踏实地、勤劳创业、实业致富的发展环境和社会氛围。

第二，加快实施创新驱动发展战略，强化现代化经济体系的战略支撑。要瞄准世界科技前沿，强化基础研究，实现前瞻性基础研究、引领性原创成果重大突破。加强国家创新体系建设，强化战略科技力量，推动科技创新和经济社会发展深度融合，塑造更多依靠创新驱动、更多发挥先发优势的引领型发展。培养造就一大批具有国际水平的战略科技人才、科技领军人才、青年科技人才和高水平创新团队。

第三，实施乡村振兴战略，夯实现代化经济体系的重要基础。乡村振兴是一盘大棋，要把这盘大棋走好，必须坚持走中国特色社会主义乡村振兴之路，让农业成为有奔头的产业，让农民成为有吸引力的职业，让农村成为安居乐业的美丽家园。建立健全城乡融合发展体制机制和政策体系，加快推进农业农村现代化。巩固和完善农村基本经营制度，深化农村土地制度改革，完善承包地“三权”分置制度。保持土地承包关系稳定并长久不变，第二轮土地承包到期后再延长30年。深化农村集体产权制度改革，保障农民财产权益，壮大集体经济。确保国家粮食安全，把中国人的饭碗牢牢端在自己手中。构建现代农业产业体系、生产体系、经营体系，健全农业社会化服务体系，实现小农户和现代农业发展有机衔接，促进农村一二三产业融合发展，健全自治、法治、德治相结合的乡村治理体系。

第四，积极推动城乡区域协调发展，优化现代化经济体系的空间布局。实施好区域协调发展战略，加大力度支持革命老区、民族地区、边疆地区、贫困地区加快发展，强化举措推进西部大开发形成新格局，深化改革加快东北等老工业基地振兴，发挥优势推动中部地区崛起，创新引领率先实现东部地区优化发展，建立更加有效的区域协调发展新机制。以城市群为主体构建大中小城市和小城镇协调发展的城镇格局，加快农业转移人口市民化。推动京津冀协同发展和长江经济带发展，同时协调推进粤港澳大湾区发展。坚持陆海统筹，加快建设海洋强国。

第五，着力发展开放型经济，提高现代化经济体系的国际竞争力。要以“一带一路”建设为重点，坚持引进来和走出去并重，形成陆海内外联动、东西双向互济的开放格局。拓展对外贸易，培育贸易新业态新模式，大幅度放宽市场准入，扩大服务业对外开放，保护外商投资合法权益。优化区域开放布局，加大西部开放力度。赋予自由贸易试验区更大改革自主权，促进国际产能合作，形成面向全球的贸易、投融资、生产、服务网络，加快培育国际经济合作和竞争新优势。

第六，深化经济体制改革，完善现代化经济体系的制度保障。经济体制改革必须以完善产权制度和要素市场化配置为重点，坚决破除各方面体制机制弊端，激发全社会创新创业活力。要完善各类国有资产管理体制，促进国有资产保值增值，推动国有资本做强做优做大；深化国有企业改革，发展混合所有制经济，培育具有全球竞争力的世界一流企业；支持民营企业发展，激发各类市场主体活力。深化商事制度改革，全面实施市场准入负面清单制度，加快要素价格市场化改革，完善市场监管体制。创新和完善宏观调控，发挥国家发展规划的战略导向作用，健全财政、货币、产业、区域、消费、投资等经济政策协调机制，加快建立现代财政制度，深化税收制度改革，深化金融体制改革。

大力推进生态文明建设

生态文明的核心是正确处理人与自然的关系。生态文明建设，是指人类在利用和改造自然的过程中，主动保护自然，积极改善和优化人与自然的关系，建设健康有序的生态运动机制和良好的生态环境。建设生态文明，是关系人民福祉、关乎民族未来的长远大计。我们要把生态文明建设放在突出地位，融入经济建设、政治建设、文化建设、社会建设各方面和全过程，努力建设美丽中国，实现中华民族永续发展。

一是要树立生态文明理念。

党的十八大提出，面对资源约束趋紧、环境污染严重、生态系统退化的严峻形势，必须树立尊重自然、顺应自然、保护自然的生态文明理念。

尊重自然，是人与自然相处时应秉承的首要态度，要求人对自然怀有敬畏之心、感恩之情、报恩之意，尊重自然界的创造和存在，绝不能凌驾于自然之上。历史上，在自然力相对低下时，人类曾崇拜自然、蔑视自然，甚至以征服者、占有者的姿态面对自然，为满足自身需要向大自然不断索取，使自然赖以生存的自然环境遭受严重破坏，生态危机日益严重。反思过去，正视现实，只有尊重自然才是人与自然相处的科学态度。尊重自然，就要深刻认识到人类与自然是平等的，人类不是自然的奴隶，也不是自然的上帝，人属于自然，而不是自然属于人；就要深刻认识到自然是人类赖以生存发展的基本，人类生活所需要的一切均直接或间接来自自然；就要深刻认识到一切物种均有生命，均有其独特价值，均是自然大家族中不可或缺的部分。

顺应自然，是人与自然相处时应遵循的基本原则，要求人顺应自然的客观规律，按自然规律办事。因为包括人类在内的自然界是一个完整有机的生态，具有自然运动、变化和发展的内在规律，不以人的意志为转移。人利用和改造自然的实践活动只有适应自然规律，才能做到人与自然和谐相处。顺应自然，就是人类的活动符合而不是违背自然界的客观规律，以制度约束人的行为，防止出现因急功近利和个人贪欲而违背自然规律的现象。

保护自然，是人在自然相处时应承担的重要责任，要求人发挥主观能动性，在向自然界索取生存发展之需的同时，呵护自然，回报自然，保护自然界的生态系统，把人类活动控制在自然能够承载的限度之内，给自然留下恢复元气、休养生息、资源再生的空间，实现人类对自然获取和给予的平衡，多还旧账，不欠新账，防止出现生态赤字和人为造成的不可逆的生态灾难。

二是要坚持节约资源和保护环境的基本国策。

良好生态环境是任何社会持续发展的根本基础，节约资源和保护环境是我国的基本国策。

第一，把节约资源放在首位。必须在全社会、全领域、全过程都加强节约，要大力节约集约利用资源，推动资源利用方式根本转变，加强全过程节约管理，大幅降低能源、水、土地消耗强度，大力发展循环经济，促进生产、流通、消费过程的减量化、再利用、资源化。

第二，坚持保护优先、自然恢复为主。在环保工作中，把预防为主、源头治理放在首位；在生态系统保护和修复中，把利用自然力修复生态系统放在首位。

第三，着力推进绿色发展、循环发展、低碳发展。在经济发展中，要牢固树立保护生态环境就是保护生产力、改善生态环境就是发展生产力的理念，坚持在保护中发展、在发展中保护，更加自觉地推进绿色发展、循环发展、低碳发展。积极发展节能产业，推广高效节能产品；加快发展资源循环利用产业，推动矿产资源和固体废物综合利用；大力发展环保产业，壮大可再生能源规模。建立循环经济体系，发展循环经济，促进生产、流通、消费过程的减量化、再利用、资源化。

第四，形成节约资源和保护环境的空间格局、产业结构、生产方式、生活方式。在现代化建设中，要整体谋划国土空间开发，尽可能集中资源利用国土空间，减少对自然生态空间的占用，促进生产空间集约高效、生活空间宜居适度、生态空间山清水秀，给自然留下更多修复空间，给农业留下更多良田，给子孙后代留下天蓝、地绿、水净的美好家园。

三是要完善生态文明制度体系。

建设生态文明是一场涉及生产方式、生活方式、思维方式和价值观念的革命性变革。实现这样的根本变革，必须依靠制度和法治。

第一，要完善经济社会发展考核评价体系。建立系统完整的生态文明制度体系，最重要的是要把资源消耗、环境损害、生态效益等体现生态文明建设状况的指标纳入经济社会发展评价体系，使之成为推进生态文明建设的重要导向和约束。

第二，划定生态保护红线，建立责任追究制度。习近平强调："要牢固树立生态红线的观念。在生态环境保护问题上，就是要不能越雷池一步，否则就应该受到惩罚。"要以对国家和人民高度负责、对子孙后代高度负责、对中华民族高度负责的精神，以壮士断腕的气魄建设好生态文明。对那些不顾生态环境盲目决策、导致严重后果的领导干部，必须追究其责任，而且终身追究。建立生态环境损害责任终身追究制。

第三，健全法律法规，完善生态环境保护管理制度。要加快"立改废"进程，尽快完善生态环境、土地、矿产、森林、草原等方面保护和管理的法律制度，要改革生态环境保护管理体制，建立和完善严格监管所有污染物排放的环境保护管理制度，独立进行环境监管和执法，提高执法工作的权威性。

走向生态文明新时代，建设美丽中国，是实现中华民族伟大复兴的中国梦的重要内容。中国将按照尊重自然、顺应自然、保护自然的理念，贯彻节约资源和保护环境的基本国策，进一步完善生态文明制度体系，把生态文明建设融入经济建设、政治建设、文化建设、社会建设各方面和全过程，从而为子孙后代留下天蓝、地绿、水清的生产生活环境。

建设美丽中国

党的十九大明确了到本世纪中叶把我国建设成为富强民主文明和谐美丽的社会主义现代化强国的目标，十三届全国人大一次会议通过的宪法修正案，将这一目标载入国家根本法，进一步凸显了建设美丽中国的重大现实意义和深远历史意义，进一步深化了我们党对社会主义建设规律的认识，为建设美丽中国、实现中华民族永续发展提供了根本遵循和保障。

党的十九大报告把坚持人与自然和谐共生作为基本方略，进一步明确了建设生态文明、建设美丽中国的总体要求，集中体现了习近平新时代中国特色社会主义思想的生态文明观。

第一，坚持人与自然和谐共生。

生态文明是人类社会进步的重大成果，是实现人与自然和谐共生的必然要求。建设生态文明，要以资源环境承载能力为基础，以自然规律为准则，以可持续发展、人与自然和谐为目标，坚定走生产发展、生活富裕、生态良好的文明发展道路，建设美丽中国。

习近平总书记指出："人与自然是生命共同体，人类必须尊重自然、顺应自然、保护自然。"人与自然是相互依存、相互联系的整体，对自然界不能只讲索取不讲投入、只讲利用不讲建设。保护自然环境就是保护人类，建设生态文明就是造福人类。

习近平总书记反复强调，环境就是民生，青山就是美丽，蓝天也是幸福，绿水青山就是金山银山；像保护眼睛一样保护生态环境，像对待生命一样对待生态环境；绝不能以牺牲生态环境为代价换取经济的一时发展。

社会主义现代化是人与自然和谐共生的现代化，既要创造更多物质财富和精神财富以满足人民日益增长的美好生活需要，也要提供更多优质生态产品以满足人民日益增长的优美生态环境需要。必须坚持节约优先、保护优先、自然恢复为主的方针，形成节约资源和保护环境的空间格局、产业结构、生产方式、生活方式，努力建设望得见山、看得见水、记得住乡愁的美丽中国。

第二，树立和践行绿水青山就是金山银山理念。

金山银山和绿水青山的关系，归根到底就是正确处理经济发展和生态环境保护的关系。这是实现可持续发展的内在要求，是坚持绿色发展、推进生态文明建设首先必须解决的重大问题。

习近平总书记很早就用金山银山、绿水青山作比喻，生动形象、入木三分地阐明了经济发展与环境保护之间的辩证关系，提出了“绿水青山就是金山银山”的重要理念，为我们建设生态文明、建设美丽中国提供了根本遵循。

树立和践行绿水青山就是金山银山的理念，必须正确处理好经济发展同生态环境保护的关系。习近平总书记反复强调，经济发展不应是对资源和生态环境的竭泽而渔，生态环境保护也不应是舍弃经济发展的缘木求鱼，而是要坚持在发展中保护、在保护中发展，实现经济社会发展与人口、资源、环境相协调。要坚持和贯彻新发展理念，深刻认识保护生态环境就是保护生产力、改善生态环境就是发展生产力，坚决摒弃以牺牲生态环境换取一时一地经济增长的做法，让良好生态环境成为人民生活改善的增长点、成为经济社会持续健康发展的支撑点、成为展现我国良好形象的发力点，让中华大地天更蓝、山更绿、水更清、环境更优美，大踏步进入生态文明新时代。

第三，推动形成绿色发展方式和生活方式。

推动形成绿色发展方式和生活方式，是发展观的一场深刻革命。习近平总书记指出：“绿色发展，就其要义来讲，是要解决好人与自然和谐共生问题。”坚持绿色发展，推进生态文明建设，必须从源头抓起，采取扎扎实实的举措，形成内生动力机制。这就要求我们，必须坚定不移走绿色低碳循环发展之路，引导形成绿色发展方式和生活方式。

推动形成绿色发展方式和生活方式，重点是推进产业结构、空间结构、能源结构、消费方式的绿色转型。要加快产业结构绿色转型，加快建立绿色生产和消费的法律制度和政策导向，建立健全绿色低碳循环发展的经济体系，构建市场导向的绿色技术创新体系，面向市场需求促进绿色技术的研发、转化、推广，用绿色技术改造形成绿色经济。要推进空间结构绿色转型，按照主体功能定位，优化空间结构，形成主要集聚经济和人口的城市化地区、主要提供农产品的农产品主产区、主要提供生态产品的生态功能区，对不同主体功能区要分别实行优化开发、重点开发、限制开发、禁止开发的策略。要促进能源绿色转型，推进能源生产和消费革命，构建清洁低碳、安全高效的能源体系，推进资源全面节约和循环利用，实施国家节水行动，降低能耗、物耗，实现生产系统和生活系统循环链接。要推动消费方式绿色转型，倡导简约适度、绿色低碳的生活方式，反对奢侈浪费和不合理消费，使绿色消费成为每一个公民的责任，从自身做起，从自己的每一个行为做起，自觉为美丽中国建设作贡献。

第四，统筹山水林田湖草系统治理。

大自然是一个相互依存、相互影响的系统。统筹山水林田湖草系统治理，归根到底是用什么样的思想方法对待自然、用什么样的方式保护修复自然的问题。习近平总书记强调，山水林田湖草是一个生命共同体。人的命脉在田，田的命脉在水，水的命脉在山，山的命脉在土，土的命脉在树。如果种树的只管种树、治水的只管治水、护田的单纯护田，很容易顾此失彼，最终造成生态的系统性破坏。必须按照生态系统的整体性、系统性及其内在规律，统筹考虑自然生态各要素、山上山下、地上地下、陆地海洋以及流域上下游等，进行整体保护、系统修复、综合治理。

统筹山水林田湖草系统治理，需要把加快推进生态保护修复作为一项重点任务。坚持保护优先、自然恢复为主，深入实施山水林田湖草一体化生态保护和修复。生态保护修复的工程与其他工程不同，应更多地顺应自然，少一些建设，多一些保护；少一些工程干预，多借用一些自然力。历史经验证明，过度的大规模工程措施对遏制生态退化的作用往往难达预期效果，有时甚至适得其反。而一些依靠自然本身的修复能力，辅以少量人工措施的做法，往往能取得更好效果。通过划定生态圈保护区域，通过减少人类活动促进自然修复，使被割裂的生态系统逐渐连接起来，使原有的自然生态廊道恢复起来。对自然恢复也要有历史耐心，持之以恒，久久为功，不能毕其功于一役。

加快推进生态系统保护和修复，需要优化生态安全屏障体系，构建生态廊道和生物多样性保护网络，提升生态系统质量和稳定性。建立全国统一的空间规划体系，完成生态保护红线、永久基本农田、城镇开发边界三条控制线划定工作，明确城镇空间、农业空间、生态空间，为各类开发建设活动提供依据。针对我国缺林少绿的国情，开展国土绿化行动，集中连片建设森林，继续推进荒漠化、石漠化、水土流失综合治理，强化湿地保护和恢复，加强地质灾害防治，为国土增添绿装，扩大退耕还林还草，恢复国土的生态功能。在坚持最严格的耕地保护制度基础上，针对耕地退化问题，扩大轮作休耕制度试点，使超载的耕地休养生息。建立政府主导、企业和社会各界参与、市场化运作、可持续的生态补偿机制。

第五，实行最严格生态环境保护制度。

建设生态文明，是一场涉及生产方式、生活方式、思维方式和价值观念的革命性变革。实现这样的变革，必须依靠制度和法治。习近平总书记反复强调，在生态环境保护问题上，就是要不能越雷池一步，否则就应该受到惩罚。只有实行最严格的制度、最严密的法治，才能为生态文明建设提供可靠保障。当前，我国生态环境保护中存在的突出问题，大都与体制不完善、机制不健全、法治不完备有关。必须把制度建设作为推进生态文明建设的重中之重，加快生态文明体制改革，着力破解制约生态文明建设的体制机制障碍。

推动形成绿色发展方式和生活方式

2017 年 5 月 26 日，习近平总书记在主持中央政治局第四十一次集体学习时，立足战略全局，把握发展规律，深刻阐释形成绿色发展方式和生活方式的重大意义，并提出六项重点任务。

习近平总书记在主持学习时强调，推动形成绿色发展方式和生活方式是贯彻新发展理念的必然要求，必须把生态文明建设摆在全局工作的突出地位，坚持节约资源和保护环境的基本国策，坚持节约优先、保护优先、自然恢复为主的方针，形成节约资源和保护环境的空间格局、产业结构、生产方式、生活方式，努力实现经济社会发展和生态环境保护协同共进，为人民群众创造良好生产生活环境。

“天不言而四时行，地不语而百物生。”古往今来的实践表明：人类发展活动必须尊重自然、顺应自然、保护自然，否则就会遭到大自然的报复。这个规律谁也无法抗拒。人因自然而生，人与自然是一种共生关系，对自然的伤害最终会伤及人类自身。只有尊重自然规律，才能有效防止在开发利用自然上走弯路。改革开放以来，我国经济社会发展取得历史性成就，但同时，我们在快速发展中也积累了大量生态环境问题，无论是补齐发展短板，还是回应群众关切，都要求我们推动形成绿色发展方式和生活方式，从根本上破解环境难题，把我国建设成为生态环境优美的国家，为人民群众创造良好生产生活环境。

思想是行动的先导，理念是实践的指南。推动形成绿色发展方式和生活方式，首先是发展观的一场深刻革命。2017 年 6 月 5 日环境日主题设定为“绿水青山就是金山银山”，就是旨在引导全社会牢固树立绿色发展的强烈意识。坚持和贯彻新发展理念，正确处理经济发展和生态环境保护的关系，像保护眼睛一样保护生态环境，像对待生命一样对待生态环境，坚决摒弃损害甚至破坏生态环境的发展模式，坚决摒弃以牺牲生态环境换取一时一地经济增长的做法，让良好生态环境成为人民生活的增长点、成为经济社会持续健康发展的支撑点、成为展现我国良好形象的发力点，让中华大地天更蓝、山更绿、水更清、环境更优美。

习近平总书记在主持学习时强调，要充分认识形成绿色发展方式和生活方式的重要性、紧迫性、艰巨性，把推动形成绿色发展方式和生活方式摆在更加突出的位置，加快构建科学适度有序的国土空间布局体系、绿色循环低碳发展的产业体系、约束和激励并举的生态文明制度体系、政府企业公众共治的绿色行动体系，加快构建生态功能保障基线、环境质量安全底线、自然资源利用上线三大红线，全方位、全地域、全过程开展生态环境保护建设。

推动形成绿色发展方式和生活方式涉及方方面面，是一项系统工程。只有注重解决当前突出问题，又着眼长远发展，多策并举、标本兼治，才能筑牢根基、行稳致远。具体讲，就是要围绕习总书记提出的六项重点任务持续发力、务求实效。一要加快转变经济发展方式。根本改善生态环境状况，必须改变过多依赖增加物质资源消耗、过多依赖规模粗放扩张、过多依赖高能耗高排放产业的发展模式，把发展的基点放到创新上来，塑造更多依靠创新驱动、更多发挥先发优势的引领型发展。这是供给侧结构性改革的重要任务。二要加大环境污染综合治理。要以解决大气、水、土壤污染等突出问题为重点，全面加强环境污染防治，持续实施大气污染防治行动计划，加强水污染防治，开展土壤污染治理和修复，加强农业面源污染治理，加大城乡环境综合整治力度。三要加快推进生态保护修复。要坚持保护优先、自然恢复为主，深入实施山水林田湖一体化生态保护和修复，开展大规模国土绿化行动，加快水土流失和荒漠化石漠化综合治理。四要全面促进资源节约集约利用。生态环境问题，归根到底是资源过度开发、粗放利用、奢侈消费造成的。资源开发利用既要支撑当代人过上幸福生活，也要为子孙后代留下生存根基。要树立节约集约循环利用的资源观，用最少的资源环境代价取得最大的经济社会效益。五要倡导推广绿色消费。生态文明建设同每个人息息相关，每个人都应该做践行者、推动者。要加强生态文明宣传教育，强化公民环境意识，推动形成节约适度、绿色低碳、文明健康的生活方式和消费模式，形成全社会共同参与的良好风尚。六要完善生态文明制度体系。推动绿色发展，建设生态文明，重在建章立制，用最严格的制度、最严密的法治保护生态环境，健全自然资源资产管理体制，加强自然资源和生态环境监管，推进环境保护督察，落实生态环境损害赔偿制度，完善环境保护公众参与制度。

生态环境保护是功在当代、利在千秋的事业，生态环境保护能否落到实处，关键在领导干部。一些重大生态环境事件背后，都有干部不负责任、不作为的问题。有权必有责，有责要担当。要以落实领导干部任期生态文明建设责任制为抓手，实行自然资源资产离任审计，认真贯彻依法依规、客观公正、科学认定、权责一致、终身追究的原则，明确各级领导干部责任追究情形。对造成生态环境损害负有责任的领导干部，必须严肃追责。各级党委和政府要切实重视、加强领导，纪检监察机关、组织部门和政府有关监管部门要各尽其责、形成齐抓共管的合力、倒逼落实的压力，就能让生态文明建设各项任务真正落地生效。

经济发展新常态和供给侧结构性改革

经济发展新常态：所谓经济的“常态”是一个经济体运行的“经

常性状态”或“稳定性状态”的简称。显然，这里隐含了一个时期或阶段的概念，即所谓经济的“常态”应该是一个经济体在“某一特定时期或阶段”内运行的“经常性状态”或“稳定性状态”的简称。依此定义，“经济新常态”，由于有一个“新”字，那就一定是相对于“上个时期或阶段”经济运行的状态而言的，或者是相对于“历史时期或阶段”经济运行的状态而言的。从这个意义上说，有别于“上个时期或阶段”的经济运行状态，一旦趋于稳定，并可以维持一段时间，那就是经济运行的“新常态”。

经济发展新常态主要有几个特征：一是从高速增长转为中高速增长。二是经济结构不断优化升级，第三产业、消费需求逐步成为主体，城乡区域差距逐步缩小，居民收入占比上升，发展成果惠及更广大民众。三是从要素驱动、投资驱动转向创新驱动。

经济新常态将给中国带来新的四方面的发展机遇：第一，新常态下，中国经济增速虽然放缓，实际增量依然可观。第二，新常态下，中国经济增长更趋平稳，增长动力更为多元。第三，新常态下，中国经济结构优化升级，发展前景更加稳定。第四，新常态下，中国政府大力简政放权，市场活力进一步释放。简言之，就是要放开市场这只“看不见的手”，用好政府这只“看得见的手”。

供给侧改革，就是从供给、生产端入手，通过解放生产力，提升竞争力促进经济发展。具体而言，就是要求清理僵尸企业，淘汰落后产能，将发展方向锁定新兴领域、创新领域，创造新的经济增长点。对于供给侧改革，习近平主席的原话是，“在适度扩大总需求的同时，着力加强供给侧结构性改革，着力提高供给体系质量和效率”，其核心在于提高全要素生产率。政策手段上，包括简政放权、放松管制、金融改革、国企改革、土地改革、提高创新能力等。

2015 年 1 月 26 日中央财经领导小组第十二次会议，习近平强调供给侧结构性改革的根本目的是提高社会生产力水平，落实好以人民为中心的发展思想。要在适度扩大总需求的同时，去产能、去库存、去杠杆、降成本、补短板，从生产领域加强优质供给，减少无效供给，扩大有效供给，提高供给结构适应性和灵活性，提高全要素生产率，使供给体系更好适应需求结构变化。

普遍的供给约束、供给抑制和供给结构老化是中国经济当前的主要矛盾，抓住了这个主要矛盾，就可以恢复中国经济增长的新动力，开启中国经济增长的新周期。中央财经领导小组第十二次会议显示了中央对供给侧结构性改革的高度重视，以及真抓实干的决心。加强供给侧结构性改革，要求我们继续降低融资成本，加大减税力度，取消更多行政管制，放松供给约束。同时，解除对人口和劳动、土地和资源、资本和金融、技术和创新、制度和管理等五大财富源泉的供给抑制，提高供给效率，降低供给成本，并依靠“大众创业、万众创新”刺激新供给、创造新需求。

深化经济体制改革的核心问题

党的十八届三中全会对全面深化改革作出了战略部署。经济体制改革是全面深化改革的重点，核心问题是处理好政府和市场的关系，使市场在资源配置中起决定性作用和更好发挥政府作用。处理好政府和市场关系，实际上就是处理好在资源配置中市场起决定性作用还是政府起决定性作用这个问题。

经济发展就是要提高资源尤其是稀缺资源的配置效率，以尽可能少的资源投入生产尽可能多的产品、获得尽可能大的效益。理论和实践都证明，市场配置资源是最有效率的形式，市场决定资源配置是市场经济的一般规律。市场经济本质上就是市场决定资源配置的经济，发展社会主义市场经济，就是让市场在资源配置中发挥决定性作用。

当然，强调市场不是不要政府，让市场在资源配置中起决定性作用，不是起全部作用。发展社会主义市场经济，既要发挥市场作用，也要发挥政府作用，但市场作用和政府作用是不同的。政府的职责和作用主要是保持宏观经济稳定，加强和优化公共服务，保障公平竞争，加强市场监管，维护市场秩序，推动可持续发展，促进共同富裕，弥补市场失灵。

牢牢掌握意识形态工作领导权和话语权

意识形态作为政党、国家和民族的政治目标导向和社会价值追求，直接关系到举什么旗、走什么路等重大政治方向问题。意识形态的自觉是政治坚定的前提，意识形态的自信是道路自信、制度自信和理论自信的基础。习近平同志指出："意识形态工作是党的一项极端重要的工作"，"能否做好意识形态工作，事关党的前途命运，事关国家长治久安，事关民族凝聚力和向心力。"

牢牢掌握意识形态工作的领导权和话语权，必须坚持四个统一。

第一，坚持高扬"主义"和解决问题的有机统一，正确处理坚持党性和坚持人民性相一致的关系。

第二，坚持理论自信和理论创新的有机统一，使意识形态既具极强凝聚力又有强大生命力。

第三，坚持一元化和多样性的有机统一，正确反映社会主义初级阶段的不同利益诉求。

第四，坚持包容性和批判性的有机统一，既不搞意识形态霸权也不搞意识形态依附。

落实意识形态工作责任制

意识形态工作是党的一项极端重要的工作。习近平总书记指出：

“能否做好意识形态工作，事关党的前途命运，事关国家长治久安，事关民族凝聚力和向心力。”在集中精力进行经济建设的同时，必须一刻也不放松和削弱意识形态工作。

巩固马克思主义在意识形态领域的指导地位，巩固全党全国各族人民团结奋斗的共同思想基础，是意识形态工作的根本任务。必须建设具有强大凝聚力和引领力的社会主义意识形态，使全体人民在理想信念、价值理念、道德观念上紧紧团结在一起。要深刻认识马克思主义是我们立党立国的根本指导思想，在坚持马克思主义指导地位这一根本问题上，必须坚定不移，任何时候任何情况下都不能有丝毫动摇。意识形态工作本质上做的是政治工作。民心是最大的政治，要把凝聚民心作为意识形态工作的出发点和落脚点，坚持以人民为中心的工作导向，为党的中心工作服务，为维护最广大人民根本利益服务。要加强和改进正面宣传，增强吸引力和感染力，营造强大的正面思想舆论。

意识形态工作要把围绕中心、服务大局作为基本职责，胸怀大局、把握大势、着眼大事，找准工作切入点和着力点，做到因势而谋、应势而动、顺势而为。新时代坚持和发展中国特色社会主义，既要有硬实力，也要有软实力，既要切实做好中心工作、为意识形态工作提供坚实物质基础，又要切实做好意识形态工作、为中心工作提供有力保障。要站稳政治立场，坚定宣传党的理论和路线方针政策，坚定宣传中央重大工作部署，坚定宣传中央关于形势的重大分析判断，坚决同党中央保持高度一致，坚决维护党中央权威。要坚持党管宣传、党管意识形态、党管媒体，党性原则不仅要讲，而且要理直气壮讲，不能躲躲闪闪、扭扭捏捏。

做好意识形态工作，关键在党，关键在党的各级组织。坚持全党动手抓意识形态工作，各级党的组织都要落实意识形态工作责任制，旗帜鲜明支持正确思想言论，旗帜鲜明抵制各种错误思潮。对大是大非问题、政治原则问题决不能含糊其辞，更不能退避三舍，必须以战斗的姿态、战士的担当，敢抓敢管、敢于亮剑，不做“骑墙派”和“看风派”，不能搞“爱惜羽毛”那一套。党委主要负责同志要带头抓意识形态工作，旗帜鲜明站到意识形态工作第一线，把意识形态工作领导权牢牢掌握在忠于党和人民的人手里。

严格落实意识形态工作责任制。做好意识形态工作，必须坚持全党动手。要压紧压实做好意识形态工作的政治责任、领导责任，全面落实意识形态工作责任制。要加强阵地建设和管理，认真贯彻主管主办和属地管理原则，切实做到守土有责、守土负责、守土尽责，使各类意识形态阵地始终成为传播先进思想文化的坚强阵地，决不给错误思想观点提供传播渠道。当前，思想舆论领域存在红色、黑色、灰色“三个地带”。红色地带是我们的主阵地，一定要守住，决不能丢了；黑色地带主要是负面的东西，要坚决管控，大大压缩其地盘，逐步推动其改变颜色；灰色地带要大张旗鼓争取，加快使其转化为红色地带，防止其向黑色地带蜕变。要发扬斗争精神，始终站在意识形态斗争第一线，敢抓敢管、敢于亮剑，与否定党的领导、否定中国特色社会主义制度等错误言行作不懈斗争。意识形态领域敏感度高、关注度高，在管理和引导上要注意把握好时度效，掌握好时机、节奏、力度和范围，讲究方式方法。要正确区分和处理政治原则问题、思想认识问题、学术观点问题，无论处理什么问题，都要有利于坚持和加强党的领导，有利于凝聚党心民心，有利于促进改革发展稳定。

实现中国优秀传统文化的创造性转化和创新性发展

习近平总书记在主持十八届中央政治局第十二次集体学习时首次提出了对待传统文化的“两创”思想，即“努力实现中华传统美德的创造性转化、创新性发展”。此后，在省部级主要领导干部学习贯彻十八届三中全会精神专题研讨班开班式、纪念孔子诞辰2565周年国际学术研讨会暨国际儒学联合会第五届会员大会开幕会、文艺工作座谈会上都反复强调对待中华传统文化要“创造性转化、创新性发展”。这10个字内涵丰富，既是认识论又是方法论，既有要求又有举措，是“古为今用”“有扬弃的继承”的最新表述和发展。这就明确指出了新形势下我们党对待传统文化的基本态度和“两创”的基本方针。

所谓创造性转化，就是要按照时代特点和要求，对那些至今仍有借鉴价值的内涵和陈旧的表现形式加以改造，赋予其新的时代内涵和现代表达形式，激活其生命力。所谓创新性发展，就是要按照时代的新进步新进展，对中国优秀传统文化的内涵加以补充、拓展、完善，增强其影响力和感召力。

科学对待文化传统，不忘历史才能开辟未来，善于继承才能善于创新。优秀传统文化是一个国家、一个民族传承和发展的根本，如果丢掉了，就割断了精神命脉。我们要善于把弘扬优秀传统文化和发展现实文化有机统一起来、紧密结合起来，在继承中发展，在发展中继承。

传统文化在其形成和发展过程中，不可避免会受到当时人们的认识水平、时代条件、社会制度的局限性的制约和影响，因而也不可避免会存在陈旧过时或已成为糟粕性的东西。这就要求人们在学习、研究、应用传统文化时坚持古为今用、推陈出新，结合新的实践和时代要求进行正确取舍，而不能一股脑儿都拿到今天来照套照用。要坚持古为今用、以古鉴今，坚持有鉴别的对待、有扬弃的继承，而不能搞厚古薄今、以古非今，努力实现传统文化的创造性转化、创新性发展，使之与现实文化相融相通，共同服务以文化人的时代任务。

加强和创新社会治理

加强和创新社会治理，是完善和发展中国特色社会主义制度、推进国家治理体系和治理能力现代化的重要内容。

社会治理是国家治理的重要领域，社会治理现代化是国家治理体系和治理能力现代化的题中应有之义。加强和创新社会治理，逐步实现社会治理结构的合理化、治理方式的科学化、治理过程的民主化，将有力推进国家治理现代化的进程。

党的十八大以来，以习近平同志为核心的党中央牢牢把握推进国家治理体系和治理能力现代化的总要求，坚持一手抓保安全、护稳定，一手抓打基础、谋长远，不断创新社会治理理念思路、体制机制、方法手段，着力从源头上预防和减少影响社会和谐稳定的问题发生，使一些社会治理难题得到有效破解，平安中国建设取得重大进展。总体上看，我国社会治理体系不断完善，社会安全稳定形势持续向好，人民生命财产安全得到有效维护，广大人民群众的安全感和满意度不断增强。与此同时，也要清醒地看到，在社会大局总体稳定的同时，社会利益关系日趋复杂，社会阶层结构分化，社会矛盾和问题交织叠加，人民群众对社会事务参与意愿更加强烈，社会治理面临的形势环境更为复杂。随着互联网特别是移动互联网的发展，社会治理模式正在从单向管理转向双向互动，从线下转向线上线下融合，从单纯的政府监管向更加注重社会协同治理转变。必须时刻居安思危，强化底线思维，进一步开创社会治理崭新局面。

理念是行动的先导，创新社会治理首先要创新理念。提出社会治理，反映了我们党对社会运行规律和治理规律认识的深化，是社会建设理念、体制和方式的一次重大变革，是推进国家治理现代化的重要体现。新时代进一步加强和创新社会治理，要求推陈出新、有所突破，坚持问题导向，坚持把专项治理与系统治理、综合治理、依法治理、源头治理结合起来，探索一条符合中国社会发展实际、更可持续的中国特色社会主义社会治理之路，打造共建共治共享的社会治理格局。

社会治理是一门科学，要运用正确方法论，坚持辩证唯物主义和历史唯物主义。正确理解和处理好维稳与维权的关系。维权是维稳的基础，维稳的实质是维权。对涉及维权的维稳问题，首先要把群众合理合法的利益诉求解决好。单纯维稳，不解决利益问题，那是本末倒置，最后也难以稳定下来。要完善对维护群众切身利益具有重大作用的制度，使群众由衷感到权益受到了公平对待、利益得到了有效维护。正确理解和处理好活力与秩序的关系，既不能管得太死、一潭死水，也不能管得太松、波涛汹涌。要重视疏导化解、柔性维稳，充分调动一切积极因素，使社会既生机勃勃又井然有序。

共建共治共享的社会治理格局

打造全民共建共治共享的社会治理格局。其中，共建是基础，突出制度和体系建设在社会治理格局中的基础性、战略性地位；共治是关键，要求树立大社会观、大治理观，将党总揽全局、协调各方的政治优势同政府的资源整合优势、企业的市场竞争优势、社会组织的群众动员优势有机结合起来，打造全民参与的开放治理体系；共享是目标，要使社会治理的成效更多、更公平地惠及全体人民，不断增加人民的获得感、幸福感、安全感。

打造全民共建共治共享的社会治理格局，必须加强社会治理制度建设。党的十九大立足新时代坚持和发展中国特色社会主义，明确了推进社会建设的目标要求：到2035年，我国现代社会治理格局基本形成，社会充满活力又和谐有序；到本世纪中叶，我国社会文明将全面提升，人民将享有更加幸福安康的生活。

完善党委领导，政府负责、社会协同、公众参与、法治保障的社会治理体制。要加强和改善各级党委对社会治理的领导，提高党对社会治理的领导能力，加强党委对社会治理的统筹谋划和组织领导。要积极发挥各级政府负责社会治理的职能，采取多种措施和途径，切实搞好公共服务、公共管理、公共安全，健全利益表达、利益协调、利益保护机制。要全面落实各级党委和政府社会治理主体责任，把加强和创新社会治理纳入各级党委和政府重要议事日程，纳入地方党政领导班子和领导干部政绩考核指标体系，规范党政各部门社会治理职能，形成权责明晰、奖惩分明、分工负责、齐抓共管的社会治理责任链条。

完善政府治理和社会调节、居民自治良性互动的体制机制。习近平总书记指出，注重动员组织社会力量共同参与，发动全社会一起来做好维护社会稳定工作，努力形成社会治理人人参与、人人尽力、人人共享的良好局面。扩大开放公共服务市场，通过政府购买服务、健全激励补偿机制等办法，鼓励和引导企事业单位、社会组织、人民群众积极参与社会治理。深化基层组织和部门、行业依法治理，支持各类社会主体自我约束、自我管理，发挥市民公约、乡规民约、行业规章、团体章程等社会规范在社会治理中的积极作用。注重社会组织培育和引导，改革社会组织管理制度，推动社会组织明确权责、规范自律、依法自治，积极参与社会治理全过程。

不断提高社会治理社会化、法治化、智能化、专业化水平。激发全社会活力，坚持群众观点和群众路线，群众的事多同群众商量，群众的事多依靠群众，提高社会治理社会化水平。充分发挥法治对社会治理的引领、规范和保障作用，运用法治思维和法治方式化解矛盾，引导群众依法行使权利、表达诉求、解决纠纷，更好引导和规范社会生活，努力实现法安天下，提高社会治理法治化水平。加强社会治理基础制度建设，建立国家人口基础信息库、统一社会信用代码制度和相关实名登记制度，完善社会信用体系，更多运用互联网、大数据等信息技术手段，持续推进社会治理的科学化、精细化，在观念、标准、手段、目标等方面下一番绣花功夫，提高社会治理智能化水平。建设高素质专业化干部队伍和社会治理各类人才队伍，善于运用先进的理念和专业的方法提升社会治理效能，增强社会治理整体性和协同性，提高预测预警预防各类风险能力，增强社会治理预见性、精准性、高效性，提高社会治理专业化水平。

网络强国战略思想

全国网络安全和信息化工作会议 2018 年 4 月 20 日至 21 日在北京召开。中共中央总书记、国家主席、中央军委主席、中央网络安全和信息化委员会主任习近平出席会议并发表重要讲话。习近平总书记的重要讲话从党和国家事业全局出发，全面总结了党的十八大以来我国网络安全和信息化工作取得的历史性成就、发生的历史性变革，系统阐释了网络强国战略思想的丰富内涵，科学回答了事关网信事业长远发展的一系列重大理论和实践问题，为把握信息革命历史机遇、加强网络安全和信息化工作、加快推进网络强国建设明确了前进方向、提供了根本遵循，具有重大而深远的意义。

习近平总书记强调，信息化为中华民族带来了千载难逢的机遇。我们必须敏锐抓住信息化发展的历史机遇，加强网上正面宣传，维护网络安全，推动信息领域核心技术突破，发挥信息化对经济社会发展的引领作用，加强网信领域军民融合，主动参与网络空间国际治理进程，自主创新推进网络强国建设，为决胜全面建成小康社会、夺取新时代中国特色社会主义伟大胜利、实现中华民族伟大复兴的中国梦作出新的贡献。

网络强国战略思想，是习近平新时代中国特色社会主义思想的重要组成部分，是做好网信工作的根本遵循。习近平总书记用“五个明确”高度概括了网络强国战略思想：明确网信工作在党和国家事业全局中的重要地位，明确网络强国建设的战略目标，明确网络强国建设的原则要求，明确互联网发展治理的国际主张，明确做好网信工作的基本方法。马克思主义经典作家生活的时代，互联网还没有出现，对于这些问题，他们不可能给出具体答案。

网络强国战略思想，是我们党不断推进理论创新和实践创新的科学成果，是充分运用马克思主义立场观点方法对信息化提出的一系列重大问题的创造性回答，必须长期坚持贯彻、不断丰富发展。

面对信息化变革带来的机遇和挑战，党中央第一次召开全国网络安全和信息化工作会议进行部署，习近平总书记就加强网上正面宣传，维护网络安全，推动信息领域核心技术突破，发挥信息化对经济社会发展的引领作用，主动参与网络空间国际治理进程等重大问题给出答案、指明方向，充分体现以习近平同志为核心的党中央的远见卓识和对机遇的把握能力、对挑战的驾驭能力。

第一，筑牢国家网络安全屏障。

习近平强调，没有网络安全就没有国家安全，就没有经济社会稳定运行，广大人民群众利益也难以得到保障。要树立正确的网络安全观，加强信息基础设施网络安全防护，加强网络安全信息统筹机制、手段、平台建设，加强网络安全事件应急指挥能力建设，积极发展网络安全产业，做到关口前移，防患于未然。要落实关键信息基础设施防护责任，行业、企业作为关键信息基础设施运营者承担主体防护责任，主管部门履行好监管责任。要依法严厉打击网络黑客、电信网络诈骗、侵犯公民个人隐私等违法犯罪行为，切断网络犯罪利益链条，持续形成高压态势，维护人民群众合法权益。要深入开展网络安全知识技能宣传普及，提高广大人民群众网络安全意识和防护技能。

第二，突破核心技术，建设数字中国。

习近平指出，核心技术是国之重器。要下定决心、保持恒心、找准重心，加速推动信息领域核心技术突破。要抓产业体系建设，在技术、产业、政策上共同发力。要遵循技术发展规律，做好体系化技术布局，优中选优、重点突破。要加强集中统一领导，完善金融、财税、国际贸易、人才、知识产权保护等制度环境，优化市场环境，更好释放各类创新主体创新活力。要培育公平的市场环境，强化知识产权保护，反对垄断和不正当竞争。要打通基础研究和技术创新衔接的绿色通道，力争以基础研究带动应用技术群体突破。

第三，发挥信息化对经济社会发展的引领作用。

习近平强调，网信事业代表着新的生产力和新的发展方向，应该在践行新发展理念上先行一步，围绕建设现代化经济体系、实现高质量发展，加快信息化发展，整体带动和提升新型工业化、城镇化、农业现代化发展。要发展数字经济，加快推动数字产业化，依靠信息技术创新驱动，不断催生新产业新业态新模式，用新动能推动新发展。要推动产业数字化，利用互联网新技术新应用对传统产业进行全方位、全角度、全链条的改造，提高全要素生产率，释放数字对经济发展的放大、叠加、倍增作用。要推动互联网、大数据、人工智能和实体经济深度融合，加快制造业、农业、服务业数字化、网络化、智能化。要坚定不移支持网信企业做大做强，加强规范引导，促进其健康有序发展。企业发展要坚持经济效益和社会效益相统一，更好承担起社会责任和道德责任。要运用信息化手段推进政务公开、党务公开，加快推进电子政务，构建全流程一体化在线服务平台，更好解决企业和群众反映强烈的办事难、办事慢、办事繁的问题。网信事业发展必须贯彻以人民为中心的发展思想，把增进人民福祉作为信息化发展的出发点和落脚点，让人民群众在信息化发展中有更多获得感、幸福感、安全感。

第四，主动参与网络空间国际治理。

习近平强调，推进全球互联网治理体系变革是大势所趋、人心所向。国际网络空间治理应该坚持多边参与、多方参与，发挥政府、国际组织、互联网企业、技术社群、民间机构、公民个人等各种主体作用。既要推动联合国框架内的网络治理，也要更好发挥各类非国家行为体的积极作用。要以“一带一路”建设等为契机，加强同沿线国家特别是发展中国家在网络基础设施建设、数字经济、网络安全等方面的合作，建设21世纪数字丝绸之路。

第五，坚持网信事业正确政治方向。

坚持网信事业正确政治方向，要加强党中央对网信工作的集中统一领导，确保网信事业始终沿着正确方向前进。各地区各部门要高度重视网信工作，将其纳入重点工作计划和重要议事日程，及时解决新情况新问题。要充分发挥工青妇等群团组织优势，发挥好企业、科研院校、智库等作用，汇聚全社会力量齐心协力推动网信工作。各级领导干部特别是高级干部要主动适应信息化要求、强化互联网思维，不断提高对互联网规律的把握能力、对网络舆论的引导能力、对信息化发展的驾驭能力、对网络安全的保障能力。各级党政机关和领导干部要提高通过互联网组织群众、宣传群众、引导群众、服务群众的本领。要推动依法管网、依法办网、依法上网，确保互联网在法治轨道上健康运行。

坚持网信事业正确政治方向，要研究制定网信领域人才发展整体规划，推动人才发展体制机制改革，让人才的创造活力竞相迸发、聪明才智充分涌流。要不断增强“四个意识”，坚持把党的政治建设摆在首位，加大力度建好队伍、全面从严管好队伍，选好配好各级网信领导干部，为网信事业发展提供坚强的组织和队伍保障。

坚持网信事业正确政治方向，要加强网上正面宣传，旗帜鲜明坚持正确政治方向、舆论导向、价值取向，用新时代中国特色社会主义思想和党的十九大精神团结、凝聚亿万网民，深入开展理想信念教育，深化新时代中国特色社会主义和中国梦宣传教育，积极培育和践行社会主义核心价值观，推进网上宣传理念、内容、形式、方法、手段等创新，把握好时度效，构建网上网下同心圆，更好凝聚社会共识，巩固全党全国人民团结奋斗的共同思想基础。

传播手段建设与创新

新时代做好意识形态工作，必须坚持和加强党对意识形态工作的全面领导，大力推动传播手段建设和创新。随着国内外形势的深刻变化和现代信息技术的迅猛发展，做好意识形态工作，比以往任何时候都更加需要创新。要重点抓好理念创新、手段创新、方式方法创新，积极探索有利于破解工作难题的新举措新办法，充分运用新技术新应用创新媒体传播方式，占领信息传播制高点。要坚持正确舆论导向，适应新形势下传播形态、传播格局的深刻变革，推进传统媒体和新兴媒体深度融合，提高新闻舆论传播力、引导力、影响力、公信力，推动我国整体传播能力有一个更大的提升。要创新对外话语表达方式，研究国外不同受众的习惯和特点，采用融通中外的概念、范畴、表述，把我们想讲的和国外受众想听的结合起来，把“陈情”和“说理”结合起来，把“自己讲”和“别人讲”结合起来，使中国故事更多为国际社会和海外受众所认同。

互联网内容建设

互联网是意识形态工作的主战场、最前沿。意识形态工作是做人的工作的，人在哪里，意识形态工作的重点就应该在哪里。我国网民规模已达到7亿多，居全球第一。互联网日益成为人们特别是年轻一代获取信息的主要途径，网络舆论直接影响着人们的思想观念和价值取向。

加强互联网内容建设。理直气壮唱响网上主旋律，巩固壮大主流思想舆论，是掌握互联网战场主动权的重中之重。要深入实施网络内容建设工程，加强网上正面宣传，旗帜鲜明坚持正确政治方向、舆论导向、价值取向，用习近平新时代中国特色社会主义思想团结、凝聚亿万网民，发展积极向上的网络文化，创新改进网上宣传，形成网上正面舆论强势。要深入开展网上舆论斗争，严密防范和抑制网上攻击渗透行为，分析网上斗争的特点和规律，运用正确战略战术，组织力量对错误思想观点进行批驳。网上负面言论少一些，对我国社会发展稳定、人民安居乐业只有好处没有坏处。

建立网络综合治理体系

习近平指出，要提高网络综合治理能力，形成党委领导、政府管理、企业履责、社会监督、网民自律等多主体参与，经济、法律、技术等多种手段相结合的综合治网格局。要压实互联网企业的主体责任，决不能让互联网成为传播有害信息、造谣生事的平台。要加强互联网行业自律，调动网民积极性，动员各方面力量参与治理。

习近平总书记多次指出，过不了互联网这一关，就过不了长期执政这一关，要确保互联网可管可控。做好意识形态工作，必须坚持正能量是总要求、管得住是硬道理，加强互联网建设管理运用，打好网络意识形态攻坚战，推动互联网这个“最大变量”释放“最大正能量”。

建立网络综合治理体系。面对互联网技术和应用飞速发展，网上媒体管理和产业管理远远跟不上形势发展变化。要整合相关机构职能，健全基础管理、内容管理、行业管理以及网络违法犯罪防范和打击等工作联动机制，健全网络突发事件处置机制，形成正面引导和依法管理相结合的网络治理强大合力。要提高网络综合治理能力，形成党委领导、政府管理、企业履责、社会监督、网民自律等多主体参与，经济、法律、技术等多种手段相结合的综合治网格局。压实互联网企业主体责任，强化管理部门监管责任，分清责任边界，确保责任落地，走出一条齐抓共管、良性互动的新路。

构建网上网下同心圆

习近平总书记多次强调，过不了互联网这一关，就过不了长期执政这一关。实现“两个一百年”奋斗目标，需要全国各族人民心往一处想、劲往一处使。构建网上网下同心圆，就是在党的领导下，动员全国各族人民，调动各方面积极性，共同为实现中华民族伟大复兴的中国梦而奋斗。

在全国网络安全和信息化工作会议上，习近平总书记强调，“构建网上网下同心圆，更好凝聚社会共识，巩固全党全国人民团结奋斗的共同思想基础”。

构建网上网下同心圆，必须提高网络综合治理能力，形成党委领导、政府管理、企业履责、社会监督、网民自律等多主体参与，经济、法律、技术等多种手段相结合的综合治网格局。技术前进一小步，管理难度增加一大步。各级党委和领导干部特别是一把手要负起责任来，守土有责、守土尽责，全面提升技术治网能力和水平。要压实互联网企业的主体责任，决不能让互联网成为传播有害信息、造谣生事的平台。要加强互联网行业自律，调动网民积极性，动员各方面力量参与治理。坚持线上线下密切联动，我们才能牢牢占领网上阵地，赢得网上主导权。

构建网上网下同心圆，必须加强网上正面宣传，下大气力做好人的工作，广泛凝聚共识。习近平总书记反复告诫我们，人在哪儿，宣传思想工作的重点就在哪儿。加强和改进网上正面宣传，就要旗帜鲜明坚持正确政治方向、舆论导向、价值取向，用习近平新时代中国特色社会主义思想和党的十九大精神团结、凝聚亿万网民，深入开展理想信念教育，深化新时代中国特色社会主义和中国梦宣传教育，积极培育和践行社会主义核心价值观。做好正面宣传不能靠一种腔调、一种风格包打天下，必须推进网上宣传理念、内容、形式、方法、手段等创新，进一步提升吸引力、感染力、影响力、有效性。对于网上热点问题，要线上线下共同发力，多做解疑释惑工作，决不能失语失声。只有加强线上互动、线下沟通，把网上舆论引导和网下思想工作结合起来，既会“键对键”、又能“面对面”，我们才能形成合力，把广大网民凝聚到党的周围，巩固全党全国人民团结奋斗的共同思想基础。

精准扶贫精准脱贫

党的十八大以来，以习近平同志为核心的党中央实施精准扶贫、精准脱贫，加大扶贫投入，创新扶贫方式，扶贫开发工作呈现新局面，脱贫攻坚战取得决定性进展，6000多万贫困人口稳定脱贫，贫困发生率从10.2%下降到4%以下，创造了我国扶贫史上的最好成绩。我国成为世界上减贫人口最多的国家，也是世界上率先完成联合国千年发展目标的国家。这个成就，足以载入人类社会发展史册，足以向世界证明中国共产党领导和中国特色社会主义制度的优越性。

党的十九大对坚决打赢脱贫攻坚战提出明确要求。打赢脱贫攻坚战，是保障全体人民共享改革发展成果、实现共同富裕的重大举措，是体现中国特色社会主义制度优越性的重要标志。

应当清醒地看到，我国脱贫攻坚形势依然严峻。截至2017年底，全国贫困人口还有约3000万人，其中相当一部分居住在艰苦边远地区，处于深度贫困状态，属于脱贫攻坚“最重的担子”“最硬的骨头”。让贫困人口和贫困地区同全国一道进入全面小康社会是我们党的庄严承诺。要坚持精准扶贫、精准脱贫，确保到2020年我国现行标准下农村贫困人口实现脱贫，贫困县全部摘帽，解决区域性整体贫困，做到脱真贫、真脱贫。必须以更大的决心、更明确的思路、更精准的举措，加大力度、加快速度、加紧进度，众志成城实现脱贫攻坚目标，决不能落下一个贫困地区、一个贫困群众。

脱贫攻坚贵在精准，重在精准。要在精准施策上出实招，在精准推进上下实功，在精准落地上见实效。

解决好“扶持谁”的问题，确保把真正的贫困人口弄清楚，把贫困程度、致贫原因等搞清楚，找对“穷根”，明确靶向，做到扶真贫、真扶贫，做到因户施策、因人施策。

解决好“谁来扶”的问题，坚持中央统筹、省负总责、市县抓落实的工作机制，强化党政一把手负总责的责任制，坚持大扶贫格局，健全东西部协作和党政机关、部队、人民团体、国有企业定点扶贫机制，做到分工明确、责任清晰、任务到人、考核到位。

解决好“怎么扶”的问题，按照贫困地区和贫困人口的具体情况，实施“五个一批”工程，即发展生产脱贫一批，易地搬迁脱贫一批，生态补偿脱贫一批，发展教育脱贫一批，社会保障兜底一批。坚持“两不愁三保障”脱贫标准，既不降低标准，也不抬高标准。

解决好“如何退”的问题，加快建立反映客观实际的贫困县、贫困户退出机制，努力做到精准脱贫。把革命老区、民族地区、边疆地区、集中连片贫困地区作为脱贫攻坚重点，支持贫困地区加快发展。

总体国家安全观

2014 年 4 月 15 日，习总书记在主持召开中央国家安全委员会第一次会议并发表重要讲话。他强调，要准确把握国家安全形势变化新特点新趋势，坚持总体国家安全观，走出一条中国特色国家安全道路。这是我国首次提出总体国家安全观，并首次系统提出“11 种安全”。

增强忧患意识，做到居安思危，是我们治党治国必须始终坚持的一个重大原则。我们党要巩固执政地位，要团结带领人民坚持和发展中国特色社会主义，保证国家安全是头等大事。

党的十八届三中全会决定成立国家安全委员会，是推进国家治理体系和治理能力现代化、实现国家长治久安的迫切要求，是全面建成小康社会、实现中华民族伟大复兴中国梦的重要保障，目的就是更好适应我国国家安全面临的新形势新任务，建立集中统一、高效权威的国家安全体制，加强对国家安全工作的领导。

当前我国国家安全内涵和外延比历史上任何时候都要丰富，时空领域比历史上任何时候都要宽广，内外因素比历史上任何时候都要复杂，必须坚持总体国家安全观，以人民安全为宗旨，以政治安全为根本，以经济安全为基础，以军事、文化、社会安全为保障，以促进国际安全为依托，走出一条中国特色国家安全道路。贯彻落实总体国家安全观，必须既重视外部安全，又重视内部安全，对内求发展、求变革、求稳定、建设平安中国，对外求和平、求合作、求共赢、建设和谐世界；既重视国土安全，又重视国民安全，坚持以民为本、以人为本，坚持国家安全一切为了人民、一切依靠人民，真正夯实国家安全的群众基础；既重视传统安全，又重视非传统安全，构建集政治安全、国土安全、军事安全、经济安全、文化安全、社会安全、科技安全、信息安全、生态安全、资源安全、核安全等于一体的国家安全体系；既重视发展问题，又重视安全问题，发展是安全的基础，安全是发展的条件，富国才能强兵，强兵才能卫国；既重视自身安全，又重视共同安全，打造命运共同体，推动各方朝着互利互惠、共同安全的目标相向而行。

中央国家安全委员会要遵循集中统一、科学谋划、统分结合、协调行动、精干高效的原则，聚焦重点，抓纲带目，紧紧围绕国家安全工作的统一部署狠抓落实。

中国特色强军之路

党的十八大以来，习近平总书记在新时代坚持和发展中国特色社会主义历史进程中，着眼实现中华民族伟大复兴的中国梦，紧紧围绕新时代建设一支什么样的强大人民军队、怎样建设强大人民军队，深入进行理论探索和实践创造，形成了习近平强军思想，开拓了中国特色强军之路，把当代中国马克思主义军事理论和军事实践发展推向新境界。

习近平强军思想，明确了新时代国防和军队建设一系列根本性方向性全局性的重大问题，是习近平新时代中国特色社会主义思想的“军事篇”，是马克思主义军事理论中国化时代化的新飞跃，是党的军事指导理论的重大突破、重大创新、重大发展，为实现党在新时代的强军目标、把人民军队全面建成世界一流军队提供了科学指南和行动纲领，必须牢固确立习近平强军思想在国防和军队建设中的指导地位。

第一，明确强国必须强军，巩固国防和强大人民军队是新时代坚持和发展中国特色社会主义、实现中华民族伟大复兴的战略支撑。

第二，明确党在新时代的强军目标是建设一支听党指挥、能打胜仗、作风优良的人民军队，必须同国家现代化进程相一致，力争到2035年基本实现国防和军队现代化，到本世纪中叶把人民军队全面建成世界一流军队。

第三，明确党对军队绝对领导是人民军队建军之本、强军之魂，必须全面贯彻党领导军队的一系列根本原则和制度，确保部队绝对忠诚、绝对纯洁、绝对可靠。

第四，明确军队是要准备打仗的，必须聚焦能打仗、打胜仗，创新发展军事战略指导，构建中国特色现代作战体系，全面提高新时代备战打仗能力，有效塑造态势、管控危机、遏制战争、打赢战争。

第五，明确作风优良是我军鲜明特色和政治优势，必须加强作风建设、纪律建设，坚定不移正风肃纪、反腐惩恶，大力弘扬我党我军光荣传统和优良作风，永葆人民军队性质、宗旨、本色。

第六，明确推进强军事业必须坚持政治建军、改革强军、科技兴军、依法治军，更加注重聚焦实战、更加注重创新驱动、更加注重体系建设、更加注重集约高效、更加注重军民融合，全面提高革命化现代化正规化水平。

第七，明确改革是强军的必由之路，必须推进军队组织形态现代化，构建中国特色现代军事力量体系，完善和发展中国特色社会主义军事制度。

第八，明确创新是引领发展的第一动力，必须坚持向科技创新要战斗力，统筹推进军事理论、技术、组织、管理、文化等各方面创新，建设创新型人民军队。

第九，明确现代化军队必须构建中国特色军事法治体系，推动治军方式根本性转变，提高国防和军队建设法治化水平。

第十，明确军民融合发展是兴国之举、强军之策，必须坚持发展和安全兼顾、富国和强军统一，形成全要素、多领域、高效益军民融合深度发展格局，构建一体化的国家战略体系和能力。

习近平强军思想内涵丰富、思想深邃，构成一个系统完整、逻辑严密、相互贯通的科学军事理论体系，全军必须全面准确学习领会、毫不动摇贯彻落实。要贯彻“关键要实”要求，坚持理论联系实际，坚持学用一致，坚持领导带头，切实在学懂弄通做实上下功夫，务求在统一思想、凝聚力量上取得实效，在认清使命、强化担当上取得实效，在推动工作、见诸行动上取得实效。

推动军民融合深度发展

习近平总书记在党的十九大报告中指出："坚持富国和强军相统一，强化统一领导、顶层设计、改革创新和重大项目落实，深化国防科技工业改革，形成军民融合深度发展格局，构建一体化的国家战略体系和能力。"把军民融合发展上升为国家战略，是我们党长期探索经济建设和国防建设协调发展规律的重大成果，是从国家安全和发展全局出发作出的重大决策，是应对复杂安全威胁、赢得国家战略优势的重大举措。

党的十八大以来，习近平总书记深刻把握世情、国情、军情的变化，在国家总体战略中兼顾发展和安全，把军民融合发展确立为兴国之举、强军之策，作出一系列重要论述和重大决策，形成了习近平总书记关于军民融合发展重大战略思想。

党的十八届三中全会把军民融合发展改革纳入全面深化改革总体布局加以推进，军民融合发展体制改革基本到位。党中央成立中央军民融合发展委员会，强化对军民融合发展的集中统一领导。这些重大创举，开辟了中国特色军民融合发展理论和实践的新境界，促进了国家战略体系和能力新发展。

中共中央、国务院、中央军委印发《关于经济建设和国防建设融合发展的意见》，首次从中央层面明确了军民融合发展的重点。国务院、中央军委颁布实施《经济建设和国防建设融合发展"十三五"规划》，勾画出"十三五"时期军民融合发展蓝图。《国防交通法》《军人保险法》等颁布实施，综合性法律立法工作加紧推进。军民融合发展相关财政、税收、金融政策进一步完善，资金保障渠道不断拓展。国家主导、需求牵引、市场运作相统一的融合局面加快形成。

习近平总书记在中央军民融合发展委员会第一次和第二次全体会议上，明确了军民融合发展的前进方向和根本要求。中央和国家颁发的意见和规划提出了军民融合发展的战略抓手。落实党的十九大精神，要贯彻这一系列战略决策部署，把军民融合深度发展这篇大文章做实做优。

党的十九大报告明确提出，形成军民融合深度发展格局，构建一体化的国家战略体系和能力。当前和今后一个时期，就要紧紧围绕这一目标，坚持总体国家安全观，贯彻习近平强军思想，坚持党的领导，强化国家主导，注重融合共享，发挥市场作用，深化改革创新，推动军民融合由初步融合向深度融合过渡，进而实现跨越发展，力争到 2020 年形成全要素、多领域、高效益的军民融合深度发展格局。

着眼经济实力和国防实力同步增长，强化统一领导、顶层设计、改革创新和重大项目落实，同步推进体制和机制改革、体系和要素融合、制度和标准建设，完善军民融合组织管理体系、工作运行体系、政策制度体系，努力开创经济建设和国防建设协调发展、平衡发展、兼容发展新局面。

一个中国原则是两岸关系的政治基础

习近平总书记指出，解决台湾问题、实现祖国完全统一，必须继续坚持“和平统一、一国两制”方针，推动两岸关系和平发展，推进祖国和平统一进程。

贯彻这一方针，必须坚持一个中国原则、坚持“九二共识”。一个中国原则是两岸关系的政治基础。基础不牢，地动山摇。推动两岸关系和平发展，最根本的是坚持一个中国原则。任何背离一个中国原则的言行，都不利于两岸关系和平发展，都不利于增进两岸同胞福祉。

要推动两岸关系和平发展，就必须不断维护和厚植两岸关系的政治基础，坚定不移地坚持一个中国原则。

1992 年，大陆海协会和台湾海基会受权就在两岸事务性商谈中表述坚持一个中国原则事宜进行协商，达成了各自以口头方式表述“海峡两岸均坚持一个中国原则”的共识，这个共识后来被概括为“九二共识”，其核心意涵是大陆和台湾同属一个中国，两岸关系不是国与国关系，也不是“一中一台”。

虽然两岸迄今尚未统一，但中国的主权和领土完整从未分裂，两岸同属一个国家、两岸同胞同属一个民族，这一历史事实和法理基础从未改变，也不可能改变。体现一个中国原则的“九二共识”，明确界定了两岸关系的根本性质，是确保两岸关系和平发展的关键。没有这个定海神针，和平发展之舟就会遭遇惊涛骇浪，甚至彻底颠覆。

党的十九大报告明确提出：“承认‘九二共识’的历史事实，认同两岸同属一个中国，两岸双方就能开展对话，协商解决两岸同胞关心的问题，台湾任何政党和团体同大陆交往也不会存在障碍。”这是对两岸关系和平发展的经验总结，也是为扭转当前两岸关系和平发展受挫局面指明根本出路。

2016 年 5 月以来，两岸关系和平发展面临严峻挑战，根源就是民进党当局拒不承认“九二共识”，破坏了两岸关系和平发展的政治基础。只有回到“九二共识”政治基础上来，两岸关系的发展才能拨云见日、重回正轨。

反对任何形式的“台独”分裂活动

当前，对两岸关系和平发展的最大现实威胁是“台独”势力及其活动。习近平总书记明确指出：“‘台独’煽动两岸同胞敌意和对立，损害国家主权和领土完整，破坏台海和平稳定，阻挠两岸关系发展，只会给两岸同胞带来深重祸害。”

民进党自2016年5月上台以来，顽固坚持“台独”立场，纵容支持各种形式的“去中国化”“台独”分裂活动，阻碍两岸交流合作，煽动两岸民意对立，企图挟洋自重，对两岸关系和平发展构成了严峻挑战。习近平总书记严正指出：“解决台湾问题、实现祖国完全统一，是全体中华儿女共同愿望，是中华民族根本利益所在。”在这个民族大义和历史潮流面前，一切分裂祖国的行径和伎俩都是注定要失败的，都会受到人民的谴责和历史的惩罚！

党的十九大报告明确提出：“我们坚决维护国家主权和领土完整，绝不容忍国家分裂的历史悲剧重演。一切分裂祖国的活动都必将遭到全体中国人坚决反对。我们有坚定的意志、充分的信心、足够的能力挫败任何形式的‘台独’分裂图谋。我们绝不允许任何人、任何组织、任何政党、在任何时候、以任何形式、把任何一块中国领土从中国分裂出去！”这明确宣示中国人民有坚定的意志、充分的信心、足够的能力挫败一切分裂国家的活动！两岸同胞要坚决反对“台独”分裂势力，共同维护两岸关系和平发展局面。

促进世界和平与发展

当今世界正在发生深刻复杂变化，和平与发展仍然是时代主题。世界多极化、经济全球化深入发展，文化多样化、社会信息化持续推进，科技革命孕育新突破，全球合作向多层次全方位拓展，新兴市场国家和发展中国家整体实力增强，国际力量对比朝着有利于维护世界和平方向发展，保持国际形势总体稳定具备更多有利条件。

同时，世界仍然很不安宁。国际金融危机影响深远，世界经济增长不稳定不确定因素增多，全球发展不平衡加剧，霸权主义、强权政治和新干涉主义有所上升，局部动荡频繁发生，粮食安全、能源资源安全、网络安全等全球性问题更加突出。

人类只有一个地球，各国共处一个世界。历史昭示我们，弱肉强食不是人类共存之道，穷兵黩武无法带来美好世界。要和平不要战争，要发展不要贫穷，要合作不要对抗，推动建设持久和平、共同繁荣的和谐世界，是各国人民共同愿望。

我们主张，在国际关系中弘扬平等互信、包容互鉴、合作共赢的精神，共同维护国际公平正义。平等互信，就是要遵循联合国宪章宗旨和原则，坚持国家不分大小、强弱、贫富一律平等，推动国际关系民主化，尊重主权，共享安全，维护世界和平稳定。包容互鉴，就是要尊重世界文明多样性、发展道路多样化，尊重和维护各国人民自主选择社会制度和发展道路的权利，相互借鉴，取长补短，推动人类文明进步。合作共赢，就是要倡导人类命运共同体意识，在追求本国利益时兼顾他国合理关切，在谋求本国发展中促进各国共同发展，建立更加平等均衡的新型全球发展伙伴关系，同舟共济，权责共担，增进人类共同利益。

中国将继续高举和平、发展、合作、共赢的旗帜，坚定不移致力于维护世界和平、促进共同发展。

中国将始终不渝走和平发展道路，坚定奉行独立自主的和平外交政策。我们坚决维护国家主权、安全、发展利益，决不会屈服于任何外来压力。我们根据事情本身的是非曲直决定自己的立场和政策，秉持公道，伸张正义。中国主张和平解决国际争端和热点问题，反对动辄诉诸武力或以武力相威胁，反对颠覆别国合法政权，反对一切形式的恐怖主义。中国反对各种形式的霸权主义和强权政治，不干涉别国内政，永远不称霸，永远不搞扩张。中国将坚持把中国人民利益同各国人民共同利益结合起来，以更加积极的姿态参与国际事务，发挥负责任大国作用，共同应对全球性挑战。

中国将始终不渝奉行互利共赢的开放战略，通过深化合作促进世界经济强劲、可持续、平衡增长。中国致力于缩小南北差距，支持发展中国家增强自主发展能力。中国将加强同主要经济体宏观经济政策协调，通过协商妥善解决经贸摩擦。中国坚持权利和义务相平衡，积极参与全球经济治理，推动贸易和投资自由化便利化，反对各种形式的保护主义。

中国坚持在和平共处五项原则基础上全面发展同各国的友好合作。我们将改善和发展同发达国家关系，拓宽合作领域，妥善处理分歧，推动建立长期稳定健康发展的新型大国关系。我们将坚持与邻为善、以邻为伴，巩固睦邻友好，深化互利合作，努力使自身发展更好惠及周边国家。我们将加强同广大发展中国家的团结合作，共同维护发展中国家正当权益，支持扩大发展中国家在国际事务中的代表性和发言权，永远做发展中国家的可靠朋友和真诚伙伴。我们将积极参与多边事务，支持联合国、二十国集团、上海合作组织、金砖国家等发挥积极作用，推动国际秩序和国际体系朝着公正合理的方向发展。我们将扎实推进公共外交和人文交流，维护我国海外合法权益。我们将开展同各国政党和政治组织的友好往来，加强人大、政协、地方、民间团体的对外交流，夯实国家关系发展社会基础。

中国人民热爱和平、渴望发展，愿同各国人民一道为人类和平与发展的崇高事业而不懈努力。

中国方案

2016 年 7 月 1 日，习近平总书记在庆祝中国共产党成立 95 周年大会上指出：全党同志必须牢记，我们要建设的是中国特色社会主义，而不是其他什么主义。历史没有终结，也不可能被终结。中国特色社会主义是不是好，要看事实，要看中国人民的判断，而不是看那些戴着有色眼镜的人的主观臆断。中国共产党人和中国人民完全有信心为人类对更好社会制度的探索提供中国方案。

中国国家主席习近平提出的创新、协调、绿色、开放、共享五大发展理念，不仅为推动中国经济的可持续发展指明了方向，也为世界经济的改革发展稳定积极提供中国方案、贡献中国智慧。

2016 年 9 月 4 日至 5 日，二十国集团领导人第 11 次峰会在杭州举行。杭州峰会是 2016 年我国最重要的主场外交，也是新中国成立以来我国主办的层级最高、影响最深远的多边峰会。杭州峰会通过的由中方起草、主导的《二十国集团领导人杭州峰会公报》是峰会最重要的纲领性文件。

杭州峰会对世界意义非凡。对世界而言，杭州峰会恰逢其时。国际金融危机至今已经 8 年，但世界经济仍未重回正轨，旧问题尚未解决，新挑战不断涌现。在世界经济增长乏力、国际金融市场波动、大宗商品价格震荡、贸易投资低迷的表象之下，增长模式、动力来源、治理结构等深层次、结构性问题亟待解决，来自经济全球化进程中被边缘化的国家与弱势群体的呼声值得重视。与此同时，地区热点问题不靖，地缘政治因素凸显，气候变化、难民危机、恐怖主义等全球性挑战突出，更增加了全球经济的不稳定性和不确定性。

面对世界经济迷局，各方高度关注杭州峰会能否为世界经济指明方向，从根本上解决增长乏力的世界性难题？能否在纷繁复杂的国际形势下重振同舟共济的伙伴精神？能否推动二十国集团在后危机时期成功转型、引领国际经济合作、完善全球经济治理？对这些问题的回答，事关二十国集团所有成员切身利益，牵动世界经济整体发展。

杭州峰会成果高屋建瓴、引领未来。杭州峰会通过的《二十国集团领导人杭州峰会公报》，反映了习近平主席提出的关于创新发展、协调发展、绿色发展、开放发展、共享发展的中国理念，体现了推动解决世界经济增长所面临根本问题的中国方案，融汇了倡导构建人类命运共同体以及完善全球经济治理的中国主张，并将这些理念、方案、主张上升为国际共识。其中，峰会“构建创新、活力、联动、包容的世界经济”的主题植根于中国改革开放的伟大实践，顺应并引领世界经济和国际经济合作潮流，堪称五大发展理念的国际版。这一公报丰富了国际社会关于全球经济治理和国际经济合作的共识，获得二十国集团各方广泛支持，是二十国集团发展史上的重要里程碑。

杭州峰会吸引了外界对中国经济的关注。很多人都在问：中国经济能否避免落入“中等收入陷阱”？能否坚持推进改革？能否实现可持续稳定增长？能否让世界继续从中国发展中获益？习近平主席通过一系列讲话，鲜明展示了中国的道路自信、理论自信、制度自信和文化自信，提出了“四个进程”和“五个坚定不移”，回答了中国经济发展从哪里来和向何处去的问题。关于中国在新的历史起点上如何向前发展，习近平主席提供了清晰有力的答案，那就是中国的改革不会放慢，我们将坚定不移地全面深化改革，开拓更好发展前景；中国的开放不会停步，我们将坚定不移扩大开放，实现更广互利共赢。我们并将坚定不移地推动创新发展、绿色发展、共享发展，释放更强增长动力、谋求更高质量效益、增进更多民众福祉。中国改革发展步伐越走越好，将对世界经济作出更大贡献。

杭州峰会赢得国际社会高度评价。俄新社称，中国通过给全球经济和地缘政治提供解决方案，展现了大国智慧和担当。加拿大《新闻报》认为，杭州峰会对中国来说是展示自我的重要机会，足以证明中国是一个能够与全球主要力量和谐相处的负责任大国。许多国外媒体和学者认为，中国的改革发展理念正在成功“全球化”，加强创新与结构性改革是中国为世界经济开出的“中国药方”，这一理念基于中国自身发展理念与经验，同峰会主题以及中国的五大发展理念一脉相承。不少欧洲媒体认为，中国以既权威又公平的方式主导会议进程和成果文件磋商，最终形成了一份公平的会议公报，使所有二十国集团成员欣然接受。

杭州峰会已载入史册，但它的影响犹如气势磅礴的钱塘江大潮，将推动中国改革开放奋勇前行，推动中国在更高层次、更广范围、更深程度上参与全球经济治理，推动二十国集团实现转型发展，推动世界经济走上强劲、可持续、平衡、包容增长轨道。

“中国方案”在与世界的互动交流中，必然会不断吸收世界各国发展的有益经验，以充实和发展自身。“中国方案”对世界各国尤其对发展中国家现代化建设也必然会产生越来越大的影响，中国共产党人和中国人民完全有信心有能力为人类对美好社会制度的探索提供日益完善、成熟、更好的“中国方案”。

“一带一路”战略构想

“一带一路”是指“丝绸之路经济带”和“21世纪海上丝绸之路”。

2013年9月7日，习近平主席在哈萨克斯坦纳扎尔巴耶夫大学发表重要演讲，首次提出了加强政策沟通、道路联通、贸易畅通、货币流通、民心相通，共同建设“丝绸之路经济带”的战略倡议；2013年10月3日，习近平主席在印度尼西亚国会发表重要演讲时明确提出，中国致力于加强同东盟国家的互联互通建设，愿同东盟国家发展好海洋合作伙伴关系，共同建设“21世纪海上丝绸之路”。

中国提出建设“一带一路”的重大倡议，是扩大和深化对外开放的重大战略举措，也是实现与亚欧非及世界各国互利共赢的重大举措。“一带一路”建设旨在促进经济要素有序自由流动、资源高效配置和市场深度融合，推动沿线各国实现经济政策协调，开展更大范围、更高水平、更深层次的区域合作，共同打造开放、包容、均衡、普惠的区域经济合作架构。共建“一带一路”符合沿线各国的共同利益，是对国际合作以及全球发展新模式的积极探索。

共商共建共享理念

党的十九大报告指出："中国秉持共商共建共享的全球治理观，倡导国际关系民主化，坚持国家不分大小、强弱、贫富一律平等，支持联合国发挥积极作用，支持扩大发展中国家在国际事务中的代表性和发言权。中国将继续发挥负责任大国作用，积极参与全球治理体系改革和建设，不断贡献中国智慧和力量。" 这是新时代中国特色大国外交思想的重要内容，是中国参与全球治理体系改革和建设的基本原则，也是推进国际关系民主化、推动构建人类命运共同体的积极倡议。中国明确提出共商共建共享的全球治理观，回答了"谁来治理"、"怎样治理"和"为什么治理"的重大问题，具有鲜明的时代意义和深刻的实践意义。

共商共建共享的全球治理观明确了全球治理主体（谁来治理）这一根本问题，强调治理的多元主体、平等参与和民主协商，是国际关系民主化在全球治理领域的具体实践。

共商共建共享的治理观意味着全球治理的主体是构成国际体系的世界各国，而不是世界的某一个部分和某一类国家。这是一种共有共治共享的理念，是国际关系民主化在全球治理领域的突出表现。国际关系民主化的基本精神就是反对单边主义和强权政治，坚持主权平等、不干涉内政、尊重多样性、协商治理和共同发展等基本原则。国际关系民主化是全球治理改革的必然要求。共商共建共享意味着世界各国不分大小、强弱，平等参与全球治理进程，协商应对全球问题，共同承担全球责任，合作促进全球福祉。

共商共建共享的全球治理观回答了"怎样治理"的问题，从代表性、包容性、开放性和公正性四个方面规定了全球治理体系的内涵。

共商共建共享的全球治理观要求建设更具代表性的治理体系。

共商共建共享所强调的“共同性”就是要增加新兴市场国家和发展中国家在全球治理体系中的代表性及发言权，使之能够更加平衡地反映大多数国家的意愿和利益。

共商共建共享的全球治理观要求遵循更具包容性的治理原则。作为国际体系主要行为体的主权国家都有平等参与全球治理的政治权利，以及自由进入国际市场、参与国际经济竞争且获得公平经济收益的权利。无论是在全球治理的政治安全领域还是经济、社会领域，任何国家都没有垄断性权力，任何国家政治和经济权力的增长都不能以牺牲其他国家的利益为代价。

共商共建共享的全球治理观意味着更具开放性的治理方式，即以应对跨国威胁、提升共同福祉为驱动。开放指的是参与成员开放、议程开放、合作过程开放和结果开放，是防止治理机制封闭化和规则碎片化。过程开放的全球治理不应简单地以制度化水平为衡量标准，不应机械地预设固定成员、路径和具体目标，而是应该以问题为导向，以有效应对跨国威胁、凝聚共识、促进合作与共同发展为宗旨，同意合作议程并且愿意承担责任的国家都可以加入进来，以非歧视性原则为基础与非成员国共同分享利益。

共商共建共享的全球治理观要求建立更具公正性的治理规则。国际规则是全球治理的核心，有效规则是有效治理的必要条件。公平公正的规则有助于加强信息透明度、降低不确定性和交易成本、促成国际合作。同时，规则又是世界秩序的基础，制定和实施什么样的规则会在很大程度上决定利益天平倾斜的方向，也将对未来全球治理走向和国际秩序形态产生深远影响。现行全球治理体制公平性不足，当下，公平地、充分地考虑各国的责任和权利，尤其是发展中国家在国际事务中的代表性和话语权，是公正性原则的重要内容。

共商共建共享的全球治理观以构建新型国际关系为实践目标，以构建人类命运共同体为最高目标。

共商共建共享的全球治理观是构建新型国际关系的实践。平等参与、协商治理、共同建设可以推动国与国之间形成相互尊重和对话合作的互动习惯及文化。共同面对跨国威胁、共同承担治理责任、共同享有发展成果可以有效纠正全球化进程中权责不等、发展不均、分配不公的问题，可以有效避免治理失灵和体系失序。新型治理观强调“共同”与“合作”，这是对强权政治、零和思维和丛林法则的根本否定，也是在全球各国相互依赖更加复杂条件下，各方实现共赢的唯一路径。

共商共建共享的全球治理观以构建人类命运共同体为最高目标。随着冷战结束和全球化飞速发展，各国相互联系、相互依存的程度空前加深，越来越成为“你中有我”“我中有你”的命运共同体。只有将构建人类命运共同体作为全球治理的最高目标，以保护和促进全人类的共同利益为根本宗旨，才有可能真正从根本上克服治理失灵的问题，建立公平公正有效的治理体系和世界秩序。

推动全球治理体系变革是国际社会大家的事，要坚持共商共建共享原则，使关于全球治理体系变革的主张转化为各方共识，形成一致行动。习近平总书记指出：“什么样的国际秩序和全球治理体系对世界好、对世界各国人民好，要由各国人民商量，不能由一家说了算，不能由少数人说了算。”推进全球治理体系变革并不是推倒重来，也不是另起炉灶，而是创新完善，使全球治理体系更好地反映国际格局的变化，更加平衡地反映大多数国家特别是新兴市场国家和发展中国家的意愿和利益。坚定维护以联合国宪章宗旨和原则为核心的国际秩序和国际体系，维护和巩固第二次世界大战胜利成果，积极维护开放型世界经济体制，提高国际法在全球治理中的地位和作用，推动建设和完善区域合作机制，加强国际社会应对资源能源安全、粮食安全、网络安全，应对气候变化，打击恐怖主义，防范重大传染性疾病等全球性挑战的能力。

人类命运共同体和正确义利观

党的十八大报告强调，人类只有一个地球，各国共处一个世界，要倡导“人类命运共同体”意识。习近平就任总书记后首次会见外国人士就表示，国际社会日益成为一个你中有我、我中有你的“命运共同体”，面对世界经济的复杂形势和全球性问题，任何国家都不可能独善其身。“命运共同体”是近年来中国政府反复强调的关于人类社会的新理念。

习近平主席于 2015 年 9 月 28 日出席第七十届联大一般性辩论，发表《携手构建合作共赢新伙伴　同心打造人类命运共同体》的重要讲话，强调当今世界各国相互依存、休戚与共，要继承和弘扬联合国宪章的宗旨和原则，构建以“合作共赢”为核心的“新型国际关系”，打造“人类命运共同体”，并系统提出了“人类命运共同体”的五大支柱：一是政治上要建立平等相待、互商互谅的伙伴关系。要奉行双赢、多赢、共赢的新理念，扔掉我赢你输、赢者通吃的旧思维。要倡导“以对话解争端、以协商化分歧”，走出一条“对话而不对抗，结伴而不结盟”的国与国交往新路。二是安全上要营造公道正义、共建共享的安全格局。要摒弃一切形式的“冷战思维”，树立“共同、综合、合作、可持续安全”的新观念。要充分发挥联合国及其安理会在止战维和方面的核心作用，通过和平解决争端和强制性行动双轨并举，化干戈为玉帛。三是经济上要谋求开放创新、包容互惠的发展前景。大家一起发展才是“真发展”，可持续发展才是“好发展”。要秉承开放精神，推进互帮互助、互惠互利。四是文化上要促进和而不同、兼收并蓄的文明交流。文明之间要对话，不要排斥；要交流，不要取代。要尊重各种文明，平等相待，互学互鉴，兼收并蓄，推动人类文明实现创造性发展。五是环境上要构筑尊崇自然、绿色发展的生态体系。要解决好工业文明带来的矛盾，以“人与自然和谐相处”为目标，实现世界的可持续发展和人的全面发展。

正确义利观：习近平秉承中华优秀文化和新中国外交传统，顺应和平、发展、合作、共赢的时代潮流，提出中国外交要坚持正确义利观，创造性地丰富了传统义利观的内涵，使之更具时代意义，为中国外交开启新篇章。习近平对正确义利观的内涵作了精辟论述，他指出：“义，反映的是我们的一个理念，共产党人、社会主义国家的理念。这个世界上一部分人过得很好，一部分人过得很不好，不是个好现象。真正的快乐幸福是大家共同快乐、共同幸福。我们希望全世界共同发展，特别是希望广大发展中国家加快发展。利，就是要恪守互利共赢原则，不搞我赢你输，要实现双赢。我们有义务对贫穷的国家给予力所能及的帮助，有时甚至要重义轻利、舍利取义，绝不能惟利是图、斤斤计较。”“我们要注重利，更要注重义。只有义利兼顾才能义利兼得，只有义利平衡才能义利共赢。”“对周边和发展中国家，一定要坚持正确义利观。只有坚持正确义利观，才能把工作做好、做到人的心里去。政治上要秉持公道正义，坚持平等相待，遵守国际关系基本原则，反对霸权主义和强权政治，反对为一己之私损害他人利益、破坏地区和平稳定。经济上要坚持互利共赢、共同发展。对那些长期对华友好而自身发展任务艰巨的周边和发展中国家，要更多考虑对方利益，不要损人利己、以邻为壑。”

第二部分

法律基础知识与相关法律法规

一、宪法

复习要点提示

- 掌握我国的国家指导思想和我国的国体。
- 掌握中国特色社会主义事业总体布局。
- 掌握中国特色社会主义最本质的特征。
- 掌握公民的基本权利和基本义务。
- 熟悉国旗、国歌、国徽、首都的规定。

宪 法

宪法是国家的根本大法，是治国安邦的总章程，适用于国家全体公民，是特定社会政治经济和思想文化条件综合作用的产物，集中反映各种政治力量的实际对比关系，确认革命胜利成果和现实的民主政治，规定国家的根本任务和根本制度，即社会制度、国家制度的原则和国家政权的组织以及公民的基本权利义务等内容。

《中华人民共和国宪法》是中华人民共和国全国人民代表大会制定和颁布的国家根本大法。规定国家的根本制度和根本任务，公民的基本权利和义务，国家机构的组织原则和职权。宪法具有最高的法律效力，一切法律、法规都必须依据宪法，都不得同宪法相抵触。中华人民共和国成立后，曾于1954年9月20日、1975年1月17日、1978年3月5日和1982年12月4日通过四个宪法。现行宪法为

1982 年宪法，并历经 1988 年、1993 年、1999 年、2004 年、2018 年五次修订。

我国的国家指导思想

中国新民主主义革命的胜利和社会主义事业的成就，是中国共产党领导中国各族人民，在马克思列宁主义、毛泽东思想的指引下，坚持真理，修正错误，战胜许多艰难险阻而取得的。我国将长期处于社会主义初级阶段。国家的根本任务是，沿着中国特色社会主义道路，集中力量进行社会主义现代化建设。中国各族人民将继续在中国共产党领导下，在马克思列宁主义、毛泽东思想、邓小平理论、“三个代表”重要思想、科学发展观、习近平新时代中国特色社会主义思想指引下，坚持人民民主专政，坚持社会主义道路，坚持改革开放，不断完善社会主义的各项制度，发展社会主义市场经济，发展社会主义民主，健全社会主义法治，贯彻新发展理念，自力更生，艰苦奋斗，逐步实现工业、农业、国防和科学技术的现代化，推动物质文明、政治文明、精神文明、社会文明、生态文明协调发展，把我国建设成为富强民主文明和谐美丽的社会主义现代化强国，实现中华民族伟大复兴。

我国的国体

国体是指国家的性质，亦称国家的阶级本质。具体地说，就是社会各阶级在国家中所处的地位。宪法第一条规定：我国的国体为“中华人民共和国是工人阶级领导的、以工农联盟为基础的人民民主专政的社会主义国家”。

中国特色社会主义事业总体布局

宪法序言里指出："推动物质文明、政治文明、精神文明、社会文明、生态文明协调发展，把我国建设成为富强民主文明和谐美丽的社会主义现代化强国，实现中华民族伟大复兴。""五位一体"总体布局，是中国共产党对"实现什么样的发展、怎样发展"这一重大战略问题的科学回答，为用中国特色社会主义理论体系武装头脑、指导实践、推动工作，提供了强大思想武器。

"五位一体"总布局是一个有机整体，其中经济建设是根本，政治建设是保证，文化建设是灵魂，社会建设是条件，生态文明建设是基础。只有坚持五位一体建设全面推进、协调发展，才能形成经济富裕、政治民主、文化繁荣、社会公平、生态良好的发展格局，把我国建设成为富强民主文明和谐的社会主义现代化国家。

中国特色社会主义最本质的特征

党的十九大报告指出，明确中国特色社会主义最本质的特征是中国共产党领导，中国特色社会主义制度的最大优势是中国共产党领导，党是最高政治领导力量，提出新时代党的建设总要求，突出政治建设在党的建设中的重要地位。十三届全国人大一次会议通过的宪法修正案第三十六条，将"中国共产党领导是中国特色社会主义最本质的特征"增写入宪法第一条第二款。

依法治国

依法治国就是依照体现人民意志和社会发展规律的法律治理国家，而不是依照个人意志、主张治理国家；要求国家的政治、经济运作、社会各方面的活动通通依照法律进行，而不受任何个人意志的干预、阻碍或破坏。

依法治国是中国共产党领导全国各族人民治理国家的基本方略，基本内容包括：

（1）依法治国的主体是中国共产党领导下的人民群众。（2）依法治国的本质是崇尚宪法和法律在国家政治、经济和社会生活中的权威，彻底否定人治，确立法大于人、法高于权的原则，使社会主义民主制度和法律不受个人意志的影响。（3）依法治国的根本目的是保证人民充分行使当家作主的权利，维护人民当家作主的地位。依法治国是一切国家机关必须遵循的基本原则。（4）全面推进依法治国基本方略的新方针："科学立法，严格执法，公正司法，全民守法。"（5）立法机关要严格按照立法法制定法律，逐步建立起完备的法律体系，使国家各项事业有法可依。有法可依是实现依法治国的前提条件。（6）行政机关要严格依法行政。依法行政就是要求各级政府及其工作人员严格依法行使其权力，依法处理国家各种事务。它是依法治国的重要环节。（7）司法机关要公正司法、严格执法。总之，依法治国要求各级国家机关切实做到有法必依、执法必严、违法必究。

我国的文化制度

我国基本文化制度是围绕社会主义精神文明的核心进行教育科学文化建设和思想道德建设。我国宪法第二十四条规定："国家通过普及理想教育、道德教育、文化教育、纪律和法制教育，通过在城乡不同范围的群众中制定和执行各种守则、公约，加强社会主义精神文明的建设。国家倡导社会主义核心价值观，提倡爱祖国、爱人民、爱劳动、爱科学、爱社会主义的公德，在人民中进行爱国主义、集体主义和国际主义、共产主义的教育，进行辩证唯物主义和历史唯物主义的教育，反对资本主义的、封建主义的和其他的腐朽思想。”

我国公民的基本权利和义务

公民的基本权利是指一国宪法确认的公民在政治、经济、文化、人身等方面所享有的基本权利。公民权中基本的、主要的部分，通常由宪法加以明确规定。我国宪法对公民基本权利的规定，体现了广泛性、平等性、真实性以及权利和义务的一致性。

《宪法》规定我国公民的基本权利，主要包括以下几个方面：

（1）法律面前一律平等；（2）政治权利和自由，包括选举权和被选举权，言论、出版、集会、结社、游行、示威的自由；（3）宗教信仰自由；（4）人身与人格权，包括人身自由不受侵犯，人格尊严不受侵犯，住宅不受侵犯，通信自由和通信秘密受法律保护；（5）监督权，包括对国家机关及其工作人员有批评、建议、申诉、控告、检举并依法取得赔偿的权利；（6）社会经济权利，包括劳动权利，劳动者休息权利，退休人员生活保障权利，因年老、疾病、残疾或丧失劳动能力时从国家和社会获得社会保障与物质帮助的权利；（7）社会文化权利和自由，包括受教育权利，进行科研、文艺创作和其他文化活动的自由；（8）妇女保护权，包括妇女在政治、经济、文化、社会和家庭生活等方面享有同男子同等的权利；（9）婚姻、家庭、母亲和儿童受国家保护；（10）华侨、归侨和侨眷的正当权利和利益受国家保护。

公民的基本义务也称宪法义务，是指由宪法规定的公民必须遵守和应尽的基本责任。公民的基本义务是公民对国家具有首要意义的义务：它构成普通法律规定的义务的基础。公民的基本义务与基本权利一起共同反映并决定着公民在国家中的政治与法律地位，构成普通法律规定的公民权利义务的基础和原则。

《宪法》规定我国公民的基本义务包括以下几个方面：（1）维护国家的统一和全国各民族的团结；（2）遵守宪法和法律，保守国家秘密，爱护公共财产，遵守劳动纪律，遵守公共秩序，尊重社会公德；（3）维护国家的安全、荣誉和利益；（4）保卫祖国，抵抗侵略，依照法律服兵役和参加民兵组织；（5）依照法律纳税；（6）其他义务。

倡导社会主义核心价值观

社会主义核心价值观是社会主义核心价值体系的内核，体现社会主义核心价值体系的根本性质和基本特征，反映社会主义核心价值体系的丰富内涵和实践要求，是社会主义核心价值体系的高度凝练和集中表达。

党的十八大提出，倡导富强、民主、文明、和谐，倡导自由、平等、公正、法治，倡导爱国、敬业、诚信、友善，积极培育和践行社会主义核心价值观。富强、民主、文明、和谐是国家层面的价值目标，自由、平等、公正、法治是社会层面的价值取向，爱国、敬业、诚信、友善是公民个人层面的价值准则，这 24 个字是社会主义核心价值观的基本内容。

党的十八大以来，中央高度重视培育和践行社会主义核心价值观。党中央的高度重视和有力部署，为加强社会主义核心价值观教育实践指明了努力方向，提供了重要遵循。2017 年 10 月 18 日，习近平同志在十九大报告中指出，要培育和践行社会主义核心价值观。要以培养担当民族复兴大任的时代新人为着眼点，强化教育引导、实践养成、制度保障，发挥社会主义核心价值观对国民教育、精神文明创建、精神文化产品创作生产传播的引领作用，把社会主义核心价值观融入社会发展各方面，转化为人们的情感认同和行为习惯。2018 年 3 月 11 日，第十三届全国人民代表大会第一次会议通过中华人民共和国宪法修正案，将“国家提倡爱祖国、爱人民、爱劳动、爱科学、爱社会主义的公德”修改为“国家倡导社会主义核心价值观，提倡爱祖国、爱人民、爱劳动、爱科学、爱社会主义的公德”。

宪法宣誓制度

宪法宣誓制度是国家工作人员就职时应当依照法律规定公开进行宪法宣誓。《中共中央关于全面推进依法治国若干重大问题的决定》于 2014 年 10 月 23 日中国共产党第十八届中央委员会第四次全体会议通过。决定拟建立宪法宣誓制度，培养领导干部对宪法的忠诚。

十二届全国人大常委会第十五次会议于 2015 年 7 月 1 日通过《全国人民代表大会常务委员会关于实行宪法宣誓制度的决定》，以立法方式确立了我国宪法宣誓制度。其中规定“宪法是国家的根本法，是治国安邦的总章程，具有最高的法律地位、法律权威、法律效力。国家工作人员必须树立宪法意识，恪守宪法原则，弘扬宪法精神，履行宪法使命。为彰显宪法权威，激励和教育国家工作人员忠于宪法、遵守宪法、维护宪法，加强宪法实施”。“各级人民代表大会及县级以上各级人民代表大会常务委员会选举或者决定任命的国家工作人员，以及各级人民政府、人民法院、人民检察院任命的国家工作人员，在就职时应当公开进行宪法宣誓。”

2018 年 2 月 24 日，全国人大常委会对宪法宣誓制度作出修订，新的誓词为：“我宣誓：忠于中华人民共和国宪法，维护宪法权威，履行法定职责，忠于祖国、忠于人民，恪尽职守、廉洁奉公，接受人民监督，为建设富强民主文明和谐美丽的社会主义现代化强国努力奋斗！”2018 年 3 月 11 日，第十三届全国人民代表大会第一次会议通过的宪法修正案，将宪法第二十七条增加一款，作为第三款：“国家工作人员就职时应当依照法律规定公开进行宪法宣誓。”

监察制度

监察制度是指国家监察机关依法对所有行使公权力的公职人员进行监察，调查职务违法和职务犯罪，开展廉政建设和反腐败工作，维护宪法和法律的尊严。

我国监察制度起源于周朝，兴于秦汉，隋唐时期臻于完备，一直延续至明清。在数千年的历史长河中，监察机构几经变革，不仅名称有所变化，而且机构设置与地位也有所变化。

各级监察委员会是行使国家监察职能的专责机关，监察委员会依照法律规定独立行使监察权，不受行政机关、社会团体和个人的干涉。监察机关办理职务违法和职务犯罪案件，应当与审判机关、检察机关、执法部门互相配合，互相制约。监察机关在工作中需要协助的，有关机关和单位应当根据监察机关的要求依法予以协助。

国家监察工作坚持标本兼治、综合治理，强化监督问责，严厉惩治腐败；深化改革、健全法治，有效制约和监督权力；加强法治教育和道德教育，弘扬中华优秀传统文化，构建不敢腐、不能腐、不想腐的长效机制。

使用语言文字的原则

关于使用语言文字的原则，宪法规定：国家推广全国通用的普通话。

国旗、国歌、国徽、首都的规定

我国宪法规定：中华人民共和国国旗是五星红旗；中华人民共和国国歌是《义勇军进行曲》；中华人民共和国国徽，中间是五星照耀下的天安门，周围是谷穗和齿轮；中华人民共和国首都是北京。

二、相关法律法规

复习要点提示

- 了解未成年人法定年龄标准。
- 了解《国歌法》《英雄烈士保护法》《广告法》《监察法》的相关规定。
- 掌握破坏广播电视设施罪、侵犯著作权罪、侮辱罪、诽谤罪、非法获取国家秘密罪、传播淫秽物品罪的法律规定。
- 掌握民事权利能力和民事行为能力、人身权、名誉权、荣誉权、姓名权、承担民事责任的方式、合同、侵权责任的法律规定。
- 掌握著作权法保护的作品范围、著作权权利限制、广播电台电视台的权利和义务的内容。
- 掌握职务作品的著作权归属情形。
- 明确国家秘密的范围、禁止制作和播放的广播电视节目、国家通用语言文字的使用。

民法总则

第十二届全国人民代表大会第五次会议 2017 年 3 月 15 日表决通过了《中华人民共和国民法总则》，自 2017 年 10 月 1 日起施行。

《民法总则》是民法典的总则编，规定了民事活动的基本原则和一般规定，在民法典中起统领性作用。共分基本规定、自然人、法人、非法人组织、民事权利、民事法律行为、代理、民事责任、诉讼时效、期间计算和附则共十一章、二百零六条。

未成年人法定年龄标准

《民法总则》规定：十八周岁以上的自然人为成年人。不满十八周岁的自然人为未成年人。

成年人为完全民事行为能力人，可以独立实施民事法律行为；十六周岁以上的未成年人，以自己的劳动收入为主要生活来源的，视为完全民事行为能力人。

八周岁以上的未成年人为限制民事行为能力人，实施民事法律行为由其法定代理人代理或者经其法定代理人同意、追认，但是可以独立实施纯获利益的民事法律行为或者与其年龄、智力相适应的民事法律行为。

不满八周岁的未成年人为无民事行为能力人，由其法定代理人代理实施民事法律行为。

不能辨认自己行为的成年人为无民事行为能力人，由其法定代理人代理实施民事法律行为；八周岁以上的未成年人不能辨认自己行为的，适用前款规定。

保护人身自由、人格尊严

《民法总则》第一百零九条规定：自然人的人身自由、人格尊严受法律保护。

人身自由也称“身体自由”。公民的基本权利之一。指公民在法律规定范围内，人身和行动完全受自己支配，有不受非法拘禁、逮捕、搜查和侵害的自由。它是公民享受其他一切自由的基础和前提，也是公民生存的起码权利。狭义的人身自由仅指公民的身体自由不受侵犯，即公民享有不受非法限制、监禁、逮捕或羁押的权利。广义的人身自由还包括与人身紧密联系的人格尊严和公民住宅不受侵犯，公民的通信自由和通信秘密受法律保护等。

保护自然人的生命权、身体权、健康权、姓名权、肖像权、名誉权、荣誉权、隐私权、婚姻自主权

《民法总则》全面系统规定了民事权利，在民法通则的基础上修改完善了民事权利体系，强化了保护民事权利的观念。

根据民事权利是否以财产利益为内容，民事权利可分为财产权和人身权。财产权，是指以财产利益为内容，直接体现财产利益的民事权利。财产权既包括物权、债权、继承权，也包括知识产权中的财产权利。

人身权，是指不直接具有财产内容，与主体人身不可分离的权利。包括人格权和身份权。人格权包括生命权、身体权、健康权、姓名权、名誉权、肖像权、荣誉权、隐私权等。身份权包括亲权、配偶权、亲属权等。《民法总则》第一百一十条第一款规定：自然人享有生命权、身体权、健康权、姓名权、肖像权、名誉权、荣誉权、隐私权、婚姻自主权等权利。第一百一十二条规定：自然人因婚姻、家庭关系等产生的人身权利受法律保护。

保护法人、非法人组织的名称权、名誉权、荣誉权

《民法总则》对法人及非法人组织的民事权利作了规定，第一百一十条第二款：法人、非法人组织享有名称权、名誉权、荣誉权等权利。名称权，是指法人、非法人组织依法享有的决定、使用、

改变其名称，并排除他人干涉的权利。名称权包含以下内容：名称决定权、名称使用权、名称变更权、名称转让权。名称转让权是名称权的特殊之处，人格权具有专属性，一般不得转让。但法人名称权依法可以转让，这是人格权的一个例外。转让可以是全部转让，也可以是部分转让。全部转让的，原名称权人也不得再使用该名称；部分转让的，原名称权人仍享有名称权，受让人只是取得使用该名称的权利。法人、非法人组织享有名誉权。名誉权是指民事主体就自身属性和价值所获得的社会评价和自我评价享有的保有和维护的人格权。法人、非法人组织享有荣誉权。

保护个人信息

《民法总则》第一百一十一条规定：自然人的个人信息受法律保护。任何组织和个人需要获取他人个人信息的，应当依法取得并确保信息安全，不得非法收集、使用、加工、传输他人个人信息，不得非法买卖、提供或者公开他人个人信息。这在一定程度上，用法律的形式保障了公民的个人信息安全。

保护英雄烈士

《民法总则》第一百八十五条规定：侵害英雄烈士等的姓名、肖像、名誉、荣誉，损害社会公共利益的，应当承担民事责任。

2018 年 4 月 27 日第十三届全国人民代表大会常务委员会第二次会议通过了《中华人民共和国英雄烈士保护法》，自 2018 年 5 月 1 日起施行。立法保护英雄烈士既是对英雄烈士的人格利益基本保护，让流了血的英雄的家人亲属不再流泪，也是促进社会尊崇英烈，惩恶扬善，弘扬社会主义核心价值观。

刑　法

刑法是规定犯罪、刑事责任和刑罚的法律，是掌握政权的统治阶级为了维护本阶级政治上的统治和经济上的利益，根据其阶级意志，规定哪些行为是犯罪并应当负刑事责任，给予犯罪人何种刑事处罚的法律。刑法有广义刑法与狭义刑法之分。广义刑法是指一切规定犯罪、刑事责任和刑罚的法律规范的总和，包括刑法典、单行刑法以及非刑事法律中的刑事责任条款。狭义刑法是指刑法典。现行的《中华人民共和国刑法》是 1979 年第五届全国人民代表大会第二次会议通过，1997 年第八届全国人民代表大会第五次会议修订的。

为境外窃取、刺探、收买、非法提供国家秘密、情报罪

为境外窃取、刺探、收买、非法提供国家秘密、情报罪，是指为境外的机构、组织、人员窃取、刺探、收买、非法提供国家秘密或情报的行为。

本罪侵犯的客体是国家的安全即人民民主专政的政权和社会主义制度。保守国家秘密是宪法规定的中国公民的一项基本权利和义务。本罪在客观方面表现为：为境外机构、组织、人员窃取、刺探、收买、非法提供国家秘密或者情报的行为。

本罪主体为一般主体。凡达到刑事责任年龄具备刑事责任能力的中国公民均可构成，外国人、无国籍人不构成本罪。本罪在主观方面表现为故意。

犯本罪的，处五年以上十年以下有期徒刑；情节特别严重的，处十年以上有期徒刑或者无期徒刑；情节较轻的，处五年以下有期徒刑、

拘役、管制或者剥夺政治权利。根据《刑法》第 56 条和第 113 条的规定，犯本罪的，应当附加剥夺政治权利，可以并处没收财产。对国家和人民危害特别严重、情节特别恶劣的，可以判处死刑。

破坏广播电视设施罪

破坏广播电视设施罪，是指故意破坏正在使用中的广播电视设施，危害公共安全的行为。这是一种以广播电视设施为特定破坏对象的危害公共安全罪。

本罪所侵犯的客体是广播电视领域的公共安全。本罪在客观方面表现为破坏广播电视设施，足以危害公共安全的行为。

本罪主体是一般主体，既可以是普通公民，也可以是从事广播、电视业务的人员。凡达到法定刑事责任年龄、具有刑事责任能力的人均可构成。本罪在主观方面表现为故意，包括直接故意和间接故意。故意的内容表现为，行为人明知其破坏广播电视设施的行为会危害公共安全，并且希望或者放任这种危害结果的发生。

犯本罪的，处三年以上七年以下有期徒刑；造成严重后果的，处七年以上有期徒刑。所谓严重后果，不限于致人重伤、死亡或者使公私财产遭受重大损失。应结合本罪的特点，综合案件情节，如破坏的广播电视设施的性质、严重程度，广播电视播出中断的性质、时间长短、影响面以及直接造成的危害结果等，全面考虑确定。

侵犯著作权罪

侵犯著作权罪，是指以营利为目的，未经著作权人许可复制发行其文字、音像、计算机软件等作品，出版他人享有专有出版权的图书，未经制作者许可复制发行其制作的音像制品，制作、出售假冒他人署名的美术作品，违法所得数额较大或者有其他严重情节的行为。

本罪侵犯的客体是国家的著作权管理制度以及他人的著作权和与著作权有关的权益。本罪在客观方面表现为侵犯著作权和与著作权有关权益，情节严重的行为。

本罪的主体为一般主体，既包括达到刑事责任年龄，并具有刑事责任能力的自然人，也包括经国家批准和未经国家批准从事出版、发行活动的单位。单位犯本罪的，实行两罚制，即对单位判处罚金，对其直接负责的主管人员和其他直接责任人员依本条规定追究刑事责任。本罪在主观方面表现为故意，并且具有营利的目的。如果行为人出于过失，如误认为他人作品已过保护期而复制发行，或虽系故意，但由于追求名誉等非营利目的的，则不能构成本罪。

自然人犯本罪的，处三年以下有期徒刑或者拘役，并处或者单处罚金；违法所得数额巨大或者有其他特别严重情节的，处三年以上七年以下有期徒刑，并处罚金。情节特别严重，是指违法所得数额巨大或者具有其他特别严重的情节。所谓违法所得数额巨大，根据有关司法解释的规定，是指个人违法所得数额即获利数额在10万元以上，或单位违法所得数额在50万元以上。所谓其他特别严重情节，是指具有下列情形之一者：①因侵犯著作权被追究刑事责任，又犯侵犯著作权罪的；②个人非法经营数额在100万元以上，单位非法经营数额在500万元以上的；③造成其他特别严重后果或者具有其他特别严重情节的。单位犯本罪的，对单位判处罚金，对其直接负责的主管人员和其他直接责任人员，依本条规定追究刑事责任。

损害商业信誉、商品声誉罪

损害商业信誉、商品声誉罪，是指捏造并散布虚伪事实，损害他人的商业信誉、商品声誉，给他人造成重大损失或者有其他严重情节的行为。

本罪侵犯的客体既包括商业信誉和商品声誉的权利人的合法权益，又包括正常的社会主义市场秩序。本罪在客观上表现为捏造并散布虚伪事实，损害他人的商业信誉、商品信誉，给他人造成重大损失或者有其他严重情节的行为。

本罪的主体为一般主体，凡达到刑事责任年龄且具备刑事责任能力的自然人均能构成本罪。单位亦能成为本罪主体，单位犯本罪的，实行两罚制，对单位判处罚金，对其直接负责的主管人员和其他直接责任人员依本条之规定追究刑事责任。不过，本罪的主体多为经营者，为在市场上占据位置，以诽谤的方式毁损竞争对手。本罪在主观方面表现为直接故意，并且以损害他人的商业信誉和商品声誉为目的，间接故意与过失不构成本罪。

自然人犯本罪的，处二年以下有期徒刑或者拘役，并处或者单处罚金。单位犯本罪的，对单位判处罚金，并对单位直接负责的主管人员和其他直接责任人员依上述规定追究刑事责任。

虚假广告罪

虚假广告罪，是指广告主、广告经营者、广告发布者违反国家规定，利用广告对商品或服务作虚假宣传，情节严重的行为。

本罪侵犯的客体是社会主义市场经济条件下商品正当的交易活动和竞争活动。本罪在客观方面表现为广告主、广告经营者和广告发布者违反国家关于广告管理法律、法规，实施了情节严重的虚假广告行为。

本罪的主体为特殊主体，即广告主、广告经营者和广告发布者。本罪在主观方面只能是故意，而不能是过失。

自然人犯本罪的，处二年以下有期徒刑或者拘役，并处或者单处罚金。单位犯本罪的，对单位判处罚金，对其直接负责的主管人员和其他直接责任人员依上述规定追究刑事责任。

诬告陷害罪

诬告陷害罪，是指捏造事实诬告陷害他人，意图使他人受刑事追究，情节严重的行为。

本罪侵犯的客体是他人的人身权利和司法机关的正常活动。本罪在客观上表现为捏造他人犯罪的事实，向国家机关或有关单位告发，或者采取其他方法足以引起司法机关的追究活动。

本罪的主体是一般主体，只要达到法定刑事责任年龄，并且具有刑事责任能力的人即可构成，但是，如果主体是国家机关工作人员，还要从重处罚。本罪的行为人只要实施了诬告陷害他人的行为，就构成犯罪既遂。被诬告人是否因此受到刑事处罚，则不影响本罪的成立。本罪在主观方面必须出于直接故意，即明知自己在捏造事实，一向有关机关或单位告发就会产生被告发人遭受刑事追究的危害后果，但仍决意为之，并且希望这一危害结果发生。

犯本罪的，处三年以下有期徒刑、拘役或者管制；造成严重后果的，处三年以上十年以下有期徒刑。国家机关工作人员犯本罪的，从重处罚。

侮辱罪

侮辱罪，是指使用暴力或者以其他方法，公然贬损他人人格，破坏他人名誉，情节严重的行为。

本罪侵犯的客体是他人的人格尊严和名誉权。本罪的犯罪对象，只能是自然人，而非单位。侮辱法人以及其他团体、组织，不构成侮辱罪。本罪在客观方面表现为以暴力或其他方法公然贬损他人人格、破坏他人名誉，情节严重的行为。

本罪主体是一般主体，凡达到刑事责任年龄且具有刑事责任能力的自然人均能构成本罪。国家机关、企事业单位、社会团体不构成本罪主体。本罪在主观方面表现为直接故意，并且具有贬损他人人格，破坏他人名誉的目的。间接故意、过失不构成本罪。

根据本条规定，犯侮辱罪的，处三年以下有期徒刑、拘役、管制或者剥夺政治权利。同时要注意，犯侮辱罪“告诉才处理，但是严重危害社会秩序和国家利益的除外”。“告诉才处理”，是指被害人告诉才处理。如果被害人因受强制、威吓无法告诉的，人民检察院和被害人的近亲属也可以告诉。“告诉才处理”，并不是说不告诉不构成犯罪，而是说不告诉对这种犯罪就不提起诉讼。

严重危害社会秩序，是指侮辱行为引起了被害人精神失常甚至自杀身亡等后果，被害人无法告诉或失去告诉能力的情况。“危害国家利益”，是指侮辱国家领导人、外国元首、外交使节等特定对象，既损害被害人个体的名誉，又危害到国家利益的情况。

诽谤罪

诽谤罪，是指故意捏造并散布虚构的事实，足以贬损他人人格，破坏他人名誉，情节严重的行为。

本罪侵犯的客体与侮辱罪相同，是他人的人格尊严、名誉权。本罪侵犯的对象是自然人。本罪在客观方面表现为行为人实施捏造并散布某种虚构的事实，足以贬损他人人格、名誉，情节严重的行为。

本罪主体是一般主体，凡达到刑事责任年龄、具有刑事责任能力的自然人均能构成本罪。本罪主观上必须是故意，行为人明知自己散布的是足以损害他人名誉的虚假事实，明知自己的行为会发生损害他人名誉的危害结果，并且希望这种结果的发生。

犯本罪的，处三年以下有期徒刑、拘役、管制或者剥夺政治权利。犯本罪，告诉才处理，但是严重危害社会秩序和国家利益的除外。这里所谓“告诉才处理”，是指犯诽谤罪，被害人告发的，法院才受理，否则不受理。“严重危害社会秩序和国家利益的除外”，例如，因诽谤引起被害人死亡的；引起当地群众公愤的；诽谤外国人影响国际关系的，等等，如果受害人不告诉或不能告诉，人民检察院应提起公诉。

煽动民族仇恨、民族歧视罪

煽动民族仇恨、民族歧视罪，是指煽动民族仇恨、民族歧视，情节严重的行为。

本罪侵犯的客体是民族平等。本罪在客观方面表现为煽动民族仇恨、民族歧视，情节严重的行为。所谓煽动，是指以语言、文字等形式公然宣传。

本罪的主体是一般主体，凡达到刑事责任年龄且具备刑事责任能力的自然人均能构成本罪。本罪在主观方面表现为故意，且以激起民族仇恨、民族歧视为目的。

犯本罪的，处三年以下有期徒刑、拘役、管制或者剥夺政治权利；情节特别严重的，处三年以上十年以下有期徒刑。

非法获取国家秘密罪

非法获取国家秘密罪，是指以窃取、刺探、收买方法，非法获取国家秘密的行为。

本罪侵犯的客体是复杂客体，一是国家的安全和发展；二是国家保密制度。本罪在客观方面表现为以窃取、刺探、收买方法，非法获取国家秘密的行为。所谓窃取，是指采取秘密的方式，偷取属于国家秘密的文件、资料和其他物品的行为。所谓刺探，是指行为人暗中对掌有国家秘密的人，采取各种手段探听、侦察、了解国家秘密的行为。所谓非法获取，是指依法不应知悉、取得某项国家秘密的人从知悉、取得某项国家秘密的人那里知悉、取得该项国家秘密，或者可以知悉某项国家秘密的人未经办理手续取得该项国家秘密。只有以窃取、刺探、收买这三种法定方法之一“非法获取”国家秘密的，本罪才可成立。

本罪的主体是一般主体，可以是中国人，也可以是外国人或者无国籍人；可以是国家工作人员，也可以是普通公民，或者是华侨以及港、澳、台人员。本罪在主观方面表现为故意。

犯本罪的，处三年以下有期徒刑、拘役、管制或者剥夺政治权利；情节严重的，处三年以上七年以下有期徒刑。

扰乱无线电通讯管理秩序罪

扰乱无线电通讯管理秩序罪，是指违反国家规定，擅自设置、使用无线电台（站），或者擅自占用频率，经责令停止使用后拒不停止使用，干扰无线电通讯正常运行，造成严重后果的行为。

本罪侵犯的是国家无线电管理制度。本罪在客观方面表现为违反国家规定，擅自设置、使用无线电台（站），或者擅自占用频率，经责令停止使用后拒不停止使用，干扰无线电通讯正常运行，造成严重后果的行为。

本罪的主体为一般主体，凡达到刑事责任年龄且具备刑事责任能力的自然人均能构成本罪，单位亦能成为本罪的主体。单位犯本罪时，实行两罚制，即对单位判处罚金，并对其直接负责的主管人员和其他直接责任人员判处相应的刑罚。本罪在主观方面表现为直接故意，即明知其擅自设置、使用无线电站（台），或者擅自占用频率的行为会干扰无线电通讯的正常运行。间接故意和过失均不构成本罪。

自然人犯本罪的，处三年以下有期徒刑、拘役或者管制，并处或者单处罚金。单位犯本罪的，对单位判处罚金，并对其直接负责的主管人员和其他直接责任人员，处三年以下有期徒刑、拘役或者管制，并处或者单处罚金。

传播淫秽物品罪

传播淫秽物品罪，是指不以牟利为目的，在社会上传播淫秽的书刊、影片、录像带、录音带、图片或者其他淫秽物品，情节严重的行为。

犯罪侵犯的客体是国家对淫秽物品的管理秩序。本罪在客观方面表现为：传播淫秽的书刊、影片、录像带、录音带、图片或者其他淫秽物品，情节严重的行为。

本罪的主体为一般主体，即达到法定刑事责任年龄并具有刑事责任能力的自然人。单位也可构成本罪。本罪在主观方面表现为故意，但行为人不必出于牟利目的。一定情况下，间接故意也可以构成，比如行为人自己观看淫秽物品，对于他人围观不闻不问，因而造成恶劣影响的，即可按本罪论处。

犯本罪的，处二年以下有期徒刑、拘役或者管制。向不满 18 周岁的未成年人传播淫秽物品的，从重处罚。

侮辱国旗、国徽、国歌罪

刑法修正案（十）由十二届全国人大常委会第三十次会议审议通过。为切实维护国歌尊严，刑法修正案（十）在刑法第二百九十九条侮辱国旗、国徽罪的规定中增加一款，对侮辱国歌行为的刑事责任作出规定。

刑法第二百九十九条规定：在公众场合故意以焚烧、毁损、涂划、玷污、践踏等方式侮辱中华人民共和国国旗、国徽的，处三年以下有期徒刑、拘役、管制或者剥夺政治权利。

在公共场合，故意篡改中华人民共和国国歌歌词、曲谱，以歪曲、贬损方式奏唱国歌，或者以其他方式侮辱国歌，情节严重的，依照前款的规定处罚。

泄露国家秘密罪

泄露国家秘密罪是指国家机关工作人员或非国家工作人员违反保守国家秘密法的规定，故意或过失泄露国家秘密，情节严重的行为。所谓国家秘密是指关系国家的安全和利益，依照法定程序确定，在一定时间内只限一定范围的人员知情的事项。

刑法第三百九十八条规定：国家机关工作人员违反保守国家秘密法的规定，故意或者过失泄露国家秘密，情节严重的，处三年以下有期徒刑或者拘役；情节特别严重的，处三年以上七年以下有期徒刑。

非国家机关工作人员犯前款罪的，依照前款的规定酌情处罚。

刑事诉讼法

刑事诉讼法是指国家制定或认可的调整刑事诉讼活动的法律规范的总称。它调整的对象是公、检、法机关在当事人和其他诉讼参与人的参加下，揭露、证实、惩罚犯罪的活动。它的内容主要包括刑事诉讼的任务、基本原则与制度，公、检、法机关在刑事诉讼中的职权和相互关系，当事人及其他诉讼参与人的权利、义务，以及如何进行刑事诉讼的具体程序等。

《中华人民共和国刑事诉讼法》1979 年 7 月 1 日第五届全国人民代表大会第二次会议通过，根据 1996 年 3 月 17 日第八届全国人民代表大会第四次会议《关于修改〈中华人民共和国刑事诉讼法〉的决定》第一次修正，根据 2012 年 3 月 14 日第十一届全国人民代表大会第五次会议《关于修改〈中华人民共和国刑事诉讼法〉的决定》第二次修正。自 2013 年 1 月 1 日起施行。

不得强迫自证其罪原则

不得强迫自证其罪原则主要包括以下三个方面：一是在刑事诉讼中，强调一种平等对抗的诉讼关系，限制公安司法机关的权力，保护犯罪嫌疑人、被告人及证人的诉讼权利，反对非自愿供述，以彰显刑事法治精神；二是犯罪嫌疑人、被告人及证人享有保持沉默的权利，有权拒绝回答自陷于罪的提问，不受强迫供述且无供述义务，证明其有罪的义务由公安司法机关承担；三是犯罪嫌疑人、被告人有权就案件事实作出陈述且陈述应出于其自愿，而非自愿的陈述应作为非法证据予以排除，不能作为定案根据。

“不得强迫自证其罪”入法的积极意义在于进一步强调和重申了禁止刑讯逼供，是刑事诉讼立法中的一大进步。“不得强迫自证其罪”的积极意义主要体现在两个方面：其一，此举进一步明确了办案机关的举证责任，办案机关不能简单地寄希望于被告自证其罪；其二，此举强调犯罪嫌疑人作为诉讼主体，具有与司法机关平等的诉讼地位，进一步保障了犯罪嫌疑人的权益。

未成年人犯罪案件的报道

我国对媒体报道未成年人刑事案件的规定集中在三部法律中，

《预防未成年人犯罪法》《未成年人保护法》《刑事诉讼法》，前两部法律主要规定了“对未成年人犯罪案件，新闻报道、影视节目、公开出版物、网络等不得披露该未成年人的姓名、住所、照片、图像以及可能推断出该未成年人的资料”。

《刑事诉讼法》则是设立未成年人刑事案件诉讼程序专章，对未满十八周岁的未成年人刑事案件一律不公开审理，同时设置了未成年人犯罪记录封存制度，第二百七十五条规定“犯罪的时候不满十八周岁，被判处五年有期徒刑以下刑罚的，应当对相关犯罪记录予以封存。犯罪记录被封存的，不得向任何单位和个人提供，但司法机关为办案需要或者有关单位根据国家规定进行查询的除外。依法进行查询的单位，应当对被封存的犯罪记录的情况予以保密”，较大程度地保护未成年人的权益。

公共文化服务保障法

2016 年 12 月 25 日，十二届全国人大常委会第二十五次会议通过了《中华人民共和国公共文化服务保障法》。2017 年 3 月 1 日起施行。公共文化服务，是指由政府主导、社会力量参与，以满足公民基本文化需求为主要目的而提供的公共文化设施、文化产品、文化活动以及其他相关服务。这部法律将有力促进基本公共文化服务标准化均等化、提升服务效能，切实保障人民群众基本文化权益。《公共文化服务保障法》共六章 65 条，对公共文化设施建设与管理、公共文化服务提供、保障措施、法律责任等分别作了详细规定。

公共文化服务的负责部门

《公共文化服务保障法》第七条规定，国务院文化主管部门、新闻出版广电主管部门依照本法和国务院规定的职责负责全国的公共文化服务工作；国务院其他有关部门在各自职责范围内负责相关公共文化服务工作。

县级以上地方人民政府文化、新闻出版广电主管部门根据其职责负责本行政区域内的公共文化服务工作；县级以上地方人民政府其他有关部门在各自职责范围内负责相关公共文化服务工作。

公共文化设施

公共文化设施是指用于提供公共文化服务的建筑物、场地和设备，主要包括图书馆、博物馆、文化馆（站）、美术馆、科技馆、纪念馆、体育场馆、工人文化宫、青少年宫、妇女儿童活动中心、老年人活动中心、乡镇（街道）和村（社区）基层综合性文化服务中心、农家（职工）书屋、公共阅报栏（屏）、广播电视播出传输覆盖设施、公共数字文化服务点等。县级以上地方人民政府应当将本行政区域内的公共文化设施目录及有关信息予以公布。

公共文化设施应当根据其功能、特点，按照国家有关规定，向公众免费或者优惠开放。公共文化设施开放收取费用的，应当每月定期向中小学生免费开放。公共文化设施开放或者提供培训服务等收取费用的，应当报经县级以上人民政府有关部门批准；收取的费用，应当用于公共文化设施的维护、管理和事业发展，不得挪作他用。公共文化设施管理单位应当公示服务项目和开放时间；临时停止开放的，应当及时公告。

政府公开公共文化服务信息和媒体监督

各级人民政府应当充分利用公共文化设施，促进优秀公共文化产品的提供和传播，支持开展全民阅读、全民普法、全民健身、全民科普和艺术普及、优秀传统文化传承活动。公益性文化单位应当完善服务项目、丰富服务内容，创造条件向公众提供免费或者优惠的文艺演出、陈列展览、电影放映、广播电视节目收听收看、阅读服务、艺术培训等，并为公众开展文化活动提供支持和帮助。基层综合性文化服务中心应当加强资源整合，建立完善公共文化服务网络，充分发挥统筹服务功能，为公众提供书报阅读、影视观赏、戏曲表演、普法教育、艺术普及、科学普及、广播播送、互联网上网和群众性文化体育活动等公共文化服务，并根据其功能特点，因地制宜提供其他公共服务。国家重点增加农村地区图书、报刊、戏曲、电影、广播电视节目、网络信息内容、节庆活动、体育健身活动等公共文化产品供给，促进城乡公共文化服务均等化。国家加强民族语言文字文化产品的供给，加强优秀公共文化产品的民族语言文字译制及其在民族地区的传播，鼓励和扶助民族文化产品的创作生产，支持开展具有民族特色的群众性文化体育活动。

各级人民政府及有关部门应当及时公开公共文化服务信息，主动接受社会监督。新闻媒体应当积极开展公共文化服务的宣传报道，并加强舆论监督。

国歌法

《中华人民共和国国歌法》是为了通过国家立法对国歌的奏唱场合、奏唱礼仪和宣传教育进行规范而制定的法规。

2017 年 9 月 1 日下午，《中华人民共和国国歌法》获十二届全国人大常委会第二十九次会议表决通过，于 2017 年 10 月 1 日起施行。2017 年 11 月 4 日，经第十二届中华人民共和国全国人民代表大会常务委员会表决，《中华人民共和国国歌法》被列入《中华人民共和国香港特别行政区基本法》附件三、《中华人民共和国澳门特别行政区基本法》附件三。

国歌的名称

《义勇军进行曲》是由田汉作词、聂耳作曲的歌曲，是电影《风云儿女》的主题歌，中华人民共和国成立后，《义勇军进行曲》成为中国国歌，2004 年 3 月 14 日，第十届全国人民代表大会第二次会议通过宪法修正案，正式规定中华人民共和国国歌为《义勇军进行曲》。

国歌的法律地位

《国歌法》第三条规定：中华人民共和国国歌是中华人民共和国的象征和标志。

维护国歌尊严

《国歌法》第一条规定：为了维护国歌的尊严，规范国歌的奏唱、播放和使用，增强公民的国家观念，弘扬爱国主义精神，培育和践行社会主义核心价值观，根据宪法，制定本法。一切公民和组织都应当尊重国歌，维护国歌的尊严。

禁止奏唱国歌的场合

国歌不得用于或者变相用于商标、商业广告，不得在私人丧事活动等不适宜的场合使用，不得作为公共场所的背景音乐等。

国歌的宣传教育

国歌纳入中小学教育。中小学应当将国歌作为爱国主义教育的重要内容，组织学生学唱国歌，教育学生了解国歌的历史和精神内涵、遵守国歌奏唱礼仪。

新闻媒体应当积极开展对国歌的宣传，普及国歌奏唱礼仪知识。

广播电台电视台播放国歌的法定时点

国庆节、国际劳动节等重要的国家法定节日、纪念日，中央和省、自治区、直辖市的广播电台、电视台应当按照国务院广播电视主管部门规定的时点播放国歌。

英雄烈士保护法

为了加强对英雄烈士的保护，维护社会公共利益，传承和弘扬英雄烈士精神、爱国主义精神，培育和践行社会主义核心价值观，激发实现中华民族伟大复兴中国梦的强大精神力量，根据宪法，制定《英雄烈士保护法》，2018 年 4 月 27 日，十三届全国人大常委会第二次会议通过，英雄烈士的姓名、肖像、名誉、荣誉受法律保护，禁止歪曲、丑化、亵渎、否定英雄烈士的事迹和精神，宣扬、美化侵略战争和侵略行为，将依法惩处直至追究刑责。2018 年 5 月 1 日起正式施行。

英雄烈士的法律地位

国家和人民永远尊崇、铭记英雄烈士为国家、人民和民族作出的牺牲和贡献。

近代以来，为了争取民族独立和人民解放，实现国家富强和人民幸福，促进世界和平和人类进步而毕生奋斗、英勇献身的英雄烈士，功勋彪炳史册，精神永垂不朽。

英雄烈士事迹和精神是中华民族的共同历史记忆和社会主义核心价值观的重要体现。国家保护英雄烈士，对英雄烈士予以褒扬、纪念，加强对英雄烈士事迹和精神的宣传、教育，维护英雄烈士尊严和合法权益。全社会都应当崇尚、学习、捍卫英雄烈士。

烈士纪念日

每年 9 月 30 日为烈士纪念日，国家在首都北京天安门广场人民英雄纪念碑前举行纪念仪式，缅怀英雄烈士。

县级以上地方人民政府、军队有关部门应当在烈士纪念日举行纪念活动。举行英雄烈士纪念活动，邀请英雄烈士遗属代表参加。

鼓励和支持英雄烈士事迹创作生产和宣传推广

国家鼓励和支持开展对英雄烈士事迹和精神的研究，以辩证唯物主义和历史唯物主义为指导认识和记述历史。

各级人民政府、军队有关部门应当加强对英雄烈士遗物、史料的收集、保护和陈列展示工作，组织开展英雄烈士史料的研究、编纂和宣传工作。国家鼓励和支持革命老区发挥当地资源优势，开展英雄烈士事迹和精神的研究、宣传和教育工作。

教育行政部门应当以青少年学生为重点，将英雄烈士事迹和精神的宣传教育纳入国民教育体系。教育行政部门、各级各类学校应当将英雄烈士事迹和精神纳入教育内容，组织开展纪念教育活动，加强对学生的爱国主义、集体主义、社会主义教育。

广播电台电视台广泛宣传英雄烈士事迹和精神的法定义务

文化、新闻出版、广播电视、电影、网信等部门应当鼓励和支持以英雄烈士事迹为题材、弘扬英雄烈士精神的优秀文学艺术作品、广播电视节目以及出版物的创作生产和宣传推广。

广播电台、电视台、报刊出版单位、互联网信息服务提供者，应当通过播放或者刊登英雄烈士题材作品、发布公益广告、开设专栏等方式，广泛宣传英雄烈士事迹和精神。

广播电视行政部门保护英雄烈士名誉、荣誉的法定职责

禁止歪曲、丑化、亵渎、否定英雄烈士事迹和精神。英雄烈士的姓名、肖像、名誉、荣誉受法律保护。任何组织和个人不得在公共场所、互联网或者利用广播电视、电影、出版物等，以侮辱、诽谤或者其他方式侵害英雄烈士的姓名、肖像、名誉、荣誉。任何组织和个人不得将英雄烈士的姓名、肖像用于或者变相用于商标、商业广告，损害英雄烈士的名誉、荣誉。

公安、文化、新闻出版、广播电视、电影、网信、市场监督管理、负责英雄烈士保护工作的部门发现前款规定行为的，应当依法及时处理。

未成年人保护法

《中华人民共和国未成年人保护法》是为了保护未成年人身心健康，保障未成年人合法权益，促进未成年人在品德、智力、体质等方

面全面发展，培养有理想、有道德、有文化、有纪律的社会主义建设者和接班人而制定的法律。1991 年 9 月 4 日第七届全国人民代表大会常务委员会第二十一次会议通过；2006 年 12 月 29 日第十届全国人民代表大会常务委员会第二十五次会议第一次修订通过 ；2012 年 10 月 26 日第十一届全国人民代表大会常务委员会第二十九次会议通过第二次修订；自 2013 年 1 月 1 日起施行。包括总则、家庭保护、学校保护、社会保护、司法保护、法律责任、附则共七章七十二条。

未成年人隐私保护

任何组织或者个人不得披露未成年人的个人隐私。对未成年人的信件、日记、电子邮件，任何组织或者个人不得隐匿、毁弃；除因追查犯罪的需要，由公安机关或者人民检察院依法进行检查，或者对无行为能力的未成年人的信件、日记、电子邮件由其父母或者其他监护人代为开拆、查阅外，任何组织或者个人不得开拆、查阅。

侵犯未成年人隐私，构成违反治安管理行为的，由公安机关依法给予行政处罚。

制作传播内容要求

国家鼓励新闻、出版、信息产业、广播、电影、电视、文艺等单位和作家、艺术家、科学家以及其他公民，创作或者提供有利于未成年人健康成长的作品。出版、制作和传播专门以未成年人为对象的内容健康的图书、报刊、音像制品、电子出版物以及网络信息等，国家给予扶持。国家鼓励科研机构和科技团体对未成年人开展科学知识普及活动。

禁止任何组织、个人制作或者向未成年人出售、出租或者以其他方式传播淫秽、暴力、凶杀、恐怖、赌博等毒害未成年人的图书、报刊、音像制品、电子出版物以及网络信息等。

对未成年人犯罪案件，新闻报道、影视节目、公开出版物、网络等不得披露该未成年人的姓名、住所、照片、图像以及可能推断出该未成年人的资料。

知识产权法律体系

知识产权法是指因调整知识产权的归属、行使、管理和保护等活动中产生的社会关系的法律规范的总称。知识产权法的综合性和技术性特征十分明显，在知识产权法中，既有私法规范，也有公法规范；既有实体法规范，也有程序法规范。但从法律部门的归属上讲，知识产权法仍属于民法，是民法的特别法。民法的基本原则、制度和法律规范大多适用于知识产权，并且知识产权法中的公法规范和程序法规范都是为确认和保护知识产权这一私权服务的，不占主导地位。

我国知识产权立法起步较晚，但发展迅速，现已建立起符合国际先进标准的法律体系。知识产权法的渊源是指知识产权法律规范的表现形式，可分为国内立法渊源和国际公约两部分。

国内立法渊源：（1）知识产权法律，如著作权法、专利法、商标法。（2）知识产权行政法规。如计算机软件保护条例、知识产权海关保护条例等。（3）知识产权地方性法规、自治条例和单行条例，如深圳经济特区企业技术秘密保护条例。（4）知识产权行政规章，如国家工商行政管理局关于禁止侵犯商业秘密行为的规定。（5）知识产权司法解释，如《最高人民法院关于诉前停止侵犯注册商标专用权行为和保全证据适用法律问题的解释》。

国际公约主要有：与贸易有关的知识产权协定（TRIPS 协定）、保护工业产权巴黎公约、保护文学和艺术作品伯尔尼公约、世界版权公约、商标国际注册马德里协定、专利合作条约等。

著作权

著作权亦称版权，指作者对其创作的文学、科学和艺术作品依法享有的某些特殊权利。狭义的著作权，是指各类作品的作者依法享有的权利；广义的著作权还包括邻接权，即作品的传播者，如出版者、表演者、录制者，以及广播组织等对经过其加工、传播的作品所享有的相应的权利。

著作权包括两方面的权利，一是人身权，主要指在作品上署名、发表作品、确认作者身份、保护作品的完整性、修改已经发表的作品等项权利；二是财产权，主要是指以出版、表演、广播、展览、录制唱片、摄制影片、网络传播、翻译、改编、汇编等方式使用作品以及因授权他人使用作品而获得经济利益的权利。

著作权是一种知识产权。著作权是一种特殊的民事权利。著作权是一种法定的权利。著作权是一种专有权利。

著作权法保护的作品范围

著作权法保护的作品包括以下列形式创作的文学、艺术和自然科学、社会科学、工程技术等作品：① 文字作品；② 口述作品；③ 音乐、戏剧、曲艺、舞蹈、杂技艺术作品；④ 美术、建筑作品；⑤ 摄影作品；⑥ 电影作品和以类似摄制电影的方法创作的作品；⑦ 工程设计图、产品设计图、地图、示意图等图形作品和模型作品；⑧ 计算机软件；⑨ 法律、行政法规规定的其他作品。

依法禁止出版、传播的作品，不受著作权法保护。

《著作权法》不适用于：① 法律、法规，国家机关的决议、决定、命令和其他具有立法、行政、司法性质的文件，及其官方正式译文；② 时事新闻；③ 历法、通用数表、通用表格和公式。

著作权权利种类

我国《著作权法》第十条规定，著作权包括著作人身权和著作财产权。

（1）发表权，即决定作品是否公之于众的权利，作者有权发表或不发表其作品，在不同场合发表；

（2）署名权，即表明作者身份，在作品上署名的权利，作者可以在其作品上署真名、假名，或不署名，或以后署名；

（3）修改权，即修改或者授权他人修改作品的权利；比如授权出版社的编辑修改；

（4）保护作品的完整权，即保护作品不受歪曲、篡改的权利；他人不得分割、断章取义、歪曲、篡改；

（5）复制权，即以印刷、复印、临摹、拓印、录音、录像、翻录、翻拍等数字化或非数字化方式将作品制作一份或者多份权利；

（6）发行权，即以出售或者赠与方式向公众提供作品的原件或者复制件的权利；

（7）出租权，即有偿许可他人临时使用电影作品和以类似摄制电影的方法创作的作品、计算机软件的权利，计算机软件不是出租的主要标的的除外；

（8）展览权，即公开陈列美术作品、摄影作品的原件或者复制件的权利；

（9）表演权，即通过演员的声音、表情、动作在现场直接公开再现作品，以及通过放映机、录音机、录像机等技术设备间接公开再现作品或者作品的表演的权利；

（10）放映权，即通过放映机、幻灯机等技术设备公开再现美术、摄影、电影和以类似摄制电影的方法创作的作品等的权利；

（11）广播权，即以无线方式公开广播或者传播作品，以有线传播或者转播的方式向公众传播广播的作品，以及通过扩音器或者其他传送符号、声音、图像的类似工具向公众传播广播的作品的权利；

（12）信息网络传播权，即以有线或者无线方式向公众提供作品，使公众可在其个人选定的时间和地点获得作品的权利；

（13）摄制权，即以摄制电影或者以类似摄制电影的方法首次将作品固定在载体上的权利；

（14）改编权，即在原有作品的基础上，改变原作品的表现形式，创作出具有独创性的新作品的权利；

（15）翻译权，即将原作品从一种语言文字转换成另一种语言文字的权利；

（16）汇编权，即将作品或者作品的片段通过选择或者编排，汇集成新作品的权利；

（17）应当由著作权人享有的其他权利。

著作权人可以许可他人行使著作权中的财产权，并依照约定或者本法有关规定获得报酬。著作权人可以全部或者部分转让著作权中的财产权。

著作权权利的限制

《著作权法》对著作权权利规定了如下限制：

在下列情况下使用作品，可以不经著作权人许可，不向其支付报酬，但应当指明作者姓名、作品名称，并且不得侵犯著作权人依照《著作权法》享有的其他权利：

（1）为个人学习、研究或者欣赏，使用他人已经发表的作品；

（2）为介绍、评论某一作品或者说明某一问题，在作品中适当引用他人已经发表的作品；

（3）为报道时事新闻，在报纸、期刊、广播电台、电视台等媒体中不可避免地再现或者引用已经发表的作品；

（4）报纸、期刊、广播电台、电视台等媒体刊登或者播放其他报纸、期刊、广播电台、电视台等媒体已经发表的关于政治、经济、宗教问题的时事性文章，但作者声明不许刊登、播放的除外；

（5）报纸、期刊、广播电台、电视台等媒体刊登或者播放在公众集会上发表的讲话，但作者声明不许刊登、播放的除外；

（6）为学校课堂教学或者科学研究，翻译或者少量复制已经发表的作品，供教学或者科研人员使用，但不得出版发行；

（7）国家机关为执行公务在合理范围内使用已经发表的作品；

（8）图书馆、档案馆、纪念馆、博物馆、美术馆等为陈列或者保存版本的需要，复制本馆收藏的作品；

（9）免费表演已经发表的作品，该表演未向公众收取费用，也未向表演者支付报酬；

（10）对设置或者陈列在室外公共场所的艺术作品进行临摹、绘画、摄影、录像；

（11）将中国公民、法人或者其他组织已经发表的以汉语言文字创作的作品翻译成少数民族语言文字作品在国内出版发行；

（12）将已经发表的作品改成盲文出版。

上述规定适用于对出版者、表演者、录音录像制作者、广播电台、电视台的权利的限制。

《著作权法》还规定了法定许可的方式。如为实施九年制义务教育和国家教育规划而编写出版教科书，除作者事先声明不许使用的外，可以不经著作权人许可，在教科书中汇编已经发表的作品片段或者短小的文字作品、音乐作品或者单幅的美术作品、摄影作品，但应当按照规定支付报酬，指明作者姓名、作品名称，并且不得侵犯著作权人依照《著作权法》享有的其他权利。上述规定适用于对出版者、表演者、录音录像制作者、广播电台、电视台的权利的限制。法定许可也是一种对著作权人权利的限制。

表演者的权利和义务

（1）表演者的义务：使用他人作品演出，表演者（演员、演出单位）应当取得著作权人许可，并支付报酬。演出组织者组织演出，由该组织者取得著作权人许可，并支付报酬。

使用改编、翻译、注释、整理已有作品而产生的作品进行演出，应当取得改编、翻译、注释、整理作品的著作权人和原作品的著作权人许可，并支付报酬。

（2）表演者对其表演享有下列权利：① 表明表演者身份；② 保护表演形象不受歪曲；③ 许可他人从现场直播和公开传送其现场表演，并获得报酬；④ 许可他人录音录像，并获得报酬；⑤ 许可他人复制、发行录有其表演的录音录像制品，并获得报酬；⑥ 许可他人通过信息网络向公众传播其表演，并获得报酬。被许可人以第③项至第⑥项规定的方式使用作品，还应当取得著作权人许可，并支付报酬。

上述第①项、第②项规定的权利的保护期不受限制，第③项至第⑥项规定的权利的保护期为五十年，截止于该表演发生后第五十年的12月31日。

录音录像制作者的权利和义务

1. 录音录像制作者的义务

录音录像制作者使用他人作品制作录音录像制品，应当取得著作权人许可，并支付报酬。

录音录像制作者使用改编、翻译、注释、整理已有作品而产生的作品，应当取得改编、翻译、注释、整理作品的著作权人和原作品著作权人许可，并支付报酬。

录音制作者使用他人已经合法录制为录音制品的音乐作品制作录音制品，可以不经著作权人许可，但应当按照规定支付报酬；著作权人声明不许使用的不得使用。

录音录像制作者制作录音录像制品，应当同表演者订立合同，并支付报酬。

2. 录音录像制作者的权利

录音录像制作者对其制作的录音录像制品，享有许可他人复制、发行、出租、通过信息网络向公众传播并获得报酬的权利；权利的保护期为五十年，截止于该制品首次制作完成后第五十年的12月31日。

被许可人复制、发行、通过信息网络向公众传播录音录像制品，还应当取得著作权人、表演者许可，并支付报酬。

广播电台、电视台的权利和义务

1. 广播电台、电视台的义务

广播电台、电视台播放他人未发表的作品，应当取得著作权人许可，并支付报酬。广播电台、电视台播放他人已发表的作品，可以不经著作权人许可，但应当支付报酬。

广播电台、电视台播放已经出版的录音制品，可以不经著作权人许可，但应当支付报酬。当事人另有约定的除外。具体办法由国务院规定。

电视台播放他人的电影作品和以类似摄制电影的方法创作的作品、录像制品，应当取得制片者或者录像制作者许可，并支付报酬；播放他人的录像制品，还应当取得著作权人许可，并支付报酬。

2. 广播电台、电视台的权利

广播电台、电视台有权禁止未经其许可的下列行为：① 将其播放的广播、电视转播；② 将其播放的广播、电视录制在音像载体上以及复制音像载体。

上述权利的保护期为五十年，截止于该广播、电视首次播放后第五十年的 12 月 31 日。

职务作品

职务作品是指公民为完成法人或者其他组织工作任务所创作的作品。其特征是：创作的作品应当属于作者的职责范围；对作品的使用应当属于作者所在单位的正常工作或业务范围之内。在我国，职务作品的著作权归属有以下几种情形：

（1）单位作品，即根据著作权法第十一条第三款的规定，由单位主持、代表单位意志创作并由单位承担责任的作品，单位被视为作者，行使完整的著作权。

（2）一般职务作品，除单位作品外，公民为完成单位工作任务而又未主要利用单位物质技术条件创作的作品，称为一般职务作品。其著作权由作者享有，但法人或者其他组织有权在业务范围内优先使用。作品完成两年内，未经单位同意，作者不得许可第三人或者其他组织以与单位相同的方式使用该作品。作品完成两年内，经单位同意，作者许可第三人以与单位使用的相同方式使用作品所获报酬，由作者与单位按约定的比例分配。作品完成两年的期限，自作者向单位交付作品之日起计算。

（3）特殊职务作品，这是指根据著作权法第十六条第二款规定，主要是利用法人或其他组织的物质技术条件制作，并由法人或其他组织承担责任的工程设计图、产品设计图、地图、计算机软件等职务作品，或法律、行政法规规定或合同约定著作权由法人或者其他组织享有的职务作品。特殊职务作品的作者享有署名权，著作权人的其他权利由法人或者其他组织享有，法人或者其他组织可以给予作者奖励。

国家安全法

《中华人民共和国国家安全法》是为了维护国家安全，保卫人民民主专政的政权和中国特色社会主义制度，保护人民的根本利益，保障改革开放和社会主义现代化建设的顺利进行，实现中华民族伟大复兴，根据宪法制定的法律。2015 年 7 月 1 日，第十二届全国人民代表大会常务委员会第十五次会议通过，该法对政治安全、国土安全、军事安全、文化安全、科技安全等十一个领域的国家安全任务进行了明确，共七章八十四条，自 2015 年 7 月 1 日起施行。

总体国家安全观

2014 年 4 月 15 日上午，习近平在主持召开中央国家安全委员会第一次会议时提出，坚持总体国家安全观，走出一条中国特色国家安全道路。首次提出总体国家安全观，要构建集政治安全、国土安全、军事安全、经济安全、文化安全、社会安全、科技安全、信息安全、生态安全、资源安全、核安全等于一体的国家安全体系。

《国家安全法》第三条规定：国家安全工作应当坚持总体国家安全观，以人民安全为宗旨，以政治安全为根本，以经济安全为基础，以军事、文化、社会安全为保障，以促进国际安全为依托，维护各领域国家安全，构建国家安全体系，走中国特色国家安全道路。

国家安全教育日

国家加强国家安全新闻宣传和舆论引导。通过多种形式开展国家安全宣传教育活动。将国家安全教育纳入国民教育体系和公务员教育培训体系，增强全民国家安全意识。每年4月15日为全民国家安全教育日。

培育和践行社会主义核心价值观，掌握意识形态领域主导权是维护国家安全的重要任务

国家坚持社会主义先进文化前进方向，继承和弘扬中华民族优秀传统文化，培育和践行社会主义核心价值观，防范和抵制不良文化的影响，掌握意识形态领域主导权，增强文化整体实力和竞争力。

网络安全法

《中华人民共和国网络安全法》是为保障网络安全，维护网络空间主权和国家安全、社会公共利益，保护公民、法人和其他组织的合法权益，促进经济社会信息化健康发展制定。由全国人民代表大会常务委员会于2016年11月7日发布，自2017年6月1日起施行。《网络安全法》是我国第一部全面规范网络空间安全管理方面问题的基础性法律，是我国网络空间法治建设的重要里程碑。

网络安全等级保护

国家实行网络安全等级保护制度。网络运营者应当按照网络安全等级保护制度的要求，履行下列安全保护义务，保障网络免受干扰、

破坏或者未经授权的访问，防止网络数据泄露或者被窃取、篡改：

（1）制定内部安全管理制度和操作规程，确定网络安全负责人，落实网络安全保护责任；

（2）采取防范计算机病毒和网络攻击、网络侵入等危害网络安全行为的技术措施；

（3）采取监测、记录网络运行状态、网络安全事件的技术措施，并按照规定留存相关的网络日志不少于六个月；

（4）采取数据分类、重要数据备份和加密等措施；

（5）法律、行政法规规定的其他义务。

网络产品和服务强制认证

国家网信部门负责统筹协调网络安全工作和相关监督管理工作。国务院电信主管部门、公安部门和其他有关机关依照本法和有关法律、行政法规的规定，在各自职责范围内负责网络安全保护和监督管理工作。

网络产品、服务应当符合相关国家标准的强制性要求。网络产品、服务的提供者不得设置恶意程序；发现其网络产品、服务存在安全缺陷、漏洞等风险时，应当立即采取补救措施，按照规定及时告知用户并向有关主管部门报告。

网络产品、服务的提供者应当为其产品、服务持续提供安全维护；在规定或者当事人约定的期限内，不得终止提供安全维护。

个人信息保护

网络产品、服务具有收集用户信息功能的，其提供者应当向用户明示并取得同意；网络运营者应当对其收集的用户信息严格保密，并建立健全用户信息保护制度；网络运营者收集、使用个人信息，应当遵循合法、正当、必要的原则，公开收集、使用规则，明示收集、使用信息的目的、方式和范围，并经被收集者同意。网络运营者不得收集与其提供的服务无关的个人信息，不得违反法律、行政法规的规定和双方的约定收集、使用个人信息，并应当依照法律、行政法规的规定和与用户的约定，处理其保存的个人信息。

网络运营者不得泄露、篡改、毁损其收集的个人信息；未经被收集者同意，不得向他人提供个人信息。但是，经过处理无法识别特定个人且不能复原的除外。在发生或者可能发生个人信息泄露、毁损、丢失的情况时，应当立即采取补救措施，按照规定及时告知用户并向有关主管部门报告。个人要求网络运营者删除或者更正其个人信息时，网络运营者应当采取措施予以删除或者更正。

任何个人和组织不得窃取或者以其他非法方式获取个人信息，不得非法出售或者非法向他人提供个人信息。依法负有网络安全监督管理职责的部门及其工作人员，必须对在履行职责中知悉的个人信息、隐私和商业秘密严格保密，不得泄露、出售或者非法向他人提供。

网络用户实名制

网络运营者为用户办理网络接入、域名注册服务，办理固定电话、移动电话等入网手续，或者为用户提供信息发布、即时通讯等服务，在与用户签订协议或者确认提供服务时，应当要求用户提供真实身份信息。用户不提供真实身份信息的，网络运营者不得为其提供相关服务。

国家实施网络可信身份战略，支持研究开发安全、方便的电子身份认证技术，推动不同电子身份认证之间的互认。

网络信息发布行为规范

任何个人和组织发送的电子信息、提供的应用软件，不得设置恶意程序，不得含有法律、行政法规禁止发布或者传输的信息。任何个人和组织应当对其使用网络的行为负责，不得设立用于实施诈骗，传授犯罪方法，制作或者销售违禁物品、管制物品等违法犯罪活动的网站、通讯群组，不得利用网络发布涉及实施诈骗，制作或者销售违禁物品、管制物品以及其他违法犯罪活动的信息。

网络运营者应当加强对其用户发布的信息的管理，发现法律、行政法规禁止发布或者传输的信息的，应当立即停止传输该信息，采取消除等处置措施，防止信息扩散，保存有关记录，并向有关主管部门报告。

保守国家秘密法

《中华人民共和国保守国家秘密法》于 1988 年 9 月 5 日经第七届全国人民代表大会常务委员会第三次会议审议通过，2010 年 4 月 29 日第十一届全国人民代表大会常务委员会第十四次会议修订通过，自 2010 年 10 月 1 日起施行。《保密法》的立法宗旨是为保守国家秘密，维护国家的安全和利益，保障改革开放和社会主义建设事业的顺利进行。《保密法》对立法目的、保密工作原则、保密主管机关、国家秘密的范围和密级、保密制度、法律责任等作出了规定。《保密法》是建国以来我国第一部比较完备的、与形势相适应的管理保守国家秘密工作的法律，它的颁布实施对于调整和加强新时期的保密工作有着极为重要的意义和作用。

国家秘密范围

《保密法》第九条规定："下列涉及国家安全和利益的事项，泄露后可能损害国家在政治、经济、国防、外交等领域的安全和利益的，应当确定为国家秘密：（一）国家事务的重大决策中的秘密事项；

（二）国防建设和武装力量活动中的秘密事项；（三）外交和外事活动中的秘密事项以及对外承担保密义务的事项；（四）国民经济和社会发展中的秘密事项；（五）科学技术中的秘密事项；（六）维护国家安全活动和追查刑事犯罪中的秘密事项；（七）经国家保密行政管理部门确定的其他秘密事项。政党的秘密事项中符合前款规定的，属于国家秘密。”

《保密法》第十条规定，国家秘密的密级分为“绝密”“机密”“秘密”三级。这一条还规定了区分三个密级的原则标准。“绝密”是最重要的国家秘密，泄露会使国家的安全和利益遭受特别严重的损害；“机密”是重要的国家秘密，泄露会使国家的安全和利益遭受严重的损害；“秘密”是一般的国家秘密，泄露会使国家的安全和利益遭受损害。

国家秘密及其密级的具体范围，根据《保密法》规定，由国家保密行政管理部门分别会同外交、公安、国家安全和其他中央有关机关规定。军事方面的国家秘密及其密级的具体范围，由中央军事委员会规定。国家秘密及其密级的具体范围的规定，应当在有关范围内公布，并根据情况变化及时调整。

法律责任

《保密法》第五章法律责任和新《刑法》规定：（1）违反《保密法》规定，故意或者过失泄露国家秘密，情节严重的，处三年以下有期徒刑或者拘役；情节特别严重的，处三年以上七年以下有期徒刑。（2）为境外的机构、组织、人员窃取、刺探、收买、非法提供国家秘密或者情报的，处五年以上十年以下有期徒刑；情节特别严重的，处十年以上有期徒刑或者无期徒刑；情节较轻的，处五年以下有期徒刑、拘役、管制或者剥夺政治权利。（3）违反《保密法》规定，泄露国家秘密，不够刑事处罚的，可以酌情给予行政处分。

对泄密责任者给予行政处分的一般标准是：（1）泄露秘密级国家秘密的，应给予警告或者记过处分；（2）泄露机密级国家秘密的，应给予记过、记大过或者降级处分；（3）泄露绝密级国家秘密的，应给予记大过、降级、降职、撤职、开除、留用察看或者开除处分。

监察法

为了推进全面依法治国，实现国家监察全面覆盖，深入开展反腐败工作，2018 年 3 月 20 日，第十三届全国人大一次会议表决通过了《中华人民共和国监察法》，明确了国家监察工作的一系列重大问题，规定了监察机关的职能定位、监察范围、监察职责、监察权限、监察程序、对监察机关和监察人员的监督等重要内容。本法自公布之日起施行。

监察委员会

中华人民共和国国家监察委员会是最高监察机关。省、自治区、直辖市、自治州、县、自治县、市、市辖区设立监察委员会。

国家监察委员会由全国人民代表大会产生，负责全国监察工作。国家监察委员会由主任、副主任若干人、委员若干人组成，主任由全国人民代表大会选举，副主任、委员由国家监察委员会主任提请全国人民代表大会常务委员会任免。国家监察委员会主任每届任期同全国人民代表大会每届任期相同，连续任职不得超过两届。国家监察委员会对全国人民代表大会及其常务委员会负责，并接受其监督。

地方各级监察委员会由本级人民代表大会产生，负责本行政区域内的监察工作。地方各级监察委员会由主任、副主任若干人、委员若干人组成，主任由本级人民代表大会选举，副主任、委员由监察委员会主任提请本级人民代表大会常务委员会任免。地方各级监察委员会主任每届任期同本级人民代表大会每届任期相同。地方各级监察委员会对本级人民代表大会及其常务委员会和上一级监察委员会负责，并接受其监督。

国家监察委员会领导地方各级监察委员会的工作，上级监察委员会领导下级监察委员会的工作。

监察范围

监察机关对下列公职人员和有关人员进行监察：（1）中国共产党机关、人民代表大会及其常务委员会机关、人民政府、监察委员会、人民法院、人民检察院、中国人民政治协商会议各级委员会机关、民主党派机关和工商业联合会机关的公务员，以及参照《中华人民共和国公务员法》管理的人员；（2）法律、法规授权或者受国家机关依法委托管理公共事务的组织中从事公务的人员；（3）国有企业管理人员；（4）公办的教育、科研、文化、医疗卫生、体育等单位中从事管理的人员；（5）基层群众性自治组织中从事管理的人员；（6）其他依法履行公职的人员。

对监察机关和监察人员的监督

各级监察委员会应当接受本级人民代表大会及其常务委员会的监督。各级人民代表大会常务委员会听取和审议本级监察委员会的专项工作报告，组织执法检查。县级以上各级人民代表大会及其常务委员会举行会议时，人民代表大会代表或者常务委员会组成人员可以依照法律规定的程序，就监察工作中的有关问题提出询问或者质询。

监察机关应当依法公开监察工作信息，接受民主监督、社会监督、舆论监督。

监察机关通过设立内部专门的监督机构等方式，加强对监察人员执行职务和遵守法律情况的监督，建设忠诚、干净、担当的监察队伍。

监察人员必须模范遵守宪法和法律，忠于职守、秉公执法，清正廉洁、保守秘密；必须具有良好的政治素质，熟悉监察业务，具备运用法律、法规、政策和调查取证等能力，自觉接受监督。

对于监察人员打听案情、过问案件、说情干预的，办理监察事项的监察人员应当及时报告。有关情况应当登记备案。发现办理监察事项的监察人员未经批准接触被调查人、涉案人员及其特定关系人，或者存在交往情形的，知情人应当及时报告。有关情况应当登记备案。

办理监察事项的监察人员有下列情形之一的，应当自行回避，监察对象、检举人及其他有关人员也有权要求其回避：（1）是监察对象或者检举人的近亲属的；（2）担任过本案的证人的；（3）本人或者其近亲属与办理的监察事项有利害关系的；（4）有可能影响监察事项公正处理的其他情形的。

监察机关涉密人员离岗离职后，应当遵守脱密期管理规定，严格履行保密义务，不得泄露相关秘密。监察人员辞职、退休三年内，不得从事与监察和司法工作相关联且可能发生利益冲突的职业。

监察机关及其工作人员有下列行为之一的，被调查人及其近亲属有权向该机关申诉：（1）留置法定期限届满，不予以解除的；（2）查封、扣押、冻结与案件无关的财物的；（3）应当解除查封、扣押、冻结措施而不解除的；（4）贪污、挪用、私分、调换以及违反规定使用查封、扣押、冻结的财物的；（5）其他违反法律法规、侵害被调查人合法权益的行为。受理申诉的监察机关应当在受理申诉之日起一个月内作出处理决定。申诉人对处理决定不服的，可以在收到处理决定之日起一个月内向上一级监察机关申请复查，上一级监察机关应当在收到复查申请之日起二个月内作出处理决定，情况属实的，及时予以纠正。

对调查工作结束后发现立案依据不充分或者失实，案件处置出现重大失误，监察人员严重违法的，应当追究负有责任的领导人员和直接责任人员的责任。

广告法

《中华人民共和国广告法》是为了规范广告活动，保护消费者的合法权益，促进广告业的健康发展，维护社会经济秩序而制定。1994 年 10 月 27 日第八届全国人民代表大会常务委员会第十次会议通过。2015 年 4 月 24 日第十二届全国人民代表大会常务委员会第十四次会议修订通过，自 2015 年 9 月 1 日起施行。修订以后的广告法进一步完善了广告准则，对明星代言和未成年人代言进行了严格限定，规范了互联网广告，对媒体监管加强。

广播电台电视台发布广告内容准则和行为规范

广告应当具有可识别性，能够使消费者辨明其为广告。大众传播媒介不得以新闻报道形式变相发布广告。通过大众传播媒介发布的广告应当显著标明“广告”，与其他非广告信息相区别，不得使消费者产生误解。广播电台、电视台发布广告，应当遵守国务院有关部门关于时长、方式的规定，并应当对广告时长作出明显提示。

广播电台、电视台、报刊音像出版单位、互联网信息服务提供者不得以介绍健康、养生知识等形式变相发布医疗、药品、医疗器械、保健食品广告。

广播电台、电视台、报刊出版单位从事广告发布业务的，应当设有专门从事广告业务的机构，配备必要的人员，具有与发布广告相适应的场所、设备，并向县级以上地方工商行政管理部门办理广告发布登记。

未成年人广告的特别规定

不得利用不满十周岁的未成年人作为广告代言人。

不得在中小学校、幼儿园内开展广告活动，不得利用中小学生和幼儿的教材、教辅材料、练习册、文具、教具、校服、校车等发布或者变相发布广告，但公益广告除外。

在针对未成年人的大众传播媒介上不得发布医疗、药品、保健食品、医疗器械、化妆品、酒类、美容广告，以及不利于未成年人身心健康的网络游戏广告。针对不满十四周岁的未成年人的商品或者服务的广告不得含有下列内容：（1）劝诱其要求家长购买广告商品或者服务；（2）可能引发其模仿不安全行为。

广播电台电视台违反广告法的法律责任

《广告法》对广播电台电视台的法律责任做了明确规定。第五十九条第三款规定“广告违反本法第十四条规定，不具有可识别性的，或者违反本法第十九条规定，变相发布医疗、药品、医疗器械、保健食品广告的，由工商行政管理部门责令改正，对广告发布者处十万元以下的罚款。”

第六十条规定“违反本法第二十九条规定，广播电台、电视台、报刊出版单位未办理广告发布登记，擅自从事广告发布业务的，由工商行政管理部门责令改正，没收违法所得，违法所得一万元以上的，并处违法所得一倍以上三倍以下的罚款；违法所得不足一万元的，并处五千元以上三万元以下的罚款。”

广播电视行政管理部门的监管职责和法律责任

《广告法》规定了广播电视行政管理部门的监管职责和法律责任。第六十八条规定：广播电台、电视台、报刊音像出版单位发布违法广告，或者以新闻报道形式变相发布广告，或者以介绍健康、养生知识等形式变相发布医疗、药品、医疗器械、保健食品广告，工商行政管理部门依照本法给予处罚的，应当通报新闻出版广电部门以及其他有关部门。新闻出版广电部门以及其他有关部门应当依法对负有责任的主管人员和直接责任人员给予处分；情节严重的，并可以暂停媒体的广告发布业务。

新闻出版广电部门以及其他有关部门未依照前款规定对广播电台、电视台、报刊音像出版单位进行处理的，对负有责任的主管人员和直接责任人员，依法给予处分。

证券法

证券法，是指有关调整证券的发行、买卖和其他交易行为的法律规范的总称。对有价证券的发行、交易、清理等各方面活动进行规范，提供法律保证和限制的行为规范。证券法有广义和狭义之分。广义证券法指一切与证券相关的法律规范的总称。狭义证券法，指调整和规范证券总类、证券发行关系、证券交易关系、证券市场监督管理关系以及其他相关法律规范的总称。

《中华人民共和国证券法》1998 年 12 月 29 日第九届全国人民代表大会常务委员会第六次会议通过，2004 年 8 月 28 日第十届全国人民代表大会常务委员会第十一次会议第一次修正，2013 年 6 月 29 日第十二届全国人民代表大会常务委员会第三次会议第二次修正，2014

年 8 月 31 日第十二届全国人民代表大会常务委员会第三次修正。

证券交易内幕信息

证券交易活动中，涉及公司的经营、财务或者对该公司证券的市场价格有重大影响的尚未公开的信息，为内幕信息。下列信息皆属内幕信息：（1）公司的经营方针和经营范围的重大变化；公司的重大投资行为和重大的购置财产的决定；公司订立重要合同，可能对公司的资产、负债、权益和经营成果产生重要影响；公司发生重大债务和未能清偿到期重大债务的违约情况；公司发生重大亏损或者重大损失；公司生产经营的外部条件发生的重大变化；公司的董事、三分之一以上监事或者经理发生变动；持有公司百分之五以上股份的股东或者实际控制人，其持有股份或者控制公司的情况发生较大变化；公司减资、合并、分立、解散及申请破产的决定；涉及公司的重大诉讼，股东大会、董事会决议被依法撤销或者宣告无效；公司涉嫌犯罪被司法机关立案调查，公司董事、监事、高级管理人员涉嫌犯罪被司法机关采取强制措施；国务院证券监督管理机构规定的其他事项。（2）公司分配股利或者增资的计划。（3）公司股权结构的重大变化。（4）公司债务担保的重大变更。（5）公司营业用主要资产的抵押、出售或者报废一次超过该资产的百分之三十。（6）公司的董事、监事、高级管理人员的行为可能依法承担重大损害赔偿责任。（7）上市公司收购的有关方案。（8）国务院证券监督管理机构认定的对证券交易价格有显著影响的其他重要信息。

证券交易内幕信息的知情人

证券交易内幕信息的知情人包括：（1）发行人的董事、监事、高级管理人员；（2）持有公司百分之五以上股份的股东及其董事、监事、高级管理人员，公司的实际控制人及其董事、监事、高级管理人员；（3）发行人控股的公司及其董事、监事、高级管理人员；（4）由于所任公司职务可以获取公司有关内幕信息的人员；（5）证券监督管理机构工作人员以及由于法定职责对证券的发行、交易进行管理的其他人员；（6）保荐人、承销的证券公司、证券交易所、证券登记结算机构、证券服务机构的有关人员；（7）国务院证券监督管理机构规定的其他人。

证券内幕交易的法律责任

证券交易内幕信息的知情人或者非法获取内幕信息的人，在涉及证券的发行、交易或者其他对证券的价格有重大影响的信息公开前，买卖该证券，或者泄露该信息，或者建议他人买卖该证券的，责令依法处理非法持有的证券，没收违法所得，并处以违法所得一倍以上五倍以下的罚款；没有违法所得或者违法所得不足三万元的，处以三万元以上六十万元以下的罚款。单位从事内幕交易的，还应当对直接负责的主管人员和其他直接责任人员给予警告，并处以三万元以上三十万元以下的罚款。证券监督管理机构工作人员进行内幕交易的，从重处罚。

国家通用语言文字法

《中华人民共和国国家通用语言文字法》是 2000 年 10 月 31 日由第九届全国人大常委会第十八次会议通过的法律，自 2001 年 1 月 1 日起施行。该法对国家通用语言文字（普通话和规范汉字）的使用、管理和监督等方面的内容进行了规范。

国家通用语言文字的基本原则

国家通用语言文字的基本原则是指在国家通用语言文字的使用过程中，应当遵循的基本准则。它对国家通用语言文字的使用具有普遍指导意义，反映了国家通用语言文字的基本特点。

根据《中华人民共和国国家通用语言文字法》的规定，国家通用语言文字的基本原则包括：

（1）国家通用语言文字的使用应当有利于维护国家主权和民族尊严，有利于国家统一和民族团结，有利于社会主义物质文明建设和精神文明建设。

这三个“有利于”是国家通用语言文字使用的总原则，是就语言文字使用的内容和形式问题作出的原则规定。

（2）各民族都有使用和发展自己的语言文字的自由。少数民族语言文字的使用依据宪法、民族区域自治法及其他法律的有关规定。

这表明国家坚持各民族语言文字地位平等的基本原则和政策。

国家通用语言文字的使用

国家通用语言文字的使用是指各类国家机关、社会团体和个人依法正确使用国家通用语言文字的活动。

根据《中华人民共和国国家通用语言文字法》的规定，国家通用语言文字的使用应当遵循如下规范：

（1）国家机关以普通话和规范汉字为公务用语用字。法律另有规定的除外。

（2）学校及其他教育机构以普通话和规范汉字为基本的教育教学用语用字。法律另有规定的除外。

（3）汉语文出版物应当符合国家通用语言文字的规范和标准。汉语文出版物中需要使用外国语言文字的，应当用国家通用语言文字作必要的注释。

（4）广播电台、电视台以普通话为基本的播音用语。需要使用外国语言为播音用语的，须经国务院广播电视部门批准。

（5）公共服务行业以规范汉字为基本的服务用字。因公共服务需要，招牌、广告、告示、标志牌等使用外国文字并同时使用中文的，应当使用规范汉字。提倡公共服务行业以普通话为服务用语。

（6）下列情形，应当以国家通用语言文字为基本的用语用字：①广播、电影、电视用语用字；②公共场所的设施用字；③招牌、广告用字；④企业事业组织名称；⑤在境内销售的商品的包装、说明。

（7）信息处理和信息技术产品中使用的国家通用语言文字应当符合国家的规范和标准。

（8）有下列情形的，可以使用方言：①国家机关的工作人员执行公务时确需使用的；②经国务院广播电视部门或省级广播电视部门批准的播音用语；③戏曲、影视等艺术形式中需要使用的；④出版、教学、研究中确需使用的。

（9）有下列情形的，可以保留或使用繁体字、异体字：①文物古迹；②姓氏中的异体字；③书法、篆刻等艺术作品；④题词和招牌的手书字；⑤出版、教学、研究中需要使用的；⑥经国务院有关部门批准的特殊情况。

（10）国家通用语言文字以《汉语拼音方案》作为拼写和注音工具。《汉语拼音方案》是中国人名、地名和中文文献罗马字母拼写法的统一规范，并用于汉字不便或不能使用的领域。初等教育应当进行汉语拼音教学。

（11）凡以普通话作为工作语言的岗位，其工作人员应当具备说普通话的能力。以普通话作为工作语言的播音员、节目主持人和影视话剧演员、教师、国家机关工作人员的普通话水平，应当分别达到国家规定的等级标准；对尚未达到国家规定的普通话等级标准的，分别情况进行培训。

（12）对外汉语教学应当教授普通话和规范汉字。

《广播电视管理条例》

《广播电视管理条例》是1997年8月1日由国务院第61次常务会议通过的行政法规（国务院令第228号），自1997年9月1日起施行。根据2013年12月7日《国务院关于修改部分行政法规的决定》修订。该条例是全面调整广播电视相关活动的行政法规，在境内设立广播电台、电视台和采编、制作、播放、传输广播电视节目等活动，应遵守该条例。

该条例适用于在中华人民共和国境内设立广播电台、电视台和采编、制作、播放、传输广播电视节目等活动。

国务院广播电视行政部门负责全国的广播电视管理工作。

县级以上地方人民政府负责广播电视行政管理工作的部门或者机构（以下统称广播电视行政部门）负责本行政区域内的广播电视管理工作。

《广播电视管理条例》所称的广播电台、电视台是指采编、制作并通过有线或者无线的方式播放广播电视节目的机构。

禁止制作、播放的广播电视节目

根据《广播电视管理条例》第三十二条规定：广播电台、电视台应当提高广播电视节目质量，增加国产优秀节目数量，禁止制作、播放载有下列内容的节目：

① 危害国家的统一、主权和领土完整的；② 危害国家的安全、荣誉和利益的；③ 煽动民族分裂，破坏民族团结的；④ 泄露国家秘密的；⑤ 诽谤、侮辱他人的；⑥ 宣扬淫秽、迷信或渲染暴力的；⑦ 法律、行政法规规定禁止的其他内容。

广播电视新闻应当遵守的原则

广播电视新闻应当遵守真实、公正的原则。

广播电台、电视台使用语言文字的原则

广播电台、电视台应当使用规范的语言文字。广播电台、电视台应当推广全国通用的普通话。

广播电台、电视台审查节目的要求

广播电台、电视台对其播放的广播电视节目内容，应当依照本条例第三十二条，即禁止制作、播放的广播电视节目的规定进行播前审查，重播重审。

《政府信息公开条例》

《政府信息公开条例》经 2007 年 1 月 17 日国务院第 165 次常务会议通过，自 2008 年 5 月 1 日起施行。本条例所称政府信息，是指行政机关在履行职责过程中制作或者获取的，以一定形式记录、保存的信息。

行政机关公开政府信息，应当遵循公正、公平、便民的原则，依照国家有关规定需要批准的，未经批准不得发布。

行政机关对符合下列基本要求之一的政府信息应当主动公开：① 涉及公民、法人或者其他组织切身利益的；② 需要社会公众广泛知晓或者参与的；③ 反映本行政机关机构设置、职能、办事程序等情况的；④ 其他依照法律、法规和国家有关规定应当主动公开的。

《信息网络传播权保护条例》

《信息网络传播权保护条例》于 2006 年 5 月 18 日以中华人民共和国国务院令第 468 号公布，根据 2013 年 1 月 30 日中华人民共和国国务院令第 634 号《国务院关于修改〈信息网络传播权保护条例〉的决定》修订。该《条例》共 27 条，自 2013 年 3 月 1 日起施行。

《条例》包括合理使用、法定许可、避风港原则、版权管理技术等一系列内容，区分了著作权人、图书馆、网络服务商、读者各自可以享受的权益，网络传播和使用都有法可依，形成一个相互依存、相互作用、相互影响的“对立统一”关系，很好地体现了产业发展与权利人利益、公众利益的平衡，为产业加速发展做好了法律准备。

信息网络传播权是指以有线或者无线方式向公众提供作品、表演或者录音录像制品，使公众可以在其个人选定的时间和地点获得作品、表演或者录音录像制品的权利。

《互联网新闻信息服务管理规定》

为加强互联网信息内容管理，促进互联网新闻信息服务健康有序发展，2017 年 5 月 2 日，国家互联网信息办公室发布了《互联网新闻信息服务管理规定》，并于 2017 年 6 月 1 日开始施行。提供互联网新闻信息服务，应当遵守宪法、法律和行政法规，坚持为人民服务、为社会主义服务的方向，坚持正确舆论导向，发挥舆论监督作用，促进形成积极健康、向上向善的网络文化，维护国家利益和公共利益。国家互联网信息办公室负责全国互联网新闻信息服务的监督管理执法工作。地方互联网信息办公室依据职责负责本行政区域内互联网新闻信息服务的监督管理执法工作。

第三部分

经济学、社会学、文学常识

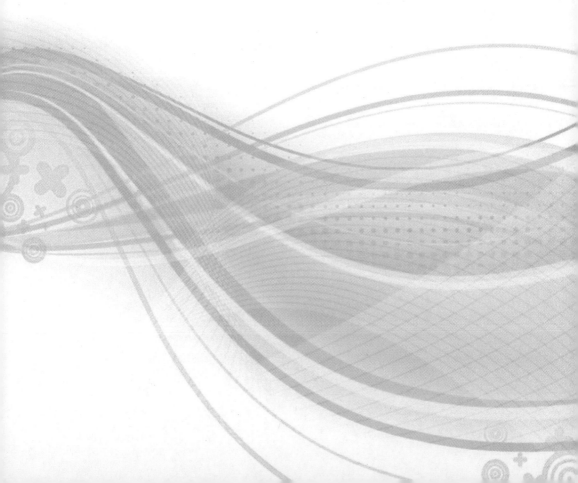

一、经济学常识

复习要点提示

- 理解和掌握我国的基本经济制度。
- 理解社会主义市场经济体制的基本特征。
- 理解自由经营与政府干预、资源配置、成本与收益、居民消费价格指数、恩格尔系数、基尼系数、通货膨胀与通货紧缩、充分就业与实业、财政政策与货币政策、顺差和逆差、外汇与汇率、自由贸易与保护贸易、固定汇率制度与浮动汇率制度、欧盟、世界经济体制中最重要的三大支柱等相关内容。

社会主义初级阶段的基本经济制度和分配制度

党的十五大第一次明确提出：公有制为主体、多种所有制经济共同发展，是我国社会主义初级阶段的基本经济制度。这一基本经济制度的确立是社会主义性质和初级阶段国情决定的。

基本经济制度确立的决定因素：我国是社会主义国家，必须坚持公有制作为社会主义经济制度的基础。我国还处在社会主义初级阶段，生产力还不够发达，发展也很不平衡，需要在公有制为主体的条件下发展多种所有制经济。一切符合“三个有利于”标准的所有制形式，都可以而且应该用来为发展社会主义服务。

党的十八届三中全会进一步提出，公有制为主体、多种所有制经济共同发展的基本经济制度是中国特色社会主义制度的重要支柱，也是社会主义市场经济的根基。公有制经济和非公有制经济都是社会主义市场经济的重要组成部分，都是我国经济社会发展的重要基础。这标志着我们对基本经济制度的认识提升到一个新的高度。

坚持和完善公有制为主体、多种所有制经济共同发展的基本经济制度，必须毫不动摇地巩固和发展公有制经济，坚持公有制的主体地位，发挥国有经济的主导作用，不断增强国有经济活力、控制力、影响力。必须毫不动摇地鼓励、支持和引导非公有制经济发展，激发非公有制经济活力和创造力。要把坚持公有制为主体，促进非公有制经济发展，统一于社会主义现代化建设的进程中，不能把这两者对立起来。

公有制经济包括国有经济和集体经济，以及混合所有制经济中的国有成分和集体成分。坚持公有制的主体地位，主要体现在两个方面：一是公有资产在社会总资产中占优势；二是国有经济控制全民经济命脉，对经济发展起主导作用。这是就全国而言的，有的地方、有些产业可以有所差别。公有资产既要有量的优势，更要注重质的提高。国有经济起主导作用，主要体现在控制力上。只要坚持公有制为主体，国有经济控制国民经济命脉，在经济中的控制力和竞争力得到增强，这个前提下，国有经济比重减少一些，并不会影响我国的社会主义性质。

坚持公有制主体地位，要发挥国有经济主导作用，不断增强国有经济活力、控制力、影响力。国有经济是我国国民经济的支柱，是推进国家现代化、保障人民共同利益的重要力量。

巩固和发展公有制经济，还要努力寻找能够极大促进生产力发展的公有制实现形式。公有制经济的性质和实现形式是两个不同层次的问题。公有制经济的性质体现在所有权的归属上，坚持公有制的性质，根本的是坚持国家和集体对生产资料的所有权。所有制作为生产关系的基础，有公有制与私有制、社会主义与资本主义的区别。而所有制的实现形式是采取怎样的经营方式的组织形式问题，它不具有“公”与“私”、“社”与“资”的区分。同样的所有制可以采取不同的实现形式，而不同的所有制可以采取相同的实现形式。实现形式要解决的是发展生产力的组织形式和经营方式问题，只要能够有利于生产力的发展，公有制的实现形式可以而且应当多样化，一切反映社会化生产规律的经营方式和组织形式都可以大胆利用。

非公有制经济包括个体经济、私营经济、外商独资经济、混合所有制经济中的非公有制经济成分等。社会主义初级阶段的生产力水平和发展的不平衡性，给非公有制经济留下了广阔的空间。非公有制经济是促进经济社会发展的重要力量，在支撑增长、促进创新、扩大就业、增加税收等方面有重要作用。

社会主义初级阶段的分配制度：按劳分配为主体，多种分配方式并存。

按劳分配是社会主义的分配原则。社会主义之所以必须坚持按劳分配的主体地位，是由社会主义公有制和生产力发展水平决定的。公有制是实行按劳分配的所有制基础。公有制实现了人们在生产资料占有上的平等关系，排除了个人凭借对生产资料的所有权来无偿地占有他人劳动成果。每一个劳动者在共同占有生产资料的基础上为社会提供劳动，社会则根据每个劳动者提供的劳动数量和质量进行收入分配。生产水平是实行按劳分配的物质基础。在生产力水平还没有达到高度发达的程度，社会产品还没有极大丰富时，劳动还是谋生的手段，还没有成为生活的第一需要时，社会就不具备实行按需分配的条件。在现阶段，劳动者向社会提供的劳动数量和质量存在着差别，只有承认这种差别，并在个人收入分配上体现这种差别，才能充分调动劳动者的积极性。

社会主义市场经济体制的基本特征

社会主义市场经济体制是同社会主义基本制度结合在一起的、使市场在国家宏观调控下，对资源配置起基础性作用的经济体制。社会主义市场经济体制的特征是社会主义市场经济是与市场经济相结合，它要具有市场经济的一般特征。同时，它又与社会主义制度相结合，又要具有社会主义的个性特征。

社会主义市场经济不同于传统的计划经济。社会主义市场经济体制的建立是对传统的计划经济体制的根本性变革，它已不再是传统的计划经济，而是市场经济了，具有市场经济的基本属性。

（1）市场主体的独立性、平等性。

指无论是个人还是企业都是平等的、独立的经济实体，他们具有自主地作出经济决策的权力，并要独立地承担决策所带来的风险。这与计划经济体制下由政府部门作出经济决策并承担责任的经济模式根本不同。

（2）市场对资源发挥基础性配置作用。

在市场经济条件下，建立起了各种市场，形成了统一开放的市场体系，由市场形成价格，保证各种商品和生产要素的自由流动，各种经济资源由市场来发挥基础性配置作用。这与计划经济体制下由政府来配置资源根本不同。

（3）间接的政府宏观调控体系。

在市场经济条件下，政府主要是通过各种非行政手段对经济活动进行间接的宏观调控。这与传统的计划经济条件下用直接的行政手段来管理经济有根本不同。

（4）市场经济是法制经济。

市场经济的各种活动主要由各种法规进行规范。

（5）在国际交往中，要遵循国际通行的惯例和准则。

社会主义市场经济体制又具有社会主义的个性特征：第一，在所有制结构上，实行以公有制为主体，多种所有制经济共同发展的方针。第二，在分配关系上，坚持按劳分配为主体、多种分配方式并存的制度。第三，在宏观调控上，社会主义市场经济在国家的宏观调控下有序运行。第四，在生产目的上，社会主义市场经济以实现共同富裕为基本原则和最终目标。

社会主义市场经济的基本框架

1993 年 11 月，党的十四届三中全会通过的中共中央《关于建立社会主义市场经济体制若干问题的决定》，依据邓小平的论述和党的十四大提出的建立社会主义市场经济的总体要求，进一步勾画了建立社会主义市场经济体制的蓝图。《决定》指出："建立社会主义市场经济体制，就是要使市场在国家宏观调控下对资源配置起基础性作用。为实现这一目标，必须坚持以公有制为主体、多种经济成分共同发展的方针，进一步转换国有企业经营机制，建立适应社会主义市场经济要求，产权清晰、权责明确、政企分开、管理科学的现代企业制度；建立全国统一开放的市场体系，实现城乡市场的紧密结合，国内市场与国际市场相互衔接，促进资源的优化配置；转变政府管理经济的职能，建立以间接手段为主的完善的宏观调控体系，保证国民经济的健康运行；建立以按劳分配为主体，效率优先、兼顾公平的分配制度，鼓励一部分地区、一部分人先富起来，走共同富裕的道路；建立多层次的社会保障制度，为城乡居民提供同我国国情相适应的社会保障，促进经济发展和社会稳定。这些主要环节是相互联系和相互制约的有机整体，构成社会主义市场经济体制的基本框架。"

供给与需求

供给是指生产者在某一特定时期内，在每一价格水平上生产者愿意并且能够提供的一定数量的商品或劳务。能够提供给市场的商品总量，包括已经处在市场上的商品的流量和生产者能够提供给市场的商品的存量。供给的范围和水平取决于社会生产力的发展水平，一切影响社会生产总量的因素也都影响供给量；但是，市场供给量不等于生产量，因为生产量中有一部分用于生产者自己消费，作为贮备或出口，而供给量中的一部分可以是进口商品或动用贮备商品。提供给市场的商品，不仅具有满足人类需要的使用价值，而且具有凝结着一定社会必要劳动时间的价值。因此，供给不单纯是一种提供一定数量的特定的使用价值的行为，而且还是实现一定价值量的行为。

需求是在一定的时期，在每个价格水平下，消费者愿意并且能够购买的商品数量。它包括两个条件，即消费者愿意购买和有支付能力。如果消费者没有支付能力，即使有获得某种使用价值的愿望，也不能形成有效需求。需求可以分为单个需求和市场需求。单个需求：指单个消费者对某种商品的需求。市场需求：指消费者全体对某种商品需求的总和。

自由经营与政府干预

自由经营理论又称经济自由主义，是一种支持个人财产和契约自由权利的意识形态。经济自由主义主张限制政府在经济事务中的操控，让市场机制发挥调节资源的作用。经济自由主义包括斯密的经济自由主义和新自由主义。

政府干预也称国家干预，是政府在以市场机制为基础的市场经济条件下，为了克服市场失灵，国家运用管制和宏观调控等手段规范市场主体的行为，以校正、补充市场缺陷的活动的总称。是国家对国民经济的总体管理，是一个国家政府特别是中央政府的经济职能。

这两种经济理论在不同的历史时期发挥着各自不同的作用。当前，我国所实行的是宏观调控下的市场经济，使市场在资源配置中起决定性的作用，更好地发挥政府的作用。

资源配置

在经济学中，资源有狭义和广义之分。狭义资源是指自然资源；广义资源是指经济资源或生产要素，包括自然资源、劳动力和资本等。可以说，资源是指社会经济活动中人力、物力和财力的总和，是社会经济发展的基本物质条件。在任何社会，人的需求作为一种欲望都是无止境的，而用来满足人们需求的资源却是有限的，因此，资源具有稀缺性。

资源配置是指资源的稀缺性决定了任何一个社会都必须通过一定的方式把有限的资源合理分配到社会的各个领域中去，以实现资源的最佳利用，即用最少的资源耗费，生产出最适用的商品和劳务，获取最佳的效益。资源配置即在一定的范围内，社会对其所拥有的各种资源在其不同用途之间分配。资源配置的实质就是社会总劳动时间在各个部门之间的分配。资源配置合理与否，对一个国家经济发展的成败有着极其重要的影响。一般来说，资源如果能够得到相对合理的配置，经济效益就显著提高，经济就能充满活力；否则，经济效益就明显低下，经济发展就会受到阻碍。

成本与收益

成本是商品经济的价值范畴，是商品价值的组成部分。人们要进行生产经营活动或达到一定的目的，就必须耗费一定的资源，其所费资源的货币表现及其对象化称之为成本。并且随着商品经济的不断发展，成本概念的内涵和外延都处于不断地变化发展之中。其构成内容主要包括：原料、材料、燃料等费用，表现商品生产中已耗费的劳动对象的价值；折旧费用，表现商品生产中已耗费的劳动资料（手段）的价值；工资，表现生产者的必要劳动所创造的价值。

收益是指就该财产收取天然的或法定的孳息。亚当·斯密在《国富论》中，将收益定义为“那部分不侵蚀资本的可予消费的数额”，把收益看做是财富的增加。后来，大多数经济学家都继承并发展了这一观点。1890 年，艾·马歇尔在其《经济学原理》中，把亚当·斯密的“财富的增加”这一收益观引入企业，提出区分实体资本和增值收益的经济学收益思想。20 世纪初期，美国著名经济学家尔文·费雪发展了经济收益理论。在其《资本与收益的性质》一书中，首先从收益的表现形式上分析了收益的概念，提出了三种不同形态的收益：精神收益——精神上获得的满足；实际收益——物质财富的增加；货币收益——增加资产的货币价值。在上述三种不同形态的收益中，既有可以计量的，也有不可计量的。其中：精神收益因主观性太强而无法计量，货币收益则因不考虑币值变化的静态概念而容易计量。因此，经济学家只侧重于研究实际收益。

国内生产总值

国内生产总值（简称 GDP）是指在一定时期内（一个季度或一年），一个国家或地区的经济中所生产出的全部最终产品和劳务的价值，常被公认为是衡量国家经济状况的最佳指标。它不但可以反映一个国家的经济表现，还可以反映一国的国力与财富。对其内涵可以从以下几点来说明：

第一，国内生产总值是用最终产品和服务来计量的，即最终产品和服务在该时期的最终出售价值。一般根据产品的实际用途，可以把产品分为中间产品和最终产品。所谓最终产品，是指在一定时期内生产的可供人们直接消费或者使用的物品和服务。这部分产品已经到达生产的最后阶段，不能再作为原料或半成品投入其他产品和劳务的生产过程中去，如消费品、资本品等，一般在最终消费品市场上进行销售。中间产品是指为了再加工或者转卖用于供别种产品生产使用的物品和劳务，如原材料、燃料等。GDP 必须按当期最终产品计算，中间产品不能计入，否则会造成重复计算。

第二，国内生产总值是一个市场价值的概念。各种最终产品的市场价值是在市场上达成交换的价值，都是用货币来加以衡量的，通过市场交换体现出来。一种产品的市场价值就是用这种最终产品的单价乘以其产量获得的。

第三，国内生产总值一般仅指市场活动导致的价值。那些非生产性活动以及地下交易、黑市交易等不计入 GDP 中，如家务劳动、自给自足性生产、赌博和毒品的非法交易等。

第四，GDP 是计算期内生产的最终产品价值，因而是流量而不是存量。

第五，GDP 不是实实在在流通的财富，它只是用标准的货币平均值来表示财富的多少。但是生产出来的东西能不能完全地转化成流通的财富，这个是不一定的。

国民生产总值（简称 GNP）是一个国民概念，是指某国国民所拥有的全部生产要素在一定时期内所生产的最终产品的市场价值。举例说明：一个在美国工作的中国公民所创造的财富计入中国的 GNP，但不计入中国的 GDP，而是计入美国的 GDP。

居民消费价格指数

居民消费价格指数（简称 CPI）是一个反映居民家庭一般所购买的消费商品和服务价格水平变动情况的宏观经济指标。它是度量一组代表性消费商品及服务项目的价格水平随时间而变动的相对数，是用来反映居民家庭购买消费商品及服务的价格水平的变动情况。

居民消费价格统计调查的是社会产品和服务项目的最终价格，一方面同人民群众的生活密切相关，同时在整个国民经济价格体系中也具有重要的地位。它是进行经济分析和决策、价格总水平监测和调控及国民经济核算的重要指标。其变动率在一定程度上反映了通货膨胀或紧缩的程度。一般来讲，物价全面地、持续地上涨就被认为发生了通货膨胀。

恩格尔系数

恩格尔系数是食品支出总额占个人消费支出总额的比重。在总支出金额不变的条件下，恩格尔系数越大，说明用于食物支出的所占金额越多；恩格尔系数越小，说明用于食物支出所占的金额越少，二者成正比。反过来，当食物支出金额不变的条件下，总支出金额与恩格尔系数成反比。因此，恩格尔系数是衡量一个家庭或一个国家富裕程度的主要标准之一。一般来说，在其他条件相同的情况下，恩格尔系数较高，作为家庭来说则表明收入较低，作为国家来说则表明该国较穷。反之，恩格尔系数较低，作为家庭来说则表明收入较高，作为国家来说则表明该国较富裕。

基尼系数

基尼系数，或译坚尼系数，是 20 世纪初意大利经济学家基尼，根据劳伦茨曲线所定义的判断收入分配公平程度的指标。其具体含义是指，在全部居民收入中，用于进行不平均分配的那部分收入所占的比例。基尼系数最大为“1”，最小等于“0”。前者表示居民之间的收入分配绝对不平均，即 100% 的收入被一个单位的人全部占有了；而后者则表示居民之间的收入分配绝对平均，即人与人之间收入完全平等，没有任何差异。但这两种情况只是在理论上的绝对化形式，在实际生活中一般不会出现。基尼系数越小收入分配越平均，基尼系数越大收入分配越不平均。国际上通常把 0.4 作为贫富差距的警戒线，大于这一数值容易出现社会动荡。

通货膨胀与通货紧缩

通货膨胀指在纸币流通条件下，因货币供给大于货币实际需求，也即现实购买力大于产出供给，导致货币贬值，而引起的一段时间内物价持续而普遍地上涨现象。其实质是社会总需求大于社会总供给（供远小于求）。纸币、含金量低的铸币、信用货币，过度发行都会导致通胀。

通货紧缩是指当市场上流通的货币减少，人民的货币所得减少，购买力下降，影响物价下跌，造成通货紧缩。长期的货币紧缩会抑制投资与生产，导致失业率升高及经济衰退。依据诺贝尔经济学奖得主萨缪尔的定义：价格和成本正在普遍下降即是通货紧缩。前者的标志是 CPI 转为负数，亦即物价指数与前一年度相比下降；后者的标志是 CPI 连续下降，亦即物价指数月度环比连续下降。

充分就业与失业

充分就业是一个有多重含义的经济术语。它的概念是英国经济学家J.M.凯恩斯在《就业、利息和货币通论》一书中提出的，是指在某一工资水平之下，所有愿意接受工作的人，都获得了就业机会。充分就业并不等于全部就业，而是仍然存在一定的失业。但所有的失业均属于摩擦性的和结构性的，而且失业的间隔期很短。通常把失业率等于自然失业率时的就业水平称为充分就业。

失业有广义和狭义之分。广义的失业指的是生产资料和劳动者分离的一种状态。在这种状态下，劳动者的生产潜能和主观能动性无法发挥，不仅浪费社会资源，还对社会经济发展造成负面影响。狭义的失业指的是有劳动能力的处于法定劳动年龄阶段的并有就业愿望的劳动者失去或没有得到有报酬的工作岗位的社会现象。

财政政策与货币政策

财政政策是指为促进就业水平提高，减轻经济波动，防止通货膨胀，实现稳定增长而对政府财政支出、税收和借债水平所进行的选择，或对政府财政收入和支出水平所作的决策。或者说，财政政策是指政府变动税收和支出以便影响总需求进而影响就业和国民收入的政策。变动税收是指改变税率和税率结构。变动政府支出指改变政府对商品与劳务的购买支出以及转移支付。它是国家干预经济的主要政策之一。

根据财政政策调节国民经济总量和结构中的不同功能，财政政策可划分为扩张性财政政策、紧缩性财政政策和中性财政政策。

扩张性财政政策（又称积极的财政政策）是指通过财政分配活动

来增加和刺激社会的总需求。主要措施有：增加国债、降低税率、提高政府购买和转移支付。

紧缩性财政政策（又称适度从紧的财政政策）是指通过财政分配活动来减少和抑制总需求。主要措施有：减少国债、提高税率、减少政府购买和转移支付。

中性财政政策（又称稳健的财政政策）是指财政的分配活动对社会总需求的影响保持中性。

货币政策有狭义和广义之分。狭义货币政策指中央银行为实现其特定的经济目标而采用的各种控制和调节货币供应量或信用量的方针和措施的总称，包括信贷政策、利率政策和外汇政策。广义货币政策指政府、中央银行和其他有关部门所有有关货币方面的规定和采取的影响金融变量的一切措施。两者的不同主要在于后者的政策制定者包括政府及其他有关部门，他们往往影响金融体制中的外生变量，改变游戏规则，如硬性限制信贷规模，信贷方向，开放和开发金融市场。前者则是中央银行在稳定的体制中利用贴现率，准备金率，公开市场业务达到改变利率和货币供给量的目标。

顺差和逆差

顺差指在国际收支上，在一定时期（如一年、半年、一季、一月）收入大于支出的差额。

逆差指在国际收支上，在一定时期（如一年、半年、一季、一月）支出大于收入的差额。

贸易顺差是指在特定年度一国出口贸易总额大于进口贸易总额，又称“出超”。表示该国当年对外贸易处于有利地位。贸易顺差的大小在很大程度上反映一国在特定年份对外贸易活动状况。通常情况下，一国不宜长期大量出现对外贸易顺差，因为此举很容易引起与有关贸易伙伴国的摩擦。与此同时，大量外汇盈余通常会致使一国市场上本币投放量随之增长，因而很可能引起通货膨胀压力，不利于国民经济持续、健康发展。

贸易逆差是指一国在一定时期内（如一年、半年、一个季度、一个月等）出口贸易总值小于进口贸易总值，又称“入超”“贸易赤字”。反映的是国与国之间的商品贸易状况，也是判断宏观经济运行状况的重要指标。当一个国家出现贸易逆差时，即表示该国外汇储备减少，其商品的国际竞争力削弱，该国在该时期内的对外贸易处于不利地位。大量的贸易逆差将使国内资源外流加剧，外债增加，影响国民经济正常有效运行。因此，政府应该设法避免出现长期的贸易逆差。

外汇与汇率

狭义的外汇指的是以外国货币表示的，为各国普遍接受的，可用于国际间债权债务结算的各种支付手段。广义的外汇指的是一国拥有的一切以外币表示的资产，是货币行政当局（中央银行、货币管理机构、外汇平准基金及财政部）以银行存款、财政部库券、长短期政府证券等形式保有的在国际收支逆差时可以使用的债权。包括外国货币、外币存款、外币有价证券（政府公债、国库券、公司债券、股票等）、外币支付凭证（票据、银行存款凭证、邮政储蓄凭证等）。

货币外汇汇率是一个国家的货币折算成另一个国家货币的比率、比价或价格。也可以说，是以本国货币表示的外国货币的“价格”，其高低最终由外汇市场决定。外汇买卖一般均集中在商业银行等金融机构。它们买卖外汇的目的是为了追求利润，方法是贱买贵卖，赚取买卖差价，其买进外汇时所依据的汇率为买入汇率，也称买入价；卖出外汇时所依据的汇率叫卖出汇率，也称卖出价。

自由贸易与保护贸易

自由贸易是指国家取消对进出口贸易的限制和障碍，取消本国进出口商品各种优待和特权，对进出口商品不加干涉和限制，使商品自由进出口，在国内市场上自由竞争的贸易政策。它是“保护贸易”的对称。这并不意味着完全放弃对进出口贸易的管理和关税制度，而是根据外贸法规即有关贸易条约与协定，使国内外产品在市场上处于平等地位，展开自由竞争与交易，在关税制度上，只是不采用保护关税，但为了增加财政收入，仍可征收财政关税。

保护贸易是指利用国家权力，制订高额关税以及各种限制进口的措施，防止外国商品竞争，以保护本国市场和产业的政策。第二次世界大战后，发达国家一直推行这种政策。发展中国家为了保护它幼弱的民族工业，也实行必要的保护贸易措施。

固定汇率制度与浮动汇率制度

固定汇率制度是货币当局把本国国币兑换其他货币的汇率加以固定，并把两国货币比价的波动幅度控制在一定的范围之内。固定汇率制度可以分为1880—1914年金本位体系下的固定汇率制和1944—1973年布雷顿森林体系下的固定汇率制（也称为以美元为中心的固定汇率制）两个阶段。固定汇率体系的主要优点是减少了经济活动的不确定性，一个想稳定其物价的高通货膨胀国家可以选择加入固定汇率体系来恢复央行的信誉。但是缺乏灵活性。由于每个国家所面临的经济环境和背景不同，实施统一的货币政策对各个国家来说未必是最佳的。

浮动汇率制度是指一国货币当局不再规定本国货币与外国货币比

价和汇率波动的幅度，货币当局也不承担维持汇率波动界限的义务，而听任汇率随外汇市场供求变化自由波动的一种汇率制度。按政府是否干预，可以分为自由浮动及管理浮动。自由浮动：政府任凭外汇市场供求状况决定本国货币同外国货币的兑换比率，不采取任何措施。管理浮动：政府采取有限的干预措施，引导市场汇率向有利于本国利益的方向浮动。按浮动形式，可分为单独浮动和联合浮动。按被盯住的货币不同，可分为盯住单一货币浮动以及盯住合成货币浮动。

欧　盟

欧洲联盟简称欧盟（简称 EU），总部设在比利时首都布鲁塞尔，是由欧洲共同体发展而来的。1991 年 12 月，欧洲共同体马斯特里赫特首脑会议通过《欧洲联盟条约》，通称《马斯特里赫特条约》（简称《马约》）。1993 年 11 月 1 日，《马约》正式生效，欧盟正式诞生。欧洲联盟是欧洲地区规模较大的区域性经济合作的国际组织。成员国已将部分国家主权交给组织（主要是经济方面，如货币、金融政策、内部市场、外贸），令欧洲联盟越来越像联邦制国家。虽然欧洲联盟还不是真正的国家，欧洲联盟本身也无权行使各成员国的主权，但里斯本条约第一条第八项（款）允许欧洲联盟签订欧洲人权公约成为欧洲委员会的成员国。

当地时间 2016 年 6 月 23 日，英国就是否留在欧盟举行全民公投。投票结果显示支持“脱欧”的票数以微弱优势战胜“留欧”票数。

区域经济一体化和经济全球化

区域经济一体化是指两个或两个以上的国家和地区，通过相互协商制定经济贸易政策和措施，并缔结经济条约或协议，在经济上结合起来，形成一个区域性经济贸易联合体的过程。区域经济一体化已成为国际经济关系中最引人注目的趋势之一，区域经济一体化是伙伴国家之间市场一体化的过程，从产品市场生产要素市场向经济政策的统一逐步深化。全球范围内区域经济一体化迅速发展主要依靠三条途径：一是不断深化、升级现有形式；二是扩展现有集团成员；三是缔结新的区域贸易协议或重新启动沉寂多年的区域经济合作谈判。

经济全球化是指世界经济活动超越国界，通过对外贸易、资本流动、技术转移、提供服务、相互依存、相互联系而形成的全球范围的有机经济整体。经济全球化是当代世界经济的重要特征之一，也是世界经济发展的重要趋势。经济全球化是指贸易、投资、金融、生产等活动的全球化，即生产要素在全球范围内的最佳配置。从根源上说是生产力和国际分工的高度发展，要求进一步跨越民族和国家疆界的产物。

世界贸易组织

世界贸易组织（简称 WTO）是负责监督成员经济体之间各种贸易协议得到执行的一个国际组织。1994 年 4 月 15 日，在摩洛哥的马拉喀什市举行的关贸总协定乌拉圭回合部长会议决定成立更具全球性的世界贸易组织，以取代成立于 1947 年的关贸总协定。世界贸易组织是当代最重要的国际经济组织之一，拥有 160 个成员国，成员国贸易总额达到全球的 97%，有“经济联合国”之称。

世界银行和国际货币基金组织

世界银行是世界银行集团的简称，是由国际复兴开发银行、国际开发协会、国际金融公司、多边投资担保机构和解决投资争端国际中心五个成员机构组成；成立于 1944 年，1946 年 6 月开始营业。凡是参加世界银行的国家必须首先是国际货币基金组织的会员国；总部设在美国首都华盛顿，世界银行有员工 10000 多人，分布在全世界 120 多个办事处。狭义的“世界银行”仅指国际复兴开发银行和国际开发协会。按惯例，世界银行集团最高领导人由美国人担任，为期 5 年。

世界银行是一个国际组织，其一开始的使命是帮助在第二次世界大战中被破坏的国家的重建。主要任务是资助国家克服穷困，各机构在减轻贫困和提高生活水平的使命中发挥独特的作用。在 2012 年，世界银行为发展中国家或转型国家提供了大约 300 亿美元的贷款或帮助。

世界银行与国际货币基金组织（IMF）和世界贸易组织（WTO）一道，成为国际经济体制中最重要的三大支柱。

国际货币基金组织（简称 IMF）是根据 1944 年 7 月在布雷顿森林会议签订的《国际货币基金协定》，于 1945 年 12 月 27 日在华盛顿成立的。与世界银行同时成立、并列为世界两大金融机构之一，其职责是监察货币汇率和各国贸易情况，提供技术和资金协助，确保全球金融制度运作正常。其总部设在华盛顿。我们常听到的“特别提款权”就是该组织于 1969 年创设的。

二、社会学常识

复习要点提示

- 了解社会学发展现状、学科特点。
- 掌握社会化、社会角色、社会规范、社区、社会分层、现代化、社会保障等基本概念。
- 运用社会学的基本知识解释一些典型的社会现象。

社会化

社会化是使人们获得个性、人格，并学习其所在社会和群体的生活方式的社会相互作用过程。一个人从出生起就开始了社会化过程，并持续整整一生。社会化使人从“自然人”或“生物人”成长为社会人，使社会、文化得以维持和传承。在现代社会中，家庭、学校、同辈群体和大众传媒是四种最重要的社会化因素，任何社会化因素的缺失，都会使个人人格的形成过程受阻，造成人格缺陷。

社会角色

社会角色是人们对群体或社会中拥有某一特定身份的人的行为期待，包括一整套与此身份相一致的权利、义务的规范与行为方式。它构成了社会群体或组织的基础。一个人可能拥有许多身份，而每一个身份都可能要涉及扮演几种角色。与某一身份相联系的所有角色的集合被称为角色集。

社会规范

社会规范是人们共同遵守的、规定在特定情境下人们应该采取哪些适当行为的准则。它将复杂的社会生活维系在一种有序的状态下。按照约束力的强弱，社会规范可分为民俗和民德。前者指不被认为具有道德重要性且不具有严格约束力的社会习惯；后者则是约束力较强、要求严格遵守的，反映了一个社会系统核心道德观的规范。法律也是一种规范，通常属于民德的范畴，是由国家颁布的用来管理人们行为的规范。

社　区

对于社区的定义可以有两种略有不同的表述，其一是将社区理解成一个地理区域，居住其中的人们具有某些共同的行为规范和生活方式，并通过对居住地及居民的认同感强有力地联系在一起。另一种是将社区理解为居住在某一特定地理区域的一群人，他们的生活围绕着某种日常互动模式组织起来。这些模式包括工作、购物、娱乐等活动，以及教育、宗教、行政等设置。

社会分层

社会分层是根据获得社会报酬的机会上的差异，决定人们在社会位置中的群体等级或类属的一种持久模式。处于同一阶层的人在获取社会报酬上，有着相似的机会。社会分层是各类人群之间的结构性不平等，研究表明社会分层有三个主要维度：财富、权力和声望。

现代化

现代化是指一种特殊的社会转型过程，即社会在日益分化的基础上，进入一个能够自我维持增长和自我创新，以满足整个社会日益增长的需要的全面发展过程。现代化概念通常包括三个关键要素：工业化、城市化和科层制化。工业化指的是从人力能源到非人力能源的转变，以及进行经济生产的工厂体系的兴起。城市化指的是人们从农村地区向工厂所在的城镇和城市的流动。科层制化指的是大规模的正式组织的兴起。

社会保障

社会保障是指政府通过立法，社会团体、社区等通过政府授权，以现金、物质和服务等形式，向因精神或生理残疾、年老力衰、意外伤亡、失业、多子女负担者以及他们的家属提供旨在维持其最基本和最低生活水平的保障。社会保障与家庭保障和商业保障不同，它是一项国家责任。社会保障的形式包括社会救助、社会保险和社会福利。

三、文学常识

复习要点提示

- 了解中国文学的发展脉络。
- 识记中外文学史上重要的文学流派及其文学主张。
- 掌握中外文学史上重要作家的生活年代，其代表作品的主要内容及风格特点。

《诗经》

《诗经》是我国第一部诗歌总集，原为311篇，现存诗305篇，收集了西周到春秋中叶（约公元前11世纪到公元前7世纪）约500年的诗歌。《诗经》分“风”“雅”“颂”三大类。《风》又名《国风》，是相对于王畿而言的天子治下各诸侯的地方音乐，分为《周南》《召南》《邶风》《秦风》《郑风》《卫风》《豳风》等15国风，共160篇；《雅》分《大雅》《小雅》，是宫廷音乐，其诗多是宴乐饮酒，朝会赠答；《颂》则是宗庙音乐，其诗多是祭颂祖先、祈求神灵。

《诗经》的产生历时500余年，地域分布几乎遍及当时的主要国土，其作者也几乎涵盖了社会的各个阶层。《诗经》中不仅有周王朝乐官制作的乐歌，也有公卿、“士”、“君子”进献的乐歌，更有流传于民间的集体作品。

《诗经》最初的用途大致可以分为三类：一是作为各种典礼、仪式的重要组成部分；二是观察政治的得失成败和表达对社会、政治的某种看法；三是一定的娱乐作用，但这种娱乐作用也包含着浓厚的政治、道德的内容。到了孔子的时代，《诗经》的作用已经发生了很大的变化。

《诗经》的形式美主要体现在艺术技巧上，这些艺术技巧虽然大多与“赋”“比”“兴”的艺术手法有关，但又不是这三种艺术手法所能包容的。《诗经》的艺术技巧很多，如描摹、通感、夸饰、概括、象征、叠章、叠字、排比、拟声、映衬、喻示、点染、警句、设问、反诘，等等，不一而足。需要说明的是，这些艺术技巧在绝大多数情况下都不是独立出现的，往往是几种或多种自然结合在一起，浑然一体，不可分割。

《诗经》对中国文学有着重大而深远的影响，它在审美追求、表现方式等诗歌的基本品格方面为中国诗歌奠定了基础，它是四言诗的鼻祖，后代许多题材类型的诗歌，诸如田家诗、风俗诗、讽刺诗、爱情诗、征戍诗、隐逸诗、送别诗、悼亡诗、哭挽诗、丧乱诗、宫怨诗、闺怨诗、田猎诗、俳谐诗、咏怀诗、格言诗、寓言诗、宴飨诗等，也都从中取法。总之，《诗经》是中国诗歌乃至整个中国文学的最为重要的源泉之一。

《楚辞》

《楚辞》是最早的浪漫主义诗歌总集及浪漫主义文学源头。“楚辞”之名首见于《史记·酷吏列传》。可见至迟在汉代前期已有这一名称。其本义，当是泛指楚地的歌辞，以后才成为专称，指以战国时楚国屈原的创作为代表的新诗体。西汉末年，刘向将屈原、宋玉的作品以及汉代淮南小山、东方朔、王褒、刘向等人承袭模仿屈原、宋玉的作品汇编成集，计十六篇，定名为《楚辞》。是为总集之祖。后王逸增入己作《九思》，成十七篇。分别是：《离骚》《九歌》《天问》《九章》《远游》《卜居》《渔父》《九辩》《招魂》《大招》《惜誓》《招隐士》《七谏》《哀时命》《九怀》《九叹》《九思》。这个十七篇的篇章结构，遂成为后世通行本。

《楚辞》运用楚地（今湖南、湖北一带）的方言声韵，叙写楚地的山川人物、历史风情，具有浓厚的地域文化色彩，如宋人黄伯思所说，“皆书楚语，作楚声，纪楚地，名楚物”（《东观余论》）。全书以屈原作品为主，其余各篇也都承袭屈赋的形式，感情奔放，想象奇特。与《诗经》古朴的四言体诗相比，楚辞的句式较活泼，句中有时使用楚国方言，在节奏和韵律上独具特色，更适合表现丰富复杂的思想感情。

《楚辞》部分作品因效仿楚辞的体例，有时也被称为“楚辞体”或“骚体”。“骚”，因其中的作品《离骚》而得名，故“后人或谓之骚”，与因十五《国风》而称为“风”的《诗经》相对，分别为中国浪漫主义与现实主义的鼻祖。后人也常以“风骚”代指诗歌，或以“骚人”称呼诗人。《楚辞》对整个中国文化系统有不同寻常的意义，特别是文学方面，它开创了中国浪漫主义文学的诗篇， 而四大体裁诗歌、小说、散文、戏剧皆不同程度存在其身影。

对《楚辞》（楚辞）及其研究史作研究的学科，今称为“楚辞学”，其上迄汉代，宋代大兴，近现代更成为中国古典文化殿堂之显学，而《楚辞》早在盛唐时便流入日本等“儒家 - 中华文化圈”，16世纪之后，更流入欧洲。至19世纪，楚辞引起欧美各国广泛关注，各种语言的译文、研究著作大量出现，在国际汉学界，楚辞一直是研究的热点之一。

《史记》

《史记》是我国历史上最伟大的历史著作和杰出的文学作品，被鲁迅先生称为“史家之绝唱，无韵之《离骚》”，它的出现，标志着中国历史散文已全面成熟并取得了辉煌的成就，也标志着散文艺术的进一步发展。

司马迁（前145~前87？），字子长，西汉左冯翊夏阳人。他是“史官世家”之后，父亲司马谈也曾在汉武帝时期任太史令。

《史记》在审美品格上继承了战国至秦汉的尚悲的传统。尤其是司马迁的遭遇与“忠而被逐”的屈原有相近之处，所以他对屈原的作品有一种天然的亲近感。对屈原的学习与继承，使司马迁在《史记》中表现出了更多的忧患意识、批判精神和慷慨悲壮的英雄气质，上述特点与其酣畅淋漓的情感表达完美地融合在一起，故而被誉为“无韵之《离骚》”。

《史记》原名《太史公书》，在隋唐以前，“史记”是史书的泛称；隋唐以降，“史记”一词才成为《太史公书》的专有名称。《史记》是中国第一部纪传体通史，它记叙了从黄帝至汉武帝太初年间大约三千年的历史。全书共130篇，由十二本纪、十表、八书、三十世家、七十列传五个部分组成。“本纪”记载历代帝王的政迹，“书”是记载天文、历法、水利、经济、文化等方面情况的专史，“世家”主要记述贵族王侯的事迹，“列传”则是不同类型、不同阶层的人物传记。在这五种体例中，以本纪为中心，其他体例与之配合生发，使之成为一部“究天人之际，通古今之变，成一家之言”的伟大著作。

《史记》有一个十分重要的艺术特征，就是司马迁不是客观冷静地叙述历史，而是饱蘸了自己的情感，爱憎分明，褒贬无碍。在《史记》的所有人物传记中，我们无处不感到作者的情感在深沉地涌动。由于司马迁有着很高的思想水平和很强的认识能力，他所融入的情感才有了巨大的意义。正是由于这一特点，才使得《史记》不仅成为史家不可逾越的范本，还使其跻身于中国最伟大的文学作品之列。

唐　诗

唐诗泛指创作于唐朝的诗。唐诗是中华民族最珍贵的文化遗产之一，是中华文化宝库中的一颗明珠，同时也对世界上许多民族和国家的文化发展产生了很大影响，对于后人研究唐代的政治、民情、风俗、文化等都有重要的参考意义和价值。

唐诗的形式和风格是丰富多彩、推陈出新的。它不仅继承了汉魏民歌、乐府传统，并且大大发展了歌行体的样式；不仅继承了前代的五言、七言古诗，并且发展为叙事言情的长篇巨制；不仅扩展了五言、七言形式的运用，还创造了风格特别优美整齐的近体诗。近体诗是当时的新体诗，它的创造和成熟，是唐代诗歌发展史上的一件大事。它把我国古曲诗歌的音节和谐、文字精炼的艺术特色，推到前所未有的高度，为古代抒情诗找到一个最典型的形式，至今还特别为人民所喜闻乐见。

唐诗的派别多样，各具特色。山水田园诗派的特点：题材多青山白云、幽人隐士；风格多恬静雅淡，富于阴柔之美；形式多五言古诗 、五绝、五律，代表作有王维的《山居秋暝》《九月九日忆山东兄弟》，孟浩然的《过故人庄》等。边塞诗派的特点：描写战争与战场，表现保家卫国的英勇精神，或描写雄浑壮美的边塞风光，奇异的风土人情，又或描写战争的残酷，军中的黑暗，征戍的艰辛，表达民族和睦的向往与情怀。代表作有高适的《燕歌行》《别董大》，岑参的《白雪歌送武判官归京》，王昌龄的《出塞》，王之涣的《凉州词》等。浪漫诗派的特点：以抒发个人情怀为中心，咏唱对自由人生个人价值的渴望与追求。诗词自由、奔放、顺畅、想象丰富、气势宏大。语言主张自然，反对雕琢。代表作有李白的《月下独酌》《梦游天姥吟留别》《蜀道难》等。现实诗派的特点：诗歌艺术风格沉郁顿挫，多表现忧时伤世，悲天悯人的情怀。代表作有杜甫的“三吏”“三别”和《兵车行》等。

宋　词

宋代盛行的一种中国文学体裁，宋词是一种相对于古体诗的新体诗歌之一，标志宋代文学的最高成就。宋词句子有长有短，便于歌唱。因是合乐的歌词，故又称曲子词、乐府、乐章、长短句、诗余、琴趣等。

它始于梁代，形成于唐代而极盛于宋代。宋词是中国古代文学皇冠上光辉夺目的明珠，在古代中国文学的阆苑里，它是一座芬芳绚丽的园圃。它以姹紫嫣红、千姿百态的神韵，与唐诗争奇，与元曲斗艳，历来与唐诗并称双绝，都代表一代文学之盛。

宋词基本分为：婉约派、豪放派两大类。

婉约派的特点，主要是内容侧重儿女风情。结构深细缜密，重视音律谐婉，语言圆润，清新绮丽，具有一种柔婉之美。内容比较窄狭。代表作有柳永的《雨霖铃》《蝶恋花》，晏殊的《浣溪沙》，李清照的《如梦令》《醉花阴》，李煜的《虞美人》《相见欢》等。

豪放派的特点，大体是创作视野较为广阔，气象恢弘雄放，喜用诗文的手法、句法和字法写词，语词宏博，用事较多，不拘守音律。代表作有苏轼的《念奴娇・赤壁怀古》《水调歌头・明月几时有》《江城子・密州出猎》，辛弃疾的《破阵子・为陈同甫赋壮词以寄之》《永遇乐・京口北固亭怀古》《清平乐・村居》等。

《三国演义》

《三国演义》是中国古典四大名著之一，是中国第一部长篇章回体历史演义小说，全名为《三国志通俗演义》（又称《三国志演义》），作者罗贯中，元末明初小说家。名本，字贯中，号湖海散人，汉族，山西并州太原府人。

《三国演义》描写了从东汉末年到西晋初年之间近百年的历史风云，以描写战争为主，诉说了东汉末年的群雄割据混战和魏、蜀、吴三国之间的政治和军事斗争，最终司马炎一统三国，建立晋朝的故事。反映了三国时代各类社会斗争与矛盾的转化，并概括了这一时代的历史巨变，塑造了一群叱咤风云的三国英雄人物。

全书可大致分为黄巾起义、董卓之乱、群雄逐鹿、三国鼎立、三国归晋五大部分。在广阔的历史舞台上，上演了一幕幕气势磅礴的战争场面。

《水浒传》

《水浒传》是中国古典四大名著之一，是一部以北宋末年宋江起义为主要故事背景、类型上属于英雄传奇的章回体长篇小说。作者或编者一般被认为是施耐庵，现存刊本署名大多有施耐庵、罗贯中两人中的一人，或两人皆有。

全书通过描写梁山好汉反抗欺压、水泊梁山壮大和受宋朝招安，以及受招安后为宋朝征战，最终消亡的宏大故事，艺术地反映了中国历史上宋江起义从发生、发展直至失败的全过程，深刻揭示了起义的社会根源，满腔热情地歌颂了起义英雄的反抗斗争和他们的社会理想，也具体揭示了起义失败的内在历史原因。

《水浒传》是中国历史上最早用白话文写成的章回小说之一，流传极广，脍炙人口；同时也是汉语文学中最具备史诗特征的作品之一，对中国乃至东亚的叙事文学都有极其深远的影响。

《西游记》

《西游记》是中国古典四大名著之一，是中国古代第一部浪漫主义章回体长篇神魔小说。现存明刊百回本《西游记》均无作者署名。清代学者吴玉搢等首先提出《西游记》作者是明代吴承恩。

这部小说以“唐僧取经”这一历史事件为蓝本，通过作者的艺术加工，深刻地描绘了当时的社会现实。全书主要描写了孙悟空出世及大闹天宫后，遇见了唐僧、猪八戒和沙僧三人，西行取经，一路降妖伏魔，经历了九九八十一难，终于到达西天见到如来佛祖，最终五圣成真的故事。

《西游记》自问世以来在民间广为流传，各式各样的版本层出不穷，明代刊本有六种，清代刊本、抄本也有七种，典籍所记已佚版本十三种。鸦片战争以后，大量中国古典文学作品被译为西文，《西游记》渐渐传入欧美，被译为英、法、德、意、西、世（世界语）、斯（斯瓦希里语）、俄、捷、罗、波、日、朝、越等文种。中外学者发表了不少研究论文和专著，对这部小说作出了极高的评价。

《红楼梦》

《红楼梦》的作者曹雪芹，名霑，字梦阮，号雪芹，又号芹圃、芹溪。生卒年不详。《红楼梦》又名《石头记》，是中国古典小说的巅峰之作，位居“中国古典四大名著”之首。一般认为全书前八十回由曹雪芹所作，后四十回由高鹗续成。这部中国文学史上的鸿篇巨制，以其丰富的思想内容、伟大的艺术成就和深远的文化影响成为中国古典文学史上的一朵奇葩。《红楼梦》以贾、史、王、薛四大家族为背景，贾宝玉和林黛玉的爱情悲剧为线索，展现了荣、宁二府由盛转衰的过程，揭露了地主阶级贵族集团的荒淫骄奢，并赞美了真挚的爱情，塑造了贾宝玉、林黛玉、薛宝钗、王熙凤等个性鲜明的人物。

新文化运动

新文化运动以 1915 年 9 月陈独秀在上海创办《青年》杂志（1916 年 9 月起改名为《新青年》）为起点和中心阵地，以民主和科学（“德先生”和“赛先生”）两面旗帜，向封建主义展开了猛烈的进攻。

运动的代表人物是：陈独秀、李大钊、鲁迅、胡适、易白沙、吴虞、钱玄同等。运动的基本内容是：提倡民主，反对封建专制和伦理道德，要求平等自由，个性解放，主张建立民主共和国；提倡科学，反对尊孔复古思想和偶像崇拜，反对迷信鬼神，要求以理性与科学判断一切；提倡新文学，反对旧文学和文言文，开展文学革命和白话文运动。陈独秀在《青年》创刊号上发表《敬告青年》一文，大声疾呼，提倡民主与科学。他指出：“国人而欲脱蒙昧时代，羞为浅化之民也，则急起直追，当以科学与人权（民主）并重。”陈独秀勇猛地向封建主义的政治和文化进行冲击，成为新文化运动的领袖。

新文化运动的另一个主要倡导者李大钊，也相继发表文章，反对旧礼教、旧道德。他指出：“吾人为谋新生活之便利，新道德之进展”，“虽冒毁圣非法之名，亦所不恤。”吴虞猛烈抨击封建宗法制度，高喊：“吃人的就是讲礼教的！讲礼教的就是吃人的呀！”被称为“只手打倒孔家店的老英雄”。文学革命是新文化运动的一个主要内容。1917 年 1 月，胡适发表了《文学改良刍议》，首先提出文学改良的主张，提倡以白话文代替文言文，以白话文学代替仿古文学。2 月，陈独秀发表了《文学革命论》，明确提出反对封建主义的文学，并把文学革命的内容与形式统一起来。他提出文学革命军的“三大主义”，即：推倒贵族文学，建设国民文学；推倒古典文学，建设写实文学；推倒山林文学，建设社会文学，真正举起了文学革命的旗帜。1918 年 5 月，鲁迅发表的白话小说《狂人日记》，对吃人的封建礼教进行了血泪控诉和无情鞭挞，树立了把文学革命的形式和内容相结合的典范，开拓了中国新文学的道路。新文化运动是资产阶级、小资产阶级激进民主主义者发动的文化革命运动。

新文化运动是沿着两条战线展开的，一条是思想战线，一条是文学战线。两条战线交织进行，因而它既是一场思想革命，又是一场文学革命。作为思想革命，它倡导民主和科学，反对专制和愚昧、迷信，提倡新道德，反对旧道德。作为文学革命，它倡导新文学，反对旧文学。前期的新文化运动实质是资产阶级的新文化反对封建旧文化的斗争。后期极力宣传马克思主义。

新文化运动提出了民主和科学的口号："民主"是指民主思想和民主政治；"科学"主要是指近代自然科学法则和科学精神。资产阶级宣扬民主，反对封建专制，把斗争矛头直指封建专制的理论支柱儒家思想；宣扬科学，反对封建迷信和愚昧。这一口号反映了当时中国社会发展的要求和人民的迫切需要，有力地推动了新文化运动的发展。但这一口号仍属于资产阶级旧民主主义性质，有阶级和时代的局限性，它不能同群众运动相结合，不能用历史唯物主义观点看待中国文化和西方文化，因而不能从根本上推翻封建思想。

1917 年俄国十月革命胜利，一部分在新文化运动中思想激进的知识分子，如李大钊、陈独秀等，接受了马列主义，转变为"具有初步共产主义思想的知识分子"。他们认为共产主义才是能够令中国独立富强的方式，开始极力宣传十月革命，成为共产主义在中国被广泛了解的契机。

鲁　迅

鲁迅 1881 年 9 月 25 日出生于浙江省绍兴会稽县东昌坊口新台门

周家，初名周樟寿，后改名周树人，是中国现代小说、中国现代文学的奠基人之一。鲁迅 1902 年考取留日官费生，后弃医从文（详见《藤野先生》一文），回到中国从事文艺工作，希望通过文学改变国民精神。1905—1907 年参加革命党人的活动，发表了《摩罗诗力说》《文化偏至论》等论文。1909 年，与其弟周作人一起合译《域外小说集》，介绍外国文学，同年回国，先后在杭州绍兴等地担任教师。

1918 年 5 月，首次用“鲁迅”做笔名，发表中国现代文学史上第一篇白话文小说《狂人日记》，奠定了新文化运动的基石。五四运动前后，参加《新青年》杂志工作，成为“五四”新文化运动的主将。

1918 年到 1926 年间，陆续创作出版了短篇小说集《呐喊》《彷徨》，杂文集《坟》《热风》《华盖集》《而已集》《二心集》，散文诗集《野草》，回忆性散文集《朝花夕拾》（又名《旧事重提》）等专集。其中，1921 年 12 月发表中篇小说《阿 Q 正传》。从 1927 年到 1936 年，创作了历史小说集《故事新编》中的大部分作品和大量的杂文，收辑在《坟》《而已集》《三闲集》《二心集》《南腔北调集》《伪自由书》《准风月谈》《花边文学》《且介亭杂文》《且介亭杂文二编》《且介亭杂文末编》《集外集》《集外集拾遗》等专集中。

鲁迅的文学贡献主要表现在：首先，他成功地创造出中国现代文学多种崭新的样式，并使其一一臻于成熟，尤其是杂文的创制，成就非常高；其次，他为中国现代文学奠定了现实战斗精神和现代反抗意识的优秀传统。

鲁迅小说的成就主要体现在《呐喊》、《彷徨》和《故事新编》三本小说集中。小说主要塑造了农民和知识分子两类人物形象，探讨他们的内心世界。鲁迅笔下的农民形象，刻画出中国人麻木而愚昧的灵魂，在沉默和静穆中显现出具有浓黑色调的悲愤。鲁迅笔下的知识分子分为两类：一类是寄予同情但基本表述否定的假道学、酸腐文人，以及如孔乙己那样受科举制度哄骗的人；另一类是属于“梦醒之后无路可走”的现代中国最痛苦的灵魂，是真正的现代知识分子。鲁迅在后者身上寄托了自己复杂的感受。

鲁迅的小说艺术成就主要表现在：（1）以剪影或速写的手法，直接画出人物的灵魂特点；（2）语言丰富而精炼，无论是对话还是叙述，都能做到俭省、准确；（3）学习西方小说技巧，多处使用心理描写。鲁迅小说富于象征和隐喻，并且使用非常自然、贴切。

鲁迅早期杂文主要结集为《热风》和《坟》，其中包含着成熟中年人深沉激越的识力和情感；第二期杂文主要是《华盖集》及其续编、《而已集》、《三闲集》等，锋芒直指现实，同时也具有批判的深度和广度，现实激烈而丰富的思想内涵；第三期杂文主要为《二心集》《南腔北调集》《伪自由书》《准风月谈》《花边文学》等，鲁迅的杂文创作达到高峰期，思想更为深刻，笔法摇曳多姿，对文学界产生了很大的影响；鲁迅后期的杂文主要有《且介亭杂文》《且介亭杂文二集》《且介亭杂文末编》等，长文增多，有更多的对历史的思考，见地更加深邃。鲁迅杂文几乎包括了从古到今所有可用于现代的文章样式，形式非常自由。

鲁迅杂文的内容可谓无所不包，其中直接抨击时弊、批判腐败政府和权贵，是冒着极大的风险的，显示了鲁迅作为社会良知的勇气。鲁迅杂文对农民、妇女、儿童等社会最底层的人群抱有深切的同情，也能冷静地剖析他们身上的弱点，揭示了被压迫者灵魂上由压迫者强行植入的愚昧和奴性，揭露出社会的罪恶。鲁迅在杂文中对现代知识分子也进行了冷酷的分析，无论是传统文人的奴性、现代知识分子的投机性以及各种欺骗性的口号等，都予以无情地解剖，还其本来面貌。鲁迅的杂文实际上是对“中国的大众的灵魂”的深刻而智慧的展示，有着很高的思想和文学价值。

郭沫若

郭沫若1892年11月16日出生，原名郭开贞，四川乐山人。早年赴日本留学，后接受斯宾诺莎、泰戈尔、惠特曼等人思想，决心弃医从文。1918年春写的《牧羊哀话》是他的第一篇小说。1918年初夏写的《死的诱惑》是他最早的新诗。1919年五四运动爆发，他在日本福冈发起组织救国团体夏社，投身于新文化运动，写出了《凤凰涅槃》《地球，我的母亲》《炉中煤》等诗篇，充分反映了"五四"时代精神，在中国文学史上开一代诗风，是当代最优秀的革命浪漫主义诗作。1921年6月，他和成仿吾、郁达夫等人组织创造社，编辑《创造季刊》。1923年，他在日本帝国大学毕业，回国后继续编辑《创造周报》和《创造日》。1924年到1927年间，他创作了历史剧《王昭君》《聂嫈》《卓文君》。1928年流亡日本，1930年加入中国左翼作家联盟，参加"左联"东京支部活动。1938年任中华全国文艺界抗敌协会理事。这一时期创作了以《屈原》为代表的六个历史剧。他还写了《十批判书》《青铜时代》等史论和大量杂文、随笔、诗歌等。新中国成立后，曾任中央人民政府委员，国务院副总理兼文化教育委员会主任、中国科学院院长，全国文联一、二、三届主席，并任中国共产党第九、十、十一届中央委员、第一至第五届全国人大常务委员会副委员长，全国政协委员、常务委员、副主席等职。作品有《新华颂》《东风集》《蔡文姬》《武则天》《李白与杜甫》等，主编《中国史稿》和《甲骨文合集》。全部作品编成《郭沫若全集》38卷。

郭沫若在中国新诗发展史上具有非常重要的地位。《女神》是创生期的中国现代诗歌的奠基之作。它的崭新的自由体形式，恢宏的想象力和强大的创造力，都标志了白话新诗已完全挣脱了旧体诗的藩篱，开始进入了创造自己的经典化成熟作品的历史阶段。《女神》中贯穿性的主题形象是一个“开辟鸿蒙的大我”，一个新世纪的巨人，他是一切的偶像的破坏者，“要把地球推翻”，也是一个新世纪的创造者，“我创造尊严的山岳，宏伟的海洋，我创造日月星辰，我驰骋风云雷电”，反映了一个极端自由而又无所不在的创造性主体。《女神》中的每一首诗都有自己独特的形式，但在内在情绪和节奏上，又有着贯通一气的统一性和整体性，显示出郭沫若奔放的个性、感情与才华。

郭沫若在历史剧创作上有着崇高的地位，从1941年底到1943年初，郭沫若连续写下了《棠棣之花》《屈原》《虎符》《高渐离》《孔雀胆》《南冠草》等六部历史剧，掀起了历史剧创作的高潮。这六部历史剧从不同的侧面反映了现实社会，表达了与黑暗反动势力坚决斗争的勇气，以及维护民族和祖国的根本利益的不屈意志。《屈原》是其中最为杰出的代表。

《屈原》气势浩瀚，构思新奇，巧妙地将历史和现实融合一体，具有非常强大的艺术魅力。该剧成功地塑造了一系列鲜明的人物形象，尤其是屈原，有着顽强的斗争精神，满怀激情，胸襟坦诚，代表了敢于抵御外侮、争取自由的民族英雄形象，对抗战军民有着巨大的鼓舞作用。该剧巧妙地把握了历史和现实的关联点，强调精神的古今相通，对历史人物进行合理而自由的想象，着重刻画性格，并围绕人物命运来构造戏剧冲突，情节引人入胜，此外，始终洋溢着浓烈的抒情色彩并贯穿着一种沉郁的悲剧气氛，强化了人物性格和剧本主题，充满了诗一般的激情。

沈从文

沈从文（1902~1988），原名沈岳焕，笔名休芸芸、甲辰、上官碧、璇若等，字崇文。湖南凤凰县人，祖母刘氏是苗族，其母黄素英是土家族，祖父沈宏富是汉族。沈从文是现代著名作家、历史文物研究家、京派小说代表人物。

沈从文 14 岁高小毕业后入伍，15 岁随军外出，曾做过上士，后来以书记名义随大军在边境剿匪，又当过城区屠宰税务员。看尽人世黑暗而产生厌恶心理。接触新文学后，于 1923 年寻至北京，欲入大学而不成，窘困中开始用“休芸芸”这一笔名进行创作。至 30 年代起他开始用小说构造他心中的“湘西世界”，完成一系列代表作，如《边城》《长河》，散文集《湘行散记》等。他以“乡下人”的主体视角审视当时城乡对峙的现状，批判现代文明在进入中国的过程中所显露出的丑陋，这种与新文学主将们相悖反的观念大大丰富了现代小说的表现范围。

1934 年完成的《边城》，是这类“牧歌”式小说的代表，也是沈从文小说创作的一个高峰。小说叙述的是湘西小镇一对相依为命的祖孙平凡宁静的人生，以及这份平凡宁静中难以抹去的寂寞和“淡淡的凄凉”。“由四川过湖南去，靠东有一条官路。这官路将近湘西边境，到了一个地方名叫茶峒的小山城时，有一条小溪，溪边有座白色小塔，塔下住了一户单独的人家。这家人只有一个老人，一个女孩子，一只黄狗。”小说在这种极其朴素而又娓娓动人的语调中开始叙述，一开篇就为我们展示了一个宁静古朴的湘西乡间景致。小说叙述了女主人公翠翠的一段朦胧而了无结局的爱情，但爱情却不是小说所要表现的全部。翠翠是母亲与一个士兵的私生女，父母都为这不道德的、更是无望的爱情自我惩罚而先后离开人世。翠翠自打出生，她的生活中就只有爷爷、渡船、黄狗。沈从文用平淡的语言淡化了翠翠与爷爷孤独清贫的生活，却尽量展现他们与自然和乡人的和谐关系：近乎原始的单纯生活、淳朴自然的民风、善良敦厚的本性，与那温柔的河流、清凉的山风、满眼的翠竹、白日喧嚣夜里静谧的渡船一起，构成一幅像诗、像画、更像音乐的优美意境。

沈从文一生创作的结集有 80 多部，是现代作家中成书最多的一位。早期的小说集有《蜜柑》《雨后及其他》《神巫之爱》等，基本主题已见端倪，但城乡两条线索尚不清晰，两性关系的描写较浅，文学的纯净度也差些。30 年代后，他的创作显著成熟，主要成集的小说有《龙朱》《旅店及其他》《石子船》《虎雏》《阿黑小史》《月下小景》《八骏图》《如蕤集》《从文小说习作选》《新与旧》《主妇集》《春灯集》《黑凤集》等，中长篇《阿丽思中国游记》《边城》《街》《长河》，散文《从文自传》《记丁玲》《湘行散记》《湘西》，文论《废邮存底》及续集、《烛虚》、《云南看云集》等。沈从文由于其创作风格的独特，在中国文坛中被誉为“乡土文学之父”。

茅　盾

茅盾，原名沈德鸿，字雁冰。浙江嘉兴桐乡人。中国现代著名作家、文学评论家、文化活动家以及社会活动家，“五四”新文化运动先驱者之一，我国革命文艺奠基人之一。1913 年考入北京大学预科。1916年毕业后进上海商务印书馆编译所任职、从此开始他的文学生涯。1920 年任《小说月报》主编。同年 12 月底，与郑振铎等发起成立文学研究会。第一次国内革命战争时期，积极从事政治活动，任国民党中央宣传部秘书，武汉的中央军事政治学校教官，《民国日报》主编。大革命失败后，东渡日本。1930 年春回到上海，加入中国左翼作家联盟。1937 年后，到武汉任中华全国文艺界抗敌协会理事，主编《文艺阵地》。1938 年冬，赴新疆任教，任新疆各族文化协会联合会主席。1940 年 5 月到延安。1940 年底到重庆。后又到桂林、香港，担任《大众生活》编委。1946 年底，应邀赴苏联访问。1949 年后任中国文联副主席，中国作家协会主席，文化部部长，第一至第五届全国人大代表、全国政协常务委员，第四、五届全国政协副主席等职。“文化大革命”时期，挨批靠边，稍稍平稳便秘密写作《霜叶红似二月花》的“续稿”和回忆录《我走过的道路》。1981年辞世。

茅盾特别注重小说题材和主题的重大性，要追求“巨大的思想深度”和“广阔的历史内容”，追求对时代社会做一种“全景式”的描绘。在这种思想指导下，茅盾最先创造了中国式的“三部曲”的写作方式，最先是“《蚀》三部曲”——《幻灭》《动摇》《追求》，后来有“农村三部曲”，中间又写作了长篇巨作《子夜》，中篇《林家铺子》等，成为中国自五四以来到三四十年代社会的“编年史”和全景图，为中国小说开创了新的模式。

《子夜》描绘了20世纪30年代初期上海的各种社会景观：资本家的豪奢客厅、夜总会的光怪陆离、工厂里错综复杂的斗争、证券市场上声嘶力竭的火并，以及诗人、教授们的高谈阔论、太太小姐们的伤心爱情，都被组合到《子夜》的情节里。同时，作家又通过一些细节，侧面点染了农村的情景和正发生的中原的战争，更加扩大了作品的生活容量，从而实现了他所设定的意图：“大规模地描写中国社会现象”，“使一九三〇年动荡的中国得一全面的表现。”当然，茅盾的“大规模”“全面”描写，并不是把各个生活片断随意拼贴在一起。他精心结构，细密布局，通过主人公吴荪甫的事业兴衰史与性格发展史，牵动其他多重线索，从而使全篇既展示了丰富多彩的场景，又沿着一个意义指向纵深推进，最终以吴荪甫的悲剧，象征性地暗示了作家对中国社会性质的理性认识：“中国没有走向资本主义发展的道路，中国在帝国主义的压迫下，是更加殖民地化了。”茅盾近乎以写史的态度创作小说。《子夜》的情节，是被镶嵌在1930年5月到7月这一真实的历史时空里的。小说中描写的一些情景，如公债交易、蒋冯阎大战等，都是有据可查的真实的史实。《子夜》把这类非虚构性的话语引进小说，与虚构性话语融汇、辉映，应该说是相当大胆而富有创造性的文体试验。《子夜》的史诗品格，无疑得益于“诗”与“史”两种语言巧妙调适与组合。

《子夜》在整体布局上具史诗般宏阔，但细节描写的笔触又极为委婉细致，剖析人物心理，直至其微妙颤动的波纹。这一特点，早在30年代，吴宓先生就曾指出过并大加赞赏，称《子夜》“笔势具如火如荼之美，酣姿喷薄，不可控搏。而其细微处复能婉委多姿，殊为难能可贵”。

《荷马史诗》

《荷马史诗》由两部长篇史诗《伊利亚特》和《奥德赛》组成。两部史诗最初可能只是基于古代传说的口头文学，靠着乐师的背诵流传，后经古希腊盲诗人荷马整理而成。《荷马史诗》的内容非常丰富，在西方古典文学中一直享有最高的地位。

《伊利亚特》叙述希腊联军围攻小亚细亚的城市特洛伊的故事，以希腊联军统帅阿伽门农和勇将阿喀琉斯的争吵为中心，集中地描写了战争结束前几十天发生的事件。希腊联军围攻特洛伊十年未克，而勇将阿喀琉斯愤恨统帅阿伽门农夺其女俘，不肯出战，后因其好友战死，乃复出战。特洛伊王子赫克托尔英勇地与阿喀琉斯作战身死，特洛伊国王普利安姆哀求讨回赫克托尔的尸体，举行葬礼，《伊利亚特》描写的故事至此结束。

《奥德赛》叙述伊萨卡国王奥德修斯在攻陷特洛伊后归国途中十年漂泊的故事。它集中描写的只是这十年中最后一年零几十天的事情。奥德修斯受神明捉弄，归国途中在海上漂流了十年，到处遭难，最后受诸神怜悯始得归家。当奥德修斯流落异域时，伊萨卡及邻国的贵族们欺其妻弱子幼，向其妻皮涅罗普求婚，迫她改嫁，皮涅罗普用尽了各种方法拖延。最后奥德修斯扮成乞丐归家，与其子杀尽求婚者，恢复了他在伊萨卡的权力。

《荷马史诗》歌颂了氏族社会的战争英雄。《伊利亚特》的基调是把战争看成正当、合理、伟大的事业，但同时又描写了战争的残酷、给人民带来的灾难、人民的厌战反战情绪，并通过英雄们的凄惨结局，隐约地表达了对战争的谴责。《奥德赛》是歌颂英雄们在与大自然和社会作斗争中，表现出的勇敢机智和坚强乐观的精神。这部史诗也表现了人文主义的思想，肯定了人的尊严、价值和力量。《荷马史诗》以整个希腊及四周的汪洋大海为主要情节的背景，展现了自由主义的自由情景，并为日后希腊人的道德观念（进而为整个西方社会的道德观念）立下了典范。

《荷马史诗》在艺术上也达到了很高的水平。首先，规模宏大，构思精巧。两部史诗全面展现了处于过渡期的古希腊社会政治、经济、文化、军事等各方面的情况，再现了二十年间发生的历史事件，条理清晰，栩栩如生。其次，大量使用口头艺术的表现技巧，如夸张、烘托、比喻、固定修饰语和套语等，塑造人物形象极富表现力，如用长老们看到海伦时惊讶的表情和交头接耳的动作来烘托其惊人的姿色。诗中还多用重复套语，有利于加深印象和形成节奏感。第三，采用六音步长短短格的诗体，不押韵尾，使全诗节奏鲜明又灵活多变。

《荷马史诗》在后世有着巨大的感染力，哺育了如维吉尔、但丁、弥尔顿、歌德等杰出的作家，在欧洲文学史上有着不可磨灭的地位。

文艺复兴

文艺复兴是14世纪中叶至17世纪初在欧洲发生的思想文化运动。在中世纪晚期发源于佛罗伦萨，后扩展至欧洲各国。“文艺复兴”一词亦可粗略地指代这一历史时期，但由于欧洲各地因其引发的变化并非完全一致，故“文艺复兴”只是对这一时期的通称。

文艺复兴是欧洲生产力发展、资本主义萌芽出现的时代产物。文艺复兴的文化精神核心是弘扬人文主义，提出以人为中心而不是以神为中心，肯定人的价值和尊严。主张人生的目的是追求现实生活中的幸福，倡导个性解放，反对愚昧迷信的神学思想，认为人是现实生活的创造者和主人。文艺复兴是正在形成中的资产阶级在复兴希腊罗马古典文化的名义下发起的弘扬资产阶级思想和文化的运动。

文艺复兴对文学产生了深远的影响。

各地的作家都开始使用自己的方言而非拉丁语进行文学创作，带动了大众文学，替各种语言注入大量文学作品，包括小说、诗、散文、民谣和戏剧等。

在意大利，文艺复兴前期出现了“文学三杰”。但丁一生写下了许多学术著作和诗歌，其中著名的是《新生》和《神曲》。彼特拉克是人文主义的鼻祖，被誉为“人文主义之父”。他第一个发出复兴古典文化的号召，提出以“人学”反对“神学”。彼特拉克主要创作了许多优美的诗篇，代表作是抒情十四行诗诗集《歌集》。薄伽丘是意大利民族文学的奠基者，短篇小说集《十日谈》是他的代表作。

在法国，文艺复兴运动明显地形成两派，一是以“七星诗社”为代表的贵族派，二是以拉伯雷为代表的民主派。“七星诗社”以龙沙和杜贝莱为代表，在语言和诗歌理论方面作出了突出的贡献。他们最早提出统一民族语言的主张，促进了法国民族语言和民族文学的发展。然而，他们排斥民间诗歌，只为少数贵族服务。拉伯雷是继薄伽丘之后杰出的人文主义作家，是法国文艺复兴民主派的代表。他用20年时间创作的《巨人传》是一部现实与幻想交织的现实主义作品，在欧洲文学史和教育史上占有重要地位。

在英国，代表人物有托马斯·莫尔和莎士比亚。托马斯·莫尔是著名的人文主义思想家，也是空想社会主义的奠基人。1516年他用拉丁文写成的《乌托邦》是空想社会主义的第一部作品。莎士比亚是天才的戏剧家和诗人，他同荷马、但丁、歌德一起，被誉为欧洲划时代的四大作家。他的作品结构完整，情节生动，语言丰富精炼，人物个性突出，如《哈姆雷特》《李尔王》等，集中地代表欧洲文艺复兴文学的最高成就，对欧洲现实主义文学的发展有深远的影响。

在西班牙，最杰出的代表人物是塞万提斯和维加。塞万提斯是现实主义作家、戏剧家和诗人。他创作了大量的诗歌、戏剧和小说，其中以长篇讽刺小说《堂·吉诃德》最著名，它对欧洲文学的发展产生了重大影响。维加是戏剧家、小说家和诗人，西班牙民族戏剧的奠基人，被誉为"西班牙戏剧之父"。他是世界上罕见的多产作家，一生共创作了2000多个剧本，流传至今的有600多个，有宗教剧、历史剧、神话剧、袍剑剧、牧歌剧等多种形式，深刻反映了西班牙的社会现实，深受广大群众的喜爱。最杰出的代表作是《羊泉村》。

莎士比亚

威廉·莎士比亚是英国文学史上最杰出的戏剧家，也是西方文艺史上最杰出的作家之一，全世界最卓越的文学家之一。16世纪末到17世纪初的二十多年间，莎士比亚在伦敦作为演员、剧作家，以及宫内大臣剧团的合伙人之一，开启了自己的职业生涯，并终生从事演艺事业。他流传下来的作品包括38部戏剧、155首十四行诗、两首长叙事诗和其他诗歌。他的戏剧有各种主要语言的译本，且表演次数远远超过其他任何戏剧家的作品。

莎士比亚的代表作有四大悲剧：《哈姆雷特》《奥赛罗》《李尔王》《麦克白》；四大喜剧：《仲夏夜之梦》《威尼斯商人》《第十二夜》《皆大欢喜》；历史剧：《亨利四世》《亨利五世》《理查三世》；

正剧、悲剧：《罗密欧与朱丽叶》；悲喜剧（传奇剧）：《暴风雨》《辛白林》《冬天的故事》《佩里克勒斯》等。

莎士比亚的戏剧创作可分为三个历史阶段。

1590 年至 1600 年，以写作历史剧、喜剧为主，有 9 部历史剧、10 部喜剧和 2 部悲剧。9 部历史剧中除《约翰王》是写 13 世纪初英国历史外，其他 8 部是内容相衔接的两个 4 部曲：《亨利六世》上、中、下篇与《理查三世》；《理查二世》、《亨利四世》（被称为最成功的历史剧）上、下篇与《亨利五世》。这些历史剧概括了英国历史上百余年间的动乱，塑造了一系列正、反面君主形象，反映了莎士比亚反对封建割据，拥护中央集权，谴责暴君暴政，要求开明君主进行自上而下改革，建立和谐社会关系的人文主义政治与道德理想。

10 部喜剧《错误的喜剧》《驯悍记》《维洛那二绅士》《爱的徒劳》《仲夏夜之梦》《威尼斯商人》《温莎的风流娘儿们》《无事生非》《皆大欢喜》《第十二夜》，大都以爱情、友谊、婚姻为主题，主人公多是一些具有人文主义智慧与美德的青年男女，通过他们争取自由、幸福的斗争，歌颂进步、美好的新人新风，同时也温和地揭露和嘲讽旧事物的衰朽和丑恶，如禁欲主义的虚矫、清教徒的伪善和高利贷者的贪鄙等。莎士比亚这一时期戏剧创作的基本情调是乐观、明朗的，充满着以人文主义理想解决社会矛盾的信心，以致写在这一时期的悲喜剧《罗密欧与朱丽叶》中，也洋溢着喜剧气氛。尽管主人公殉情而死，但爱的理想战胜死亡，换来了封建世仇的和解。然而，这一时期较后的成熟喜剧《威尼斯商人》中，又带有忧郁色彩和悲剧因素，在鼓吹仁爱、友谊和真诚爱情的同时，反映了基督教社会中弱肉强食的阶级压迫、种族歧视问题，说明作者已逐渐意识到理想与现实之间存在着难以解决的矛盾。

1601 年至 1607 年，莎士比亚写作了 3 部罗马剧、5 部悲剧和 3 部“阴暗的喜剧”或“问题剧”。四大悲剧《哈姆雷特》、《奥赛罗》、《李尔王》、《麦克白》和悲剧《雅典的泰门》，标志着作者对时代、人生的深入思考，着力塑造了这样一些新时代的悲剧主人公：他们从中世纪的禁锢和蒙昧中醒来，在近代黎明照耀下，雄心勃勃地想要发展或完善自己，但又不能克服时代和自身的局限，终于在同环境和内心敌对势力的力量悬殊的斗争中，遭到不可避免的失败和牺牲。哈姆雷特为报父仇而发现“整个时代脱榫”了，决定担起“重整乾坤”的责任，结果是空怀大志，无力回天。奥赛罗正直淳朴，相信人而又嫉恶如仇，在奸人摆布下杀妻自戕，为追求至善至美反遭恶报。李尔王在权势给他带来的尊荣、自豪、自信中迷失本性，丧失理智，幻想以让权分国来证明自己不当国王而做一个普通人，也能同样或更加伟大，因而经受了一番痛苦的磨难。麦克白本是有功的英雄，性格中有善和美的一面，只因王位的诱惑和野心的驱使，沦为“从血腥到血腥”、懊悔无及的罪人。这些人物的悲剧，深刻地揭示了在资本原始积累时期已开始出现的种种社会罪恶和资产阶级的利己主义，表现了人文主义理想与残酷现实之间不可调和的矛盾，具有高度的概括意义。

由于这一时期剧作思想深度和现实主义深度的增强，使《特洛伊罗斯与克瑞西达》、《终成眷属》和《一报还一报》等“喜剧”也显露出阴暗的一面，笼罩着背信弃义、尔虞我诈的罪恶阴影，因而被称为“问题剧”或“阴暗的喜剧”。

1608 年以后，莎士比亚进入创作的最后时期。这时的莎士比亚已看到人文主义的理想在现实社会中无法实现，便从写悲剧转而为写传奇剧，从揭露批判现实社会的黑暗转向写梦幻世界。因此，这一时期又称为莎士比亚的传奇剧时期。这时期，他的作品往往通过神话式的幻想，借助超自然的力量来解决理想与现实之间的矛盾；作品贯穿着宽恕、和解的精神，没有前期的欢乐，也没有中期的阴郁，而是充满美丽的生活幻想，浪漫情调浓郁。《暴风雨》（1611 年）最能代表这一时期的风格，被称为“用诗歌写的遗嘱”。此外，他还写有《辛白林》

和《冬天的故事》等3部传奇剧和历史剧《亨利八世》。

莎士比亚的作品从生活真实出发，深刻地反映了时代风貌和社会本质。他认为，戏剧“仿佛要给自然照一面镜子：给德行看一看自己的面貌，给荒唐看一看自己的姿态，给时代和社会看一看自己的形象和印记”。马克思、恩格斯将莎士比亚推崇为现实主义的经典作家，提出戏剧创作应该更加“莎士比亚化”。这是针对戏剧创作中存在的“把个人变成时代精神的单纯的传声筒”的缺点而提出的创作原则。所谓“莎士比亚化”，就是要求作家像莎士比亚那样，善于从生活真实出发，展示广阔的社会背景，给作品中的人物和事件提供富有时代特点的典型环境；作品的情节应该生动、丰富，人物应该有鲜明个性，同时具有典型意义；作品中现实主义的刻画和浪漫主义的氛围要巧妙结合；语言要丰富，富有表现力；作家的倾向要在情节和人物的描述中隐蔽而自然地流露出来。

巴尔扎克

巴尔扎克是19世纪法国伟大的批判现实主义作家，欧洲批判现实主义文学的奠基人和杰出代表，是一位具有浓厚浪漫情调的伟大作家。在30至40年代以惊人的毅力创作了大量作品，写出了91部小说，合称《人间喜剧》。

《人间喜剧》分“风俗研究”、“哲理研究”和“分类研究”三大类，原定书名为《社会研究》。1842年，巴尔扎克受但丁《神曲》谓之“神的喜剧”的启发，遂改此名，即把资产阶级社会作为一个大舞台，把资产阶级的生活比作一部丑态百出的“喜剧”。在《导言》中巴尔扎克写道：“法国社会将成为历史学家，我不过是这位历史学家的秘书而已。开列恶癖与德行的清单，搜集激情的主要事实，描绘各种性格，选择社会上主要的事件，结合若干相同性格上的特点而组成典型，在这样做的时候，我也许能够写出一部史学家忘记的历史，即风俗史。”《人间喜剧》有“社会百科全书”之称，它真实地反映了当时的社会生活，描写了贵族阶级注定灭亡，揭露了资产阶级的贪婪、掠夺和一切建立在金钱基础上的社会关系，巴尔扎克注重具体、详尽的环境描写和细节描写，善于通过人物的言行揭示人物的灵魂。全书共塑造了2400多个人物，并且一个人物往往在多部小说中出现。其中著名的篇章有：《舒昂党人》《高老头》《欧也妮·葛朗台》《高利贷者》《古玩陈列室》《纽泌根银行》《幻灭》《农民》等。

卡夫卡

兰兹·卡夫卡，奥地利小说家。18岁进入布拉格大学学习文学和法律，1904年开始写作，主要作品为4部短篇小说集和3部未完成的长篇小说。生前大多未发表。卡夫卡是欧洲著名的表现主义作家。他生活在奥匈帝国行将崩溃的时代，又深受尼采、柏格森哲学影响，对政治事件也一直抱旁观态度，故其作品大都用变形荒诞的形象和象征直觉的手法，表现被充满敌意的社会环境所包围的孤立、绝望的个人。

卡夫卡一生的作品并不多，但对后世文学的影响却是极为深远的。美国诗人奥登认为：“他与我们时代的关系最近似但丁、莎士比亚、歌德与他们时代的关系。”卡夫卡的小说揭示了一种荒诞的充满非理性色彩的景象，个人式的、忧郁的、孤独的情绪，运用的是象征式的手法。三四十年代的超现实主义余党视之为同仁，四五十年代的荒诞派以之为先驱，六十年代的美国“黑色幽默”奉之为典范。

《审判》描写银行高级职员约瑟夫·K在30岁生日那天突然被一群神秘的黑衣人宣布有罪，但是他又是自由的，于是他开始了艰难的上诉之路，但是毫无结果，在31岁生日那天被秘密处决。《城堡》

写 K 在一个冬夜要到城堡所属的一个村庄客店里投宿，K 自称是土地测量员给城堡工作，城堡在电话中证明了这一说法，K 被允许留下来过夜。其实，城堡根本没有聘请 K 来工作，却承认了他并给他派了两个助手，只是始终不允许他进入城堡。尽管城堡就在近在咫尺的小山上，可是 K 无论如何也进不了城堡。故事显得很荒诞。卡夫卡作品的最突出的艺术特点是貌似很荒诞，实则真实可信。卡夫卡笔下都是些微不足道的小人物，他们在这荒诞的世界里感到孤独和焦虑，无力反抗，看不到出路。卡夫卡实际上为我们描绘出一幅现代人的生存景观。

卡夫卡被认为是现代派文学的鼻祖，是表现主义文学的先驱，其作品主题曲折晦涩，情节支离破碎，思路不连贯，跳跃性很大，语言的象征意义很强，但见识独到，思想深刻，具有很高的文学价值，在文学史上有着很大的影响。

《广播电视综合知识》
模拟试卷与参考答案

《广播电视综合知识》模拟试卷（一）

1. 笔试题满分为 100 分。
2. 笔试考试时间为 90 分钟。
3. 考试方式为闭卷、笔试。
4. 试题类型包括单项选择题和多项选择题。

一、单项选择题（本大题共 60 小题，每小题 1 分，共 60 分）

1. 当人类即将迈入 21 世纪的时候，英国广播公司在全球范围内举行过一次“千年思想家”网上评选。结果，马克思位列榜首。表明以他名字命名的马克思主义具有无穷的生命力。马克思主义生命力的根源在于（　　）。

A. 它吸收了人类文明的优秀成果

B. 其创始人马克思、恩格斯具有广博的知识

C. 它是无产阶级解放的锐利的思想武器

D. 它是以实践为基础的科学性与革命性的统一

2. 恩格斯认为，全部哲学，特别是近代哲学的重大的基本问题是（　　）。

A. 哲学与人类生存活动之间的内在联系问题

B. 人与周围世界的基本联系问题

C. 思维和存在的关系问题

D. 关于人的本质问题

3. 唯物主义运动观和唯心主义运动观的根本区别在于是否承认（　　）。

A. 物质是运动的　　　　B. 运动是绝对的

C. 静止是运动的特殊状态　　D. 运动是物质的运动

4. 唯物辩证法的量变质变规律揭示了事物发展的（　　）。

A. 方向和道路　　B. 形式和状态

C. 结构和功能　　D. 源泉和动力

5. 1956 年 4 月和 5 月，毛泽东先后在中央政治局扩大会议和最高国务会议上，作了（　　）报告，初步总结了我国社会主义建设的经验，明确提出要以苏联为鉴，独立自主地探索适合中国情况的社会主义建设道路。这标志着党探索中国社会主义建设道路的良好开端。

A.《论十大关系》

B.《关于正确处理人民内部矛盾的问题》

C.《人的正确思想是从哪里来的？》

D.《实践论》

6. 毛泽东在《关于正确处理人民内部矛盾的问题》一文中特别指出，工人阶级同民族资产阶级的矛盾属于（　　）。

A. 阶级矛盾　　B. 人民内部矛盾

C. 敌我矛盾　　D. 对抗性矛盾

7. 在《关于正确处理人民内部矛盾的问题》的讲话中，毛泽东在社会主义的建立、建成和发展阶段问题上提出的一个重要思想是（　　）。

A. 我国已经进入到社会主义社会的初级阶段

B. 社会主义制度已经确立，下一步是为向共产主义社会迈进奠定基础

C. 我国社会主义制度还刚刚建立，还没有完全建成，还不完全巩固

D. 社会主义“又可能分为两个阶段，第一阶段是不发达的社会主义，第二阶段是比较发达的社会主义”

8. 毛泽东在（　　）一文中明确提出中国工业化的道路的问题。

A.《改造我们的学习》

B.《论人民民主专政》

C.《关于正确处理人民内部矛盾的问题》

D.《论十大关系》

9. 下列有关毛泽东《实践论》和《矛盾论》的说法，不正确的是（　　）。

A. 发表于 1937 年

B. 主要针对当时党内的宗派主义错误

C. 创造性地发展了马克思主义认识论和辩证法

D. 丰富了马克思主义哲学宝库

10. 延安时期，毛泽东写下了著名的《实践论》《矛盾论》，主要是为了克服党内严重的（　　）。

A. 经验主义　　B. 冒险主义

C. 机会主义　　D. 教条主义

11. 毛泽东首次明确提出"马克思主义中国化"重大命题的会议是（　　）。

A. 1935 年遵义会议

B. 1938 年中共六届六中全会

C. 1945 年中共七大

D. 1978 年中共十一届三中全会

12. 正式将毛泽东思想确立为党的指导思想并写入党章是在（　　）。

A. 1938 年中共六届六中全会

B. 1945 年中共七大

C. 1949 年中共七届二中全会

D. 1956 年中共八大

13. 邓小平提出"建设有中国特色的社会主义"重大命题是在（　　）。

A. 1978 年中共十一届三中全会

B. 1982 年中共十二大

C. 1987 年中共十三大

D. 1992 年中共十四大

14. “一化三改”是党在过渡时期的总路线的核心内容，这里的“一化”是指（　　）。

A. 社会主义现代化　　B. 社会主义城镇化

C. 社会主义工业化　　D. 社会主义信息化

15. 目前，我国已成为全球第二大经济体。那么，现阶段我国的基本国情是（　　）。

A. 我国已经全面建成小康社会

B. 我国已经进入到发达社会主义阶段

C. 我国正处于并将长期处于社会主义初级阶段

D. 我国仍处于新民主主义阶段

16. 从中华人民共和国成立到社会主义改造基本完成，是我国从新民主主义到社会主义的过渡时期。这一时期，我国社会的性质是（　　）。

A. 封建社会　　B. 资本主义社会

C. 社会主义社会　　D. 新民主主义社会

17. 中国共产党之所以叫共产党，就是因为从成立之日起我们党就把（　　）确立为远大理想。

A. 共产主义　　B. 实现祖国统一

C. 实现民族复兴　　D. 实现社会主义现代化

18. 党的十八大报告指出，建设中国特色社会主义总依据是（　　）。

A. 社会主义市场经济体制不完善

B. 社会主义初级阶段

C. 科技创新能力不强

D. 产业结构不合理

19. 党的十八大报告指出，实现社会主义现代化和中华民族伟大复兴是建设中国特色社会主义（　　）。

A. 总依据　　B. 总布局　　C. 总任务　　D. 总路线

20. 2013年11月12日，党的十八届三中全会通过的《中共中央关于全面深化改革若干重大问题的决定》提出，全面深化改革的重点是（　　）。

A. 经济体制改革　　B. 政治体制改革

C. 文化体制改革　　D. 社会体制改革

21. 2014年3月9日，习近平总书记在参加十二届全国人大二次会议安徽代表团的审议时，就加强作风建设，提出（　　）要求。

A.“三严三实”　　B.“两学一做”

C.“四个全面”　　D.“四个自信”

22.“三严三实”专题教育是（　　）的延展深化。

A. 党的群众路线教育实践活动

B.“两学一做”学习教育

C. 创先争优活动

D.“三讲”学习教育

23. 2016年2月28日，党中央决定在全体党员中开展(　　)学习教育。

A.“三严三实”　　B.“群众路线”

C.“两学一做”　　D.“三讲”

24. 习近平总书记《在庆祝中国共产党成立95周年大会上的讲话》中指出，坚持不忘初心、继续前进，就要坚持马克思主义的指导地位，坚持把（　　）同当代中国实际和时代特点紧密结合起来，推进理论创新、实践创新，不断把马克思主义中国化推向前进。

A. 毛泽东思想　　B. 中国特色社会主义理论体系

C. 马克思主义基本原理　　D. 邓小平理论

25. 2016年7月1日，习近平总书记《在庆祝中国共产党成立95周年大会上的讲话》中指出，（　　）是更基础、更广泛、更深厚的自信。

A. 道路自信　　B. 制度自信

C. 文化自信　　D. 理论自信

26. 当今时代的主题是（　　）。

A. 战争与革命　　B. 和平与发展

C. 开放与合作　　D. 和谐与共赢

27. 和平共处五项原则是我国处理对外关系的基本准则。和平共处五项原则是一个相互联系、相辅相成、不可分割的统一体。其精髓是（　　）。

A. 国家主权平等　　B. 实事求是

C. 互不侵犯　　D. 互不干涉内政

28. 判断一个政党是什么性质的党，主要看（　　）。

A. 其成员主要来自哪个阶级

B. 其产生的时代背景

C. 其社会地位

D. 其理论、纲领和行动究竟代表哪个阶级的利益

29. 中国共产党的性质决定党的宗旨是（　　）。

A. 为共产主义而奋斗　　B. 全心全意为人民服务

C. 解放和发展生产力　　D. 人的自由与全面发展

30. 在中国外交工作布局中，大国外交是（　　）。

A. 首要　　B. 关键　　C. 基础　　D. 舞台

31. 下列选项中，（　）不属于宪法所规定的公民的文化权利。

A. 科学研究自由　　B. 出版自由

C. 文艺创作自由　　D. 欣赏自由

32. 甲明知其房屋南边邻地将建一高层楼房，但佯装不知，将房屋卖给乙。半年后，高楼建成，乙之房受不到阳光照射。甲违反了民法的（　）。

A. 权利不受侵害原则　　B. 平等互利原则

C. 情势变更原则　　D. 诚实信用原则

33. 张某，15 岁，中国科技大学学生，其智商高于常人，且自理能力很强，根据《民法通则》规定，他是（　　）。

A. 完全民事行为能力人　　B. 可视为完全民事行为能力人

C. 限制民事行为能力人　　D. 无民事行为能力人

34. 下列知识产权中，（　　）不须经主管行政部门审查核准。

A. 专利权　　B. 商标权

C. 著作权　　D. 发明权

35. 我国宪法中关于使用语言文字的原则是（　　）。

A. 全国一律使用普通话

B. 国家推广全国通用的普通话

C. 国家以推广使用普通话为主、使用方言为辅

D. 国家提倡使用普通话，禁止使用方言

36. 破坏广播电视设施罪是一种以广播电视设施为特定破坏对象的（　　）。

A. 危害国家安全罪　　B. 侵犯财产罪

C. 危害公共安全罪　　D. 妨害社会管理秩序罪

37. 国家秘密及其密级的具体范围，由国家保密工作部门分别会同外交、公安、国家安全和（　　）规定。

A. 其他有关部门　　B. 其他中央有关机关

C. 审判机关　　D. 地方有关部门

38. 广播电视时政新闻及同类专题、专栏等节目只能由广播电视（　　）机构制作，其他机构即使获得节目制作的许可，也不得制作新闻类节目。

A. 发射　　B. 播出　　C. 编辑　　D. 创作

39. 个人收入主要包括两部分：一是劳动者报酬；二是非劳动收入。下列选项中属于劳动者报酬范畴的是（　　）。

A. 股票利益　　B. 房地产收入

C. 知识产权所得　　D. 单位支付的五险一金

40. 货币政策按其在宏观调控中的不同作用，可分为扩张性货币政策和紧缩性货币政策。下列选项都是货币政策，其中（　　）是不同于其他项的货币政策。

A. 降低利率　　B. 降低再贴现率

C. 卖出政府债券　　D. 降低法定准备金率

41. 市场经济中，市场经济微观基础最重要的组成部分是（　　）。

A. 消费者　　B. 企业

C. 政府　　D. 买卖行为

42. 下列关于经济常识的说法中，错误的一项是（　　）。

A. 恩格尔系数可以用来衡量一国的收入分配差距

B. 本币汇率下降，具有扩大本国出口、抑制本国进口的作用

C. 房贷产业属于第三产业

D. 个人、家庭、企业、政府都属于市场主体

43. 下列选项中，（　　）不属于第三产业。

A. 建筑装饰业　　B. 邮政业

C. 水利管理业　　D. 铁路运输业

44. 所谓通货膨胀，是指在一段时间内，一般物价水平或价格水平持续、显著上涨的经济现象。针对通货膨胀，可以采取的政策手段是（　）。

A. 降低存款利率　　B. 提高货币发行量

C. 提高再贴现率　　D. 降低存款准备金率

45. 我们常指的银行一般属于商业银行，下列不属于我国商业银行的是（　　）。

A. 浦发银行　　B. 农业银行

C. 中国银行　　D. 中国人民银行

46. 经济学主要研究（　　）。

A. 如何使私人企业避免利益损失

B. 证明资本主义经济比社会主义经济更优越

C. 如何有效地配置稀缺资源

D. 决定最公平地分配社会产品

47. 对于薄利多销的商品，其需求价格弹性（　　）。

A. 小于 1　　B. 等于 1

C. 大于 1　　D. 趋于无穷大

48. 边际效用递减意味着，随着对一种商品消费数量的增加，（　　）。

A. 商品价格越来越高

B. 无差异曲线向右下方倾斜

C. 预算约束线的斜率越来越小

D. 消费者为增加一单位该商品支付的意愿减少

49. 下列选项中不属于社会化因素的是（　　）。

A. 地位　　B. 大众传媒

C. 学校　　D. 同辈群体

50. 个体社会化的时间是（　　）。

A. 婴幼儿时期　　B. 青少年时期

C. 成年之前　　D. 整整一生

51. 以下人物中，（　　）不是莎士比亚作品中的人物。

A. 李尔　　B. 奥赛罗　　C. 凯西奥　　D. 海儿茂

52.《诗经》中的风、雅、颂是按（　　）来划分的。

A. 不同的地域　　B. 不同的时期

C. 音乐的性质　　D. 篇幅的长短

53. 在《史记》的五种体例中，以（　　）为中心，其他体例与之配合生发。

A. 本纪　　B. 世家　　C. 列传　　D. 书

54. “文起八代之衰，道济天下之溺”是苏轼对（　　）的称赞。

A. 王安石　　B. 苏洵　　C. 柳宗元　　D. 韩愈

55. 中国现代文学的奠基人是（　　）。

A. 茅盾　　B. 巴金　　C. 郭沫若　　D. 鲁迅

56. 倡导文学革命的第一篇理论文章是（　　）。

A. 陈独秀的《文学革命论》

B. 李大钊的《什么是新文学》

C. 胡适的《文学改良刍议》

D. 周作人的《人的文学》

57. 下列鲁迅小说中新知识分子形象是（　　）。

A. 孔乙己　　B. 陈士成　　C. 假洋鬼子　　D. 魏连殳

58. “五四”时期，最能体现“五四”狂飙突进的时代精神的诗是（　　）。

A. 胡适的《尝试集》　　B. 周作人的《小河》

C. 朱自清的《毁灭》　　D. 郭沫若的《女神》

59. 鲁迅的第一部杂文集是（　　）。

A.《呐喊》　　B.《坟》　　C.《野草》　　D.《热风》

60. 2013 年 8 月 19 日，习近平总书记在全国宣传思想工作会议上指出，经济建设是党的中心工作，（　　）是党的一项极端重要的工作。

A. 政治建设工作　　B. 意识形态工作

C. 社会建设工作　　D. 生态文明建设工作

二、多项选择题（本大题共 40 小题，每小题 1 分，共 40 分）

1. 下列选项中，正确表述感性认识与理性认识关系的有（　　）。

A. 理性认识依赖于感性认识

B. 感性认识有待于发展到理性认识

C. 感性认识和理性认识相互渗透

D. 感性认识比理性认识真实可靠

2. 作为一个完整的科学体系，马克思主义理论体系的三个主要组成部分是（　　）。

A. 马克思主义政治学

B. 马克思主义政治经济学

C. 科学社会主义

D. 马克思主义哲学

3. 下列属于物质现象的有（　　）。

A. 水中月　　B. 生产方式

C. 引力场　　D. 阶级矛盾

4. 矛盾同一性在事物发展中的作用表现为（　　）。

A. 矛盾双方在相互依存中得到发展

B. 矛盾双方相互吸取有利于自身发展的因素

C. 调和矛盾双方的对立

D. 规定事物发展的基本趋势

5. 辩证的否定是（　　）。

A. 事物的自我否定

B. 事物联系和发展的环节

C. 既克服又保留

D. 扬弃

6. 下列现象掩盖资本主义剥削实质的是（　　）。

A. 资本总是表现为一定的物

B. 不变资本只是剩余价值生产的条件

C. 资本主义工资是工人全部劳动的报酬

D. 资本主义利润是全部预付资本的产物

7. 资本积累必然导致（　　）。

A. 资本有机构成不断提高

B. 相对过剩人口的形成

C. 资本家的财富不断增长，无产阶级贫困化

D. 资本主义的灭亡

8. 经济全球化的表现多种多样，主要有（　　）。

A. 生产的全球化

B. 贸易的全球化

C. 企业经营的全球化

D. 金融的全球化

9. 共产主义社会将要消灭的“三大差别”包括（　　）。

A. 工农差别

B. 城乡差别

C. 体力劳动和脑力劳动的差别

D. 干部和群众的差别

10. 空想社会主义理论的合理性表现在（　　）。

A. 它深刻揭露了资本主义的罪恶

B. 它认为资本主义必须要为一种更好的制度取代

C. 它揭示了资本主义必然灭亡的经济根源

D. 它认为无产阶级是埋葬资本主义的革命力量

11. 党的十七大将（　　）等重大战略思想统称为“中国特色社会主义理论体系”。

A. 毛泽东思想　　B. 邓小平理论

C. “三个代表”重要思想　　D. 科学发展观

12. 关于马克思主义中国化的科学内涵，以下表述正确的是（　　）。

A. 运用马克思主义解决中国革命、建设和改革中的实际问题

B. 总结中国革命、建设和改革的实践经验和历史经验，坚持和发展马克思主义

C. 把马克思主义植根于中国的优秀文化之中，赋予马克思主义以鲜明的中国特色

D. 把马克思主义与西方文化融合起来

13. 毛泽东思想是（　　）。

A. 马克思列宁主义在中国的运用和发展

B. 被实践证明了的关于中国革命和建设的正确理论原则和经验总结

C. 被实践证明了的关于在中国建设、巩固和发展社会主义的正确理论原则和经验总结

D. 中国共产党集体智慧的结晶

14. 新民主主义的经济纲领是（　　）。

A. 没收封建地主阶级的土地归农民所有

B. 没收封建地主阶级的土地归新民主主义国家所有

C. 没收官僚资产阶级的垄断资本归新民主主义国家所有

D. 保护民族工商业

15. 社会主义核心价值体系的基本内容是（　　）。

A. 马克思主义指导思想

B. 中国特色社会主义共同理想

C. 以爱国主义为核心的民族精神和以改革创新为核心的时代精神

D. 社会主义荣辱观

16. 中国梦包含着丰富的内涵，其中最核心的内容是（　　）。

A. 国家富强　　B. 民族振兴

C. 人民幸福　　D. 社会和谐

17. 2016 年 7 月 1 日，习近平总书记《在庆祝中国共产党成立 95 周年大会上的讲话》中指出，党的基本路线是（　　）。

A. 民族的生命线　　B. 国家的生命线

C. 人民的幸福线　　D. 国家的高压线

18. 非公有制经济包括（　　）。

A. 个体经济

B. 私营经济

C. 外商独资经济

D. 混合所有制经济中的非公有制经济成分

19. 和平共处五项原则是我国处理对外关系的基本准则。其内容是（　　）。

A. 互相尊重主权和领土完整

B. 互不侵犯、互不干涉内政

C. 平等互利、和平共处

D. 独立自主

20. 党的十八届三中全会通过的《中共中央关于全面深化改革若干重大问题的决定》指出，要紧紧围绕（　　）深化党的建设制度改革。

A. 提高廉洁执政水平　　B. 提高科学执政水平

C. 提高民主执政水平　　D. 提高依法执政水平

21. 侵权责任构成要件包括（　　）。

A. 侵权行为

B. 主观上有过错

C. 损害结果

D. 侵害行为与损害结果之间有因果关系

22. 下列选项中，（　　）属于刑罚种类中的附加刑。

A. 罚金　　B. 剥夺政治权利

C. 没收财产　　D. 拘役

23. 从我国宪法和法律的规定看，人格尊严主要包括（　　）。

A. 公民的姓名权　　B. 公民的肖像权

C. 公民的名誉权和隐私权　　D. 公民的荣誉权

24. 人民代表大会制度，不仅包括国家权力机关的各项制度，而且还包括（　　）。

A. 人民代表与领导之间关系的制度

B. 国家权力机关与人民之间关系的制度

C. 国家权力机关与其他国家机关之间关系的制度

D. 中央与地方国家机构职权划分的制度

25.《中华人民共和国国家通用语言文字法》规定，在特定的情形下，可以使用方言，这些情形主要是指（　　）。

A. 经济开发区招商引资确实需要使用的

B. 经国务院广播电视部门或省级广播电视部门批准的播音用语

C. 被确认为世界非物质文化遗产的方言

D. 戏曲、影视等艺术形式中需要使用的

26. 下列侵犯著作权的行为中，（　　）侵权人不但要承担民事责任，还可以由著作权行政管理部门予以行政处罚。

A. 未经著作权人许可，以展览等方式使用作品的

B. 未经著作权人许可，以营利为目的，复制发行其作品的

C. 未经广播电台、电视台许可，复制发行其制作的广播、电视节目的

D. 未经表演者许可，对其表演制作录音录像出版的

27.《广播电视管理条例》的适用范围包括下列选项中的（　　）。

A. 设立广播电台电视台　　B. 采编广播电视节目

C. 传输广播电视节目　　D. 设立广告公司

28. 资源配置要解决的基本经济问题包括（　　）。

A. 生产多少　　B. 如何生产

C. 为谁生产　　D. 充分就业

29. 效用是消费者在某种物品或劳务的消费中所获得的满足程度，其具有（　　）。

A. 主观性　　B. 客观性

C. 差异性　　D. 非伦理性

30. 无差异曲线是用来表示两种商品的不同数量的组合给消费者所带来的效用完全相同的一条曲线，其特征包括（　　）。

A. 它是一条向右下方倾斜的曲线，其斜率为负

B. 在同一平面图上可以有无数条无差异曲线

C. 在同一平面图上，任意两条无差异曲线不能相交

D. 它是一种凸向原点的曲线

31. 下列说法中，正确的是（　　）。

A. 只要总产量减少，边际产量一定为负数

B. 只要边际产量减少，总产量一定减少

C. 边际产量曲线一定在平均产量曲线的最高点与之相交

D. 只要平均产量增加，边际产量就大于平均产量

32. 当消费者处于均衡状态时，（　　）。

A. 消费者在既定收入和商品价格下得到了最大满足

B. 消费者可以通过增加某种商品的消费来最大化效用

C. 消费者实现了效用最大化

D. 消费者可以通过改变商品组合而使效用增加

33. 下列表述正确的是（　　）。

A. 社会角色是构成社会群体或组织的基础

B. 社会角色是对某种社会地位上的人的行为期待和行为规范

C. 社会角色表明了人们社会地位的高低

D. 一个人只有一种社会角色

34. 清初至清中叶，长篇小说创作十分繁荣，代表作品主要有（　　）。

A.《金瓶梅》　　B.《红楼梦》

C.《儒林外史》　　D.《聊斋志异》

35. 新文化运动的代表人物有（　　）。

A. 李大钊　　B. 康有为

C. 陈独秀　　D. 鲁迅

36. 新文学泛指五四文学革命以来产生的在内容和形式上都与历史上传统文学不同的新文学。其特点是（　　）。

A. 在语言上采用接近人民口语的白话

B. 在内容上描写现实社会生活和斗争

C. 在思想上具有反帝反封建的民主主义思想倾向

D. 在形式上深婉含蓄

37. 下列作品创作于西方文艺复兴时期的有（　　）。

A.《奥德赛》　　B.《十日谈》

C.《巨人传》　　D.《哈姆雷特》

38. 下列命题中属于提示事物本质的有（　　）。

A. 水往低处流

B. 日出于东落于西

C. 人的本质是社会关系的总和

D. 意识是人脑对客观世界的反映

39. 下列表述中，违背马克思主义关于人的本质观点的有（　　）。

A. 人的本质属性是社会性

B. 人的本性是自私的

C. 人的本性是趋利避害

D. 人的本质属性是理性思维

40. 习近平总书记 2013 年 1 月 5 日在新进中央委员会委员、候补委员学习贯彻党的十八大精神研讨班上的讲话指出，我们党领导人民进行社会主义建设，有改革开放前和改革开放后两个历史时期，对改革开放前的历史时期要正确评价。以下选项正确的是(　　)。

A. 不能用改革开放后的历史时期否定改革开放前的历史时期

B. 不能用改革开放前的历史时期否定改革开放后的历史时期

C. 改革开放前的社会主义实践探索为改革开放后的社会主义实践探索积累了条件

D. 改革开放后的社会主义实践探索是对前一个时期的坚持、改革、发展

模拟试卷（一）参考答案

一、单项选择题（本大题共60小题，每小题1分，共60分）

1—5 DCDBA	6—10 BCCBD	11—15 BBBCC
16—20 DABCA	21—25 AACCC	26—30 BADBB
31—35 BDCCB	36—40 CBBDC	41—45 BAAAD
46—50 CCDAD	51—55 DCADD	56—60 CDDDB

二、多项选择题（本大题共40小题，每小题1分，共40分）

1. ABC	2. BCD	3. ABCD	4. ABD
5. ABCD	6. CD	7. ABCD	8. ABCD
9. ABC	10. AB	11. BCD	12. ABC
13. ABD	14. ACD	15. ABCD	16. ABC
17. BC	18. ABCD	19. ABC	20. BCD
21. ABCD	22. ABC	23. ABCD	24. BCD
25. BD	26. BCD	27. ABC	28. ABC
29. ACD	30. ABCD	31. ACD	32. AC
33. AB	34. BC	35. ACD	36. ABC
37. BCD	38. CD	39. BCD	40. ABCD

《广播电视综合知识》模拟试卷（二）

1. 笔试题满分为 100 分。
2. 笔试考试时间为 90 分钟。
3. 考试方式为闭卷、笔试。
4. 试题类型包括单项选择题和多项选择题。

一、单项选择题（本大题共 60 小题，每小题 1 分，共 60 分）

1. 任何一种理论都是时代的产物。同样，马克思主义的产生和发展也有其深刻的经济社会根源、思想渊源和实践基础。马克思主义的直接理论来源是（　　）。

A. 法国唯物主义、英国经验主义、德国理性主义

B. 细胞学说、能量守恒定律、生物进化论

C. 德国古典哲学、英国古典政治经济学、英法空想社会主义

D. 法国历史哲学、英国科学主义、欧洲人文主义

2. 划分唯物主义和唯心主义的标准在于如何回答（　　）。

A. 物质和意识哪个是第一性的问题

B. 物质世界可不可以认识的问题

C. 物质世界是否普遍联系的问题

D. 物质世界是否永恒发展的问题

3. 人的意识不仅反映客观世界，并且创造客观世界。这一命题表明意识对物质具有（　　）。

A. 能动性　　B. 决定性

C. 预见性　　D. 主动性

4. 矛盾的性质主要是由（　　）。

A. 矛盾的普遍性决定的　　B. 矛盾的主要方面决定的

C. 矛盾的次要方面决定的　　D. 矛盾的特殊性决定的

5. “社会上一旦有技术上的需要，则这种需要会比十所大学更能把科学推向前进。”这说明（　　）。

A. 实践是认识的来源　　B. 技术推动了科学的发展

C. 实践是认识发展的动力　　D. 科学进步是实践的目的

6. 商品经济产生和存在的一般基础和条件是（　　）。

A. 自然分工　　B. 社会分工

C. 企业内部分工　　D. 体力劳动和脑力劳动分工

7. 马克思说：“一切商品对它们的所有者是非使用价值，对它们的非所有者是使用价值。”这句话表明（　　）。

A. 有使用价值的不一定有价值

B. 商品的使用价值是对它的购买消费者而言的

C. 商品所有者同时获得使用价值和价值

D. 商品是使用价值和价值的对立统一

8. 资本主义经济中的利润是（　　）。

A. 商品价值的转化形式　　B. 生产成本的转化形式

C. 剩余价值的转化形式　　D. 生产价格的转化形式

9. 雇佣工人在剩余劳动时间创造的价值是（　　）。

A. 商品的使用价值

B. 商品的价值

C. 资本家无偿占有的剩余价值

D. 劳动力的价值

10. 社会主义的发展道路必然呈现出多样性的特点。造成社会主义发展道路多样性的现实原因是（　　）。

A. 无产阶级政党自身成熟程度的不同

B. 历史文化传统的差异性

C. 时代和实践的不断发展

D. 革命传统不同

11. 马克思主义中国化的最新理论成果是（　　）。

A. 习近平总书记系列重要讲话

B. 中国特色社会主义理论体系

C. 毛泽东思想

D. 科学发展观

12. 新民主主义革命理论的核心问题是（　　）。

A. 分清敌友问题　　B. 农民的土地问题

C. 无产阶级的领导权问题　　D. 统一战线问题

13. 第一次把社会主义初级阶段提到事关全局的基本国情加以把握的会议是（　　）。

A. 1982 年党的十二大　　B. 1987 年党的十三大

C. 1992 年党的十四大　　D. 1997 年党的十五大

14. 2016 年 7 月 1 日，习近平总书记《在庆祝中国共产党成立 95 周年大会上的讲话》中指出，（　　）是实现社会主义现代化的必由之路，是创造人民美好生活的必由之路。

A. 资本主义道路

B. 俄国十月革命的道路

C. 中国特色社会主义道路

D. 民主社会主义道路

15. 2016 年 7 月 1 日，习近平总书记《在庆祝中国共产党成立 95 周年大会上的讲话》中指出，（　　）是指导党和人民沿着中国特色社会主义道路实现中华民族伟大复兴的正确理论，是立于时代前沿、与时俱进的科学理论。

A. 新民主主义革命理论

B. 中国特色社会主义理论体系

C. 社会主义改造理论

D. 中国革命道路理论

16. 在长期革命斗争中，党形成了三大优良传统作风，即理论联系实际的作风，（　　）的作风，批评与自我批评的作风。

A. 密切联系群众　　B. 艰苦奋斗

C. 谦虚谨慎　　D. 实事求是

17. 党的十八届三中全会通过的《中共中央关于全面深化改革若干重大问题的决定》指出，深化经济体制改革要紧紧围绕（　　）。

A. 使市场在资源配置中起基础性作用

B. 使市场在资源配置中起决定性作用

C. 使市场在资源配置中起补充性作用

D. 使市场在资源配置中起辅助性作用

18. 党的建设中必须把（　　）始终放在首位。

A. 作风建设　　B. 思想建设

C. 组织建设　　D. 制度建设

19. 1957 年，毛泽东在（　　）中提出了社会主义社会基本矛盾的学说。

A.《矛盾论》

B.《实践论》

C.《关于正确处理人民内部矛盾的问题》

D.《论十大关系》

20. 生态文明的核心是正确处理人与自然的关系，人与自然相处时应遵守的基本原则是（　　）。

A. 尊重自然　　B. 顺应自然

C. 保护自然　　D. 征服自然

21. 在中国外交工作布局中，周边外交是（　　）。

A. 首要　　B. 关键

C. 基础　　D. 舞台

22. 中国共产党既立足时代发展潮流和我国根本利益，又反映中国和世界人民的共同心愿，作出推动建立以（　　）为核心的新型国际关系的战略选择。

A. 相互尊重　　B. 合作共赢

C. 不冲突　　D. 不对抗

23. 2013年9月7日，习近平主席在哈萨克斯坦纳扎尔巴耶夫大学演讲时倡议用创新的合作模式，共同建设“丝绸之路经济带”。同年10月，习近平主席访问印尼期间，又提出构建“21世纪海上丝绸之路”的倡议，简称（　　）。

A. “一带一路”　　B. “丝绸之路”

C. “新丝绸之路”　　D. “中国版的马歇尔计划”

24. 新形势下，执政党面临着“四大危险”。其中，“四大危险”不包括（　　）。

A. 精神懈怠的危险　　B. 能力不足的危险

C. 脱离实际的危险　　D. 消极腐败的危险

25. 马克思主义中国化第一次历史性飞跃的理论成果是（　　）。

A. 中国特色社会主义理论体系

B. 习近平总书记系列重要讲话

C. 毛泽东思想

D. 科学发展观

26. 毛泽东对实事求是的科学含义作了马克思主义的界定，以下对于“实事求是”的理解和表述，正确的是（　　）。

A. “实事”就是主客观的一切事物

B. “求”就是我们去祈求

C.“是”就是主观的目的性

D.“是”就是客观事物的内部联系，即规律性

27. 毛泽东思想的活的灵魂，有三个基本方面，其中不包括（　　）。

A. 实事求是　　B. 独立自主

C. 群众路线　　D. 武装斗争

28. 我国对资本主义工商业的社会主义改造采取的是和平赎买的政策，所谓赎买是指（　　）。

A. 国家一次性支付给资本家一大笔资金以购买资本家的私营企业

B. 资本家主动献出所属企业以换取国家的和平处理

C. 国家有偿将私营企业变为国营企业，资本家在一定年限内从企业经营所得中获取一部分利润

D. 资本家将所有财产上缴国家，国家则向其支付一定的利息

29. 我国基本完成社会主义改造的时间是（　　）。

A. 1949 年底　　B. 1952 年底

C. 1956 年底　　D. 1978 年底

30. 第一次明确提出我国社会主义初级阶段的基本经济制度是在（　　）。

A. 1982 年党的十二大　　B. 1987 年党的十三大

C. 1992 年党的十四大　　D. 1997 年党的十五大

31. 根据宪法规定，全国人民代表大会主要行使（　　）。

A. 司法权　　B. 审判权

C. 行政权　　D. 立法权

32. 为了深化国家监察体制改革，加强对（　　）的监督，实现国家监察全面覆盖，深入开展反腐败工作，推进国家治理体系和治理能力现代化，根据宪法，制定《中华人民共和国监察法》。

A. 公务员　　B. 全体党员

C. 领导干部　　D. 所有行使公权力的公职人员

33. 监察机关办理职务违法和职务犯罪案件，应当与审判机关、检察机关、执法部门（　　）。

A. 互相配合，互相制约　　B. 相互衔接，相互配合

C. 互相帮助，互相配合　　D. 相互制约，相互完善

34. 国家监察委员会由（　　）产生，负责全国监察工作。

A. 全国人民代表大会　　B. 全国人民代表大会常务委员会

C. 国务院　　D. 党的中央委员会

35. 被调查人既涉嫌严重职务违法或者职务犯罪，又涉嫌其他违法犯罪的，一般应当由（　　）为主调查，其他机关予以协助。

A. 监察机关　　B. 人民法院

C. 人民检察院　　D. 公安机关

36. 国家监察委员会主任由（　　）选举，副主任、委员由国家监察委员会主任提请（　　）任免。

A. 全国人民代表大会；全国人民代表大会

B. 全国人民代表大会；全国人民代表大会常务委员会

C. 全国人民代表大会常务委员会；全国人民代表大会

D. 全国人民代表大会常务委员会；全国人民代表大会常务委员会

37. 监察机关通过设立内部专门的监督机构等方式，加强对监察人员执行职务和遵守法律情况的监督，建设（　　）的监察队伍。

A. 忠诚、守法、担当　　B. 忠诚、干净、担当

C. 廉洁、忠诚、有为　　D. 守法、干净、担当

38. 有关单位拒不执行监察机关作出的处理决定，或者无正当理由拒不采纳监察建议的，由其主管部门、上级机关责令改正，对单位给予通报批评；对负有责任的领导人员和直接责任人员（　　）。

A. 依法给予处理　　B. 进行警告

C. 通报批评　　D. 作出党纪政务处分

39. 消费者预算线反映了（　　）。

A. 消费者的收入约束　　B. 消费者的偏好

C. 消费者的需求　　D. 消费者效用最大化状态

40. 经济学上所讲的“利润”是指（　　）。

A. 平均利润　　B. 长期利润

C. 短期利润　　D. 超额利润

41. 下列说法中正确的是（　　）。

A. 厂房设备投资的利息是可变成本

B. 商标注册费是可变成本

C. 购买原材料的支出是可变成本

D. 补偿机器设备无形损耗的折旧费是不变成本

42. 如果工资率提高，收入效应将导致消费者（　　）。

A. 同时增加劳动时间和闲暇时间

B. 同时减少劳动时间和闲暇时间

C. 减少劳动时间同时增加闲暇时间

D. 增加劳动时间同时减少闲暇时间

43. 下列说法中不正确的是（　　）。

A. 社会化是使人们获得个性、人格，并学习其所在社会和群体的生活方式的相互作用过程

B. 一个人从进入学校起才开始他的社会化过程

C. 社会化使人从“自然人”或“生物人”成长为社会人，使社会、文化得以维持和传承

D. 任何社会化因素的缺失，都会使个人人格的形成过程受阻，造成人格缺陷

44. 家庭、邻里、游戏伙伴等属于（　　）。

A. 初级群体　　B. 次级群体

C. 正式群体　　D. 同辈群体

45.《棠棣之花》《屈原》《南冠草》宣扬的基本思想是（　　）。

A. 忠君报国　　B. 士为知己者死

C. 舍身报国的爱国精神　　D. 英雄主义

46. 新文化运动以 1915 年（　　）杂志的创刊为开端。

A.《新文化》　　B.《新文学》

C.《新青年》　　D.《新世界》

47.《诗经》的传统分类是（　　）。

A. 南、风、雅　　B. 风、雅、颂

C. 雅、颂、南　　D. 颂、南、风

48. 提出文学革命“三大主义”，正式举起文学革命大旗的是（　　）。

A. 鲁迅　　B. 胡适

C. 李大钊　　D. 陈独秀

49. 似匕首投枪，能以一击致敌于死命，这是（　　）的杂文风格。

A. 茅盾　　B. 周作人

C. 鲁迅　　D. 朱自清

50. 新文化运动开始于（　　）。

A.1915 年　　B.1916 年

C.1917 年　　D.1918 年

51. 文艺复兴文学代表作《巨人传》的作者是（　　）。

A. 薄伽丘　　B. 拉伯雷

C. 塞万提斯　　D. 莎士比亚

52. 木马计的设计者是（　　）。

A. 阿伽门农　　B. 阿喀琉斯

C. 奥德修斯　　D. 赫克托尔

53. 马克思主义认为，哲学是（　　）。

A. 科学的世界观和方法论

B. 系统化理论化的世界观

C. 人们自发形成的世界观

D. 人们对人生目的意义的根本观点

54. 唯物主义和唯心主义在世界统一性问题上的根本分歧是（　　）。

A. 肯定世界的统一性还是否认世界的统一性

B. 认为世界统一于运动还是统一于静止

C. 认为世界统一于主体还是统一于客体

D. 认为世界统一于物质还是统一于精神

55. 下列对“乐府”表述不正确的是（　　）。

A. “乐府”本来是指主管音乐的政府机关

B. 后代使用过程中，“乐府”一词在不同的时期有不同的含义

C. 魏晋六朝时用乐府民歌的旧题写作的诗歌，无论是否合音律，统称乐府

D. “乐府”最早应该始于汉代

56. “劳动创造了人本身。”这种观点属于（　　）。

A. 朴素唯物主义　　B. 机械唯物主义

C. 历史唯物主义　　D. 历史宿命论

57. 任何真理都是人们在一定条件下达到的有限的近似正确的认识。这种观点属于（　　）。

A. 辩证唯物主义真理观　　B. 唯心主义真理观

C. 相对主义真理观　　D. 实用主义真理观

58.《关雎》一诗出自《诗经》中的（　　）。

A.《周南》　　B.《郑风》

C.《小雅》　　D.《周颂》

59. 被誉为“元剧之冠”的是（　　）。

A. 关汉卿　　B. 王实甫

C. 马致远　　D. 白朴

60. 习近平总书记指出，我们党领导人民进行社会主义建设，有改革开放前和改革开放后两个历史时期，这是两个相互联系又有重大区别的时期，但本质上都是（　　）。

A. 我们党领导人民进行新民主主义革命的实践探索

B. 我们党领导人民进行社会主义改造的实践探索

C. 我们党领导人民进行社会主义建设的实践探索

D. 我们党领导人民进行民族独立、人民解放的实践探索

二、多项选择题（本大题共 40 小题，每小题 1 分，共 40 分）

1. 下列选项中，正确说明人的活动与客观规律的关系的有（　　）。

A. 人能认识客观规律　　B. 人能消灭客观规律

C. 人能创造客观规律　　D. 人能利用客观规律

2. 下列观点中，属于唯物辩证法的总特征的有（　　）。

A. 普遍联系的观点　　B. 永恒发展的观点

C. 对立统一的观点　　D. 辩证否定的观点

3. 下列选项中，体现发展的实质的有（　　）。

A. 某种时尚开始流行

B. 无产阶级专政代替资产阶级专政

C. 培育出新优质品种

D. 原始社会的公有制经过私有制到社会主义的公有制

4. 下列选项中，体现矛盾同一性思想的有（　　）。

A. 有无相生，长短相形

B. 利害同门，祸福同邻

C. 物极必反

D. 积于柔则刚，积于弱则强

5. 对立统一规律之所以是唯物辩证法的实质和核心，这是因为它（　　）。

A. 揭示了事物发展的方向和道路

B. 揭示了事物普遍联系的根本内容和发展的内在动力

C. 是贯穿于辩证法其他规律和范畴的主线

D. 提供了人们认识世界和改造世界的根本方法

6. 下列关于“时势造英雄”和“英雄造时势”的说法，正确的是(　　)。

A. 这两种观点是根本对立的

B. 这两种观点是互相补充的

C. 前者是唯心史观，后者是唯物史观

D. 前者是唯物史观，后者是唯心史观

7. 经济基础对上层建筑的决定作用，主要表现在（　　）。

A. 经济基础决定上层建筑的产生、变化与发展

B. 经济基础决定上层建筑的性质

C. 经济基础决定上层建筑是否具有反作用

D. 经济基础决定上层建筑是否包括自然科学

8. 商品的价值是（　　）。

A. 商品的有用性

B. 凝结在商品中的无差别的一般人类劳动

C. 商品所特有的社会属性

D. 交换价值的基础

9. 劳动力商品的价值包括（　　）。

A. 维持劳动者生存所需要的生活资料价值

B. 劳动者维持生产所必需的生产资料价值

C. 养育子女所需要的生活资料价值

D. 劳动者的教育和培训费用

10. 剩余价值来源于（　　）。

A. 工人的剩余劳动

B. 资本的生产力

C. 工人的无酬劳动

D. 资本家或工人的节俭

11. 中国革命的三大法宝是（　　）。

A. 实事求是　　B. 统一战线

C. 武装斗争　　D. 党的建设

12. 中国特色社会主义理论体系的历史地位，以下表述正确的是（　　）。

A. 中国特色社会主义理论体系是马克思主义中国化第二次历史性飞跃的理论成果

B. 中国特色社会主义理论体系是中国革命的科学指南

C. 中国特色社会主义理论体系是新时期全党全国各族人民团结奋斗的共同思想基础

D. 中国特色社会主义理论体系是实现中华民族伟大复兴的中国梦的根本指针

13. “一化三改”是党在过渡时期的总路线的核心内容，这里的“三改”是指（　　）。

A. 对个体农业的社会主义改造

B. 对手工业的社会主义改造

C. 对资本主义工商业的社会主义改造

D. 对服务业的社会主义改造

14. 党的十八大报告指出，党和人民九十多年奋斗、创造、积累的根本成就是（　　）。

A. 中国特色社会主义道路

B. 中国特色社会主义理论体系

C. 中国特色社会主义制度

D. 中国特色社会主义价值观

15. 2013 年 11 月 12 日，党的十八届三中全会通过的《中共中央关于全面深化改革若干重大问题的决定》提出，全面深化改革的总目标是（　　）。

A. 实现社会主义现代化

B. 实现中华民族伟大复兴

C. 完善和发展中国特色社会主义制度

D. 推进国家治理体系和治理能力现代化

16. 党的十八届三中全会通过的《中共中央关于全面深化改革若干重大问题的决定》指出，公有制为主体、多种所有制经济共同发展的基本经济制度是（　　）。

A. 社会主义计划经济体制的根基

B. 社会主义市场经济体制的根基

C. 中国特色社会主义制度的重要支柱

D. 中国特色社会主义制度的重要补充

17. 党的十八大提出，面对资源约束趋紧、环境污染严重、生态系统退化的严峻形势，必须树立的生态文明理念是（　　）。

A. 尊重自然　　B. 顺应自然

C. 保护自然　　D. 敬畏自然

18. 社会主义核心价值观的基本内容是（　　）。

A. 富强、民主、文明、和谐

B. 自由、平等、公正、法治

C. 自由、平等、博爱、法治

D. 爱国、敬业、诚信、友善

19. 中共中央办公厅印发的《关于培育和践行社会主义核心价值观的意见》指出，积极培育和践行社会主义核心价值观的重要意义是（　　）。

A. 巩固马克思主义在意识形态领域的指导地位

B. 巩固全党全国人民团结奋斗的共同思想基础

C. 促进人的全面发展、引领社会全面进步

D. 集聚全面建成小康社会、实现中华民族伟大复兴中国梦的强大正能量

20. 新形势下，执政党建设面临着的长期、严峻、复杂的考验有(　　)。

A. 执政考验　　B. 改革开放考验

C. 市场经济考验　　D. 外部环境考验

21. 著作人身权是指作者对其作品所享有的各种与人身相联系或者密不可分而又无直接财产内容的权利，具体包括（　　）。

A. 发表权　　B. 署名权

C. 修改权　　D. 保护作品完整权

22. 我国公民享有的政治自由包括（　　）。

A. 言论自由　　B. 游行自由

C. 罢工自由　　D. 结社自由

23. 下列关于限制民事行为能力人的表述，正确的有（　　）。

A. 他的一切民事活动并不都必须由法定代理人代理

B. 他可以接受祖父遗赠的 1 万元钱

C. 他可以独立购买文具

D. 未经法定代表人代理而购买一个游戏机的行为必定无效

24. 中国共产党领导的多党合作和政治协商制度是我国的一项基本政治制度，是适合我国国情、具有中国特色的政党制度。我国政党制度的显著特征是（　　）。

A. 共产党领导，多党合作

B. 共产党执政，多党参政

C. 共产党与民主党派地位平等

D. 政党领导国家政权

25. 国家通用语言文字使用的总原则是：国家通用语言文字的使用应

当（　　）。

A. 有利于维护国家主权和民族尊严

B. 有利于传播本民族文化传统

C. 有利于国家统一和民族团结

D. 有利于社会主义物质和精神文明建设

26. 政府信息公开申请应当包括（　　）。

A. 申请公开相关政府信息的理由

B. 申请人的姓名或者名称、联系方式

C. 申请公开的政府信息的内容描述

D. 申请公开的政府信息的形式要求

27. 表演者的以下权利中，保护期不受限制的有（　　）。

A. 许可他人现场直播其表演，并获得报酬

B. 许可他人录音录像，并获得报酬

C. 表明表演者身份

D. 保护表演形象不受歪曲

28. 下列选项中，（　　）属于生产要素。

A. 劳动　　B. 劳动时间

C. 土地、森林等自然资源　　D. 一切资本品

29. 企业的类型包括（　　）。

A. 个人业主制企业　　B. 合伙制企业

C. 公司制企业　　D. 股份制企业

30. 垄断竞争市场的特征包括（　　）。

A. 市场上存在众多的消费者和厂商

B. 市场上存在众多的消费者和少数厂商

C. 长期看来，厂商进入或退出一个行业是自由的

D. 厂商生产的产品是有差别的，并且不同厂商的产品之间存在替代性

31. 下列物品中属于公共物品的是（　　）。

A. 国防　　B. 电脑

C. 私家车　　D. 公共安全

32. 凯恩斯总需求决定理论所基于的三大心理规律是（　　）。

A. 流动性偏好　　B. 货币供给

C. 资本边际效率递减　　D. 边际消费倾向递减

33. 下列行为方式中，能成为社区形成模式的有（　　）。

A. 工作　　B. 通讯

C. 购物　　D. 娱乐

34.《史记》中主要记载人物事迹的部分有（　　）。

A. 本纪　　B. 世家

C. 列传　　D. 书

35. 下列对《诗经》最初用途的表述正确的是（　　）。

A. 作为各种典礼、仪式的重要组成部分

B. 观察政治的得失成败

C. 表达对社会、政治的某种看法

D. 一定的娱乐作用

36. 下列《史记》为之作传的人物中，被列为“世家”的是（　　）。

A. 孔子　　B. 项羽

C. 陈涉　　D. 屈原

37. 最能表现莎士比亚喜剧创造的风格，人称“娇艳明媚的喜剧三部曲”是（　　）。

A.《无事生非》　　B.《皆大欢喜》

C.《第十二夜》　　D.《李尔王》

38. 2016 年 7 月 1 日，习近平总书记《在庆祝中国共产党成立 95 周年大会上的讲话》中指出，文化自信，是更基础、更广泛、更深厚的自信。积淀着中华民族最深层的精神追求，代表着中华民族独特的精神标识的文化是（　　）。

A. 5000 多年文明发展中孕育的中华传统文化

B. 5000 多年文明发展中孕育的中华优秀传统文化

C. 党和人民伟大斗争中孕育的革命文化

D. 党和人民伟大斗争中孕育的社会主义先进文化

39. 下列作品属于神魔小说的是（　　）。

A.《西游记》　　B.《封神演义》

C.《说岳全传》　　D.《红楼梦》

40. 新常态下，我国经济发展的主要特点是（　　）。

A. 增长速度要从高速转向中高速

B. 发展方式要从规模速度型转向质量效率型

C. 经济结构调整要从增量扩能为主转向调整存量、做优增量并举

D. 发展动力要从主要依靠资源和低成本劳动力等要素投入转向创新驱动

模拟试卷（二）参考答案

一、单项选择题（本大题共60小题，每小题1分，共60分）

1—5 CAABC	6—10 BBCCC	11—15 BCBCB
16—20 ABBCB	21—25 ABACC	26—30 DDCCD
31—35 DDAAA	36—40 BBAAD	41—45 CCBAC
46—50 CBDCA	51—55 BCBDD	56—60 CAACC

二、多项选择题（本大题共40小题，每小题1分，共40分）

1. AD	2. AB	3. BCD	4. ABCD
5. BCD	6. AD	7. AB	8. BCD
9. ACD	10. AC	11. BCD	12. ACD
13. ABC	14. ABC	15. CD	16. BC
17. ABC	18. ABD	19. ABCD	20. ABCD
21. ABCD	22. ABD	23. ABC	24. AB
25. ACD	26. BCD	27. CD	28. ACD
29. ABC	30. AD	31. AD	32. ACD
33. ACD	34. ABC	35. ABCD	36. AC
37. ABC	38. BCD	39. AB	40. ABCD

《广播电视综合知识》模拟试卷（三）

1. 笔试题满分为100分。
2. 笔试考试时间为90分钟。
3. 考试方式为闭卷、笔试。
4. 试题类型包括单项选择题和多项选择题。

一、单项选择题（本大题共60小题，每小题1分，共60分）

1. 作为中国共产党和社会主义事业指导思想的马克思主义是指（　　）。

A. 不仅指马克思恩格斯创立的基本理论、基本观点和学说的体系，也包括继承者对它的发展

B. 无产阶级争取自身解放和整个人类解放的学说体系

C. 关于无产阶级斗争的性质、目的和解放条件的学说

D. 列宁创立的基本理论、基本观点和基本方法构成的科学体系

2. “一把钥匙开一把锁”，这句话在哲学上讲（　　）。

A. 矛盾的普遍性　　B. 矛盾的斗争性

C. 矛盾的特殊性　　D. 矛盾的同一性

3. 马克思主义哲学所说的实践是指（　　）。

A. 人们的一切活动

B. 人们的日常生活活动

C. 人们的纯精神活动

D. 主体改造和探索客体的活动

4. 人民群众是历史的创造者，其根本原因在于人民群众（　　）。

A. 占人口大多数　　B. 是社会生产力的体现者

C. 有先进理论的指导　　D. 掌握历史发展规律

5. 1 只绵羊＝ 2 把石斧表示的是（　　）。

A. 一般的价值形式　　B. 总和的或扩大的价值形式

C. 货币形式　　D. 简单的或偶然的价值形式

6. 资本主义所有制的实质是（　　）。

A. 获取尽可能多的剩余价值

B. 使劳动力成为商品

C. 凭借生产资料的私有制，占有雇佣工人的剩余价值

D. 使社会两极分化

7. 资本主义的基本矛盾是（　　）。

A. 生产社会化和生产资料资本主义私有制之间的矛盾

B. 无产阶级和资产阶级之间的矛盾

C. 个别企业生产的有组织性和整个社会生产的无政府状态之间的矛盾

D. 生产无限扩大的趋势与劳动人民有支付能力的需求相对缩小的矛盾

8. 资本主义再生产过程的实质是（　　）。

A. 劳动过程和价值形成过程的统一

B. 劳动过程和价值增殖过程的统一

C. 物质资料再生产与资本主义生产关系再生产的统一

D. 物质资料再生产与劳动力再生产的统一

9. 科学社会主义问世的标志是（　　）。

A.《共产党宣言》的发表

B.《资本论》的发表

C. 1848 年欧洲革命的发生

D. 共产主义者同盟的建立

10. 共产主义是人类解放的实现。共产主义社会的根本特征是（　　）。

A. 物质财富极大丰富，消费资料按需分配

B. 社会关系高度和谐

C. 人们精神境界极大提高

D. 实现人的自由而全面的发展

11. 毛泽东思想形成和发展的实践基础是（　　）。

A. 中国共产党领导的改革和建设实践

B. 中国共产党领导的改革和发展实践

C. 中国共产党领导的革命和建设实践

D. 中国共产党领导的改革和开放实践

12. 1938 年，毛泽东在党的六届六中全会上作了《论新阶段》的政治报告，首次明确提出（　　）的重大命题。

A. 社会主义初级阶段　　B. 马克思主义中国化

C. 为人民服务　　D. 实事求是

13. 党的十八大以来的五年，我国经济保持中高速增长，在世界主要国家中名列前茅，国内生产总值从五十四万亿元增长到八十万亿元，稳居世界第二，对世界经济增长贡献率超过（　　）。

A. 百分之十五　　B. 百分之二十

C. 百分之三十　　D. 百分之二十五

14. 十八大以来的五年，国防和军队改革取得历史性突破，形成（　　）新格局，人民军队组织架构和力量体系实现革命性重塑。

A. 军委管总、战区主建、军种主战

B. 军委主战、战区主建、军种管总

C. 军委管总、战区主战、军种主建

D. 军委主战、战区管总、军种主建

15. 坚持反腐败无禁区、全覆盖、零容忍，坚定不移“打虎”“拍蝇”“猎狐”，（　　）的目标初步实现，（　　）的笼子越扎越牢，（　　）的堤坝正在构筑，反腐败斗争压倒性态势已经形成并巩固发展。

A. 不敢腐　不能腐　不想腐

B. 不能腐　不敢腐　不想腐

C. 不想腐　不敢腐　不能腐

D. 不敢腐　不想腐　不能腐

16. 中国特色社会主义进入新时代，我国社会主要矛盾已经转化为人民日益增长的（　　）需要和（　　）的发展之间的矛盾。

A. 美好生活　不充分不平衡

B. 幸福生活　不平衡不充分

C. 幸福生活　不充分不平衡

D. 美好生活　不平衡不充分

17. 必须认识到，我国社会主要矛盾的变化，没有改变我们对我国社会主义所处历史阶段的判断，我国仍处于并将长期处于（　　）的基本国情没有变，我国是世界最大发展中国家的国际地位没有变。

A. 社会主义阶段　　B. 社会主义初级阶段

C. 社会主义中级阶段　　D. 社会主义高级阶段

18.（　　）是实现社会主义现代化、创造人民美好生活的必由之路。

A. 中国特色社会主义道路　　B. 中国特色社会主义理论体系

C. 中国特色社会主义制度　　D. 中国特色社会主义文化

19. 中国特色社会主义事业的战略布局是（　　）。

A. “五位一体”　　B. “四个全面”

C. “四个自信”　　D. “四个意识”

20. 新时代中国特色社会主义思想，明确中国特色社会主义最本质的特征是（　　）。

A. “五位一体”总体布局

B. 建设中国特色社会主义法治体系

C. 人民利益为根本出发点

D. 中国共产党领导

21. 党的十八届三中全会通过的《中共中央关于全面深化改革若干重大问题的决定》指出，经济体制改革的核心问题是处理好（　　）。

A. 中央和地方的关系　　B. 政府和市场的关系

C. 宏观调控和微观搞活的关系　D. 公平和效率的关系

22. 社会主义政治文明建设的根本出发点和归宿是（　　）。

A. 中国共产党领导

B. 人民当家做主

C. 依法治国

D. 加快推进社会主义民主政治制度化、规范化、程序化

23. 党的十八大报告提出了社会主义核心价值观，其中“自由、平等、公正、法治”是（　　）。

A. 国家层面的价值目标　　B. 社会层面的价值取向

C. 公民个人层面的价值准则　D. 普世层面的价值要求

24. 加强社会建设的重点是（　　）。

A. 保障和改善民生　　B. 发展社会事业

C. 促进社会公平正义　　D. 实现共同富裕

25. 生态文明的核心是正确处理人与自然的关系，人与自然相处时应承担的重要责任是（　　）。

A. 尊重自然　　B. 顺应自然

C. 保护自然　　D. 征服自然

26. 党的十八届三中全会通过的《中共中央关于全面深化改革若干重大问题的决定》指出，要紧紧围绕（　　）深化党的建设制度改革。

A. 保持党同人民群众的血肉联系

B. 加强民主集中制建设

C. 加强理想信念教育

D. 提高科学执政、民主执政、依法执政水平

27. 中国对外政策的基本立足点是（　　）。

A. 合作共赢

B. 不结盟

C. 加强和巩固同广大发展中国家的团结与合作

D. 维护世界和平、促进共同发展

28. 2013 年 9 月 7 日，习近平主席在哈萨克斯坦纳扎尔巴耶夫大学演讲时倡议用创新的合作模式，共同建设（　　）。

A. “丝绸之路经济带”

B. “长江经济带”

C. “黄河经济带”

D. “北部湾经济带”

29. 2013 年 10 月 3 日，习近平主席在印尼国会发表演讲时表示，中国愿同东盟国家加强海上合作，发展好海洋合作伙伴关系，共同建设（　　）。

A. “21 世纪河西走廊”

B. “21 世纪海上丝绸之路”

C. “21 世纪中巴经济走廊”

D. “21 世纪空中走廊”

30. 2012 年 11 月 29 日，习近平总书记在参观“复兴之路”展览时第一次提出了（　　）的概念。

A. “四个全面”　　B. “一带一路”

C. “中国梦”　　D. “中巴经济走廊”

31. 宪法规定我国享有选举权和被选举权的人是（　　）。

A. 全体人民　　B. 18 周岁以上的公民

C. 全体公民　　D. 18 周岁以上有政治权利的公民

32. 下列作品中，（　　）不受著作权法保护。

A. 文字作品　　B. 口述作品

C. 地图　　　　　　　　　　D. 通用表格和公式

33. 根据《中华人民共和国保守国家秘密法》的有关规定，关于政党的秘密事项，表述正确的是（　　）。

A. 政党的秘密事项经保密工作部门确认后，属于国家秘密事项

B. 政党的秘密事项与国家秘密性质不同，不属于国家秘密事项

C. 政党的秘密事项符合本法有关规定的，属于国家秘密

D. 政党的秘密事项属于国家秘密

34.（　　）是指故意捏造并散布虚构的事实，足以贬损他人人格，破坏他人名誉，情节严重的行为。

A. 诬蔑罪　　　　　　　　　B. 侮辱罪

C. 诬告陷害罪　　　　　　　D. 诽谤罪

35. 下列选项中可以作为权利和义务的根本区别的是（　　）。

A. 权利可以放弃，义务必须履行

B. 权利是与生俱来的，义务则是由法律规定的

C. 权利对于一切人都是平等的，义务则因人而异

D. 权利应当享有，义务可以放弃

36. 下列行为中，因欠缺相应民事行为能力而有效力瑕疵的是（　　）。

A. 6 岁天才儿童因创作取得著作权

B. 完全行为能力人张某将其电脑卖给王某，命其八岁的儿子张甲告知王某，其完全接受王某的要约

C. 15 岁的百万富翁杨某将其开发的软件卖给某电脑公司

D. 16 岁的甲 A 职业球员刘某将其手机赠与其叔

37. 表演者许可他人通过信息网络向公众传播其表演，并获得报酬的权利保护期为（　　）。

A. 20 年　　　　　　　　　B. 30 年

C. 50 年　　　　　　　　　D. 100 年

38. 广播电台、电视台不应当（　　）。

A. 使用不规范的语言文字

B. 使用少数民族语言

C. 在科教节目中使用专业的技术术语

D. 在使用方言的地区使用全国通用的普通话

39. 下列行业中最接近于完全竞争模式的一项是（　　）。

A. 飞机制造业　　B. 烟草业

C. 日用小商品制造业　　D. 汽车制造业

40. 下列不属于寡头市场特征的是（　　）。

A. 行业中有众多生产厂商　　B. 厂商的决策相互影响

C. 竞争手段多样　　D. 市场价格有时相对稳定

41. 均衡的国民收入水平取决于（　　）。

A. 单纯的商品总供给量

B. 单纯的商品总需求量

C. 总价格水平

D. 总供给量与总需求量相互作用直至相等

42. 下列不计入当年 GDP 的是（　　）。

A. 购买 80 万元的新住房

B. 农民当年生产的不用于自己消费的粮食

C. 购买旧住房时支付中介费 2 万元

D. 购买 5 万元的旧汽车

43. 下列（　　）情况下，中央银行应该停止执行紧缩的货币政策。

A. 物价水平急剧上涨　　B. 经济出现衰退迹象

C. 经济出现过热现象　　D. 劳动力严重短缺

44. 2015 年 9 月，习近平总书记在纽约联合国总部出席第 70 届联合国大会一般性辩论时发表重要讲话指出，当今世界，各国相互依存、休戚与共，我们要继承和弘扬联合国宪章宗旨和原则，构建以合作共赢为核心的新型国际关系，打造（　　）。

A. 人类命运共同体　　B. 人类资源共同体
C. 人类利益共同体　　D. 人类责任共同体

45. 社会分层的三个维度是（　　）。
A. 财富、学历和声望　　B. 学历、权力和声望
C. 资历、权力和声望　　D. 财富、权力和声望

46. 与正式组织相比，初级社会群体的主要特征是（　　）。
A. 规模小　　B. 人际关系密切
C. 存在长久　　D. 综合性功能

47. 正式提出党在社会主义初级阶段基本路线是在（　　）。
A. 1982 年党的十二大　　B. 1987 年党的十三大
C. 1992 年党的十四大　　D. 1997 年党的十五大

48. 监察委员会依照法律规定独立行使监察权，不受（　　）、社会团体和个人的干涉。
A. 行政机关　　B. 法律监督机关
C. 审判机关　　D. 司法机关

49.（　　）是中国特色社会主义最本质的特征。
A. 社会主义道路　　B. 四项基本原则
C. 中国共产党的领导　　D. 共产主义理想

50. 下列不属于宪法规定的公民的基本权利的是（　　）。
A. 环境权　　B. 平等权
C. 出版自由　　D. 受教育权

51. 依据宪法，下列选项中（　　）不是公民获得物质帮助权的原因。
A. 公民在疾病时　　B. 公民在年老时
C. 公民在丧失劳动能力时　　D. 公民在遭受自然灾害时

52. 小张和小黄是好朋友因小事闹翻了，小张在其照片上随意涂画，并弄成搞笑形象印刷出售营利，侵犯了（　　）。
A. 姓名权　　B. 名誉权

C. 肖像权　　　　D. 名称权

53. 与《民法通则》相比较，《民法总则》对于公民权利的保护进行了重大修改，下列民事权利不受《民法通则》保护的是（　　）。

A. 个人信息隐私权　　　　B. 知识产权

C. 财产继承权　　　　D. 婚姻自主权

54.《民法总则》对自然人因婚姻、家庭关系等产生的人身权利进行了法律保护，这里的人身权利主要是指身份权。以下不属于身份权的是（　　）。

A. 亲权　　　　B. 子女权

C. 配偶权　　　　D. 亲属权

55.《民法总则》第二十条规定不满（　　）周岁的未成年人为无民事行为能力人，由其法定代理人代理实施民事法律行为。

A.16　　B.8　　C.10　　D.18

56. 巴尔扎克笔下最著名的吝啬鬼形象是（　　）。

A. 夏洛克　　　　B. 阿巴贡

C. 高布塞克　　　　D. 葛朗台

57. 意大利的人文主义文学先驱是（　　）。

A. 彼特拉克　　　　B. 薄伽丘

C. 但丁　　　　D. 拉伯雷

58. 新文化运动与文学革命的主要阵地是（　　）。

A.《每周评论》　　　　B.《新潮》

C.《新青年》　　　　D.《少年中国》

59. 历史剧《屈原》中，作为屈原精神的体现、“道义美的形象化”的人物是（　　）。

A. 宋玉　　　　B. 卫士

C. 婵娟　　　　D. 郑袖

60.《女神》最重要的艺术特色是（　　）。

A. 象征色彩　　B. 浪漫主义特色

C. 清新婉丽　　D. 沉郁顿挫

二、多项选择题（本大题共 40 小题，每小题 1 分，共 40 分）

1. 我国古代哲学家王夫之认为："动静者，乃阴阳之动静也。""皆本物之固然。""静者静动，非不动也。""静即含动，动不含静。""动、静，皆动也。"这在哲学上表达了（　　）。

A. 运动是物质的固有属性

B. 静止是运动的特殊状态

C. 静止是相对的，运动是绝对的

D. 运动是静止的总和

2. 发展作为一个普遍的哲学范畴，以下说法正确的是（　　）。

A. 发展是指前进的上升的运动

B. 发展是一个过程

C. 发展的实质是新事物的产生和旧事物的灭亡

D. 发展是一切变化

3. 下列属于基本实践形式的有（　　）。

A. 渔民出海捕鱼

B. 旅游

C. 农民进行农作物杂交试验

D. 医生观察病毒对药物的反应

4. 凡真理都是客观真理，这是因为（　　）。

A. 真理的内容是客观的

B. 真理的形式是客观的

C. 检验真理的标准是客观的

D. 真理就是客观实在

5. 生产关系反作用于生产力的主要表现有（　　）。

A. 生产关系是生产的物质内容

B. 当生产关系适合生产力发展的客观要求时，它对生产力的发展起推动作用

C. 当生产关系不适合生产力发展的客观要求时，它就会阻碍生产力的发展

D. 生产力是生产的社会形式

6. 商品的使用价值是（　　）。

A. 能满足人们某种需要的属性

B. 商品的自然属性

C. 交换价值的物质承担者

D. 由具体劳动创造的

7. 以机器设备形式存在的资本，属于（　　）。

A. 不变资本　　B. 可变资本

C. 固定资本　　D. 流动资本

8. 马克思关于资本有机构成学说论证了（　　）。

A. 相对过剩人口的形成

B. 技术进步条件下生产资料生产的优先增长

C. 平均利润率的形成

D. 利润率的下降趋势

9. 对当前经济全球化及其后果认识正确的是（　　）。

A. 发达资本主义国家是经济全球化的主要受益者

B. 带来巨大分工利益，推动世界生产力的发展

C. 对发展中国家有利有弊

D. 使南北差距扩大，不是“共赢”的全球化

10. 社会主义代替资本主义是一个（　　）。

A. 长期的历史过程

B. 隐蔽的历史过程

C. 曲折的历史过程

D. 复杂的历史过程

11. 正确认识毛泽东思想的历史地位，必须科学评价毛泽东和毛泽东思想，怎样评价毛泽东和毛泽东思想，关系到（　　）。

A. 怎样看待党和国家过去几十年奋斗的历史

B. 党的团结、国家的安定

C. 党和国家未来的发展前途

D. 怎样看待现行的路线、方针和政策

12.《中国共产党章程》把党的思想路线的内容概括为（　　）。

A. 一切从实际出发

B. 理论联系实际

C. 实事求是

D. 在实践中检验真理和发展真理

13. 农民问题是中国革命的基本问题。以下内容正确的是（　　）。

A. 农民是中国革命的主力军

B. 新民主主义革命实质上就是中国共产党领导下的农民革命

C. 中国革命战争实质上就是中国共产党领导下的农民战争

D. 农民阶级是近代中国最进步的阶级

14. 实现中华民族伟大复兴，是中华民族近代以来最伟大的梦想。实现中国梦必须（　　）。

A. 走中国道路　　B. 弘扬中国精神

C. 凝聚中国力量　　D. 体现中国特色

15. 党的十八届三中全会通过的《中共中央关于全面深化改革若干重大问题的决定》指出，要紧紧围绕（　　）深化文化体制改革。

A. 建设社会主义法治国家

B. 建设社会主义核心价值体系

C. 建设社会主义文化强国

D. 建设创新型国家

16. “三严三实”的具体内容是（　　）。

A. 严以修身、严以用权、严以律己

B. 严以齐家、严以用人、严以律己

C. 谋事要实、创业要实、做人要实

D. 谋事要实、创新要实、做人要实

17. “两学一做”的具体内容是（　　）。

A. 学党章党规　　B. 学系列讲话

C. 学先进文化　　D. 做合格党员

18. 习近平总书记强调，中国特色社会主义“特”就“特”在（　　）。

A. 始终坚持中国共产党的领导上

B. 其实现途径、行动指南、根本保障的内在联系上

C. 其道路、理论体系、制度这三者统一于中国特色社会主义伟大实践上

D. 其道路、理论体系、制度上

19. 建设中国特色社会主义事业的根本力量是（　　）。

A. 工人阶级　　B. 农民阶级

C. 知识分子　　D. 新的社会阶层

20. “四个全面”战略布局的指导意义是（　　）。

A. 党坚持和发展中国特色社会主义的新实践新成果

B. 对党治国理政经验的科学总结和丰富发展

C. 集中体现了时代和实践发展对党和国家工作的新要求

D. 实现中华民族伟大复兴的中国梦、续写中国特色社会主义新篇章的行动纲领

21. 在下述各项中，属于人格权的有（　　）。

A. 生命健康权　　B. 监护权

C. 名誉权　　D. 法人名称权

22.（　　）都由人民代表大会产生，对它负责，受它监督。

A. 政协组织　　B. 国家行政机关

C. 审判机关　　D. 检察机关

23. 关于传播淫秽物品罪，以下表述正确的是（　　）。

A. 本罪行为人必须是出于牟利的目的

B. 本罪在主观方面表现为故意

C. 向不满 18 周岁的未成年人传播淫秽物品的，从重处罚

D. 本罪侵犯的客体是国家对淫秽物品的管理秩序

24. 下列因素中，（　　）是一般民事责任的构成要件。

A. 行为的违法性　　B. 损害事实

C. 因果关系　　D. 主观过错

25. 根据《中华人民共和国政府信息公开条例》规定，行政机关应当主动公开（　　）信息。

A. 涉及公民、法人或者其他组织切身利益的

B. 需要社会公众广泛知晓或者参与的

C. 未经加密处理的政府文件

D. 反映本行政机关机构设置、职能、办事程序等情况的

26. 广播电台、电视台对其播放的广播、电视节目享有（　　）。

A. 播放权

B. 许可他人转播的权利

C. 许可他人录制在音像载体上以及复制音像载体的权利

D. 50 年的权利保护期

27. 根据我国的《广播电视管理条例》，下列选项正确的有（　　）。

A. 公民张某在自家房屋外安装一个卫星电视接收设备，他认为

这样做不违反国家的有关规定

B.广播电视发射台、转播台擅自播放自办节目和插播广告是违法行为

C.广播电视发射台、转播台出租、转让经核准使用的频率、频段或擅自变更已经批准的各项技术参数的行为是违法的

D.经乡、镇人民政府批准，可以设立广播电视站

28. 下列选项中，属于我国政策性银行的有（　　）。

A. 中国银行　　B. 国家开发银行

C. 中国农业发展银行　　D. 中国进出口银行

29. 企业运行机制包括市场导向机制、供求机制、价格机制、竞争机制和风险机制。下列选项中属于供求机制特征的是（　　）。

A. 价格必须是自由的、自在的机制

B. 以市场为导向，瞄准市场，随机应变

C. 价格是联系供求双方的唯一纽带

D.供求双方会根据价格的涨跌采取相应的对策使供求从不平衡达到平衡

30. 失业对社会和经济都有十分严重的危害，为了对失业进行更深入的研究，经济学将失业的类型分为（　　）。

A. 摩擦性失业　　B. 结构性失业

C. 开放性失业　　D. 周期性失业

31. 下列关于通货膨胀的说法中，正确的有（　　）。

A. 通货膨胀不利于靠固定的货币收入维持生活的人

B. 通货膨胀有利于靠固定的货币收入维持生活的人

C. 通货膨胀还可以在债务人和债权人之间发生收入再分配的作用

D. 通货膨胀对储蓄者不利

32. 市场经济是资源配置的一种方式，在市场经济体系下产品和服务的生产及销售完全由自由市场的自由价格机制所引导，市场经济的一般特征是（ ）。

A. 法制性　　B. 平等性

C. 开放性　　D. 竞争性

33. 关于矛盾的同一性和斗争性的关系表述，正确的是（　　）。

A. 同一性是绝对的，斗争性是相对的

B. 斗争性寓于同一性之中

C. 没有斗争性就没有同一性

D. 没有同一性也没有斗争性

34. 社会保障的形式包括（　　）。

A. 社会事业　　B. 社会救助

C. 社会保险　　D. 社会福利

35. 2013 年 11 月 10 日，习近平在中央经济工作会议上，第一次使用了“新常态”这个概念。之后，习近平多次指出，我国发展仍处于重要战略机遇期，我们要增强信心，从当前我国经济发展的阶段性特征出发，适应新常态，保持战略上的平常心态。中国经济新常态将给中国带来新的发展机遇，主要是（　　）。

A. 经济增速虽然放缓，但经济规模决定的实际增量依然可观

B. 经济增长更趋平稳，增长动力更为多元

C. 产业结构进一步优化升级，发展前景更加稳定

D. 政府积极推动职能转变，市场活力进一步释放

36. 我国社会主义初级阶段基本经济制度是（　　）。

A. 公有制为主体　　B. 多种所有制经济共同发展

C. 政府和市场的关系　　D. 公平与效率的关系

37. 唯物辩证法和形而上学的对立表现在（　　）。

A. 世界上一切事物和现象是普遍联系的还是彼此孤立的

B. 世界上一切事物和现象是发展变化的还是凝固不变的

C. 承认还是否认矛盾是事物发展的动力

D. 世界是可以认识的还是不可以认识的

38. 下列表述不正确的是（　　）。

A. 社会角色是构成社会群体或组织的基础

B. 社会角色是对某种社会地位上的人的行为期待和行为规范

C. 社会角色表明了人们社会地位的高低

D. 一个人只有一种社会角色

39.《红楼梦》作为中国古代小说的巅峰之作，其主要艺术成就表现为（　　）。

A. 展现了一幅立体式的社会生活画卷

B. 人物性格刻画得鲜明生动

C. 讽刺手法运用得出神入化

D. 语言简洁传神，蕴含浓郁的诗意

40. 下列鲁迅作品中，属于小说集的有（　　）。

A.《呐喊》　　B.《彷徨》

C.《朝花夕拾》　　D.《故事新编》

模拟试卷（三）参考答案

一、单项选择题（本大题共60小题，每小题1分，共60分）

1—5 ACDBD	6—10 CACAD	11—15 CBCCA
16—20 DBABD	21—25 BBBAC	26—30 DCABC
31—35 DDCDA	36—40 CCACA	41—45 DDBAD
46—50 BBACA	51—55 DCABB	56—60 DACCB

二、多项选择题（本大题共40小题，每小题1分，共40分）

1. ABC	2. ABC	3. ACD	4. AC
5. BC	6. ABCD	7. AC	8. ABD
9. ABCD	10. ACD	11. ABC	12. ABCD
13. ABC	14. ABC	15. BC	16. AC
17. ABD	18. ABCD	19. ABC	20. ABCD
21. ACD	22. BCD	23. BCD	24. ABCD
25. ABD	26. ABCD	27. BC	28. BCD
29. ACD	30. ABD	31. ACD	32. ABCD
33. BCD	34. BCD	35. ABCD	36. AB
37. ABC	38. CD	39. ABD	40. ABD

《广播电视综合知识》模拟试卷（四）

1. 笔试题满分为 100 分。
2. 笔试考试时间为 90 分钟。
3. 考试方式为闭卷、笔试。
4. 试题类型包括单项选择题和多项选择题。

一、单项选择题（本大题共 60 小题，每小题 1 分，共 60 分）

1. 马克思主义最重要的理论品质是（　　）。

A. 吐故纳新　　B. 科学严谨

C. 与时俱进　　D. 博大精深

2. 对哲学基本问题第二个方面的不同回答是划分（　　）的标准。

A. 唯物主义和唯心主义

B. 反映论和先验论

C. 可知论和不可知论

D. 唯物史观和唯心史观

3. “坐地日行八万里”的诗句所蕴含的哲理是（　　）。

A. 物质运动的绝对性与静止的相对性的统一

B. 作为物质运动存在形式的时空是绝对的又是相对的

C. 时间和空间与物质运动是不可分割的

D. 作为物质运动存在形式的时空是有限的又是无限的

4. 区分事物发展过程中量变和质变的根本标志是（　　）。

A. 事物的变化是否迅速

B. 事物的变化是否有部分质变

C. 事物的变化是否超过度的范围

D. 事物的变化是否显著

5. 唯物辩证法的否定之否定规律揭示了事物发展的（　　）。

A. 方向和道路　　B. 形式和状态

C. 结构和功能　　D. 源泉和动力

6. 理性认识是认识的高级阶段，下列不属于理性认识的是（　　）。

A. 概念　　B. 推理

C. 表象　　D. 假说

7. 人口因素在社会发展中的作用是（　　）。

A. 决定社会制度的性质　　B. 决定社会制度的更替

C. 制约和影响社会发展　　D. 决定国家的贫富强弱

8. 两种不同商品可以按一定比例互相交换的原因在于（　　）。

A. 有不同的使用价值

B. 对人们有共同的效用

C. 都是具体劳动的产物

D. 不同使用价值的商品中都凝结了一般人类劳动

9. 马克思关于资本积累的学说深刻地阐明了资本主义制度必然灭亡的历史命运。资本积累是指（　　）。

A. 剩余价值的资本化　　B. 货币的资本化

C. 资本集中　　D. 商品的资本化

10. 列宁得出社会主义革命首先在一个或者几个国家内获得胜利的理论依据是（　　）。

A. 无产阶级政党的成熟程度

B. 资本主义经济政治发展的不平衡

C. 民族解放运动的空前高涨

D. 无产阶级与资产阶级斗争的尖锐化

11. 毛泽东思想形成的时代背景是（　　）。

A. 和平与发展成为时代主题

B. 合作与共赢成为时代主题

C. 战争与革命成为时代主题

D. 战争与和平成为时代主题

12. 2002 年，党的十六大将（　　）写入党章，实现了党的指导思想的又一次与时俱进。

A. 邓小平理论　　B. “三个代表”重要思想

C. 科学发展观　　D. 毛泽东思想

13. 在中国共产党的历史上，最早提出“马克思主义中国化”这个命题的是（　　）。

A. 李大钊　　B. 陈独秀

C. 毛泽东　　D. 张闻天

14. 党的十七大将邓小平理论、“三个代表”重要思想、科学发展观等重大战略思想统称为（　　）。

A. 市场经济体系　　B. 国家治理体系

C. 社会主义核心价值体系　　D. 中国特色社会主义理论体系

15. 中国革命最基本的动力是（　　）。

A. 无产阶级　　B. 农民阶级

C. 城市小资产阶级　　D. 民族资产阶级

16. 中国革命的基本问题是（　　）。

A. 武装斗争问题　　B. 党的建设问题

C. 农民问题　　D. 统一战线问题

17. 中国革命的三大法宝是（　　）。

A. 实事求是、群众路线、独立自主

B. 理论联系实际、密切联系群众、批评和自我批评

C. 土地革命、武装斗争、农村革命根据地建设

D. 统一战线、武装斗争、党的建设

18. 毛泽东完整地表述新民主主义革命总路线内容的著作是（　　）。

A.《中国革命和中国共产党》

B.《新民主主义论》

C.《在晋绥干部会议上的讲话》

D.《论人民民主专政》

19. 从现在到二〇二〇年，是全面建成小康社会（　　）。

A. 决战期　　B. 决胜期

C. 关键期　　D. 攻坚期

20. 综合分析国际国内形势和我国发展条件，从二〇二〇年到本世纪中叶可以分两个阶段来安排。第一个阶段，从（　　）到（　　），在全面建成小康社会的基础上，再奋斗十五年，基本实现社会主义现代化。

A. 二〇二〇年　二〇三五年　　B. 二〇二五年　二〇四〇年

C. 二〇三〇年　二〇四五年　　D. 二〇三五年　本世纪中叶

21. 综合分析国际国内形势和我国发展条件，从二〇二〇年到本世纪中叶可以分两个阶段来安排。第二个阶段，从（　　）到（　　），在基本实现现代化的基础上，再奋斗十五年，把我国建成富强民主文明和谐美丽的社会主义现代化强国。

A. 二〇二〇年　二〇三五年　　B. 二〇三五年　二〇五〇年

C. 二〇三〇年　二〇四五年　　D. 二〇三五年　本世纪中叶

22. 从全面建成小康社会到基本实现现代化，再到全面建成（　　），是新时代中国特色社会主义发展的战略安排。

A. 创新型国家　　B. 社会主义现代化强国

C. 社会主义现代化大国　　D. 世界一流强国

23. 明确把建立社会主义市场经济体制确立为我国经济体制改革目标的会议是（　　）。

A. 1982 年党的十二大　　　B. 1987 年党的十三大

C. 1992 年党的十四大　　　D. 1997 年党的十五大

24. 社会主义民主政治的本质和核心要求是（　　）。

A. 中国共产党领导

B. 人民当家做主

C. 依法治国

D. 党的领导、人民当家做主和依法治国的统一

25. 党的十八大报告提出了社会主义核心价值观，其中“爱国、敬业、诚信、友善”是（　）。

A. 国家层面的价值目标　　　B. 社会层面的价值取向

C. 公民个人层面的价值准则　D. 普世层面的价值要求

26. 党的十八届三中全会通过的《中共中央关于全面深化改革若干重大问题的决定》指出，要紧紧围绕（　　）深化社会体制改革。

A. 人民幸福

B. 更好保障和改善民生、促进社会公平正义

C. 实现共同富裕

D. 大众创业、万众创新

27. 生态文明的核心是正确处理人与自然的关系，人与自然相处时应秉持的首要态度是（　　）。

A. 尊重自然　　　B. 顺应自然

C. 保护自然　　　D. 征服自然

28. 中国外交政策的宗旨是（　　）。

A. 维护世界和平、促进共同发展

B. 独立自主

C. 和平共处五项原则

D. 加强和巩固同广大发展中国家的团结与合作

29. 中国共产党最大的政治优势是（　　）。

A. 密切联系群众　　B. 密切联系实践

C. 密切联系实际　　D. 密切联系国情

30. 中国指导国家间关系的基本准则是（　　）。

A. 独立自主

B. 加强和巩固同广大发展中国家的团结与合作

C. 和平共处五项原则

D. 坚持爱国主义与履行国际义务相统一的原则

31. 党的十八届四中全会提出，将每年（　　）定为“国家宪法日”。

A. 12 月 1 日　　B. 12 月 3 日

C. 12 月 2 日　　D. 12 月 4 日

32. 违反《中华人民共和国保守国家秘密法》的规定，过失泄露国家秘密，情节严重的，应当（　　）。

A. 追究刑事责任　　B. 进行批评教育

C. 给予党纪处分　　D. 给予政纪处分

33. 非法拆阅邮件或窃听公民电话等通讯内容的行为侵犯了公民权利中的（　　）。

A. 通讯自由　　B. 名誉权

C. 通讯秘密　　D. 人格权

34. 甲未经乙许可，将乙的小说改编成电影剧本。丙获得该剧本手稿后，未经甲和乙同意，将该电影剧本改编成电视剧剧本并予以发表。对于丙的做法下列说法正确的是（　　）。

A. 侵犯了甲的著作权，但未侵犯乙的著作权

B. 侵犯了乙的著作权，但未侵犯甲的著作权

C. 同时侵犯了甲的著作权和乙的著作权

D. 不构成侵权

35. 下列关于自然人的民事权利能力和民事行为能力的说法，正确的是（　　）。

A. 自然人的民事行为能力始于出生终于死亡

B. 服刑中的自然人不具有民事权利能力

C. 自然人一出生即具有民事权利能力

D. 自然人都同时具有民事权利能力和民事行为能力

36.（　　）是指民事主体因实施侵权行为而应承担的民事法律后果。

A. 侵权责任　　B. 行政责任

C. 刑事责任　　D. 经济责任

37. 下列各项中，不属于我国公民基本义务的是（　　）。

A. 维护国家统一

B. 抚养教育子女

C. 遵守公共秩序，尊重社会公德

D. 参加民兵组织

38. 广播电台、电视台以普通话为基本的播音用语。需要使用外国语言为播音用语的，须经（　　）批准。

A. 国务院广播电视部门

B. 省、自治区、直辖市广播电视部门

C. 全国人大

D. 省、自治区、直辖市人大

39. 下列权利中不属于民事权利的是（　　）。

A. 婚姻自主权　　B. 亲属抚养权

C. 作品修改权　　D. 仲裁请求权

40. 电影作品和以类似摄制电影的方法创作的作品的著作权由（　　）享有。

A. 编剧　　B. 制片者

C. 导演　　D. 演员

41. 2015 年 2 月 9 日，国家发改委对美国高通公司滥用市场支配地位的垄断行为作出行政处罚，开出巨额罚单。国家发改委此举的主要作用是（　　）。

A. 加强市场监管，维护市场秩序

B. 维护市场秩序，调控宏观经济

C. 调控宏观经济，优化公共服务

D. 优化公共服务，加强市场监管

42. 下列属于政府运用经济手段进行宏观调控的是（　　）。

A. 全国人大常委会审议通过消费者权益保护法修正案

B. 中国人民银行调整银行的贷款基准利率

C. 工商总局召集 10 家电商企业进行约谈

D. 国家质检总局公布网络销售商品质量抽查公告

43. 当一批水泥用于修建水库后，就不能再用于修建高速公路。这反映的经济学概念是（　　）。

A. 比较优势　　B. 机会成本

C. 规模经济　　D. 经营利润

44.（　　）可以说是人际关系深度的一个敏感的“探测器”。

A. 自我暴露程度　　B. 情感卷入程度

C. 好恶评价　　D. 亲密行为

45. 日常生活中的“随波逐流”就是典型的（　　）表现。

A. 被制约　　B. 互动

C. 从众　　D. 制约

46.《史记》的五种体例中，“列传”这种体例是（　　）。

A. 不同类型、不同阶层的人物传记

B. 记述王侯各国的史实和状况

C. 记述历代帝王的兴衰沿革

D. 记载经济、文化等方面情况的专史

47. 明确提出党在社会主义初级阶段基本纲领是在（　　）。

A. 1982 年党的十二大　　B. 1987 年党的十三大

C. 1992 年党的十四大　　D. 1997 年党的十五大

48.《中华人民共和国国民经济和社会发展第十三个五年规划纲要》指出，引领发展的第一动力是（　　）。

A. 改革　　B. 创新　　C. 解放　　D. 开放

49. 下列公民实施的民事行为有效的是（　　）。

A. 5 岁的甲画了一幅画

B. 9 岁的乙写了一份遗嘱

C. 14 岁的丙将自己的发明专利权转让给邻居丁

D. 15 岁的戊买了一枚 2 克拉钻戒

50. 对未成年人犯罪案件，新闻报道、影视节目、公开出版物、网络等（　　）该未成年人的姓名、住所、照片、图像以及可能推断出该未成年人的资料。

A. 不得披露　　B. 可以披露

C. 经父母同意可以披露　　D. 经学校同意可以披露

51. 根据《中华人民共和国国歌法》下列说法正确的是（　　）。

A. 国歌法于十三届全国人大第一次会议表决通过，于 2018 年 1 月 1 日起正式施行

B. 在公共场合，故意篡改国歌歌词、曲谱，以歪曲、贬损方式奏唱国歌，由公安机关处以警告或者 2 万元以下罚款

C. 军队奏唱国歌的场合和礼仪，由全国人大常委会决定

D. 国庆节、国际劳动节等重要法定节日，中央和省级的广播电台、电视台应当按照国务院广播电视主管部门规定的时点播放国歌

52.《国歌法》规定，在公共场合，故意篡改国歌歌词、曲谱，以歪曲、贬损方式奏唱国歌，或者以其他方式侮辱国歌的，由公安机关处以（　　）或者（　　）以下拘留；构成犯罪的，依法追究刑事责任。

A. 警告　十五日　　B. 行政拘留　十五日

C. 处分　五日　　D. 警告　五日

53. 每年（　　）为烈士纪念日，国家在首都北京天安门广场人民英雄纪念碑前举行纪念仪式，缅怀英雄烈士。

A. 9 月 30 日　　B. 10 月 1 日

C. 7 月 1 日　　D. 8 月 1 日

54.《中华人民共和国英雄烈士保护法》规定，为了加强对英雄烈士的保护，传承和弘扬（　　），根据宪法，制定本法。

A. 民族英雄精神、延安精神

B. 民族英雄精神、爱国主义精神

C. 英雄烈士精神、爱国主义精神

D. 英雄烈士精神、延安精神

55. 塞万提斯的“在监狱里诞生的孩子”指的是（　　）。

A.《奴曼西亚》　　B.《伽拉苔亚》

C.《惩恶扬善故事集》　　D.《堂・吉诃德》

56. 卡夫卡被认为是现代派文学的鼻祖，是（　　）文学的先驱。

A. 表现主义　　B. 浪漫主义

C. 现实主义　　D. 人文主义

57.《新青年》的最初创办人是（　　）。

A. 鲁迅　　B. 李大钊

C. 陈独秀　　D. 胡适

58. 中国第一篇现代白话小说是（　　）。

A.《阿 Q 正传》　　B.《狂人日记》

C.《孔乙己》　　D.《沉沦》

59. 塑造了买办资本家赵伯韬形象的长篇小说是（　　）。

A.《二马》　　B.《新生》

C.《子夜》　　D.《财主的儿女们》

60. 闰土是鲁迅小说（　　）中的人物。

A.《药》　　B.《风波》

C.《故乡》　　D.《狂人日记》

二、多项选择题（本大题共 40 小题，每小题 1 分，共 40 分）

1. 马克思说：“社会生活在本质上是实践的。”这一命题的主要含义是（　　）。

A. 实践构成了社会发展的动力

B. 实践是社会历史的主体

C. 实践是社会关系形成的基础

D. 实践形成了社会生活的基本领域

2. 下列选项中属于唯心主义观点的有（　　）。

A. 有无相生，难易相成

B. 心外无物，心外无理

C. 未有天地之先，毕竟是先有理

D. 存在就是被感知

3. 列宁物质定义的理论意义在于它（　　）。

A. 坚持了唯物主义一元论

B. 坚持了物质世界的可知性

C. 坚持了矛盾是事物发展的动力

D. 同形而上学唯物主义物质观划清了界限

4. 经济文化相对落后的国家社会主义建设具有艰巨性和长期性，这是由于（　　）。

A. 生产力发展状况的制约

B. 经济基础和上层建筑的制约

C. 国际环境的严峻挑战

D. 对社会主义道路探索和对社会主义建设规律的认识是一个长期的艰苦的过程

5. 辩证唯物主义认识论认为，认识是主体对客体的能动反映，这种反映具有的特点是（　　）。

A. 摹写性　　B. 创造性

C. 重复性　　D. 规律性

6. 商品的二因素是指（　　）。

A. 使用价值　　B. 超额剩余价值

C. 剩余价值　　D. 价值

7. 剩余价值生产的基本方法有（　　）。

A. 绝对剩余价值的生产　　B. 相对剩余价值的生产

C. 超额剩余价值的生产　　D. 垄断剩余价值的生产

8. 相对剩余价值是（　　）。

A. 在工作日不变的前提下，通过缩短必要劳动时间实现的

B. 在必要劳动时间不变的前提下，通过延长工作日实现的

C. 个别企业追求超额剩余价值的结果

D. 社会劳动生产率提高的结果

9. 对资本理解正确的是（　　）。

A. 资本是可以带来剩余价值的价值

B. 资本不是物，而是资本主义社会的生产关系

C. 资本在资本主义生产过程中采取生产资料和劳动力两种形态

D. 货币即资本

10. 空想社会主义与科学社会主义的根本区别在于（　　）。

A. 历史观不同

B. 对资本主义制度的态度不同

C. 实现理想的途径不同

D. 依靠的社会力量不同

11. 毛泽东对“实事求是”的科学含义作了马克思主义的界定，以下表述正确的是（　　）。

A. “实事”就是客观存在着的一切事物

B. “实事”就是主客观的一切事物

C. “求”就是我们去研究

D. “是”就是客观事物的内部联系，即规律性

12. 关于毛泽东思想的历史地位，以下表述正确的是（　　）。

A. 毛泽东思想是马克思主义中国化第一次历史性飞跃的理论成果

B. 毛泽东思想是全面建成小康社会的根本指针

C. 毛泽东思想是中国革命和建设的科学指南

D. 毛泽东思想是党和人民宝贵的精神财富

13. 近代中国社会的主要矛盾是（　　）。

A. 帝国主义和中华民族的矛盾

B. 封建主义和人民大众的矛盾

C. 资产阶级和无产阶级的矛盾

D. 农民阶级和地主阶级的矛盾

14. 毛泽东思想的活的灵魂，有三个基本方面，它们是（　　）。

A. 实事求是　　B. 独立自主

C. 群众路线　　D. 武装斗争

15. 社会主义核心价值观与社会主义核心价值体系的关系是（　　）。

A. 社会主义核心价值观是社会主义核心价值体系的内核

B. 社会主义核心价值观体现社会主义核心价值体系的根本性质和基本特征

C. 社会主义核心价值观反映社会主义核心价值体系的丰富内涵和实践要求

D. 社会主义核心价值观是社会主义核心价值体系的高度凝练和集中表达

16. “四个全面”战略布局是一个整体，其中被喻为“鸟之两翼”或“车之双轮”的是（　　）。

A. 全面建成小康社会　　B. 全面深化改革

C. 全面依法治国　　D. 全面从严治党

17. 中国特色社会主义理论体系是（　　）。

A. 对马克思列宁主义、毛泽东思想的坚持和发展

B. 被实践证明了的关于在中国建设、巩固和发展社会主义的正确的理论原则和经验总结

C. 被实践证明了的关于中国革命和建设的正确理论原则和经验总结

D. 中国共产党集体智慧的结晶

18. 党的十八届三中全会通过的《中共中央关于全面深化改革若干重大问题的决定》提出，全面深化改革的总目标是（　　）。

A. 完善和发展社会主义市场经济体制

B. 坚持和发展社会主义基本经济制度

C. 推进国家治理体系和治理能力现代化

D. 完善和发展中国特色社会主义制度

19. 一切为了人民是中国特色社会主义建设的根本目的，是因为，一切为了人民是（　　）。

A. 唯物史观的根本观点

B. 中国共产党的根本宗旨的集中体现

C. 普世价值

D. 坚持和发展中国特色社会主义的内在要求

20. 改革开放以来，我国出现了一些新的社会阶层，这些阶层归纳起来主要有（　　）。

A. 民营科技企业的创业人员和技术人员

B. 受聘于外资企业的管理技术人员

C. 个体户、私营企业主

D. 中介组织从业人员、自由职业人员

21. 公民姓名权的内容主要体现在三个方面，它们是（　　）。

A. 姓名决定权　　B. 姓名转让权

C. 姓名使用权　　D. 姓名变更权

22. 下列不属于著作权客体的是（　　）。

A. 法律　　B. 历法

C. 时事新闻　　D. 计算机软件

23. 虚假广告罪是指（　　）违反国家规定，利用广告对商品或者服务做虚假宣传，情节严重的行为。

A. 广告主　　B. 广告经营者

C. 广告审批者　　D. 广告发布者

24. 根据我国现行宪法，下列有关公民基本权利保护的表述正确的是（　　）。

A. 宪法规定公民有对国家机关和工作人员提出批评的权利

B. 我国宪法规定了对华侨、归侨权益的保护，但没有规定对侨眷权益的保护

C. 在我国，一切公民都有选举权和被选举权

D. 我国宪法规定劳动者有休息权

25. 下列责任形式中，属于民事责任形式的是（　　）。

A. 恢复原状　　B. 赔偿损失

C. 收缴非法所得　　D. 罚款

26. 以下关于广播电视新闻管理要求中正确的是（　　）。

A. 广播电视新闻应当遵循真实、公正的原则

B. 时政新闻节目可以用企业或产品名称冠名

C. 人物专访节目中不可以出现企业地址、电话、联系办法等广告宣传内容

D. 可以以新闻报道形式播放广告

27. 下列可以使用方言的情形有（　　）。

A. 地方新闻播报中确需使用的

B. 国家机关的工作人员执行公务时确需使用的

C. 教学工作中确需使用的

D. 研究工作中确需使用的

28. 汇率是一国货币对外价格的表现形式，其标价方法有（　　）。

A. 直接标价法　　B. 外国货币法

C. 本国货币法　　D. 间接标价法

29. 社会化大生产要求企业必须适应市场经济的需求，形成现代企业制度。现代企业制度的核心是公司制，其基本特征包括（　　）。

A. 管理科学　　B. 产权清晰

C. 权责明确　　D. 政企分开

30. 在现代经济生活中，通货膨胀是一种常见的经济现象。通货膨胀是指货币（纸币）的发行量超过了流通中实际货币需求量而引起的商品和劳务的价格普遍和持续上涨。下列对这一经济现象认识正确的有（　　）。

A. 如果采用金属货币作为流通的货币，通货膨胀就不会发生

B. 某种季节性的商品在反季节会出现价格上的上涨，这也是通货膨胀的一种表现

C. 股票市场上持续出现的“牛市”（股票市场行情普遍看涨，延续时间较长的大升市）也是通货膨胀的一种表现

D. 通货膨胀的实质是社会总需求大于社会总供给

31. 下列关于财政政策的说法，正确的有（　　）。

A. 财政政策是国家宏观经济调控的政策

B. 财政政策的制定者和货币政策的制定者相同

C. 国债是财政政策的手段之一

D. 财政政策包括财政收入政策和财政支出政策

32. 下列有关我国 2014 年经济社会发展成果的数据，直接反映经济结构进一步优化的有（　　）。

A. 国内生产总值达到 63.6 万亿元，比上年增长 7.4%

B. 消费对经济增长的贡献率上升 3 个百分点，达到 51.2%

C. 城镇新增就业 1322 万人，高于上年

D. 服务业增加值比重由 46.9% 提高到 48.2%

33. 社会结构最重要的成分是（　　）。

A. 地位　　B. 角色

C. 群体　　D. 制度

34. 下列选项中属于社会化因素的有（　　）。

A. 制度　　B. 大众传媒

C. 学校　　D. 家庭

35. 下列表述不正确的是（　　）。

A. 社会角色是构成社会群体或组织的基础

B. 社会角色是对某种社会地位上的人的行为期待和行为规范

C. 社会角色表明了人们社会地位的高低

D. 一个人只有一种社会角色

36. 对"人不能两次踏进同一条河流"和"人连一次也不能踏进同一条河流"两句话理解正确的是（　　）。

A. 前者是辩证法的观点，后者是相对主义诡辩论

B. 前者肯定绝对运动，后者否定相对静止

C. 前者是相对主义诡辩论，后者是辩证法的观点

D. 前者否定绝对运动，后者肯定相对静止

37. 中国共产党要领导全国各族人民实现社会主义现代化的宏伟目标，必须以改革创新精神全面推进党的建设新的伟大工程，整体推进（　　），全面提高党的建设科学化水平。

A. 党的思想建设和制度建设　B. 党的组织建设

C. 党的作风建设　D. 党的反腐倡廉建设

38.《红楼梦》是中国古代长篇小说的巅峰之作，它表现了（　　）。

A. 贾宝玉和林黛玉的爱情悲剧

B. 对科举制度的尖锐讽刺

C. 地主阶级贵族集团的荒淫骄奢

D. 对佛道两家思想的批判

39. 下列作品中，属于文艺复兴文学的代表作是（　　）。

A. 薄伽丘《十日谈》　B. 塞万提斯《堂・吉诃德》

C. 歌德《浮士德》　D. 莎士比亚《哈姆雷特》

40. 习近平总书记指出，坚持总体国家安全观，必须（　　），以促进国际安全为依托，走出一条中国特色国家安全道路。

A. 以人民安全为宗旨　B. 以政治安全为根本

C. 以经济安全为基础　D. 以军事、文化、社会安全为保障

模拟试卷（四）参考答案

一、单项选择题（本大题共60小题，每小题1分，共60分）

1—5 CCACA	6—10 CCDAB	11—15 CBCDA
16—20 CDCBA	21—25 DBCBC	26—30 BAAAC
31—35 DACCC	36—40 ABADB	41—45 ABBAC
46—50 ADBAA	51—55 DAACD	56—60 ACBCC

二、多项选择题（本大题共40小题，每小题1分，共40分）

1. ACD	2. BCD	3. ABD	4. ABCD
5. AB	6. AD	7. AB	8. ACD
9. ABC	10. ACD	11. ACD	12. ACD
13. AB	14. ABC	15. ABCD	16. BC
17. BCD	18. CD	19. ABD	20. ABCD
21. ACD	22. ABC	23. ABD	24. AD
25. AB	26. AC	27. BCD	28. AD
29. ABCD	30. AD	31. ACD	32. BD
33. ABCD	34. BCD	35. CD	36. AB
37. ABCD	38. AC	39. ABD	40. ABCD

《广播电视综合知识》模拟试卷（五）

1. 笔试题满分为 100 分。
2. 笔试考试时间为 90 分钟。
3. 考试方式为闭卷、笔试。
4. 试题类型包括单项选择题和多项选择题。

一、单项选择题（本大题共 60 小题，每小题 1 分，共 60 分）

1. 马克思主义最崇高的社会理想是（　　）。

A. 实现共产主义

B. 消灭阶级、消灭国家

C. 实现个人的绝对自由

D. 实现人权

2. 物质的唯一特性是客观实在性，“客观实在”是指（　　）。

A. 人类能够实在感知的自然事物

B. 不以人的意志为转移

C. 物质的具体形态和具体结构

D. 看得见、摸得着的实物

3. 马克思主义政党主张不断革命论与革命发展阶段论相统一、最高纲领与最低纲领相统一，这种政治主张的哲学依据是（　　）。

A. 质量互变规律的原理　　B. 矛盾的普遍性原理

C. 矛盾的特殊性原理　　D. 否定之否定原理

4. “凡事预则立，不预则废”，在哲学上反映的是（　　）。

A. 可能和现实的关系　　B. 原因和结果的关系

C. 现象和本质的关系　　D. 必然和偶然的关系

5. 先有工程设计图，然后施工建成大厦。这一事实说明（　　）。

A. 意识产生物质　　B. 意识转化为物质

C. 意识决定物质　　D. 意识创造物质

6. 在人类社会发展中起决定作用的因素是（　　）。

A. 生产方式　　B. 地理条件

C. 社会意识　　D. 人口因素

7. 决定商品价值量的是（　　）。

A. 简单劳动　　B. 商品的使用价值

C. 价格标准　　D. 社会必要劳动时间

8. 在货币的各种职能中，以观念上的货币即可执行的职能是（　　）。

A. 价值尺度　　B. 流通手段

C. 贮藏手段　　D. 支付手段

9. 资本主义经济危机的实质是（　　）。

A. 人口过剩的危机　　B. 生产不足的危机

C. 生产相对过剩的危机　　D. 生产绝对过剩的危机

10. 马克思主义认为自由是人类（　　）。

A. 选择的随意性

B. 活动的主体性

C. 对必然的认识和对世界的改造

D. 摆脱必然性

11. 毛泽东思想的精髓是（　　）。

A. 实事求是　　B. 群众路线

C. 独立自主　　D. 艰苦奋斗

12. 中国共产党思想路线的实质和核心是（　　）。

A. 解放思想　　B. 与时俱进

C. 实事求是　　D. 求真务实

13. 近代中国社会的主要矛盾是（　　）。

A. 帝国主义和中华民族的矛盾、封建主义和人民大众的矛盾

B. 资产阶级和无产阶级的矛盾、资产阶级和封建地主阶级的矛盾

C. 反动统治阶级内部的矛盾

D. 农民阶级和封建地主阶级的矛盾、民族资产阶级和无产阶级的矛盾

14. 在我国社会主义初级阶段的主要矛盾中，矛盾的主要方面是(　　)。

A. 生产力的组织、经营和管理落后

B. 落后的社会生产

C. 人民日益增长的物质文化需要

D. 人口增长，环境恶化

15. 中国共产党领导的多党合作和政治协商制度是一种社会主义的新型政党制度。这一制度的首要前提和根本保证是（　　）。

A. 多党合作　　B. 中国共产党的领导

C. 长期共存　　D. 互相监督

16. 党的十八届三中全会通过的《中共中央关于全面深化改革若干重大问题的决定》指出，要紧紧围绕（　　）深化政治体制改革。

A. 提高科学执政、民主执政、依法执政水平

B. 坚持党的领导、人民当家做主、依法治国有机统一

C. 推进社会主义民主政治制度化、规范化、程序化

D. 建设社会主义法治国家

17. 2016 年 7 月 1 日，习近平总书记《在庆祝中国共产党成立 95 周年大会上的讲话》中指出，（　　）是国家的生命线、人民的幸福线。

A. 党的思想路线　　B. 党的基本路线

C. 党的组织路线　　D. 党的群众路线

18. 2016 年 7 月 1 日，习近平总书记《在庆祝中国共产党成立 95 周年大会上的讲话》中指出，坚持党的基本路线，就要坚持把（　　）

作为兴国之要。

A. 以我们正在做的事情为中心

B. 以改革开放为中心

C. 以经济建设为中心

D. 以四项基本原则为中心

19. “四个全面”战略布局是一个整体，它既包括战略目标，又包括战略举措。其中，战略目标是（　　）。

A. 全面建成小康社会　　B. 全面深化改革

C. 全面依法治国　　D. 全面从严治党

20. 马克思主义中国化第二次历史性飞跃的理论成果是（　　）。

A. 毛泽东思想

B. 邓小平理论

C. 中国特色社会主义理论体系

D. 科学发展观

21. “和平统一、一国两制”的构想最早是针对（　　）提出来的。

A. 香港问题　　B. 澳门问题

C. 台湾问题　　D. 港澳问题

22. 1992 年，海峡两岸关系协会与台湾海峡交流基金会达成共识，同意各自以口头方式表述“海峡两岸均坚持一个中国原则”，即（　　）。

A. “一纲四目”　　B. “九二共识”

C. “叶九条”　　D. “邓六条”

23. 中华民族精神是社会主义核心价值体系的重要内容之一，其核心是（　　）。

A. 团结统一　　B. 爱国主义

C. 爱好和平　　D. 自强不息

24. 在中国外交工作布局中，发展中国家外交是（　　）。

A. 首要　　B. 关键

C. 基础　　D. 舞台

25. 习近平新时代中国特色社会主义思想的核心要义是（　　）。

A. 什么是社会主义，怎样建设社会主义

B. 建设什么样的党，怎样建设党

C. 实现什么样的发展，怎样发展

D. 坚持和发展中国特色社会主义

26. 新时代中国特色社会主义思想，明确全面深化改革总目标是（　　）。

A. 完善和发展中国特色社会主义制度、推进全体人民共同富裕

B. 完善和发展中国特色社会主义制度、推进国家治理体系和治理能力现代化

C. 完善和发展中国特色社会主义制度、促进人的全面发展

D. 完善和发展中国特色社会主义制度、推进国家治理体系现代化

27. 新时代中国特色社会主义思想，明确全面推进依法治国总目标是（　　）。

A. 建设中国特色社会主义法治社会、建设社会主义法治国家

B. 建设中国特色社会主义法治文化、建设社会主义法治国家

C. 建设中国特色社会主义法治体系、建设社会主义法治国家

D. 建设中国特色社会主义法制体系、建设社会主义法治国家

28. 新时代中国特色社会主义思想，明确中国特色大国外交要推动构建新型国际关系，推动构建（　　）。

A. 人类命运共同体　　B. 人类责任共同体

C. 人类义务共同体　　D. 人类利益共同体

29. 贯彻新发展理念，建设现代化经济体系，必须坚持质量第一、效益优先，以（　　）为主线。

A. 转变发展方式　　B. 优化经济结构

C. 供给侧结构性改革　　　　　D. 转换增长动力

30. 我国经济已由（　　）阶段转向（　　）阶段，正处在转变发展方式、优化经济结构、转换增长动力的攻关期，建设现代化经济体系是跨越关口的迫切要求和我国发展的战略目标。

A. 高速增长　高水平发展

B. 高速发展　高水平发展

C. 高速增长　高质量发展

D. 高速发展　高质量发展

31.（　　）是一个国家、一个民族发展中更基本、更深沉、更持久的力量。

A. 道路自信　　　　　B. 理论自信

C. 文化自信　　　　　D. 制度自信

32.（　　）是党和国家的生命线、人民的幸福线。

A. 党的组织路线　　　　B. 党的思想路线

C. 党的基本路线　　　　D. 党的基本方略

33.（　　）是实现党的领导的重要方式，是我国社会主义民主政治的特有形式和独特优势。

A. 人民民主　　　　　B. 协商民主

C. 决策民主　　　　　D. 基层民主

34. 中国人民政治协商会议是（　　）。

A. 国家行政机关　　　　B. 有广泛代表性的统一战线组织

C. 国家权力机关的常设机构　D. 群众团体

35. 如果发生了15岁的中学生杀人的新闻事件，正确的选择是（　　）。

A. 不应报道，因为他是未成年人

B. 不应报道，因为法院还没有判决

C. 应该详细报道他的犯罪详情以警示他人，包括他的姓名和住址

D. 可以报道，但应当隐去他个人的详细材料

36. 某中学初二学生办了一个网站，有同学提出在其他网站上下载一些流行歌曲上传。网站上传音乐作品（　　）。

A. 可以不经著作权人的许可，不支付报酬

B. 可以不经著作权人的许可，但要支付报酬

C. 只要是发表过的作品，可以不经过著作权人的许可，不支付报酬

D. 应当经过著作权人的许可，支付报酬

37. 甲知道自己临河的房屋将被征用，而与想买一套临河住房的乙签订了房屋买卖合同，则甲违反（　　）原则。

A. 情势变更　　B. 公平

C. 诚实信用　　D. 自愿

38. 广播电视法律体系不包括下列选项中的（　　）。

A. 宪法　　B. 行政法规

C. 地方性法规　　D. 国家领导人的讲话文件

39. 下列不能列入国民收入核算的是（　　）。

A. 政府支出的违建拆除费用　　B. 亲友之间应酬收到的礼金

C. 个人购买理财产品的收益　　D. 咨询公司收取的服务费用

40. 两个国家互签零关税协议生效后，最有可能产生的影响是（　　）。

A. 两国商品的贸易数量有所增加

B. 两国之间的贸易壁垒完全消除

C. 两国企业的贸易成本维持不变

D. 两国商品的市场价格有所上升

41. 某市几家瓷砖生产企业的产品占据该市市场份额 80%，他们磋商后达成协议，统一市场价格并按均价提价 15%，这一行为的实质是（　　）。

A. 提高瓷砖生产企业的经济效益

B. 寡头垄断市场的价格领导协定

C. 扩大瓷砖生产企业的市场销售

D. 完全竞争市场的厂商自我约束

42. 2013 年，我国城乡低保标准分别提高 13.1% 和 17.7%，企业退休人员基本养老金水平提高 10%，这体现的是（　　）。

A. 初次分配兼顾效率和公平

B. 再分配更加注重公平

C. 劳动报酬增长和劳动生产率提高同步

D. 提高劳动报酬在初次分配中的比重

43. 汇率变动会对经济主体产生重要影响，下列经济主体可从本国货币升值中获益的是（　　）。

A. 出国留学的本国学生

B. 从事出口业务的国内企业

C. 购买了大量外汇的国内商业银行

D. 不用进口仪器的科研机构

44. 2014 年 4 月 15 日，习近平总书记在中央国家安全委员会第一次全体会议上，提出了（　　）的重大战略思想，为新形势下维护国家安全工作确立了重要遵循。

A. 总体国家发展观　　B. 总体国家利益观

C. 总体国家安全观　　D. 总体国家合作观

45. 按照（　　）的强弱，社会规范分为民俗和民德。

A. 社会控制　　B. 社会互动

C. 人际关系　　D. 约束力

46. 马斯洛的需求层次理论是一种影响较大的动机理论，在这一理论中，处于最高层次的需要是（　　）。

A. 自我实现的需要　　B. 社交的需要

C. 自尊的需要　　D. 安全的需要

47. 现代作家中，以描写湘西的小说和散文著名的作家是（　　）。

A. 丁玲　　B. 沈从文
C. 周立波　　D. 胡也频

48. 莎士比亚最具有社会讽刺意义的作品是（　　）。
A.《仲夏夜之梦》　　B.《威尼斯商人》
C.《无事生非》　　D.《驯悍记》

49. 对无行为能力的未成年人的信件、日记、电子邮件由（　　）代为开拆、查阅外，任何组织或者个人不得开拆、查阅。
A. 班主任老师　　B. 其父母或者其他监护人
C. 未成年人自己　　D. 好朋友

50. 中学生王某偶然得知同学李某有尿床之疾，便在同学中广而告之，王某的做法侵犯了李某的（　　）。
A. 隐私权　　B. 人格尊严
C. 人身安全　　D. 名誉权

51.《国家安全法》把每年（　　）为全民国家安全教育日。
A. 4 月 10 日　　B. 4 月 15 日
C. 4 月 20 日　　D. 4 月 25 日

52. 大众传播媒介不得以（　　）形式发布广告。
A. 报告文学　　B. 产品介绍
C. 新闻报道　　D. 文艺表演

53. 广播电台、电视台、报刊音像出版单位、互联网信息服务提供者不得以介绍健康、养生知识等形式变相发布（　　）广告。
A. 医疗、药品、医疗器械、食品
B. 酒类、药品、医疗器械、保健食品
C. 医疗、药品、医疗器械、保健食品
D. 医疗、农药、医疗器械、食品

54.（　　）可以利用中小学生和幼儿的教材、教辅材料、练习册、文具、教具、校服、校车等发布或者变相发布广告。

A. 培训广告　　B. 食品广告
C. 教辅材料广告　　D. 公益广告

55. 某厂技术员张某利用工作之便，编写了一本《机床修理与调试》。为该书的著作权归属问题，张某与工厂发生争议。依照法律，该书的著作权（　　）。
A. 归张某享有，与该厂无关
B. 该书是职务作品，著作权由张某享有，但该厂在两年内可以使用
C. 该书著作权由张某享有，该厂有权在某业务范围内优先使用
D. 该书是职务作品，但未经张某同意，该厂不得许可第三人优先使用

56. 犯罪的时候不满（　　），被判处五年有期徒刑以下刑罚的，应当对相关犯罪记录予以封存。
A. 十八周岁　　B. 十六周岁
C. 十四周岁　　D. 二十周岁

57. 中国文学史上常提到的“比兴”手法起源于（　　）。
A.《诗经》　　B. 楚辞
C. 汉乐府　　D. 杜甫诗歌

58. 五四时期鲁迅的主要创作成果是（　　）。
A. 小说集《彷徨》　　B. 散文诗集《野草》
C. 小说集《呐喊》　　D. 小说集《故事新编》

59. 中国现代第一部新诗集是（　　）。
A. 郭沫若的《女神》　　B. 徐志摩的《志摩的诗》
C. 闻一多的《红烛》　　D. 胡适的《尝试集》

60. 现代著名作家中，原名沈德鸿，字雁冰的是（　　）。
A. 夏衍　　B. 沙汀
C. 艾芜　　D. 茅盾

二、多项选择题（本大题共40小题，每小题1分，共40分）

1. 下列选项中，正确的表述是（　　）。

A. 意识是物质世界长期发展的产物

B. 意识是人脑的机能和属性

C. 意识是物质世界的主观映象

D. 意识在内容上是主观的，在形式上是客观的

2. 下列各项属于新事物优越于旧事物的原因的有（　　）。

A. 新事物中增添了旧事物不能容纳的有生命力的新内容

B. 新事物具有旧事物所没有的新形式

C. 新事物抛弃了旧事物中消极的东西

D. 新事物保留了旧事物中积极的因素

3. 下列选项中，否认世界统一于物质的观点有（　　）。

A. 物是感觉的复合

B. 意识是物质长期发展的产物

C. 世界是绝对精神的产物

D. 世界有物质和精神两个本原

4. 历史唯物主义关于经济基础决定上层建筑的原理认为（　　）。

A. 经济基础决定上层建筑的产生

B. 经济基础的性质决定上层建筑的性质

C. 经济基础的变化决定上层建筑的变化

D. 经济基础决定上层建筑的具体形式

5. 马克思主义关于人的价值的理论认为（　　）。

A. 人是价值主体和价值客体的统一

B. 人是价值目的和价值手段的统一

C. 强调人的价值在于贡献而不是索取

D. 强调人的价值在自我而不在他人

6. 以下选项中属于上层建筑的是（　　）。

A. 宗教、哲学等思想观点　　B. 语言

C. 道德、艺术　　D. 法庭、监狱

7. 使用价值、交换价值、价值三者之间的关系是（　　）。

A. 使用价值是交换价值和价值的物质承担者

B. 交换价值和价值寓于使用价值之中

C. 价值是交换价值的基础和内容

D. 交换价值是价值的表现形式

8. 劳动力成为商品的基本条件是（　　）。

A. 大量农民无地可耕

B. 劳动者没有任何实现自己的劳动力的物质条件，没有任何商品可以出卖

C. 劳动者的人身彻底依附资本家

D. 劳动者是自由人，能把自己的劳动力作为自己的商品来支配

9. 当代资本主义发生的新变化（　　）。

A. 从根本上说是人类社会发展一般规律和资本主义经济规律作用的结果

B. 是在资本主义制度框架内的变化，资本主义生产关系的根本性质没有发生变化

C. 触动了资本主义统治的根基，改变了资本主义制度的性质

D. 说明马克思主义关于资本主义的基本原理失效了

10. 空想社会主义者（　　）。

A. 对资本主义的弊病进行了深刻的揭露和猛烈的抨击

B. 揭示了资本主义灭亡的客观必然性

C. 对未来社会作出了天才的设想

D. 发现了变革社会的革命力量

11. 中国共产党在推进马克思主义中国化的历史进程中，产生的两大

理论成果是（　　）。

A. 毛泽东思想

B. 中国特色社会主义理论体系

C. 邓小平理论

D. 习近平总书记系列讲话

12. 十八大以来，习近平总书记继续坚持实事求是的思想路线，进一步强调了实事求是思想路线的长远指导意义，明确指出，实事求是是（　　）。

A. 马克思主义的根本观点

B. 中国共产党人认识世界、改造世界的根本要求

C. 我们党的基本思想方法、工作方法、领导方法

D. 我们党凝聚全党全社会价值共识作出的重要论断

13. “四个全面”战略布局是一个整体，它既包括战略目标，又包括战略举措。其中，战略举措是（　　）。

A. 全面建成小康社会　　B. 全面深化改革

C. 全面依法治国　　D. 全面从严治党

14. 社会主义初级阶段基本路线的主要内容，概括为“一个中心、两个基本点”是指（　　）。

A. 以经济建设为中心　　B. 以阶级斗争为纲

C. 坚持四项基本原则　　D. 坚持改革开放

15. 社会主义的本质是（　　）。

A. 解放生产力、发展生产力

B. 消灭剥削

C. 消除两极分化

D. 最终达到共同富裕

16. 党的十八届三中全会通过的《中共中央关于全面深化改革若干重大问题的决定》指出，发挥人民政协作为协商民主重要渠道作用。

重点推进政治协商、民主监督、参政议政（　　）。

A. 制度化　　B. 规范化

C. 常态化　　D. 程序化

17. 党的十八届三中全会通过的《中共中央关于全面深化改革若干重大问题的决定》指出，中央成立全面深化改革领导小组，负责（　　）。

A. 改革总体设计　　B. 统筹协调

C. 整体推进　　D. 督促落实

18. 新中国成立 60 多年来特别是改革开放 30 多年来，中国成功地走上了一条与本国国情和时代特征相适应的和平发展道路，中国走和平发展道路的根据是（　　）。

A. 中华民族优秀文化传统的传承和发展

B. 基于新中国 60 多年历史经验的总结和未来发展的需要

C. 基于当今世界发展潮流的必然选择

D. 中国人民从近代以来的苦难遭遇中得出的必然结论

19. 共同富裕是中国特色社会主义的根本原则，这是因为共同富裕是（　　）。

A. 科学社会主义的重要价值诉求

B. 社会主义优越性的重要体现

C. 中国特色社会主义的基本目标

D. 体现了社会主义的本质要求

20. 党的十八大提出社会主义核心价值观，是（　　）。

A. 普世价值

B. 与中国特色社会主义发展要求相契合

C. 与中华优秀传统文化和人类文明优秀成果相承接

D. 我们党凝聚全党全社会价值共识作出的重要论断

21. 监察机关在调查过程中，可以（　　）用以证明被调查人涉嫌违法犯罪的财物、文件和电子数据等信息。

A. 收缴　　B. 调取　　C. 查封　　D. 扣押

22. 各级监察委员会可以向（　　）等派驻或者派出监察机构、监察专员。

A. 本级中国共产党机关

B. 国家机关

C. 法律法规授权或者委托管理公共事务的组织和单位

D. 所管辖的行政区域、国有企业

23. 监察机关及其工作人员对监督、调查过程中知悉的（　　），应当保密。

A. 国家秘密　　B. 商业秘密

C. 个人隐私　　D. 舆情信息

24. 我国宪法规定，妇女在（　　）方面享有同男子平等的权利。

A. 政治生活　　B. 经济生活

C. 文化生活　　D. 社会和家庭生活

25. 我国宪法规定，公民在行使自由和权利的时候，不得损害（　　）。

A. 国家的利益　　B. 集体的利益

C. 社会的利益　　D. 其他公民的合法自由和权利

26. 下列属于社会经济权利的是（　　）。

A. 受教育权　　B. 财产权

C. 劳动权　　D. 物质帮助权

27. 对尚未达到国家规定的普通话等级标准的（　　），需分别情况进行培训。

A. 国家机关工作人员　　B. 教师

C. 影视剧演员　　D. 快递人员

28. 某服装企业生产的产品全部积压。下列对这一现象的性质判断正确的有（　　）。

A. 该企业劳动者付出的私人劳动无法得到社会承认

B. 该企业单位产品劳动时间高于社会必要劳动时间

C. 该企业产品的使用价值无法让渡而未实现其价值

D. 该企业产品的使用价值依旧能得到消费者的认可

29. 下列属于宏观调控措施的有（　　）。

A. 发改委发布产业政策指导计划

B. 商业银行在基准利率上实施利率

C. 银行实行有选择的信贷管制

D. 企业要求海关加快出口退税

30. 下列属于极端状态的市场有（　　）。

A. 完全竞争市场　　B. 垄断竞争市场

C. 寡头垄断市场　　D. 完全垄断市场

31. 下列属于政府转移支付的有（　　）。

A. 机关办公用品的购买费用

B. 平价菜商店的经营补贴

C. 社会福利事业的补充费用

D. 出口农产品的价格补贴

32. GDP 是衡量经济增长的重要指标，但有局限性。下列关于 GDP 局限性的说法正确的有（　　）。

A. 它不能完全反映经济活动的总量

B. 它不能准确反映经济活动的质量和效益

C. 它不能准确反映社会分配和民生改善

D. 它不能准确反映经济增长对资源环境造成的负面影响

33. 下列说法中正确的有（　　）。

A. 社会化是使人们获得个性、人格，并学习其所在社会和群体的生活方式的相互作用过程

B. 一个人从进入学校起才开始他的社会化过程

C. 社会化使人从“自然人”或“生物人”成长为社会人，使社会、文化得以维持和传承

D. 个别社会化因素的缺失，不会影响个人人格的形成过程，不能造成人格缺陷

34. 马克思主义认识论认为，主体与客体关系的内涵包括（　　）。

A. 实践关系　　B. 认识关系

C. 价值关系　　D. 主从关系

35. 党的十八届三中全会通过的《中共中央关于全面深化改革若干重大问题的决定》指出，要紧紧围绕（　　）深化文化体制改革。

A. 建设社会主义法治国家

B. 建设社会主义核心价值体系

C. 建设社会主义文化强国

D. 建设创新型国家

36. 下列《诗经》作品中属于地方音乐的是（　　）。

A.《召南》　　B.《大雅》

C.《周南》　　D.《颂》

37. 元散曲中不属于辞采派的作家有（　　）。

A. 元好问　　B. 马致远

C. 王实甫　　D. 关汉卿

38. 下列关于《荷马史诗》说法正确的有（　　）。

A.《荷马史诗》是古希腊著名的英雄史诗

B.《荷马史诗》再现了古希腊社会的图景

C.《荷马史诗》是今天研究早期希腊社会的重要史料

D.《荷马史诗》是由盲诗人荷马独创

39. 下列作品中，出自鲁迅的有（　　）。

A.《沉沦》　　B.《祝福》

C.《故乡》　　D.《伤逝》

40. 新文化运动的代表人物有（　　）。

A. 李大钊　　B. 康有为

C. 陈独秀　　D. 鲁迅

模拟试卷（五）参考答案

一、单项选择题（本大题共 60 小题，每小题 1 分，共 60 分）

1—5 ABABB	6—10 ADACC	11—15 ACABB
16—20 BBCAC	21—25 CBBCD	26—30 BCACC
31—35 CCBBD	36—40 DCDBA	41—45 BBACD
46—50 ABBBA	51—55 BCCDC	56—60 AACDD

二、多项选择题（本大题共 40 小题，每小题 1 分，共 40 分）

1. ABC	2. ACD	3. ACD	4. ABC
5. ABC	6. ACD	7. ABCD	8. BD
9. AB	10. AC	11. AB	12. AB
13. BCD	14. ACD	15. ABCD	16. ABD
17. ABCD	18. ABCD	19. ABCD	20. BCD
21. BCD	22. ABCD	23. ABC	24. ABCD
25. ABCD	26. BCD	27. ABC	28. AC
29. ABC	30. AD	31. BCD	32. ABCD
33. AC	34. ABC	35. BC	36. AC
37. ACD	38. ABC	39. BCD	40. ACD

《广播电视综合知识》模拟试卷（六）

1. 笔试题满分为 100 分。
2. 笔试考试时间为 90 分钟。
3. 考试方式为闭卷、笔试。
4. 试题类型包括单项选择题和多项选择题。

一、单项选择题（本大题共 60 小题，每小题 1 分，共 60 分）

1. 马克思主义认为，世界的真正统一性在于它的（　　）。

A. 实践性　　B. 运动性

C. 物质性　　D. 客观性

2. 在工作中防止“过”或“不及”的关键在于（　　）。

A. 抓住事物的主要矛盾　　B. 认识事物的量

C. 确定事物的质　　D. 把握事物的度

3. 新事物之所以必然战胜旧事物，从根本上说是由于（　　）。

A. 新事物是在旧事物之后产生的

B. 新事物具有旧事物所没有的新形式

C. 新事物具有旧事物所没有的新内容

D. 新事物较旧事物更符合事物发展的必然趋势

4. 真理和谬误的根本区别在于（　　）。

A. 真理是主体对客体的反映，谬误是主体自生的

B. 真理是有用的，谬误是有害的

C. 真理是绝对的，谬误是相对的

D. 真理是对事物的正确反映，谬误是对事物的歪曲反映

5. 列宁提出的："从物到感觉和思想"与"从思想和感觉到物"是（　　）。

A. 唯物主义认识论与唯心主义认识论的对立

B. 经验论与唯理论的对立

C. 反映论与先验论的对立

D. 可知论与不可知论的对立

6. 先进生产力的集中体现和主要标志是（　　）。

A. 劳动者　　B. 劳动对象

C. 科学技术　　D. 管理方式

7. "从个别到一般，从一般到个别"的思维方法是（　　）。

A. 归纳与演绎　　B. 分析与综合

C. 抽象到具体　　D. 实践到认识

8. 生产商品的劳动二重性即具体劳动和抽象劳动是（　　）。

A. 两种独立存在的劳动

B. 不同劳动过程的不同形式

C. 同一劳动过程的两个方面

D. 同一劳动过程中先后出现的两种不同形式

9. 货币转化为资本的前提条件是（　　）。

A. 劳动力成为商品　　B. 生产资料可以买卖

C. 货币是一般等价物　　D. 货币是社会财富的一般代表

10. 垄断资本的实质在于（　　）。

A. 获得垄断地位　　B. 获得垄断利润

C. 获得垄断价格　　D. 获得垄断统治

11. 1981 年，党的十一届六中全会通过的（　　），对毛泽东和毛泽东思想的历史地位作出了科学的、实事求是的评价。这个评价对于统一全党的认识起到了重要作用，得到了全党的拥护。

A.《党和国家领导制度的改革》

B.《中共中央关于经济体制改革的决定》

C.《关于建国以来党的若干历史问题的决议》

D.《中共中央关于建立社会主义市场经济体制若干问题的决定》

12. 第一次系统论述社会主义初级阶段理论是在（　　）。

A. 1987 年党的十三大　　B. 1992 年党的十四大

C. 1997 年党的十五大　　D. 2002 年党的十六大

13. “四个全面”战略布局是一个整体，它既包括战略目标，又包括战略举措。其中，实现中华民族伟大复兴的中国梦的“关键一步”是（　　）。

A. 全面建成小康社会　　B. 全面深化改革

C. 全面依法治国　　D. 全面从严治党

14. 新时期解决民族问题的根本出发点和归宿是（　　）。

A. 各民族共同繁荣　　B. 民族团结

C. 民族平等　　D. 维护祖国统一

15. 当代中国最鲜明的特色是（　　）。

A. 反腐倡廉　　B. “一带一路”

C. 改革开放　　D. 大众创业、万众创新

16. 近代中国最基本的国情是（　　）。

A. 中国是一个农民占人口多数的国家

B. 中国是东方大国

C. 中国的政治经济发展不平衡

D. 中国是一个半殖民地半封建社会

17. 新民主主义革命的性质是（　　）。

A. 无产阶级社会主义革命

B. 农民阶级革命

C. 新式的特殊的资产阶级民主主义革命

D. 旧式的资产阶级民主主义革命

18. 中国革命的首要对象是（　　）。

A. 民族资本主义　　B. 帝国主义

C. 封建主义　　D. 官僚资本主义

19.（　　）都是社会主义市场经济的重要组成部分，都是我国经济社会发展的重要基础。

A. 计划经济和市场经济

B. 公有制经济和非公有制经济

C. 计划经济和商品经济

D. 垄断资本主义经济和自由资本主义经济

20.（　　）是我国社会主义民主政治的特有形式和独特优势，是党的群众路线在政治领域的重要体现。

A. 直接民主　　B. 代议民主

C. 宪政民主　　D. 协商民主

21. 马克思主义中国化理论成果的精髓是（　　）。

A. 实事求是　　B. 独立自主

C. 群众路线　　D. 解放思想

22. 中国的政党制度是（　　）。

A. 一党制

B. 两党制

C. 多党制

D. 中国共产党领导的多党合作和政治协商制度

23. 新世纪新阶段民族工作的主题是（　　）。

A. 各民族平等互利

B. 各民族共同团结奋斗、共同繁荣发展

C. 各民族和平共处

D. 各民族相互尊重

24. 现阶段中国最大的实际是（　　）。

A. 生产力水平低、经济发展落后

B. 人口数量多、增长快、素质不高

C. 社会主义市场经济体制不完善

D. 中国正处于并将长期处于社会主义初级阶段

25. 新时期的统一战线是（　　）。

A. 爱国统一战线　　B. 工农民主统一战线

C. 抗日民族统一战线　　D. 国共合作统一战线

26. 坚持党的领导、人民当家作主、依法治国有机统一。（　　）是社会主义民主政治的本质特征。

A. 党的领导　　B. 人民当家作主

C. 依法治国　　D. 政治体制改革

27. 十九大报告指出，（　　）关乎旗帜、关乎道路、关乎国家政治安全，决定文化前进方向和发展道路。

A. 意识形态　　B. 思想理论

C. 舆论导向　　D. 社会主义核心价值观

28. 坚决打赢脱贫攻坚战，重点攻克深度贫困地区脱贫任务，确保到（　　）我国现行标准下农村贫困人口实现脱贫，贫困县全部摘帽，解决区域性整体贫困，做到脱真贫、真脱贫。

A. 二〇三〇年　　B. 二〇二〇年

C. 二〇二五年　　D. 二〇三五年

29. 党的十九大指出要以（　　）建设为重点，坚持引进来和走出去并重，遵循共商共建共享原则，加强创新能力开放合作，形成陆海内外联动、东西双向互济的开放格局。

A. "金砖机制"　　B. 自贸区

C. "一带一路"　　D. 区域合作

30. 我们要建设的现代化是人与自然（　　）的现代化。

A. 和谐相处　　B. 和睦相处

C. 和谐共生　　D. 和睦共生

31. 党在新时代的强军目标必须同国家现代化进程相一致，力争到二〇三五年（　　）国防和军队现代化，到本世纪中叶把人民军队（　　）世界一流军队。

A. 全面实现　基本建成　　B. 全面实现　全面建成

C. 基本实现　基本建成　　D. 基本实现　全面建成

32. （　　）原则是两岸关系的政治基础，体现一个中国原则的（　　），明确界定了两岸关系的根本性质，是确保两岸关系和平发展的关键。

A. 一国两制　“九二共识”

B. 一个中国　“汪辜会谈”

C. 一个中国　“九二共识”

D. 一国两制　和平统一

33. 我们党最鲜明的品格是（　　）。

A. 密切联系群众

B. 坚持民主集中制

C. 勇于自我革命，从严管党治党

D. 坚定崇高的政治理想、政治信念和百折不挠的革命意志

34. 民主党派成员、无党派人士担任县处级以上政府和司法机关领导职务，民主党派成员在各级人大代表、人大常委会及专门委员会委员中，均占有一定数量，这说明（　　）。

A. 中国共产党和民主党派共同执政

B. 人民代表大会是多党合作的重要机构

C. 多党合作制度推动了国家政权建设

D. 参与国家政权是多党合作的政治基础

35. 李某通过违法渠道，获得了当年某全国性考试部分试题及答案，遂在网上以高价出售，其行为构成了（　　）。

A. 非法获取国家秘密罪　　B. 间谍罪

C. 为境外窃取国家秘密罪　　D. 背叛国家罪

36. 如果你从业的新闻单位不服法院对你们的败诉判决，应当（　　）。

A. 在自己的媒体上发表声明，表示不服判决

B. 执行判决，继续申诉

C. 动员新闻界同行，对判决群起攻之

D. 以上手段同时运用

37. 依照《民法通则》的规定，因不履行合同或法律规定的义务，致使他人财产、人身权利受到损害的，免除民事责任的情况不包括（　　）。

A. 紧急避险的行为　　B. 正当防卫的行为

C. 第三人的过错　　D. 不可抗力

38. 记者张某想在自己的报道当中引用专家李某发表在某杂志上的文章的观点。因此，记者张某（　　）。

A. 须经李某同意并支付报酬，并指明出处

B. 不必经李某同意但须支付报酬，可不指明出处

C. 须经李某同意，可不必支付报酬，也可不指明出处

D. 不必经李某同意，也无须支付报酬，但要指明出处

39. 下列措施属于健全收入再分配调节机制的是（　　）。

A. 提高劳动者工资收入　　B. 加强个人所得税调节

C. 促进就业的机会公平　　D. 加强国企高管薪酬管理

40. “金砖五国”与“新钻 11 国”统称为新兴经济体，这些国家目前在经济发展方面的共同特征是（　　）。

A. 增长速度较快　　B. 收入分配均衡

C. 人均收入最高　　D. 开放程度最大

41. 下列不属于公共物品的是（　　）。

A. 市民广场中的垃圾箱　　B. 国家博物馆里的藏品

C. 企业资料室里的报刊　　D. 城市的交通信号灯

42. 下列关于我国当前必须大力发展新型服务业的原因分析，正确的是（　　）。

A. 发展新型服务业所需要的人才宽裕

B. 发展新型服务业不需要投入大量资本

C. 发展新型服务业能够有效促进转型升级

D. 发展新型服务业的准入条件比较宽松

43. 在某国，同样一杯咖啡对本国顾客的售价是 0.5 美元，但对别国旅游者的售价是 1.2 美元。这种情况违背的 WTO 原则是（　　）。

A. 国民待遇原则　　B. 知识产权保护原则

C. 公平竞争原则　　D. 特惠制原则

44. 党的（　　）是党的根本性建设，决定党的建设方向和效果。

A. 思想建设　　B. 政治建设

C. 组织建设　　D. 制度建设

45. 坚决防止和反对（　　），坚决防止和反对宗派主义、圈子文化、码头文化，坚决反对搞两面派、做两面人。

A. 个人主义、享乐主义、自由主义、本位主义、好人主义

B. 个人主义、分散主义、山头主义、本位主义、好人主义

C. 个人主义、分散主义、自由主义、本位主义、好人主义

D. 个人主义、分散主义、自由主义、本位主义、享乐主义

46.（　　）和（　　），是中国共产党人的精神支柱和政治灵魂，也是保持党的团结统一的思想基础。

A. 共产主义远大理想　新时代中国特色社会主义共同理想

B. 共产主义远大理想　中国特色社会主义共同理想

C. 共产主义崇高理想　新时代中国特色社会主义共同理想

D. 共产主义崇高理想　中国特色社会主义共同理想

47. 中国特色社会主义制度的最大优势是（　　）。

A. 中国共产党的领导　　B. 人民当家作主

C. 共同富裕　　D. 社会主义公有制

48. 十九大强调，实现伟大梦想，必须进行伟大斗争。实现伟大梦想，必须建设伟大工程。实现伟大梦想，必须推进伟大事业。其中起决定性作用的是（　　）。

A. 实现中华民族伟大复兴的伟大梦想

B. 进行具有许多新的历史特点的伟大斗争

C. 党的建设新的伟大工程

D. 推进中国特色社会主义伟大事业

49. 十九大报告提出“为把我国建设成为（　　）而奋斗”。

A. 富强民主文明的社会主义国家

B. 富强民主文明和谐美丽的社会主义国家

C. 富强民主文明和谐美丽的社会主义现代化国家

D. 富强民主文明和谐美丽的社会主义现代化强国

50. 建设现代化经济体系，必须把发展经济的着力点放在（　　）上，把提高供给体系质量作为主攻方向，显著增强我国经济质量优势。

A. 实体经济　　B. 共享经济

C. 虚拟经济　　D. 国民经济

51. 党的作风建设的核心是（　　）。

A. 提高党的执政能力　　B. 保持党的先进性

C. 增进党的纯洁性　　D. 保持党同人民群众的血肉联系

52.（　　）是中国特色社会主义的本质要求和重要保障。

A. 全面依法治国　　B. 全面从严治党

C. 全面发展经济　　D. 全面可持续发展

53. 我们呼吁，各国人民同心协力，构建人类命运共同体，建设（　　）的世界。

A. 持久和平、普遍安全、共同繁荣、开放包容、公平正义

B. 持久和平、普遍安全、共同繁荣、公平正义、清洁美丽

C. 持久和平、普遍安全、共同繁荣、开放包容、清洁美丽

D. 持久和平、普遍安全、公平正义、开放包容、清洁美丽

54. 新时代党的建设的总体布局是全面推进党的政治建设、思想建设、组织建设、作风建设、纪律建设，把（　　）贯穿其中，深入推进反腐败斗争。

A. 政治建设　　B. 思想建设

C. 制度建设　　D. 作风建设

55. 莎士比亚晚期传奇喜剧的思想特征是（　　）。

A. 明朗与乐观　　B. 宽恕与和解

C. 野心与贪婪　　D. 邪恶与善良

56.《关雎》一诗出自《诗经》中的（　　）。

A.《周南》　　B.《郑风》

C.《小雅》　　D.《周颂》

57.《呐喊》《彷徨》的总主题是（　　）。

A. 阶级斗争　　B. 反封建

C. 反对国民党黑暗统治　　D. 反帝国主义

58.《蚀》三部曲依次是（　　）。

A.《追求·动摇·幻灭》　　B.《追求·幻灭·动摇》

C.《幻灭·动摇·追求》　　D.《动摇·幻灭·追求》

59. 用人性描绘出一个“爱”与“美”的理想化世界的小说是（　　）。

A.《长河》　　B.《湘西》

C.《边城》　　D.《八骏图》

60. 2015 年 7 月 1 日，第十二届全国人大常委会第十五次会议通过《中华人民共和国国家安全法》，将每年（　　）确定为全民国家安全教育日。

A. 6 月 26 日　　B. 5 月 4 日

C. 3 月 15 日　　D. 4 月 15 日

二、多项选择题（本大题共 40 小题，每小题 1 分，共 40 分）

1. 下列说法中，正确体现意识能动性的有（　　）。

A. 胸有成竹，料事如神

B. 纸上谈兵，画饼充饥

C. 天下无难事，只怕有心人

D. 运筹帷幄之中，决胜千里之外

2. 恩格斯说："当我们深思熟虑地考察自然界或人类历史或我们自己的精神活动的时候，首先呈现在我们眼前的，是一幅由种种联系和相互作用无穷无尽地交织起来的画面。"这段话所包含的辩证法观点有（　　）。

A. 联系是客观世界的本性

B. 一切事物都处于相互联系之中

C. 世界是一个相互联系的统一整体

D. 联系既是普遍的又是复杂多样的

3. 规律的特点有（　　）。

A. 客观性　　B. 普遍性

C. 稳定性　　D. 重复性

4. 下列选项中，体现坚持适度原则的有（　　）。

A. 注意分寸　　B. 掌握火候

C. 适可而止　　D. 因噎废食

5. 下列选项中，正确说明真理与谬误关系的有（　　）。

A. 在一定范围内真理和谬误是对立的

B. 真理和谬误相比较而存在

C. 真理和谬误相斗争而发展

D. 真理和谬误相互包含

6. 社会存在和社会意识是辩证统一的，下列表述正确的有（　　）。

A. 社会存在决定社会意识

B. 社会意识反作用于社会存在

C. 社会意识是社会存在的本质

D. 社会意识是社会存在的反映

7. “历史不过是追求着自己目的的人的活动而已”，这一观点表明（　　）。

A. 人们自己创造自己的历史

B. 历史不是神创造的

C. 历史是人们任意创造的

D. 历史是人的思想发展史

8. 宪法宣誓制度的适用主体主要有（　　）。

A. 各级人民法院任命的国家工作人员

B. 各级人民检察院任命的国家工作人员

C. 县级以上各级人大常委会选举任命的国家工作人员

D. 各级人民政府聘用的临时工

9. 宪法宣誓制度的意义包括（　　）。

A. 强化全体公民对宪法最高法律效力、最高法律权威、最高法律地位的认识

B. 有利于在全社会增强宪法意识

C. 有利于增强国家工作人员的宪法观念

D. 有利于树立宪法权威

10. 宪法具有最高法律效力，宪法的最高法律效力主要包括（　　）。

A. 在内容上，宪法规定国家所有的问题

B. 在制定和修改程序上，宪法比其他法律的要求一样严格

C. 宪法是一切国家机关、社会团体和全体公民的最高行为准则

D. 宪法是制定普通法律的依据，任何普通法律、法规都不得与宪法相抵触

11. 在世情、国情、党情发生深刻变化的新形势下，党的建设面临的“四大考验”是（　　）。

A. 执政考验　　B. 改革开放考验

C. 外部环境考验　　D. 市场经济考验

12. 在世情、国情、党情发生深刻变化的新形势下，党的建设面临的“四大危险”是（　　）。

A. 消极腐败危险　　B. 精神懈怠危险

C. 能力不足危险　　D. 脱离群众危险

13.（　　）选举或者决定任命的国家工作人员，以及各级人民政府、人民法院、人民检察院任命的国家工作人员，在就职时应当公开进行宪法宣誓。

A. 各级人民代表大会

B. 县级以上各级人民代表大会常务委员会

C. 上级机关

D. 党委会

14. 以侮辱、诽谤或者其他方式侵害英雄烈士的（　　），损害社会公共利益的，应当承担民事责任。

A. 姓名　　B. 肖像

C. 名誉　　D. 荣誉

15. 下列应当奏唱国歌的场合包括（　　）。

A. 宪法宣誓仪式

B. 省人民代表大会会议的开幕、闭幕

C. 张三的去世哀悼活动

D. 休闲购物商场的背景音乐

16. 习近平总书记系列重要讲话指出，要处理好全面深化改革中的一些重大关系，其中包括（　　）。

A. 解放思想和实事求是的关系

B. 整体推进和重点突破的关系

C. 顶层设计和摸着石头过河的关系

D. 改革、发展、稳定的关系

17. 党的十八届五中全会指出，如期实现全面建成小康社会奋斗目标，推动经济社会持续健康发展，必须遵循的原则是（　　）。

A. 坚持人民主体地位和坚持科学发展

B. 坚持深化改革和坚持依法治国

C. 坚持统筹国内国际两个大局

D. 坚持党的领导

18. 党的十八届五中全会指出，实现“十三五”时期发展目标，破解发展难题，厚植发展优势，必须牢固树立并切实贯彻的发展理念是（　　）。

A. 创新、协调　　B. 绿色、开放

C. 富强　　D. 共享

19. 公有制的主体地位，主要体现在（　　）。

A. 公有资产在社会总资产中占优势

B. 国有经济控制国民经济命脉，对经济发展起主导作用

C. 公有资产在各个地方和各种产业中都占优势

D. 国有经济在国民经济中的比重不断提高

20. 党的十八大报告指出，党和人民九十多年奋斗、创造、积累的根本成就是（　　）。

A. 中国特色社会主义道路

B. 中国特色社会主义理论体系

C. 中国特色社会主义制度

D. 中国特色社会主义价值观

21. 知识产权具有（　　）的特征。

A. 专有性　　B. 时间性

C. 地域性　　D. 预见性

22. 下列选项中，（　　）属于我国公民的基本义务体系。

A. 保卫祖国、抵抗侵略

B. 维护国家统一和全国各民族的团结

C. 维护祖国的安全、荣誉和利益

D. 依照法律纳税

23. 法律上保护人身权有以下方式（　　）。

A. 民事制裁　　B. 刑事制裁

C. 行政制裁　　D. 批评教育

24. 外语教师甲将作家乙的小说《春天的故事》译编成英文短剧，但未经乙同意。该剧本出版后被乙发现。甲（　　）。

A. 侵犯了乙的改编权　　B. 侵犯了乙的翻译权

C. 侵犯了乙的表演权　　D. 侵犯了乙的播放权

25. 广播电台、电视台应当提高广播电视节目质量，增加国产优秀节目数量，禁止制作、播放有（　　）内容的节目。

A. 危害国家的安全、荣誉和利益的

B. 煽动民族分裂，破坏民族团结的

C. 批评上级党委和政府部门的

D. 泄露国家秘密的

26. 下列关于侮辱罪的描述，正确的是（　　）。

A. 本罪侵犯的客体是他人的人格尊严和名誉权

B. 本罪的犯罪对象包括自然人和法人

C. 本罪的主观方面表现为直接故意

D. 本罪一般“告诉才处理”

27. 下列情形，应当以国家通用语言文字为基本的用语用字的有（　　）。

A. 招牌、广告用字

B. 公共场所的设施用字

C. 广播、电影、电视用语用字

D. 在境内销售的商品的包装、说明

28. 下列属于完善初次分配机制的举措有（　　）。

A. 促进就业的机会公平

B. 促进中低收入职工工资合理增长

C. 多渠道增加居民财产性收入

D. 集中财力保障和改善民生

29. 在世界现代化进程中，英美、德国、日本的市场经济运行模式明显存在差别，但都比较成功。下列对这一现象的认识正确的有（　　）。

A. 市场经济运行模式可以而且应当多样化

B. 各国应从本国国情出发确定市场经济运行模式

C. 市场经济运行模式能够改变和决定国情

D. 任何市场经济运行模式都会获得成功

30. 当前我国扩大内需的重点主要有（　　）。

A. 保障和改善民生

B. 控制住房价格上涨

C. 加快发展服务业

D. 提高中等收入者比重

31. 宏观经济政策达到预期效果所需要的外部条件有（　　）。

A. 公众的预期水平比较高

B. 政策设计考虑各种因素

C. 社会经济的发展比较稳定

D. 微观主体具有完全的理性

32. 目前我国各家商业银行之间同一类型存款的利率水平出现明显差距的原因有（　　）。

A. 我国推进的利率市场化改革已经初见成效

B. 银行依据基准利率和规定的浮动幅度自主决定利率

C. 各家商业银行测算存款利率的方法不同

D. 银行适应经济新常态采取了灵活的营销手段

33. 社会分层的主要维度有（　　）。

A. 社会角色　　B. 财富

C. 权力　　D. 声望

34. 现代化概念通常包括的关键要素是（　　）。

A. 工业化　　B. 城市化

C. 社会化　　D. 科层制化

35.《诗经》的艺术特色是（　　）。

A. 现实主义　　B. 赋比兴手法的运用

C. 语言朴素简洁　　D. 四言为主的句式

36. 下列说法正确的是（　　）。

A. “初唐四杰”是指唐朝初年的诗人王勃、杨炯、卢照邻和骆宾王

B. “唐宋八大家”是指韩愈、柳宗元、欧阳修、苏洵、苏轼、苏辙、王安石和曾巩

C. “李杜”是指李白和杜甫，“小李杜”是指李商隐和杜牧

D. “元曲四大家”是指关汉卿、马致远、白朴和汤显祖

37. 党的十八大报告指出，党和人民九十多年奋斗、创造、积累的根

本成就是（　　）。

A. 中国特色社会主义道路

B. 中国特色社会主义理论体系

C. 中国特色社会主义制度

D. 中国特色社会主义价值观

38. 下列作品属于卡夫卡的有（　　）。

A.《纽沁根银行》　　B.《审判》

C.《城堡》　　D.《幻灭》

39. 下列鲁迅作品中，属于小说集的有（　　）。

A.《呐喊》　　B.《彷徨》

C.《朝花夕拾》　　D.《故事新编》

40. 在我国社会深刻变革和对外开放不断扩大的条件下，宣传思想工作发生了很大变化，但其根本任务没有变，也不能变。这就是要（　　）。

A. 巩固实用主义在意识形态领域的指导地位

B. 巩固马克思主义在意识形态领域的指导地位

C. 巩固全党全国人民团结奋斗的共同思想基础

D. 巩固全党全国人民团结奋斗的共同物质基础

模拟试卷（六）参考答案

一、单项选择题（本大题共 60 小题，每小题 1 分，共 60 分）

1—5 CDDDA	6—10 CACAB	11—15 CAAAC
16—20 DCBBD	21—25 ADBDA	26—30 BABCC
31—35 DCCCA	36—40 BCDBA	41—45 CCABC
46—50 BACDA	51—55 DACCB	56—60 ABCCD

二、多项选择题（本大题共 40 小题，每小题 1 分，共 40 分）

1. ACD	2. ABCD	3. ABCD	4. ABC
5. ABC	6. ABD	7. AB	8. ABC
9. ABCD	10. CD	11. ABCD	12. ABCD
13. ABCD	14. ABCD	15. AB	16. ABCD
17. ABCD	18. ABD	19. AB	20. ABC
21. ABC	22. ABCD	23. ABC	24. AB
25. ABD	26. ACD	27. ABCD	28. ABC
29. AB	30. ACD	31. CD	32. ABD
33. BCD	34. ABD	35. ABCD	36. ABC
37. ABC	38. BC	39. ABD	40. BC

《广播电视综合知识》模拟试卷（七）

1. 笔试题满分为 100 分。
2. 笔试考试时间为 90 分钟。
3. 考试方式为闭卷、笔试。
4. 试题类型包括单项选择题和多项选择题。

一、单项选择题（本大题共 60 小题，每小题 1 分，共 60 分）

1. 社会主义从空想发展到科学，是因为马克思恩格斯在新的历史条件下创立了（　　）。

A. 无产阶级革命学说

B. 无产阶级政党学说

C. 无产阶级历史使命学说

D. 唯物史观和剩余价值学说

2. 人工智能的出现对马克思主义哲学意识论的意义是（　　）。

A. 否定了物质对意识的决定作用

B. 改变了人类意识活动的规律性

C. 肯定了人工智能可以代替意识的能动活动

D. 证明了意识可以在高度发展的物质中产生

3. 辩证否定的实质是“扬弃”，“扬弃”是指新事物对旧事物（　　）。

A. 既克服又保留　　B. 绝对的否定

C. 不包含肯定的否定　　D. 外在的否定

4. 在真理标准问题上坚持辩证法，就是要坚持（　　）。

A. 实践是检验真理的唯一标准

B. 实践标准的确定性与不确定性

C. 实践标准与逻辑证明的辩证统一

D. 实践标准是主观性与客观性的统一

5. 十一届三中全会以来，我党制定的一系列正确的路线、方针、政策促进了我国经济的迅猛发展，这说明（　　）。

A. 经济基础发展的道路是由上层建筑决定的

B. 上层建筑的发展决定经济基础的发展方向

C. 上层建筑对经济基础具有积极的能动作用

D. 社会主义社会的发展不受经济基础决定上层建筑规律的制约

6. 主观辩证法与客观辩证法的关系是（　　）。

A. 反映与被反映的关系

B. 唯心主义与唯物主义的关系

C. 抽象与具体的关系

D. 唯心辩证法与唯物辩证法的关系

7. 货币的本质是（　　）。

A. 商品交换的媒介物

B. 固定充当一般等价物的商品

C. 流通手段

D. 价值的表现形式

8. 个别资本家提高劳动生产率的直接目的是（　　）。

A. 获取绝对剩余价值　　B. 获取相对剩余价值

C. 获取劳动力价值　　D. 获取超额剩余价值

9. 资本主义国家的对外职能是（　　）。

A. 国家对内政治统治职能的延伸

B. 社会公共管理职能的延伸

C. 国家对内政治职能的保障

D. 国家对内政治统治职能的强化

10.（　　）是改革开放以来党的全部理论和实践的主题，是党和人民历尽千辛万苦、付出巨大代价取得的根本成就。

A. 新民主主义　　B. 社会主义

C. 中国特色社会主义　　D. 共产主义

11. 新时代中国特色社会主义思想，明确坚持和发展中国特色社会主义，总任务是实现社会主义现代化和（　　）。

A. 共同富裕　　B. 发展生产力

C. 中华民族伟大复兴　　D. 加强党的领导

12. 中国特色社会主义事业总体布局是（　　）。

A. “五位一体”　　B. “四个全面”

C. “四个自信”　　D. 两步走战略

13. 党的十八大以来的五年，我们党深入贯彻（　　）的发展思想，一大批惠民举措落地实施，人民获得感显著增强。

A. 以和谐为中心　　B. 以稳定为中心

C. 以人民为中心　　D. 以改革为中心

14. 深化机构和行政体制改革。转变政府职能，深化简政放权，创新监管方式，增强政府公信力和执行力，建设人民满意的（　　）政府。

A. 法治　　B. 创新型

C. 廉洁　　D. 服务型

15. 全党必须牢记，（　　）的问题，是检验一个政党、一个政权性质的试金石。

A. 为什么人　　B. 执政宗旨

C. 建党宗旨　　D. 权力来源

16. 适应世界新军事革命发展趋势和国家安全需求，提高建设质量和效益，确保到二〇二〇年基本实现（　　），（　　）建设取得重大进展，（　）有大的提升。

A. 现代化　信息化　战斗能力

B. 机械化　信息化　战斗能力

C. 机械化　信息化　战略能力

D. 现代化　信息化　战略能力

17. 要坚持党管干部原则，（　　），把好干部标准落到实处。

A. 坚持立场坚定、素质过硬，坚持五湖四海、任人唯贤，坚持事业为上、公道正派

B. 坚持德才兼备、以德为先，坚持立场坚定、素质过硬，坚持事业为上、公道正派

C. 坚持德才兼备、以德为先，坚持五湖四海、任人唯贤，坚持立场坚定、素质过硬

D. 坚持德才兼备、以德为先，坚持五湖四海、任人唯贤，坚持事业为上、公道正派

18. 增强党自我净化能力，根本靠强化（　　）和（　　）。

A. 党的自我监督　舆论监督

B. 党的自我监督　群众监督

C. 党的自我监督　司法监督

D. 党的自我监督　民主监督

19. 总体国家安全观是指坚持国家利益至上，以（　　）为宗旨，以（　　）为根本，以经济安全为基础，以军事、文化、社会安全为保障，以促进国际安全为依托，维护各领域国家安全，构建国家安全体系，走中国特色国家安全道路。

A. 人民安全　政治安全　　B. 政治安全　人民安全

C. 人民安全　内部安全　　D. 人民安全　国土安全

20.（　　）是中华民族永续发展的千年大计。

A. 增进民生福祉　　B. 建设生态文明

C. 实现共同富裕　　D. 实现现代化强国

21. 建设美丽中国，必须树立尊重自然、顺应自然、保护自然的生态文明理念。（　　）是人与自然相处时应秉持的首要态度。

A. 顺应自然　　B. 尊重自然

C. 保护自然　　D. 利用自然

22. 经济体制改革的核心是处理好政府和市场关系，使市场在资源配置中起（　　）作用和更好发挥政府作用。

A. 基础性　　B. 全面性

C. 决定性　　D. 辅助性

23. “和平统一、一国两制”的核心是（　　）。

A. 两种制度　　B. 高度自治

C. 一个中国　　D. 两种体制

24. 台湾问题是中国国内战争遗留下来的问题，实质是（　　）。

A. 中国与美国的关系问题

B. 中国的内政问题

C. 历史上殖民主义侵略遗留下来的问题

D. 中国与日本的关系问题

25. 党的十八届五中全会指出，“十三五”时期是（　　）。

A. 全面建成小康社会初步探索阶段

B. 全面建成小康社会运筹阶段

C. 全面建成小康社会起步阶段

D. 全面建成小康社会决胜阶段

26. 党的十八大报告提出了社会主义核心价值观，其中“富强、民主、文明、和谐”是（　　）。

A. 国家层面的价值目标　　B. 社会层面的价值取向

C. 公民个人层面的价值准则　　D. 普世层面的价值要求

27. 周恩来将我们党提出的一系列和平解决台湾问题的思想、政策和主张归纳为“一纲四目”，其中，“一纲”是指（　　）。

A. 台湾必须统一于中国

B. 外交必须统一于中央

C. 有权用一切方式解决台湾问题

D. 两岸一家亲

28. 习近平总书记《在庆祝中国共产党成立 95 周年大会上的讲话》中指出，（　　）是中国共产党的根本政治立场，是马克思主义政党区别于其他政党的显著标志。

A. 人民立场　　B. 工人立场

C. 阶级立场　　D. 农民立场

29. 社会主义社会发展的直接动力是（　　）。

A. 改革　　B. 革命

C. 改良　　D. 阶级斗争

30. 邓小平认为，建设中国特色社会主义的首要的基本理论问题是（　　）。

A. 建设什么样的党、怎样建设党

B. 实现什么样的发展、怎样发展

C. 什么是社会主义、怎样建设社会主义

D. 什么是现代化、怎样实现现代化

31.（　　）是我国的政权组织形式。

A. 生产资料公有制　　B. 人民代表大会制度

C. 人民民主专政　　D. 按劳分配制度

32. 根据我国宪法和法律，下列表述正确的是（　　）。

A. 被剥夺政治权利的公民不再享有科学研究的自由

B. 被剥夺政治权利的公民不再享有艺术创造的自由

C. 被剥夺政治权利的公民不再享有出版著作的自由

D. 被剥夺政治权利的公民不再享有宗教信仰的自由

33. 我国民法是调整（　　）的公民之间、法人之间以及公民和法人之间的财产关系和人身关系的法律规范的总称。

A. 特殊主体　　B. 一般主体

C. 平等主体　　D. 财产主体

34. 下列选项中，（　　）行为不需要获得著作权人的许可。

A. 将法学著作编成教学参考软件发行

B. 为报道时事新闻，在报纸上引用已发表的作品

C. 报纸刊登其他报社采写但尚未登出的时事新闻

D. 电视台播放其他电视台制作的电视节目

35. 广播电台、电视台播放已经出版的录音制品，除当事人另有约定外，（　　）。

A. 可以不经著作权人许可，但应当支付报酬

B. 可以不经著作权人许可，也不需支付报酬

C. 必须经著作权人许可，并应当支付报酬

D. 必须经著作权人许可，但不需支付报酬

36. 某市残联出于关心和扶持残疾人事业的目的，未经刘某同意，将刘某已出版的中文版《知识经济与信息革命》一书翻译成盲文出版。根据我国著作权法的规定，这一行为属于（　　）。

A. 合理行为　　B. 强制许可使用

C. 法定许可使用　　D. 侵权行为

37. 单位犯损害商业信誉罪的（　　）。

A. 只对单位追究刑事责任

B. 只对其直接负责的主管人员追究刑事责任

C. 只对直接责任人追究刑事责任

D. 对单位、直接负责的主管人员和其他直接责任人员追究刑事责任

38. 下列关于自然人民事权利能力和民事行为能力关系的表述，正确的是（   ）。

A. 民事权利能力和民事行为能力同时产生、同时终止

B. 有民事权利能力的自然人一定有民事行为能力

C. 有民事行为能力的自然人一定有民事权利能力

D. 自然人的民事行为能力和民事权利能力都具有平等性

39. 下列不属于居民资产所得的是（   ）。

A. 年终福利　　B. 存款利息

C. 股票红利　　D. 基金分红

40. 发展循环经济是我国经济社会发展的一项重大战略。循环经济的核心是（   ）。

A. 实现清洁生产　　B. 提高劳动生产效率

C. 降低废物排放　　D. 提高资源利用效率

41. 下列对“通胀预期”的理解中，正确的是（   ）。

A. 能够得到准确验证的对未来物价上涨的估计

B. 不影响宏观经济运行的对未来物价上涨的猜测

C. 统计部门发布的关于物价水平的数据分析统计

D. 居民对于未来物价上涨水平的一种心理估计

42. 金融市场最基本的功能是（   ）。

A. 积累资金　　B. 转移风险

C. 转换资金　　D. 融通资金

43. 市场价格低于均衡价格将会引起的经济现象是（   ）。

A. 商品短缺　　B. 厂商成本增加

C. 商品过剩　　D. 厂商赢利增加

44. 社会群体的基本类型包括（   ）。

A. 初级群体和高级群体　　B. 初级群体和次级群体

C. 初级群体和组织群体　　D. 高级群体和次级群体

45. 需要层次论是（　　）初次提出的。

A. 弗洛伊德　　B. 莱格

C. 米德　　D. 马斯洛

46. 资本主义工资掩盖了资本主义剥削关系，是因为在工资形态上工人的（　　）。

A. 必要劳动和剩余劳动在时间上完全能划分清楚

B. 必要劳动和剩余劳动在空间上完全能划分清楚

C. 全部劳动都表现为有酬劳动

D. 全部劳动都表现为无酬劳动

47. 汉乐府民歌中反映战争和徭役给人民带来灾难的是（　　）。

A.《江南》　　B.《长歌行》

C.《十五从军征》　　D.《妇病行》

48. 作品具有“沉郁顿挫”这一基本审美特征的唐代诗人是（　　）。

A. 李贺　　B. 李白

C. 杜牧　　D. 杜甫

49.（　　）的诗豪迈奔放，清新飘逸，想象丰富，被后人誉为“诗仙”。

A. 王维　　B. 李白

C. 苏轼　　D. 白居易

50. 生态文明的核心是正确处理（　　）。

A. 人与人的关系　　B. 人与自然的关系

C. 人与社会的关系　　D. 人与自身的关系

51. 2013 年 9 月 7 日，习近平主席在哈萨克斯坦纳扎尔巴耶夫大学演讲时倡议用创新的合作模式，共同建设（　　）。

A. “丝绸之路经济带”　　B. “长江经济带”

C. “黄河经济带”　　D. “北部湾经济带”

52. 电影《一江春水向东流》的片名取自我国古代一位词人词作中的句子。这位词人是（　　）。

A. 辛弃疾　　B. 李煜

C. 宴殊　　D. 李清照

53. 美国的一部电影《特洛伊》引起轰动，20 世纪以前，人们一直认为描写特洛伊战争的希腊史诗是神话传说，但 20 世纪初的许多考古发现证明，特洛伊战争确有其事。下列选项中，反映了这一史实的作品是（　　）。

A.《天方夜谭》　　B.《俄狄浦斯王》

C.《被缚的普罗米修斯》　　D.《荷马史诗》

54.《诗经·关雎》这首诗属于（　　）。

A. 国风　　B. 小雅

C. 大雅　　D. 颂

55. 茅盾的"《蚀》三部曲"包括《幻灭》、《动摇》和（　　）。

A.《子夜》　　B.《林家铺子》

C.《春蚕》　　D.《追求》

56.《诗经》中主要收集民间歌谣的是（　　）。

A. 国风　　B. 小雅

C. 大雅　　D. 鲁颂

57.《诗经》中的赋、比、兴属于（　　）。

A. 诗歌载体　　B. 音乐类别

C. 诗歌用法　　D. 表现手法

58.《人间喜剧》是一组社会风俗史巨著，它的作者是（　　）。

A. 莎士比亚　　B. 巴尔扎克

C. 歌德　　D. 托尔斯泰

59. 在小说中深刻暴露封建礼教"吃人"本质和各种"吃人"悲剧的

是（　　）。

A. 茅盾　　B. 叶绍钧

C. 鲁迅　　D. 冰心

60. 党的十八届四中全会提出，全面推进依法治国，总目标是（　　）。

A. 建设中国特色社会主义道德体系，建设社会主义德治国家

B. 建设中国特色社会主义政治体系，建设社会主义民主国家

C. 建设中国特色社会主义治理体系，建设社会主义法治国家

D. 建设中国特色社会主义法治体系，建设社会主义法治国家

二、多项选择题（本大题共 40 小题，每小题 1 分，共 40 分）

1. “君子和而不同，小人同而不和”，“和而不同”所蕴含的深刻哲理是（　　）。

A. “不同”是指物质世界的多样性和差异性

B. “和”是指不同事物相辅相成、共生共长

C. “和而不同”的实质是强调矛盾的统一和均衡

D. 不同事物不存在对立和竞争

2. 下列各项属于生产关系内容的有（　　）。

A. 人与各种自然资源的关系

B. 生产资料所有制形式

C. 产品的分配方式

D. 人们在生产中的地位及其相互关系

3. 意识对物质的依赖性表现在（　　）。

A. 意识是自然界长期发展和社会劳动的产物

B. 意识是人脑的机能

C. 意识的能动作用受物质条件制约

D. 意识是人脑对客观世界的反映

4. 联系具有普遍性。事物联系的普遍性的含义是（　　）。

A. 任何事物内部的不同部分和要素是相互联系的

B. 事物的联系是事物本身所固有的

C. 整个世界是相互联系的统一整体

D. 任何事物都不能孤立存在，都同其他事物处于一定的联系之中

5. 下列各项属于社会物质生活条件的有（　　）。

A. 人口因素　　B. 地理环境

C. 风俗习惯　　D. 生产方式

6. 下列选项中，属于矛盾斗争性表现的有（　　）。

A. 敌对阶级之间的对立

B. 生物界的生存竞争

C. 各个行业之间的相互依存

D. 两岸同胞与“台独”势力的对立

7. 下列各项中属于辩证唯物主义时空观内容的有（　　）。

A. 时间和空间是物质运动的存在形式

B. 时间和空间与物质运动不可分割

C. 时间和空间是物质的唯一特性

D. 时间和空间是有限性和无限性的统一

8. 在社会历史发展过程中，人民群众起着决定性作用。人民群众是历史的主体，是历史的创造者。这是因为人民群众是（　　）。

A. 物质财富的创造者

B. 社会精神财富的创造者

C. 社会变革的决定力量

D. 实现自身利益的根本力量

9. 具体劳动和抽象劳动的区别是（　　）。

A. 具体劳动是劳动的具体形式，抽象劳动是一般人类劳动

B. 具体劳动是体力劳动，抽象劳动是脑力劳动

C. 具体劳动反映人与自然的关系，抽象劳动反映社会生产关系

D. 具体劳动不是使用价值的唯一源泉，抽象劳动是价值的唯一源泉

10. 生产方式在社会发展中的决定作用表现为（　　）。

A. 生产方式是人类社会赖以存在和发展的基础

B. 生产方式决定生产力的效率和效益

C. 生产方式决定社会的性质和面貌

D. 社会生产方式的变革决定社会形态的更替

11. 习近平总书记强调，新形势下，我们要坚持和运用好毛泽东思想活的灵魂，是因为它（　　）。

A. 既体现了马克思主义的立场、观点和方法，又具有中国共产党人的特色

B. 既贯穿于毛泽东的全部科学著作和党的重要文献中，又表现在中国共产党人的实践活动中

C. 是党和人民十分宝贵的精神财富

D. 是实现中华民族伟大复兴中国梦的根本指针

12. 习近平总书记指出，当前和今后一个时期我国经济发展的大逻辑是（　　）。

A. 认识新常态　　B. 适应新常态

C. 顺应新常态　　D. 引领新常态

13. 党的十八届五中全会指出，坚持协调发展，必须牢牢把握中国特色社会主义事业总体布局，正确处理发展中的重大关系，重点是（　　）。

A. 促进城乡区域协调发展

B. 促进经济社会协调发展

C. 促进新型工业化、信息化、城镇化、农业现代化同步发展

D. 在增强国家硬实力的同时注重提升国家软实力，不断增强发展整体性

14. 党的十八届五中全会指出，坚持共享发展，必须坚持（　　），作出更有效的制度安排，使全体人民在共建共享发展中有更多获得感，增强发展动力，增进人民团结，朝着共同富裕方向稳步前进。

A. 发展需要人民　　B. 发展为了人民

C. 发展依靠人民　　D. 发展成果由人民共享

15. 人民政协的主题是（　　）。

A. 团结　　B. 平等

C. 民主　　D. 互利

16. 中国共产党与各民主党派合作的基本方针是（　　）。

A. 长期共存　　B. 互相监督

C. 肝胆相照　　D. 荣辱与共

17. 新时期的统一战线已经成为工人阶级领导的、以工农联盟为基础的最广泛联盟。包括（　　）。

A. 全体社会主义劳动者

B. 社会主义事业的建设者

C. 拥护社会主义的爱国者

D. 拥护祖国统一的爱国者

18. 党的十八届三中全会通过的《中共中央关于全面深化改革若干重大问题的决定》指出，要紧紧围绕（　　）深化文化体制改革。

A. 建设社会主义法治国家

B. 建设社会主义核心价值体系

C. 建设社会主义文化强国

D. 建设创新型国家

19. 中共中央办公厅印发的《关于培育和践行社会主义核心价值观的意见》指出，积极培育和践行社会主义核心价值观的重要意义是（　　）。

A. 巩固马克思主义在意识形态领域的指导地位

B. 巩固全党全国人民团结奋斗的共同思想基础

C. 促进人的全面发展、引领社会全面进步

D. 集聚全面建成小康社会、实现中华民族伟大复兴中国梦的强大正能量

20. 社会主义核心价值观与社会主义核心价值体系的关系是（　　）。

A. 社会主义核心价值观是社会主义核心价值体系的内核

B. 社会主义核心价值观体现社会主义核心价值体系的根本性质和基本特征

C. 社会主义核心价值观反映社会主义核心价值体系的丰富内涵和实践要求

D. 社会主义核心价值观是社会主义核心价值体系的高度凝练和集中表达

21. 泄露机密级国家秘密的，应给（　　）处分。

A. 开除　　B. 记过

C. 记大过　　D. 降级

22. 下列选项中，（　　）符合我国宪法的规定。

A. 劳动既是公民的权利又是公民的义务

B. 遵守宪法和法律既是公民的权利又是公民的义务

C. 受教育既是公民的权利又是公民的义务

D. 休息既是公民的权利又是公民的义务

23. 我国宪法第 41 条规定，公民的监督权主要包括（　　）。

A. 批评、建议权　　B. 申诉权

C. 控告、检举权　　D. 调查权

24. 毛泽东思想的活的灵魂有三个基本方面，它们是（　　）。

A. 实事求是　　B. 独立自主

C. 群众路线　　D. 武装斗争

25. 广播电视新闻应当遵守（　　）的原则。

A. 公开　　B. 真实

C. 公正　　D. 平等

26. 广播电视播出机构禁止制作、播放有（　　）内容的节目。

A. 对国家机关和工作人员提出批评的

B. 诽谤、侮辱他人的

C. 宣扬淫秽、迷信或者渲染暴力的

D. 煽动民族分裂，破坏民族团结的

27.《广播电视管理条例》规定，广播电台、电视台由（　　）以上人民政府广播电视行政部门设立，其他任何单位和个人不得设立。

A. 县政府　　B. 不设区的市政府

C. 乡政府　　D. 镇政府

28. 产能过剩是目前我国经济面临的突出问题。下列举措中有利于化解产能过剩的有（　　）。

A. 推动企业兼并重组

B. 应用新技术淘汰落后产能

C. 进行科学的产业布局

D. 加大基础设施投资力度

29. 下列关于经济增长与经济发展关系的说法中，正确的有（　　）。

A. 经济增长必然促进经济发展

B. 经济增长可能促进经济发展

C. 经济发展以经济增长为基础

D. 经济增长以经济发展为基础

30. 下列属于金融市场的有（　　）。

A. 技术市场　　B. 债券市场

C. 股票市场　　D. 商品市场

31. 农民人均纯收入构成中包括（　　）。

A. 家庭经营收入　　B. 经济赔偿收入

C. 财产性收入　　D. 工资性收入

32. 十八大以来的五年，我们勇于面对党面临的重大风险考验和党内存在的突出问题，以顽强意志品质正风肃纪、反腐惩恶，消除了党和国家内部存在的严重隐患，党内政治生活气象更新，党内政治生态明显好转，党的（　　）显著增强。

A. 创造力　　B. 创新力

C. 凝聚力　　D. 战斗力

33. 十八大以来的五年，全面推进中国特色大国外交，形成（　　）的外交布局，为我国发展营造了良好外部条件。

A. 宽领域　　B. 全方位

C. 多层次　　D. 立体化

34. 党的十八大以来，我国引导应对气候变化国际合作，成为全球生态文明建设的重要（　　）。

A. 组织者　　B. 参与者

C. 贡献者　　D. 引领者

35. 科学立法、严格执法、公正司法、全民守法深入推进，（　　）建设相互促进，中国特色社会主义法治体系日益完善，全社会法治观念明显增强。

A. 法治生活　　B. 法治国家

C. 法治政府　　D. 法治社会

36. 全面建成小康社会，更重要、更难做到的是“全面”。“小康”讲的是发展水平，“全面”讲的是发展的（　　）。

A. 平衡性　　B. 协调性

C. 可持续性　　D. 均等性

37. 经过长期努力，中国特色社会主义进入新时代。这个新时代，是（　　），是我国日益走近世界舞台中央、不断为人类作出更大贡献的时代。

A. 承前启后、继往开来、在新的历史条件下继续夺取中国特色社会主义伟大胜利的时代

B. 决胜全面建成小康社会、进而全面建设社会主义现代化强国的时代

C. 全国各族人民团结奋斗、不断创造美好生活、逐步实现全体人民共同富裕的时代

D. 全体中华儿女勠力同心、奋力实现中华民族伟大复兴中国梦的时代

38. 新时代中国特色社会主义思想，是对马克思列宁主义、毛泽东思想、邓小平理论、“三个代表”重要思想、科学发展观的继承和发展，是（　　），必须长期坚持并不断发展。

A. 马克思主义中国化最新成果

B. 党和人民实践经验和集体智慧的结晶

C. 中国特色社会主义理论体系的重要组成部分

D. 全党全国人民为实现中华民族伟大复兴而奋斗的行动指南

39. 建设一支（　　）的人民军队，是实现“两个一百年”奋斗目标、实现中华民族伟大复兴的战略支撑。

A. 听党指挥　　　　B. 骁勇善战

C. 能打胜仗　　　　D. 作风优良

40. 加强社会保障体系建设。坚持房子是用来住的、不是用来炒的定位，加快建立（　　）的住房制度，让全体人民住有所居。

A. 多主体供给　　　　B. 多渠道保障

C. 租购并举　　　　D. 多部门监管

模拟试卷（七）参考答案

一、单项选择题（本大题共60小题，每小题1分，共60分）

1—5 DDABC	6—10 ABDAC	11—15 CACDA
16—20 CDBAB	21—25 BCCBD	26—30 AAAAC
31—35 BCCBA	36—40 ADCAD	41—45 DDABD
46—50 CCDBB	51—55 ABDAD	56—60 ADBCD

二、多项选择题（本大题共40小题，每小题1分，共40分）

1. ABC	2. BCD	3. ABCD	4. ACD
5. ABD	6. ABD	7. ABD	8. ABCD
9. ACD	10. ACD	11. ABC	12. BCD
13. ABCD	14. ABD	15. AC	16. ABCD
17. ABCD	18. BC	19. ABCD	20. ABCD
21. BCD	22. AC	23. ABC	24. ABC
25. BC	26. BCD	27. AB	28. ABC
29. BC	30. BC	31. ACD	32. ACD
33. BCD	34. BCD	35. BCD	36. ABC
37. ABCD	38. ABCD	39. ACD	40. ABC

《广播电视综合知识》模拟试卷（八）

1. 笔试题满分为 100 分。
2. 笔试考试时间为 90 分钟。
3. 考试方式为闭卷、笔试。
4. 试题类型包括单项选择题和多项选择题。

一、单项选择题（本大题共 60 小题，每小题 1 分，共 60 分）

1. 马克思主义哲学与唯心主义哲学、旧唯物主义哲学的根本区别在于（　　）。

A. 坚持人的主体地位

B. 坚持用辩证发展的观点去认识世界

C. 坚持物质第一性、意识第二性

D. 坚持从客观的物质实践活动去理解现实世界

2. 唯物辩证法和形而上学斗争的焦点在于是否承认（　　）。

A. 事物是客观存在的　　B. 事物是普遍联系的

C. 事物是变化发展的　　D. 矛盾是事物发展的动力

3. 社会精神财富的源泉是（　　）。

A. 客观的物质世界　　B. 脑力劳动者的集体智慧

C. 思想家们的创造性思维　　D. 人民群众的社会实践

4. 真理的相对性应理解为（　　）。

A. 真理和谬误之间没有确定的界限

B. 对同一对象不同乃至对立的认识都是真理

C. 真理的标准是多重的

D. 真理有待扩展、深化和发展

5. “作为观念形态的文艺作品，都是一定的社会生活在人类头脑中反映的产物”，这句话强调的是（　　）。

A. 社会意识根源于社会存在

B. 社会意识具有历史继承性

C. 社会存在根源于社会意识

D. 社会意识具有相对独立性

6. 划分唯物史观与唯心史观的根本标准是（　　）。

A. 是否承认社会历史的规律性

B. 是否承认阶级斗争

C. 是否承认社会意识的能动作用

D. 是否承认社会存在决定社会意识

7. “旧唯物主义是半截子的唯物主义”，这是指（　　）。

A. 旧唯物主义是形而上学的唯物主义

B. 旧唯物主义在社会历史观上是唯心主义

C. 旧唯物主义是机械唯物主义

D. 旧唯物主义是割裂了运动与静止的辩证法

8. 简单商品经济的基本矛盾是私人劳动与社会劳动的矛盾。私人劳动要得到社会的承认，必须通过（　　）。

A. 商品的有用性来体现

B. 商品的广告传播来体现

C. 商品的交换来体现

D. 商品质量的鉴定来体现

9. 在货币和资本的关系上，正确的论断是（　　）。

A. 货币本身就是资本

B. 任何数量的货币都能成为资本

C. 货币和资本没有本质区别

D. 货币在一定历史条件下才转化为资本

10. 资本主义经济危机的基本特征是（　　）。

A. 生产过剩　　B. 工人失业

C. 经济萧条　　D. 物价上涨

11. 社会主义核心价值体系四个方面的内容，相互联系、相互贯通、相互促进，是一个有机统一的整体。其中，马克思主义指导思想是（　　）。

A. 社会主义核心价值体系的主题

B. 社会主义核心价值体系的灵魂

C. 社会主义核心价值体系的精髓

D. 社会主义核心价值体系的基础

12. 实现社会主义初级阶段奋斗目标的根本立足点是（　　）。

A. 以经济建设为中心　　B. 坚持四项基本原则

C. 自力更生、艰苦创业　　D. 坚持改革开放

13. 明确提出党在社会主义初级阶段基本纲领是在（　　）。

A. 1982 年党的十二大　　B. 1987 年党的十三大

C. 1992 年党的十四大　　D. 1997 年党的十五大

14. 坚持社会主义初级阶段的基本路线，必须把坚持四项基本原则同坚持改革开放结合起来。改革开放是（　　），是党和国家发展进步的活力源泉。

A. 强国之路　　B. 立国之本

C. 兴国之要　　D. 建国之策

15. 中国共产党实事求是思想路线的前提和基础是（　　）。

A. 一切从实际出发　　B. 解放思想

C. 理论联系实际　　D. 在实践中检验真理和发展真理

16. 坚持社会主义初级阶段的基本路线，必须紧紧围绕经济建设这一中心，以经济建设为中心的确定，是（　　）。

A. 中国共产党在新时期实现的工作路线的最根本的拨乱反正

B. 中国共产党在新时期实现的组织路线的最根本的拨乱反正

C. 中国共产党在新时期实现的政治路线的最根本的拨乱反正

D. 中国共产党在新时期实现的思想路线的最根本的拨乱反正

17. 党的十八届五中全会指出，我国发展仍处于可以大有作为的（　　），也面临诸多矛盾叠加、风险隐患增多的严峻挑战。

A. 重要战略机遇期　　B. 经济增速换档期

C. 结构调整阵痛期　　D. 前期刺激政策消化期

18. 2014年12月，习近平总书记在江苏调研时，第一次明确提出（　　）。

A. “两个一百年”　　B. “一带一路”

C. “中国梦”　　D. “四个全面”

19. 2015年2月，习近平总书记在省部级主要领导干部学习贯彻十八届四中全会精神全面推进依法治国专题研讨班开班式上，首次把“四个全面”定位于党中央的（　　）。

A. 战略布局　　B. 战略目标

C. 战略举措　　D. 战略任务

20. 习近平强调，全面从严治党是推进党的建设新的伟大工程的必然要求。从严治党的重点在于（　　）。

A. 从严管理党员　　B. 从严管理干部

C. 从严管理党的地方组织　　D. 从严管理党的基层组织

21. 1978年12月，中国共产党召开了（　　），重新确立了实事求是的思想路线，开启了改革开放和社会主义现代化建设的历史新时期。

A. 党的十一届三中全会　　B. 党的十二大

C. 党的十三大　　D. 党的十四大

22. 科学发展观的第一要义是（　　）。

A. 改革　　B. 开放

C. 发展　　　　　　　　　　D. 创新

23. 中国共产党推动建立以（　　）为核心的新型国际关系，是我们党立足时代发展潮流和我国根本利益作出的战略选择，反映了中国人民和世界人民的共同心愿。

A. 开放共赢　　　　　　　　B. 互利共赢

C. 合作共赢　　　　　　　　D. 合作双赢

24. 80 年代末 90 年代初，标志两极格局终结的事件是（　　）。

A. 西亚北非的“阿拉伯之春”

B. 东欧剧变、苏联解体

C. 乌克兰的“橙色革命”

D. 格鲁吉亚的“玫瑰革命”

25. 改革开放新时期，邓小平对风云变幻的国际形势作出了新的分析判断，对我国外交战略和对外政策进行了重大调整，确定了（　　）战略，向全世界表明了中国坚持独立自主的和平外交政策。

A. “真正的不结盟”　　　　B. “一条线”

C. “一边倒”　　　　　　　D. “真正结盟”

26.《中华人民共和国国民经济和社会发展第十三个五年规划纲要》指出，引领发展的第一动力是（　　）。

A. 改革　　　　　　　　　　B. 创新

C. 解放　　　　　　　　　　D. 开放

27.《中华人民共和国国民经济和社会发展第十三个五年规划纲要》指出，谋划发展的基本依据是（　　）。

A. 对外开放不断深入，成为全球第一货物贸易大国和主要对外投资大国

B. 我国仍处于并将长期处于社会主义初级阶段，基本国情和社会主要矛盾没有变

C. 经济保持持续较快发展，经济总量稳居世界第二位

D. 高技术产业、战略性新兴产业加快发展，一批重大科技成果达到世界先进水平

28.《中华人民共和国国民经济和社会发展第十三个五年规划纲要》指出，“十二五”时期，经济保持持续较快发展，经济总量稳居世界第二位，人均国内生产总值增至（　　）。

A. 50000 元　　B. 49351 元

C. 36000 元　　D. 40000 元

29.（　　）是关系党生死存亡的问题。

A. 党风问题、党同人民群众联系问题

B. 政风问题、政府同人民群众联系问题

C. 干部作风问题、干部同人民群众联系问题

D. 社会风气问题、社会和谐问题

30. 毛泽东思想达到成熟的主要标志是（　　）。

A. 军队建设和军队战略理论的创立

B. 中国革命道路理论的提出

C. 新民主主义革命理论的创立

D. 党的建设理论的形成

31. 全国人民代表大会和全国政协会议即“两会”的共同本质是(　　)。

A. 其成员都是人大代表

B. 都体现了人民当家做主

C. 在组织上接受共产党的领导

D. 都是人民管理国家的机关

32. 甲为做博士学位论文，在图书馆复印了乙的两篇论文，根据我国著作权法，甲的这一行为属于（　　）。

A. 侵权行为　　B. 法定许可使用

C. 强制许可使用　　　　　　　　D. 合理使用

33.（　　）是指以有线或者无线方式向公众提供作品、表演或者录音录像制品，使公众可以在其个人选定的时间和地点获得作品、表演或者录音录像制品的权利。

A. 信息网络传播权　　　　　　　B. 发表权

C. 保护作品完整权　　　　　　　D. 录音录像权

34. 英国驻华领事上街购物乘坐的汽车被我国公民王某撞坏，该领事即向当地人民法院起诉，请求王某赔偿损失。本案适用（　　）。

A. 中国民法　　　　　　　　　　B. 英国民法

C. 国际惯例　　　　　　　　　　D. 第三中立国民法

35. 我国公民从（　　）到死亡时止，具有民事权利能力，依法享有民事权利，承担民事义务。

A. 年满 10 周岁起　　　　　　　B. 年满 16 周岁起

C. 出生时起　　　　　　　　　　D. 年满 14 周岁起

36. 表演权属于（　　）。

A. 发表权　　　　　　　　　　　B. 修改权

C. 著作人身权　　　　　　　　　D. 著作财产权

37.《著作权法》所称作品，是指文学、艺术和科学领域内具有（　　）并能以某种有形形式复制的智力成果。

A. 实用性　　　　　　　　　　　B. 新颖性

C. 独创性　　　　　　　　　　　D. 合法性

38. 下列属于我国刑罚种类中的附加刑的是（　　）。

A. 没收财物　　　　　　　　　　B. 没收财产

C. 赔偿损失　　　　　　　　　　D. 管制

39. 企业添置价格昂贵的数控机床设备后，下列不会受影响的是（　　）。

A. 总成本　　B. 平均成本

C. 流动成本　　D. 固定成本

40. 在储蓄和购买国债、股票、企业债券等四种投资形式中，很多居民首选购买国债的原因是（　　）。

A. 国债的利息最高　　B. 国债的风险最小

C. 国债的数额最多　　D. 国债的期限最短

41. 自 2013 年 7 月 20 日起，我国全面放开金融机构贷款利率管制。关于这一举措，下列说法中不正确的是（　　）。

A. 这是我国全面放开金融机构存款利率管制之后又一重大举措

B. 这有利于金融机构采取差异化的定价策略

C. 这有利于金融机构不断提高自主定价能力，转变经营模式

D. 这有利于优化金融资源配置，更好地发挥金融支持实体经济的作用

42. 关于当代国际服务贸易，下列说法不正确的是（　　）。

A. 国际服务贸易发展速度高于国际货物贸易

B. 发达国家在国际服务贸易中仍处于绝对优势地位

C. 国际服务贸易不包括国际教育服务

D. 国际金融服务属于国际服务贸易

43. 下列可以用于国家宏观调控的金融工具是（　　）。

A. 保险保单　　B. 短期国债

C. 公司股票　　D. 银行支票

44. “入乡随俗”是一种（　　）行为。

A. 和解　　B. 顺从

C. 容忍　　D. 妥协

45. 可以将社区理解成一个地理区域，居住在其中的人们具有某些共同的行为规范和（　　）。

A. 生活方式　　B. 政治信念

C. 宗教信仰　　D. 经济联系

46. 社会控制的目的是使人们遵从（　　）。

A. 社会制度　　B. 法律

C. 社会行为规范　　D. 政府

47. 汉乐府民歌中反映下层劳动人民苦难生活的是（　　）。

A.《东门行》　　B.《江南》

C.《长歌行》　　D.《战城南》

48.《资本论》中有这样的表述："对上衣来说，无论是裁缝自己穿还是他的顾客穿，都是一样的"，这主要是因为无论谁穿（　　）。

A. 上衣都起着使用价值的作用

B. 上衣都起着价值的作用

C. 上衣都是抽象劳动的结果

D. 上衣都是社会劳动的结果

49. 马克思把商品转换成货币称为"商品的惊险的跳跃"，"这个跳跃如果不成功，摔坏的不是商品，但一定是商品占有者"。这是因为只有商品变为货币（　　）。

A. 货币才能转化为资本

B. 价值才能转化为使用价值

C. 抽象劳动才能转化为具体劳动

D. 私人劳动才能转化为社会劳动

50. 中国外交政策的宗旨是（　　）。

A. 维护世界和平、促进共同发展

B. 独立自主

C. 和平共处五项原则

D. 加强和巩固同广大发展中国家的团结与合作

51. 党的十八大报告指出，社会主义初级阶段是建设中国特色社会主义的（　　）。

A. 总依据　　B. 总任务

C. 总布局　　D. 总政策

52. 大观园中有一处：“凤尾森森，龙吟细细”，“湘帘垂地，悄无人声”，住在这里的是（　　）。

A. 薛宝钗　　B. 李纨

C. 林黛玉　　D. 贾惜春

53. 多采用“杂取种种人，合成一个”的典型化方法塑造小说人物的作家是（　　）。

A. 郁达夫　　B. 艾芜

C. 鲁迅　　D. 冰心

54. 李白的诗风是（　　）。

A. 沉郁雄浑　　B. 豪迈奔放

C. 通俗易懂　　D. 静谧深邃

55.《诗经·蒹葭》这首诗属于（　　）。

A. 大雅　　B. 颂

C. 国风　　D. 小雅

56. 在意大利，被誉为“人文主义之父”的是（　　）。

A. 薄伽丘　　B. 塞万提斯

C. 彼特拉克　　D. 维加

57. 被称为“史家之绝唱，无韵之离骚”的著作是（　　）。

A.《汉书》　　B.《史记》

C.《战国策》　　D.《资治通鉴》

58. 在小说中对广大农民及下层人民抱着“哀其不幸，怒其不争”的态度，深刻描写他们不幸的生活和精神的麻木，期望他们觉醒起来抗争的现代作家是（　　）。

A. 鲁迅　　B. 巴金
C. 郁达夫　　D. 郭沫若

59. 下列小说属于世情小说的是（　　）。
A.《红楼梦》　　B.《三国演义》
C.《水浒传》　　D.《西游记》

60. 唐宋八大家中以写作山上游记最为著名的作家是（　　）。
A. 韩愈　　B. 柳宗元
C. 欧阳修　　D. 王安石

二、多项选择题（本大题共40小题，每小题1分，共40分）

1. 下列现象属于量变引起质变的有（　　）。
A. 生产力的增长引起生产关系的变革
B. 同样的元素由于结构不同而形成不同的事物
C. 在一定温度下鸡蛋孵出小鸡
D. 由变异的积累引起旧物种到新物种的变化

2. 下列各项正确表述社会意识相对独立性的表现的有（　　）。
A. 社会意识的发展具有历史继承性
B. 社会意识的各种形式之间相互影响
C. 社会意识与经济发展水平具有不平衡性
D. 社会意识与社会存在的发展具有不完全同步性

3. 下列各项属于辩证唯物主义所说的相对静止的有（　　）。
A. 事物没有发生任何变化
B. 物质没有发生位置移动
C. 事物运动处于某种特殊状态
D. 事物没有发生根本质变

4. 下列表述中，体现矛盾特殊性的有（　　）。
A. 因时制宜，因地制宜

B. 对症下药，量体裁衣

C. 物极必反，相反相成

D. 因材施教，因人而异

5. 下列选项中，比喻新事物必然战胜旧事物的有（　　）。

A. 黄河之水天上来，奔流到海不复回

B. 芳林新叶摧陈叶，流水前波让后波

C. 山重水复疑无路，柳暗花明又一村

D. 沉舟侧畔千帆过，病树前头万木春

6. 社会基本结构主要包括（　　）。

A. 经济结构　　B. 阶级结构

C. 观念结构　　D. 政治结构

7. 下列命题中，属于主观唯心主义观点的是（　　）。

A. 我思故我在　　B. 存在就是被感知

C. 物是绝对观念的外化　　D. 万物皆备于我

8. 商品的价值和使用价值是对立统一的关系，表现在（　　）。

A. 使用价值是价值的物质承担者，价值寓于使用价值之中

B. 没有使用价值也就没有价值

C. 有使用价值也就有价值

D. 二者相互排斥、不可兼得

9. 商品内在矛盾有（　　）。

A. 使用价值和价值的矛盾

B. 具体劳动和抽象劳动的矛盾

C. 个别劳动时间和社会必要劳动时间的矛盾

D. 私人劳动和社会劳动的矛盾

10. 2016 年 5 月 17 日，习近平总书记在哲学社会科学工作座谈会上的讲话中指出："我国哲学社会科学的一项重要任务就是继续推进马克思主义中国化、时代化、大众化，继续发展（　　）。"

A. 当代中国马克思主义　　B. 苏联马克思主义
C. 西方马克思主义　　D. 21 世纪马克思主义

11. 2017 年 3 月 28 日，中共中央办公厅印发了《关于推进“两学一做”学习教育常态化制度化的意见》指出，要教育引导广大党员做到“四个合格”即（　　）。
A. 政治合格　　B. 执行纪律合格
C. 品德合格　　D. 发挥作用合格

12. 改革开放以来我们取得一切成绩和进步的根本原因，归结起来就是（　　）。
A. 发展了中国特色社会主义文化
B. 开辟了中国特色社会主义道路
C. 形成了中国特色社会主义理论体系
D. 确立了中国特色社会主义制度

13. 2016 年 7 月 1 日，习近平总书记《在庆祝中国共产党成立 95 周年大会上的讲话》中指出，坚持不忘初心、继续前进，就要（　　），加强同各国的友好往来，同各国人民一道，不断把人类和平与发展的崇高事业推向前进。
A. 始终不渝走经济全球化道路
B. 始终不渝走独立自主、自力更生道路
C. 始终不渝走和平发展道路
D. 始终不渝奉行互利共赢的开放战略

14. 2016 年 7 月 1 日，习近平总书记《在庆祝中国共产党成立 95 周年大会上的讲话》中指出，坚持和发展中国特色社会主义是一项长期而艰巨的历史任务，必须准备进行具有许多新的历史特点的伟大斗争。这就告诫全党，要时刻准备（　　）。
A. 解决重大矛盾　　B. 应对重大挑战
C. 抵御重大风险　　D. 克服重大阻力

15. 中国共产党要领导全国各族人民实现社会主义现代化的宏伟目标，必须以改革创新精神全面推进党的建设新的伟大工程，整体推进（　　），全面提高党的建设科学化水平。

A. 党的思想建设和制度建设

B. 党的组织建设

C. 党的作风建设

D. 党的反腐倡廉建设

16. 统一战线是中国革命的三大法宝之一，统一战线作为党的一个重要法宝，其重要性是（　　）。

A. 夺取革命、建设、改革事业胜利的重要法宝

B. 增强党的阶级基础、扩大党的群众基础、巩固党的执政地位的重要法宝

C. 全面建成小康社会、加快推进社会主义现代化、实现中华民族伟大复兴中国梦的重要法宝

D. 保持和发展党的先进性和纯洁性的重要法宝

17.《中华人民共和国国民经济和社会发展第十三个五年规划纲要》指出，发挥科技创新在全面创新中的引领作用。科技创新主要包括（　　）。

A. 原始创新　　B. 集成创新

C. 引进消化吸收再创新　　D. 模仿创新

18.《中华人民共和国国民经济和社会发展第十三个五年规划纲要》指出，深化文化体制改革，健全（　　）、企事业单位依法运营的文化管理体制。

A. 党委领导　　B. 政府管理

C. 行业自律　　D. 社会监督

19. 加强社会治理制度建设，完善党委领导、政府负责、社会协同、公

众参与、法治保障的社会治理体制，提高社会治理（　　）水平，打造共建共治共享的社会治理格局。

A. 社会化　　B. 法治化

C. 智能化　　D. 专业化

20. 新时代党的建设总目标是把党建设成为（　　）朝气蓬勃的马克思主义执政党。

A. 始终走在时代前列　　B. 人民衷心拥护

C. 勇于自我革命　　D. 经得起各种风浪考验

21. 决胜全面建成小康社会，特别是要坚决打好（　　）的攻坚战。

A. 防范化解重大风险　　B. 精准脱贫

C. 污染防治　　D. 风险隐患排查

22. 十九大强调，决胜全面建成小康社会，要坚定实施科教兴国战略、人才强国战略、创新驱动发展战略、（　　）、区域协调发展战略、可持续发展战略、（　　）。

A. 网络强国战略　　B. 乡村振兴战略

C. 大数据战略　　D. 军民融合发展战略

23. 当前，我国经济正处在（　　）的攻关期，建设现代化经济体系是跨越关口的迫切要求和我国发展的战略目标。

A. 转变发展方式　　B. 优化经济结构

C. 转换增长动力　　D. 构建市场机制

24. 下列关于新时代党的建设总要求说法正确的有（　　）。

A. 坚持党要管党、全面从严治党

B. 以加强党的长期执政能力建设、先进性和纯洁性建设为主线

C. 以党的政治建设为统领，以坚定理想信念宗旨为根基

D. 全面推进党的政治建设、思想建设、组织建设、作风建设、纪律建设

25. 十九大报告强调，要打造共建共治共享的社会治理格局。加强社会治理制度建设，完善党委领导、（　　）的社会治理体制。

A. 政府负责　　B. 社会协同

C. 公众参与　　D. 法治保障

26. 党政军民学，东西南北中，党是领导一切的。必须增强（　　），自觉维护党中央权威和集中统一领导，自觉在思想上政治上行动上同党中央保持高度一致。

A. 政治意识　　B. 大局意识

C. 核心意识　　D. 看齐意识

27. 十九大强调，坚持全面从严治党，不断增强党（　　）的能力，始终保持党同人民群众的血肉联系。

A. 自我净化　　B. 自我完善

C. 自我革新　　D. 自我提高

28. 从 2015 年初开始，天津筹集 60 亿元财政资金，建立中小微企业贷款风险补偿机制，在“对坏账损失补偿 50%”等鼓励政策作用下，一季度就推动银行新投放中小微企业贷款 2240 多亿元，新增民营企业近 1.3 万家，起到了四两拨千斤的功效。这说明，按市场经济的一般规律，由市场这只“看不见的手”来配置资源是最有效率、最有效益的。但另一方面，“看不见的手”又是有缺陷的，必须更好发挥政府的作用。政府的作用主要是（　　）。

A. 保持宏观经济稳定

B. 加强和优化公共服务

C. 保障公平竞争、加强市场监管、维护市场秩序

D. 推动可持续发展，促进共同富裕，弥补市场失灵

29. 确立公有制为主体，多种所有制经济共同发展的基本经济制度的基本根据是（　　）。

A. 由我国社会主义的社会性质决定的

B. 由我国社会主义初级阶段的生产力水平决定的

C. 一切符合“三个有利于”标准的所有制形式，都可以而且应该用来为发展社会主义服务

D. 我国按劳分配为主体、多种分配方式并存的分配制度的要求

30. 中共十八届三中全会通过的《中共中央关于全面深化改革若干重大问题的决定》提出，坚持和完善公有制为主体、多种所有制经济共同发展的基本经济制度。以下关于这一基本经济制度的选项，内容正确的是（　　）。

A. 公有制经济和非公有制经济都是我国经济社会发展的重要基础

B. 这一基本经济制度是中国特色社会主义制度的重要支柱

C. 混合所有制经济是这一基本经济制度的重要实现形式

D. 这一基本经济制度是社会主义市场经济体制的根基

31. 改革开放以来的实践充分证明，我国基本经济制度的确立，具有巨大的优越性。因为这一基本经济制度（　　）。

A. 把社会主义的本质要求和初级阶段的现实需要有机地统一起来

B. 能够发挥多种所有制的优势，充分调动各方面的积极性

C. 有利于促进经济社会的快速发展

D. 有利于巩固和发展社会主义制度

32. 实现中华民族伟大复兴，就是中华民族近代以来最伟大的梦想。实现中国梦必须（　　）。

A. 走中国道路　　B. 弘扬中国精神

C. 凝聚中国力量　　D. 体现中国特色

33. 社会化的主要内容有（　　）。

A. 学习生活技能　　B. 传递社会文化

C. 完善自我观念　　D. 培养社会角色

34. 绝对剩余价值生产和相对剩余价值生产的共同点是（　　）。

A. 都体现了资本家对工人的剥削关系

B. 都延长了剩余劳动时间，增加了剩余价值量

C. 都提高了剩余价值率

D. 都缩短了必要劳动时间

35. “唐宋八大家”中属于唐代的是（　　）。

A. 韩愈　　B. 王安石

C. 曾巩　　D. 柳宗元

36. “四个全面”战略布局的指导意义是（　　）。

A. 党坚持和发展中国特色社会主义的新实践新成果

B. 对党治国理政经验的科学总结和丰富发展

C. 集中体现了时代和实践发展对党和国家工作的新要求

D. 实现中华民族伟大复兴的中国梦、续写中国特色社会主义新篇章的行动纲领

37. 下列词人中，以风格婉约著称的是（　　）。

A. 秦观　　B. 晏几道

C. 辛弃疾　　D. 李清照

38. 下列关于《荷马史诗》说法不正确的是（　　）。

A.《荷马史诗》歌颂了氏族社会的战争英雄

B.《荷马史诗》再现了古希腊社会的图景

C.《荷马史诗》是今天研究整个古代希腊社会的重要史料

D.《荷马史诗》是由盲诗人荷马独创

39. 鲁迅笔下的知识分子形象，主要可以分为以下几种类型（　　）。

A. 封建制度的受害者和牺牲者，如孔乙己、陈士成等

B. 封建制度的维护者和追随者，如四铭、高尔础等

C. 封建道德的卫道士和假道学，如吕纬甫、涓生等

D. 封建制度的破坏者和反抗者，如狂人、夏瑜、魏连殳、子君等

40. 杜甫一生深察人民的疾苦，其作品也多反映人民的悲惨生活。其名篇“三吏”指的是（　　）。

A.《石壕吏》　　B.《新丰吏》

C.《新安吏》　　D.《潼关吏》

模拟试卷（八）参考答案

一、单项选择题（本大题共60小题，每小题1分，共60分）

1—5 DDDDA　6—10 DBCDA　11—15 BCDAA
16—20 CADAB　21—25 ACCBA　26—30 BBBAC
31—35 BDAAC　36—40 DCBCB　41—45 ACDBA
46—50 CAADA　51—55 ACCBC　56—60 CBAAB

二、多项选择题（本大题共40小题，每小题1分，共40分）

1. ABCD　2. ABCD　3. BCD　4. ABD
5. BD　6. ACD　7. ABD　8. ABD
9. ABCD　10. AD　11. ABCD　12. BCD
13. CD　14. ABCD　15. ABCD　16. ABC
17. ABC　18. ABCD　19. ABCD　20. ABCD
21. ABC　22. BD　23. ABC　24. ABCD
25. ABCD　26. ABCD　27. ABCD　28. ABCD
29. ABC　30. BCD　31. ABCD　32. ABC
33. ABCD　34. ABC　35. AD　36. ABCD
37. ABD　38. CD　39. ABD　40. ACD

《广播电视综合知识》模拟试卷（九）

1. 笔试题满分为 100 分。
2. 笔试考试时间为 90 分钟。
3. 考试方式为闭卷、笔试。
4. 试题类型包括单项选择题和多项选择题。

一、单项选择题（本大题共 60 小题，每小题 1 分，共 60 分）

1. 下列命题中，属于唯心主义的哲学观点是（　　）。

A. 世界统一于物质

B. 物质决定意识

C. 社会存在决定社会意识

D. 世界是绝对精神的产物

2. 辩证唯物主义认为事物发展的规律是（　　）。

A. 思维对事物本质的概括

B. 用来整理感性材料的思维形式

C. 事物内在的本质的稳固的联系

D. 事物联系和发展的基本环节

3. 社会形态是（　　）。

A. 生产力和生产关系的统一

B. 同生产力发展一定阶段相适应的经济基础和上层建筑的统一体

C. 社会存在和社会意识的统一

D. 物质世界和精神世界的统一

4. 上层建筑是指（　　）。

A. 社会的经济制度

B. 科学技术

C. 社会生产关系

D. 建立在一定社会经济基础之上的意识形态及相应的制度和设施

5. 阶级斗争对阶级社会发展的推动作用突出表现在（　　）。

A. 生产力的发展　　B. 生产关系的变革

C. 社会形态的更替　　D. 科技的进步

6. 人类社会各种矛盾中最基本的是（　　）。

A. 生产力与生产关系的矛盾

B. 物质生产和精神生产的关系

C. 经济基础和上层建筑的关系

D. 阶级与阶级之间的关系

7. 劳动力商品的使用价值不同于普通商品使用价值的特点在于（　　）。

A. 它被消费时，使用价值消失，价值也消失

B. 它被使用时，使用价值消失，价值会转移到产品中去

C. 它被消费时，使用价值不变，价值也不变

D. 它被使用时，能创造大于自身价值的价值

8. 资本主义工资的本质是（　　）。

A. 劳动的价值或价格　　B. 劳动力的价值或价格

C. 工人全部劳动的报酬　　D. 资本家支付的可变资本部分

9. 资本主义经济危机呈现出周期性的原因在于（　　）。

A. 资本主义基本矛盾

B. 资本主义基本矛盾运动的特点

C. 资本主义的基本矛盾周期性

D. 资本主义再生产的周期性

10. 社会主义的基本特征中，最重要的是（　　）。

A. 工人阶级和劳动人民的政权

B. 公有制为主体和共同富裕

C. 各尽所能、按劳分配

D. 以人为本，构建和谐社会

11. 社会主义核心价值体系四个方面的内容，相互联系、相互贯通、相互促进，是一个有机统一的整体。其中，中国特色社会主义共同理想是（　　）。

A. 社会主义核心价值体系的主题

B. 社会主义核心价值体系的灵魂

C. 社会主义核心价值体系的精髓

D. 社会主义核心价值体系的基础

12. 正式提出党在社会主义初级阶段基本路线是在（　　）。

A. 1982 年党的十二大　　B. 1987 年党的十三大

C. 1992 年党的十四大　　D. 1997 年党的十五大

13. 中国共产党实事求是思想路线的根本途径和方法是（　　）。

A. 一切从实际出发　　B. 解放思想

C. 理论联系实际　　D. 在实践中检验真理和发展真理

14. 科学发展观的核心是（　　）。

A. 立党为公　　B. 执政为民

C. 以人为本　　D. 与时俱进

15. 科学发展观的基本要求是（　　）。

A. 立党为公　　B. 执政为民

C. 以人为本　　D. 全面协调可持续

16.《中华人民共和国国民经济和社会发展第十三个五年规划纲要》指出，推动战略前沿领域创新突破，更加重视（　　）。

A. 原始创新和颠覆性技术创新

B. 集成创新

C. 引进消化吸收再创新

D. 模仿创新

17.《中华人民共和国国民经济和社会发展第十三个五年规划纲要》指出，打造区域创新高地，支持北京、上海建设具有（　　）。

A. 亚洲影响力的科技创新中心

B. 中国影响力的科技创新中心

C. 全球影响力的科技创新中心

D. 亚太影响力的科技创新中心

18. 毛泽东在 1957 年 2 月所作的《关于正确处理人民内部矛盾的问题》的报告，系统论述了社会主义社会矛盾的理论。毛泽东强调，社会主义国家政治生活的主题是（　　）。

A. 正确区分和处理两类不同性质矛盾的问题

B. 正确处理敌我矛盾的问题

C. 正确处理人民内部矛盾的问题

D. 正确认识和处理阶级斗争的问题

19. 社会主义初级阶段是一个具有特定内涵的新概念。这里所说的初级阶段，是特指（　　）。

A. 任何国家进入社会主义都会经历的起始阶段

B. 我国在生产力发展水平不高、商品经济不发达条件下建设社会主义必然要经历的特定历史阶段

C. 资本主义向社会主义过渡的阶段

D. 新民主主义向社会主义过渡的阶段

20.《中华人民共和国国民经济和社会发展第十三个五年规划纲要》指出，坚持战略和前沿导向，集中支持事关发展全局的（　　）。

A. 制度研究和共性基础技术研究

B. 理论研究和个性一般技术研究

C. 应用研究和个性一般技术研究

D. 基础研究和共性关键技术研究

21. 中国特色社会主义理论体系的立论基础是（　　）。

A. 落后的社会生产

B. 中国是一个农民占人口多数的国家

C. 中国的政治经济发展不平衡

D. 社会主义初级阶段

22. 首次提出“生态文明”这一概念，是在（　　）。

A. 1997 年党的十五大　　B. 2002 年党的十六大

C. 2007 年党的十七大　　D. 2012 年党的十八大

23.（　　）是党的建设的基础和中心环节，决定着党的建设的性质和方向。

A. 思想建设　　B. 组织建设

C. 作风建设　　D. 制度建设

24. “和平统一、一国两制”构想的基本内容之一，就是尽最大努力争取和平统一，但不承诺放弃使用武力。不承诺放弃使用武力，是针对（　　）。

A. 台湾同胞

B. 香港同胞

C. 外国势力干涉中国统一和台湾分裂势力搞“台湾独立”图谋的

D. 澳门同胞

25.（　　）是“和平统一、一国两制”的核心，是发展两岸关系和实现和平统一的基础。

A. 一个中国　　B. 两种制度

C. 高度自治　　D. 完全自治

26. 30 多来，不管国际风云如何变幻，中国始终坚持（　　）的对外开放战略。

A. 开放共赢　　B. 互利共赢
C. 合作共赢　　D. 合作双赢

27.《中华人民共和国国民经济和社会发展第十三个五年规划纲要》指出，推动人才结构战略性调整，突出（　　）导向。

A. 战略前沿　　B. 创新创业
C. 高精尖缺　　D. 海归稀缺

28.《中华人民共和国国民经济和社会发展第十三个五年规划纲要》指出，实施人才优先发展战略，把人才作为支撑发展的（　　）。

A. 第一资源　　B. 优质资源
C. 战略资源　　D. 稀缺资源

29. 坚持和完善社会主义初级阶段基本经济制度，要积极发展（　　），它是基本经济制度的重要实现形式，是坚持公有制主体地位，增强国有经济活力、控制力、影响力的一个有效途径和必然选择。

A. 国有经济　　B. 集体经济
C. 私营经济　　D. 混合所有制经济

30. 2014 年 10 月，习近平总书记在党的群众路线教育实践活动总结大会上，明确提出了（　　）的要求，并进行了部署。

A. 全面建成小康社会　　B. 全面深化改革
C. 全面依法治国　　D. 全面推进从严治党

31. 在《宪法》规定的公民的政治自由中，居首要地位的自由是（　　）。

A. 出版自由　　B. 结社自由
C. 言论自由　　D. 集会自由

32. 根据国家广播电视管理部门的规定，（　　）不得自办电视节目。

A. 中央电视台　　B. 省市电视台
C. 乡、镇的广播电视站　　D. 县级电视台

33. 下列社会关系中，应属于民法调整对象的是（　　）。

A. 王某代李某去传达室领取信件的关系

B. 王某和李某签订的房屋租赁合同关系

C. 王某向税务机关缴纳税款的关系

D. 王某因驾车违章与交管部门形成的处罚与被处罚的关系

34. 广播电台必须经著作权人许可，同时向著作权人支付报酬才可以播放的作品有（　　）。

A. 乙公司出版发行的歌曲集

B.《时尚》杂志上的文章

C. 甲刚刚完成尚未发表的小说

D. 丙出版社出版的散文集

35. 在我国，对社会主义现代化建设过程中的重大问题，党中央提出方针政策，国务院拟定实施方案，全国人大审议，全国政协讨论，予以修改完善，最后由全国人大作出决定。这说明（　　）。

A. 全国人大、国务院、全国政协接受中共中央的领导、协调一致开展工作

B. 中共中央是我国国家权力机关，全国人大、国务院、全国政协都是中央的执行机关

C. 中共中央提出方针政策是通过全国人大、国务院、全国政协变成国家意志的

D. 中共中央领导国家政权，全国人大、国务院、全国政协是行使国家职能的国家机关

36. 无民事行为能力人是指（　　）。

A. 不满 8 周岁的未成年人和智障者

B. 不满 10 周岁的未成年人和精神病人

C. 不满 12 周岁的未成年人和智力低下者

D. 不能辨认自己行为的精神病人和不满 8 周岁的未成年人

37. 用于广播电台、电视台播放的境外电影、电视剧，必须经国务院（　　）行政部门审查批准。

A. 文化　　B. 广播电视
C. 信息管理　　D. 宣传

38. 国务院和地方各级人民政府之间是（　　）。
A. 领导关系　　B. 监督关系
C. 工作联系　　D. 指导关系

39. 市场经济运行的基本要求是（　　）。
A. 市场出清　　B. 公平竞争
C. 价格固定　　D. 卖方主权

40. 货币在表现和计量商品价值时执行的职责是（　　）。
A. 支付手段　　B. 价值尺度
C. 流通手段　　D. 价格标准

41. 国际社会为协调相互间的货币政策和加强合作所建立的政府间金融机构是（　　）。
A. 世界银行　　B. 国际货币基金组织
C. 国际金融公司　　D. 国际清算组织

42. 产业政策的主要内容不包括（　　）。
A. 产业分配政策　　B. 产业结构政策
C. 产业技术政策　　D. 产业组织政策

43. 下列按季度统计的消费价格指数变动数据中，符合全年通货膨胀定义的是（　　）。
A. 6.5%；4.8%；3.9%；3.2%
B. −2.8%；2.3%；6.5%；7.7%
C. 0.0%；4.4%；3.6%；8.4%
D. 3.2%；4.4%；5.1%；6.4%

44. 源于慈善事业和救济事业的专门职业救助活动被称作（　　）。
A. 社会活动　　B. 社会工作
C. 社会事业　　D. 社会职业

45. 在所有的大众传媒中，影响最大的是（　　）。

A. 报纸　　B. 杂志

C. 广播　　D. 电视

46. 剩余价值率反映的是（　　）。

A. 预付资本的价值增殖程度

B. 资本家对工人的剥削程度

C. 固定资本的价值增殖程度

D. 不变资本的价值增殖程度

47. 党的十八届三中全会通过的《中共中央关于全面深化改革若干重大问题的决定》指出，要紧紧围绕（　　）深化政治体制改革。

A. 提高科学执政、民主执政、依法执政水平

B. 坚持党的领导、人民当家做主、依法治国有机统一

C. 推进社会主义民主政治制度化、规范化、程序化

D. 建设社会主义法治国家

48. “四个全面”战略布局是一个整体，它既包括战略目标，又包括战略举措。其中，战略目标是（　　）。

A. 全面建成小康社会　　B. 全面深化改革

C. 全面依法治国　　D. 全面从严治党

49. 柳永雅词的艺术特点是（　　）。

A. 以诗为词　　B. 以文为词

C. 以赋为词　　D. 以论为词

50. “但愿人长久，千里共婵娟。”苏轼借这首词表达对（　　）的思念之情。

A. 妻子　　B. 兄弟

C. 朋友　　D. 父亲

51. 下列说法有误的是（　　）。

A.《诗经》以四言为主，普遍采用赋、比、兴手法

B. 我国第一部诗歌总集是《诗经》

C.《关雎》是《诗经》中歌咏纯真爱情的名篇

D.《诗经》也称“诗三百”，因为收录了诗歌 300 篇

52. 巴尔扎克所属的文学流派是（　　）。

A. 浪漫主义　　B. 批判现实主义

C. 古典主义　　D. 自然主义

53. 沈从文小说《边城》所描写的地域是现在的（　　）。

A. 浙江　　B. 四川

C. 湖南　　D. 云南

54. 新文学运动中提倡白话文学的核心人物是（　　）。

A. 陈独秀　　B. 鲁迅

C. 周作人　　D. 胡适

55.（　　）是四言诗的鼻祖，后代的许多题材类型的诗歌都从中取法。

A. 楚辞　　B.《诗经》

C. 汉乐府　　D. 汉赋

56.（　　）是中国诗歌乃至整个中国文学最为重要的源泉之一。

A. 汉乐府　　B. 汉赋

C. 五言诗　　D.《诗经》

57. 下列在小说中对辛亥革命的历史教训作出深刻描写的作家是（　　）。

A. 茅盾　　B. 老舍

C. 鲁迅　　D. 沈从文

58. 巴尔扎克所属的文学流派是（　　）。

A. 浪漫主义　　B. 批判现实主义

C. 古典主义　　D. 自然主义

59. 新文化运动的代表人物不包括（　　）。

A. 陈独秀　　B. 李大钊

C. 鲁迅　　　　D. 孙中山

60. 唐宋八大家中以写作山上游记最为著名的作家是（　　）。

A. 韩愈　　　　B. 柳宗元

C. 欧阳修　　　　D. 王安石

二、多项选择题（本大题共 40 小题，每小题 1 分，共 40 分）

1. “单凭观察所得的经验，是决不能充分证明必然性的。这是如此正确，以至于不能从太阳总是在早晨升起来判断它明天会再升起。”恩格斯这段话的含义是（　　）。

A. 感性认识有待于上升为理性认识

B. 感性认识具有局限性

C. 感性认识是不可靠的

D. 归纳方法不是万能的

2. 下列选项中属于国家职能的有（　　）。

A. 镇压被统治阶级的反抗，维护统治阶级的利益，调节统治阶级的内部关系

B. 管理社会公共事务，维护社会公共秩序

C. 调整其他各种社会关系，以保障各种社会活动的正常进行

D. 防御外来的侵略，保护本国利益不受侵犯

3. 下列事物中，属于历史唯物主义“社会存在”范畴的有（　　）。

A. 人们的物质生产实践活动

B. 人们实践活动所利用的自然资源

C. 人们在实践活动中所形成的各种社会关系

D. 人们实践活动所创造的生产力

4. 人民群众是一个历史范畴，在不同国家或同一国家的不同历史时期，其包括的内容是不完全相同的。下列各项属于我国现阶段人民群众范畴的有（　　）。

A. 工人阶级和广大农民

B. 受聘于外资企业的管理技术人员

C. 民营企业的创业人员

D. 中介组织的从业人员

5. 矛盾的特殊性是指（　　）。

A. 不同事物的矛盾是具体的

B. 矛盾存在于一切事物发展过程的始终

C. 不同事物的矛盾是特殊的

D. 矛盾存在于一切事物中

6. 生产力决定生产关系，这是因为（　　）。

A. 生产力状况决定生产关系的性质

B. 生产力是生产的社会形式

C. 生产关系是生产的物质内容

D. 生产力的发展决定生产关系的变革

7. 历史发展是“合力”作用的结果，这就是说（　　）。

A. 历史发展无规律可循

B. 历史发展是无法认识的

C. 历史发展的因素是复杂的

D. 社会中的每个人都是“合力”的一部分

8. 劳动的二重性是指（　　）。

A. 具体劳动　　B. 抽象劳动

C. 简单劳动　　D. 复杂劳动

9. 马克思主义认为国家（　　）。

A. 是阶级矛盾不可调和的产物

B. 是一个阶级压迫另一个阶级的统治工具

C. 在社会主义社会依然存在

D. 在共产主义社会将自行消亡

10. 向共产主义过渡（　　）。

A. 必然是一个长期的实践过程

B. 必须经过社会主义的充分发展

C. 要在社会主义历史阶段中逐步创造条件

D. 对经济落后国家需经更长期的实践过程

11.《中华人民共和国国民经济和社会发展第十三个五年规划纲要》指出，建设规模宏大的人才队伍，着力培养一批（　　）的党政人才。

A. 讲政治　　B. 懂专业

C. 善管理　　D. 有国际视野

12. 党的十八大以来，党中央从坚持和发展中国特色社会主义全局出发，提出并形成了（　　）的战略布局。

A. 全面建成小康社会　　B. 全面深化改革

C. 全面依法治国　　D. 全面从严治党

13. 在全面建成小康社会、全面深化改革的进程中，必须毫不动摇地坚持对外开放，主要是（　　）。

A. 对中国发展历史经验教训深刻总结的结果

B. 顺应经济全球化大势和科技发展机遇的客观要求

C. 为了借鉴和吸收人类文明的一切优秀成果

D. 加快社会主义现代化建设的需要

14. 十九大报告强调，坚持正确舆论导向，高度重视传播手段建设和创新，提高新闻舆论（　　）。

A. 传播力　　B. 引导力

C. 影响力　　D. 公信力

15. 青年兴则国家兴，青年强则国家强。青年一代（　　），国家就有前途，民族就有希望。

A. 有品德　　B. 有理想

C. 有本领　　D. 有担当

16. 十九大强调，要实施乡村振兴战略，要坚持农业农村优先发展，按照（　　）、生活富裕的总要求。

A. 产业兴旺　　B. 生态宜居

C. 乡风文明　　D. 治理有效

17. 中国共产党人的初心和使命就是为中国人民（　　），为中华民族（　　）。这个初心和使命是激励中国共产党人不断前进的根本动力。

A. 谋幸福　　B. 谋复兴

C. 找出路　　D. 指方向

18. 党的十九大首次把党的政治建设纳入党的建设总体布局，并强调“以党的政治建设为统领”，“把党的政治建设摆在首位”。之所以要把党的政治建设摆在首位，是因为（　　）。

A. 旗帜鲜明讲政治是我们党作为马克思主义政党的根本要求

B. 坚定政治立场是党的根本宗旨

C. 党的政治建设是党的根本性建设，决定党的建设方向和效果

D. 政治属性是党政的第一属性

19. 培育和践行社会主义核心价值观，必须发扬中国人民在长期奋斗中培育、继承、发展起来的伟大民族精神，即（　　）。

A. 伟大创造精神　　B. 伟大奋斗精神

C. 伟大团结精神　　D. 伟大梦想精神

20. 必须坚持(　　)为主的方针，形成节约资源和保护环境的空间格局、产业结构、生产方式、生活方式，还自然以宁静、和谐、美丽。

A. 事先预防　　B. 节约优先

C. 保护优先　　D. 自然恢复

21. 根据权利的作用，民事权利可分为（　　）。

A. 支配权　　B. 请求权

C. 抗辩权　　D. 形成权

22. 非法获取国家秘密罪，是指以（　　）方法，非法获取国家秘密的行为。

A. 窃取　　B. 刺探

C. 收买　　D. 侦察

23. 张三 15 岁，接受叔叔 10 万元的赠与，张三属于（　　）。

A. 完全民事行为能力人　　B. 限制民事行为能力人

C. 接受赠与的行为有效　　D. 接受赠与的行为无效

24. 以下说法正确的是（　　）。

A. 中华人民共和国人民法院是国家的审判机关，依法行使国家审判权

B. 中华人民共和国人民检察院是国家的法律监督机关，依法行使国家检察权

C. 中华人民共和国国务院是最高国家行政机关

D. 中华人民共和国全国人民代表大会是我国的国家权力机关

25. 下列关于肖像权的表述中正确的是（　　）。

A. 法人也有肖像权

B. 公民的肖像权受到侵犯时，有权请求精神损害赔偿

C. 使用公民的肖像，应当按照合同约定的用途和规定进行

D. 公民享有肖像权，未经本人同意，不得以营利为目的使用公民的肖像

26. 我国著作权的主体包括（　　）。

A. 公民　　B. 法人或非法人单位

C. 外国人　　D. 无国籍人

27. 我国刑罚处罚的种类有（　　）。

A. 主刑　　B. 行政处罚

C. 附加刑　　D. 赔偿损失

28. 进一步坚持和完善社会主义初级阶段的基本经济制度，必须做到（　　）。

A. 毫不动摇地巩固和发展公有制经济

B. 毫不动摇地鼓励、支持和引导非公有制经济发展

C. 坚持公有制为主体，促进非公有制经济发展，统一于社会主义现代化建设的进程中

D. 逐步把非公有制经济改变为公有制经济

29. 出版、制作和传播专门以未成年人为对象的内容健康的（　　）以及网络信息等，国家给予扶持。

A. 图书　　B. 报刊

C. 电子出版物　　D. 音像制品

30. 根据《国家安全法》规定，我国公民应履行的义务有（　　）。

A. 遵守宪法、法律法规关于国家安全的有关规定

B. 为国家安全工作提供便利条件或者其他协助

C. 保守所知悉的国家秘密

D. 不得向有危害国家安全行为的境内组织、个人提供经费、场所和物资

31. 国家加强国家安全新闻宣传和舆论引导，通过多种形式开展国家安全宣传教育活动，将国家安全教育纳入（　　）和（　　），增强全民国家安全意识。

A. 精神文明教育体系　　B. 社会公德教育体系

C. 国民教育体系　　D. 公务员教育培训体系

32. 张某在国家安全部门工作，在一次同学聚会上，为了显示自己知道许多内幕新闻，就向大家泄露了一些国家秘密。张某的行为（　　）。

A. 属于故意泄露国家秘密　　B. 属于过失泄露国家秘密

C. 危害了国家安全　　D. 维护了国家安全

33. 在针对未成年人的大众传播媒介上不得发布（　　）。

A. 化妆品广告

B. 教育培训广告

C. 不利于未成年人身心健康的网络游戏广告

D. 房地产广告

34. 证券交易内幕信息的知情人包括（　　）。

A. 由于所任公司职务可以获取公司有关内幕信息的人员

B. 保荐人、承销的证券公司、证券交易所、证券登记结算机构、证券服务机构的有关人员

C. 发行人控股的公司及其董事、监事、高级管理人员

D. 持有公司 10% 以上股份的股东及其董事、监事、高级管理人员

35. 下列关于职务作品的说法正确的有（　　）。

A. 著作权由作者享有

B. 单位有权在其业务范围内优先使用

C. 作品完成两年内，作者不得许可第三人以与单位使用的相同方法使用该作品

D. 著作权人在作品完成 2 年内不得转让

36. 工程师何某利用本单位的物质技术条件，编制计算机财务管理软件一个，该单位决定销售该软件，并承担全部责任。依照法律，（　　）。

A. 该软件著作权全部归本单位享有

B. 单位可对何某予以奖励

C. 何某仅享有软件署名权

D. 该软件发表权归何某所有

37. 在下列（　　）场合，应当奏唱国歌。

A. 全国人民代表大会会议和地方各级人民代表大会会议的开幕、闭幕

B. 各政党、各人民团体的各级代表大会等

C. 重大外交活动

D. 重大体育赛事

38. (   ) 等重要的国家法定节日、纪念日，中央和省、自治区、直辖市的广播电台、电视台应当按照国务院广播电视主管部门规定的时点播放国歌。

A. 国庆节　　B. 国际劳动节

C. 中秋节　　D. 春节

39. 下列小说不属于世情小说的是 (   )。

A.《红楼梦》　　B.《三国演义》

C.《水浒传》　　D.《西游记》

40. 下列作家属于意大利的有 (   )。

A. 但丁　　B. 塞万提斯

C. 维加　　D. 彼特拉克

模拟试卷（九）参考答案

一、单项选择题（本大题共 60 小题，每小题 1 分，共 60 分）

1—5 DCBDC	6—10 ADBBB	11—15 ABCCD
16—20 ACCBD	21—25 DCACA	26—30 BCADD
31—35 CCBCA	36—40 DBABB	41—45 BADBD
46—50 BBACB	51—55 DBCDB	56—60 DCBDB

二、多项选择题（本大题共 40 小题，每小题 1 分，共 40 分）

1. ABD	2. ABCD	3. ABD	4. ABCD
5. AC	6. AD	7. CD	8. AB
9. ABCD	10. ABCD	11. ABCD	12. ABCD
13. ABCD	14. ABCD	15. BCD	16. ABCD
17. AB	18. AC	19. ABCD	20. BCD
21. ABCD	22. ABC	23. BC	24. ABCD
25. BCD	26. ABCD	27. AC	28. ABC
29. ABCD	30. ABCD	31. CD	32. BC
33. AC	34. ABCD	35. BC	36. BC
37. ABCD	38. AB	39. BCD	40. AD

《广播电视综合知识》模拟试卷（十）

1. 笔试题满分为 100 分。
2. 笔试考试时间为 90 分钟。
3. 考试方式为闭卷、笔试。
4. 试题类型包括单项选择题和多项选择题。

一、单项选择题（本大题共 60 小题，每小题 1 分，共 60 分）

1.“观念的东西不外是移入人的头脑并在人的头脑中改造过的物质的东西而已。”这个命题表明（　　）。

A. 意识是人脑中特有的物质

B. 意识是客观存在的主观映象

C. 人脑是意识的源泉

D. 观念的东西和物质的东西没有本质上的区别

2. 实践是认识的来源表明（　　）。

A. 只要参加实践活动就能获得正确认识

B. 一切认识都要直接参加实践活动才能获得

C. 只有直接经验来自实践

D. 一切认识归根到底都是从实践中获得的

3. 法国科学家路易·巴斯德说：“在观察事物之际，机遇偏爱有准备的头脑。”这句话强调了（　　）。

A. 人们只有发挥主观能动性才能认识事物

B. 人们获得感性经验至关重要

C. 人们不仅要善于观察事物，而且要善于思考问题

D. 人们在认识事物时要有理性的指导

4. 恩格斯说：一个聪明的民族从灾难和错误中学到的东西比平时要多得多。其哲学启示是（　　）。

A. 事物在一定条件下向自己的相反方向转化

B. 要透过现象认识事物的本质

C. 意识具有能动性

D. 事物发展是有规律的

5. 辩证唯物主义认识论的首要的基本的观点是（　　）。

A. 群众观点　　B. 阶级斗争观点

C. 生产力观点　　D. 实践观点

6. 社会历史观的基本问题是（　　）。

A. 社会存在和社会意识的关系问题

B. 人的自觉活动与社会规律的关系问题

C. 阶级与阶级斗争问题

D. 社会形态更替的必然性和规律问题

7. 我国社会主义初级阶段实行公有制为主体、多种所有制经济共同发展的基本经济制度的理论依据是（　　）。

A. 对立统一规律

B. 唯物辩证法普遍联系的原理

C. 上层建筑必须适合经济基础发展要求的规律

D. 生产关系必须适合生产力性质的规律

8. 正确评价历史人物的方法是（　　）。

A. 古为今用方法　　B. 历史分析方法

C. 彻底批判的革命精神　　D. 全盘否定的分析方法

9. “手推磨产生的是封建主为首的社会，蒸汽磨产生的是工业资本家为首的社会。”这句话是说（　　）。

A. 生产关系对生产力的反作用

B. 生产力直接决定生产关系

C. 生产力决定生产关系

D. 生产力同生产关系相适应

10. 在资本主义条件下，资本家购买的是雇佣工人的（　　）。

A. 劳动力　　B. 劳动

C. 劳动力与劳动　　D. 人身自由

11. 社会主义核心价值体系四个方面的内容，相互联系、相互贯通、相互促进，是一个有机统一的整体。其中，社会主义荣辱观是（　　）。

A. 社会主义核心价值体系的主题

B. 社会主义核心价值体系的灵魂

C. 社会主义核心价值体系的精髓

D. 社会主义核心价值体系的基础

12. 中国共产党实事求是思想路线的验证条件和目的是（　　）。

A. 一切从实际出发　　B. 解放思想

C. 理论联系实际　　D. 在实践中检验真理和发展真理

13. 科学发展观的根本方法是（　　）。

A. 改革创新　　B. 与时俱进

C. 以人为本　　D. 统筹兼顾

14. 2016 年 1 月 18 日，习近平总书记在省部级主要领导干部学习贯彻党的十八届五中全会精神专题研讨班上的讲话，指出，“十三五”时期，我国经济发展的显著特征就是（　）。

A. 进入创新驱动　　B. 进入新常态

C. 进入软着陆　　D. 进入高增长

15. 2016 年 1 月 18 日，习近平总书记在省部级主要领导干部学习贯彻党的十八届五中全会精神专题研讨班上的讲话，指出，2010 年，我国制造业规模超过美国，居世界（　　）。

A. 第一　　B. 第二

C. 第三　　D. 第四

16. 2016 年 1 月 18 日，习近平总书记在省部级主要领导干部学习贯彻党的十八届五中全会精神专题研讨班上的讲话，指出，当前和今后一个时期世界经济发展的一个基本态势是（　　）。

A. 全球制造业发展进入低迷期

B. 全球贸易发展进入低迷期

C. 全球金融业发展进入低迷期

D. 全球投资发展进入低迷期

17. 2016 年 1 月 18 日，习近平总书记在省部级主要领导干部学习贯彻党的十八届五中全会精神专题研讨班上的讲话，指出，在认识新常态上，要准确把握内涵，新常态主要表现在（　　），不要滥用新常态概念，搞出一大堆“新常态”，甚至把一些不好的现象都归入新常态。

A. 经济领域　　　　B. 政治领域

C. 文化领域　　　　D. 社会领域

18. 2016 年 1 月 18 日，习近平总书记在省部级主要领导干部学习贯彻党的十八届五中全会精神专题研讨班上的讲话，指出，回顾近代以来世界发展历程，可以清楚看到，从根本上影响甚至决定国家和民族前途命运的是（　　）。

A. 一个国家和民族的改革能力

B. 一个国家和民族的发展能力

C. 一个国家和民族的创新能力

D. 一个国家和民族的革命能力

19. 2016 年 1 月 18 日，习近平总书记在省部级主要领导干部学习贯彻党的十八届五中全会精神专题研讨班上的讲话，指出，下好“十三五”时期发展的全国一盘棋，制胜要诀是（　　）。

A. 绿色发展　　　　B. 协调发展

C. 开放发展　　　　D. 共享发展

20. 2016 年 1 月 18 日，习近平总书记在省部级主要领导干部学习贯彻党的十八届五中全会精神专题研讨班上的讲话，指出，绿色发展，就其要义来讲，是要解决好（　　）。

A. 人与人和谐共生问题

B. 人与社会和谐共生问题

C. 人与自然和谐共生问题

D. 人与物和谐共生问题

21. 2016 年 1 月 18 日，习近平总书记在省部级主要领导干部学习贯彻党的十八届五中全会精神专题研讨班上的讲话，指出，虽然我国经济总量跃居世界第二，但大而不强、臃肿虚胖体弱问题相当突出，主要体现在创新能力不强，这是我国这个经济大块头的（　　）。

A. “阿喀琉斯之踵”　　B. “修昔底德陷阱”

C. “中等收入陷阱”　　D. “塔西佗陷阱”

22. 党的十八届五中全会首次提出（　　）。

A. 着力践行以人民为中心的发展思想

B. 着力践行以党员领导干部为中心的发展思想

C. 着力践行以新的社会阶层为中心的发展思想

D. 着力践行以人民军队为中心的发展思想

23. 2016 年 1 月 18 日，习近平总书记在省部级主要领导干部学习贯彻党的十八届五中全会精神专题研讨班上的讲话，指出，供给侧和需求侧是（　　）。

A. 管理和调控微观经济的两个基本手段

B. 管理和调控宏观经济的两个基本手段

C. 管理和调控计划经济的两个基本手段

D. 管理和调控市场经济的两个基本手段

24. 共享理念的实质就是（　　）。

A. 坚持以党员领导干部为中心的发展思想，体现的是关键少数的要求

B. 坚持以人民为中心的发展思想，体现的是逐步实现共同富裕的要求

C. 坚持以新的社会阶层为中心的发展思想，体现的是初级阶段社会生产力发展的要求

D. 坚持以人民军队为中心的发展思想，体现的是国家安全的要求

25. 习近平总书记强调，推动创新发展、协调发展、绿色发展、开放发展、共享发展，前提都是（　　）。

A. 国家富强、人民幸福　　B. 国家富强、民族振兴

C. 国家安全、社会稳定　　D. 国家富强、社会和谐

26.《论十大关系》是毛泽东同志运用普遍联系观点阐述(　　)的典范。

A. 共产党执政规律　　B. 社会主义建设规律

C. 改革开放规律　　D. 市场经济规律

27. 2016 年 1 月 18 日，习近平总书记在省部级主要领导干部学习贯彻党的十八届五中全会精神专题研讨班上的讲话，指出，我们应对发展环境变化、增强发展动力、把握发展主动权，更好引领新常态的根本之策是（　　）。

A. 坚持开放发展　　B. 坚持创新发展

C. 坚持绿色发展　　D. 坚持共享发展

28. 2016 年 1 月 18 日，习近平总书记在省部级主要领导干部学习贯彻党的十八届五中全会精神专题研讨班上的讲话，指出，改革开放以来，我们大踏步发展的一个重要特点就是（　　）。

A. 对国内资源的充分有效利用

B. 对国内市场的充分有效利用

C. 对国际市场的充分有效利用

D. 对国际资源的充分有效利用

29. 2016年1月18日，习近平总书记在省部级主要领导干部学习贯彻党的十八届五中全会精神专题研讨班上的讲话，指出，全面提高自主创新能力，在科技创新上取得重大突破，力争实现我国科技水平（　　）。

A. 由弯道超车向并跑领跑转变

B. 由抢跑向领跑转变

C. 由跟跑并跑向并跑领跑转变

D. 由弯道超车向直道领跑转变

30. 我们党在带领人民建设社会主义的长期实践中，形成了许多关于协调发展的理念和战略。新中国成立前后，毛泽东同志就提出了统筹兼顾、（　　）等思想方法和工作方法。

A. “牵牛鼻子”　　B. “弹钢琴”

C. “解剖麻雀”　　D. “盲人摸象”

31. 下列属于限制民事行为能力人的有（　　）。

A. 7岁的神童　　B. 16岁的个体老板

C. 19岁的在校生　　D. 17岁的大学生

32. 商场、餐厅播放歌曲应该向著作权人支付报酬，否则会侵犯作者的（　　）。

A. 复制权　　B. 放映权

C. 表演权　　D. 信息网络传播权

33. 属于著作权法保护的客体有（　　）。

A. 农业部制定的规范性的文件

B. 人民法院的判决书

C. 时事新闻

D. 某硕士研究生的毕业论文

34. 某画家请某演员为肖像模特儿，每次给该演员劳务费500元，但并未声明肖像将出版，后该演员在画册中发现自己的裸体肖像，遂起诉至法院，法院认定画家侵犯了演员的（　　）。

A. 名誉权和肖像权　　B. 荣誉权
C. 隐私权　　D. 著作权

35. 下列属于国家行政机关的有（　　）。
A. 人民法院　　B. 国务院及各部委
C. 人民检察院　　D. 全国人民代表大会

36. 诬告陷害罪的犯罪主体如果是国家机关工作人员，要（　　）。
A. 从轻处罚　　B. 酌情处罚
C. 从重处罚　　D. 法律面前人人平等

37. 破坏广告电视设施罪所侵犯的客体是（　　）。
A. 公共财产
B. 广播电视管理制度
C. 广大观众收看广播电视的权利
D. 广播电视领域的公共安全

38. 最重要的国家秘密，一旦泄露会使国家安全和利益遭受特别严重的损害，在国家秘密的密级中属于（　　）。
A. 秘密　　B. 机密
C. 绝密　　D. 隐秘

39. 某服装生产企业用于购买布料所耗费的资本属于（　　）。
A. 可变资本和流动资本　　B. 可变资本和固定资本
C. 不变资本和流动资本　　D. 不变资本和固定资本

40. 一般来说，在通货紧缩时期，黄金饰品的价格趋势是（　　）。
A. 上涨　　B. 降低
C. 先涨后降　　D. 先降后涨

41. 下列执行流通手段职能的货币是（　　）。
A. 偿还贷款的现金　　B. 发放工资的现金
C. 购物消费的现金　　D. 预交租金的现金

42. 20 世纪 90 年代以来，世界新经济形式迅猛发展的核心是（　　）。

A. 市场便利化　　B. 产业化浪潮
C. 贸易自由化　　D. 高科技创新

43. 下列金融机构中以存款作为主要资金来源的是（　　）。
A. 中央银行　　B. 证券公司
C. 信托公司　　D. 商业银行

44. 我国个人所得税中，工资、薪金所得适用的税率是（　　）。
A. 超额累退税率　　B. 超额累进税率
C. 从价税率　　D. 从量税率

45. 下列不计入国民生产总值的是（　　）。
A. 私营企业产值　　B. 中外合资企业产值
C. 外资企业产值　　D. 股份制企业产值

46. 提高最低工资标准可能带来的影响，不包括（　　）。
A. 加大企业的生产成本　　B. 增加转移支付的总量
C. 缓解物价上涨的影响　　D. 强化人们的通胀预期

47. 当一个人具备了充当某种角色的条件，并按照这一角色所要求的行为规范去活动时，就是（　　）。
A. 社会角色的确定　　B. 社会角色的表现
C. 社会角色的扮演　　D. 社会角色的失调

48. 现代社会普遍实行（　　）管理方式。
A. 民主制　　B. 科层制
C. 互动制　　D. 分权制

49. 充当贮藏手段的货币（　　）。
A. 必须是现实的货币
B. 可以是观念上的货币
C. 必须是足值的金属货币
D. 必须是现实的货币，但不一定是足值的货币

50. “四个全面”战略布局是一个整体，它既包括战略目标，又包括

战略举措。其中，实现中华民族伟大复兴的中国梦的“关键一步”是（　　）。

A. 全面建成小康社会　　B. 全面深化改革

C. 全面依法治国　　D. 全面从严治党

51. “滚滚长江东逝水，浪花淘尽英雄。是非成败转头空。青山依旧在，几度夕阳红……”这是我国古典文学名著（　　）的开篇词。

A.《水浒传》　　B.《三国演义》

C.《西游记》　　D.《红楼梦》

52.《水浒传》是一部以北宋末年宋江起义为主要故事背景、类型上属于（　　）。

A. 英雄传奇小说　　B. 历史演义小说

C. 神魔小说　　D. 世情小说

53. 宋词中豪放派的特点，大体是（　　）。

A. 创作视野较为广阔，语词宏博，不拘守音律

B. 内容侧重儿女风情，结构深细缜密

C. 重视音律谐婉，语言圆润，清新绮丽

D. 具有一种柔婉之美，内容比较窄狭

54. 当代中国最鲜明的特色是（　　）。

A. 反腐倡廉　　B. “一带一路”

C. 改革开放　　D. 大众创业、万众创新

55. 我国古代最杰出的长篇讽刺小说是（　　）。

A.《儒林外史》　　B.《聊斋志异》

C.《三国演义》　　D.《西游记》

56. 新文学运动中提倡白话文学的核心人物是（　　）。

A. 陈独秀　　B. 鲁迅

C. 周作人　　D. 胡适

57. 提出“戴着脚镣跳舞”这一诗歌美学原则的现代诗人是（　　）。

A. 郭沫若　　B. 闻一多

C. 徐志摩　　D. 戴望舒

58. 下列描写用于贾宝玉的是（　　）。

A. 品格端方，容貌丰美，行为豁达，随分从时

B. 温柔沉默，观之可亲

C. 虽怒时而若笑，即嗔视而有情

D. 俊眼修眉，顾盼神飞

59. 巴尔扎克笔下最著名的吝啬鬼形象是（　　）。

A. 夏洛克　　B. 阿巴贡

C. 高布塞克　　D. 葛朗台

60. 文艺复兴起源于意大利，它的第一个代表人物是（　　）。

A. 达・芬奇　　B. 塞万提斯

C. 但丁　　D. 拉伯雷

二、多项选择题（本大题共 40 小题，每小题 1 分，共 40 分）

1. 在实践和认识的关系中，以下说法正确的是（　　）。

A. 实践是认识的来源和动力

B. 实践是检验认识正确与否的标准

C. 实践是认识的目的

D. 认识对实践有指导作用

2. 地理环境对社会发展不起决定作用，原因在于（　　）。

A. 地理环境不能决定社会制度的性质

B. 地理环境不能决定社会形态的更替

C. 地理环境不能影响生产的发展

D. 地理环境对社会发展的作用受生产方式制约

3. 下列选项中，正确说明世界观和方法论之间关系的有（　　）。

A. 世界观决定方法论

B. 方法论影响世界观

C. 世界观和方法论是整体与部分的关系

D. 世界观和方法论是统一的

4. 同一性是矛盾的基本属性之一。下列选项中，属于矛盾同一性含义的有（　　）。

A. 矛盾双方直接等同　　B. 矛盾双方相互转化

C. 矛盾双方相互依存　　D. 矛盾双方相互渗透

5. 唯物辩证法的基本规律有（　　）。

A. 本质决定现象的规律　　B. 质量互变规律

C. 对立统一规律　　D. 否定之否定规律

6. 马克思说，人的本质“在其现实性上，它是一切社会关系的总和”。其内涵有（　　）。

A. 人的本质是单个人所固有的抽象物

B. 人的本质在于人的社会性

C. 人的本质是自由

D. 人的本质是具体的、历史的

7. 以下对资本主义政治制度的认识，正确的是（　　）。

A. 建立在资本主义社会的经济基础之上

B. 反映了资本主义社会的经济关系

C. 反映了政治上占统治地位的资产阶级的要求

D. 作为上层建筑，为巩固和发展资本主义社会的经济基础提供政治保障

8. 以下关于质、量、度，表述正确的有（　　）。

A. 质和事物的存在是直接同一的

B. 量和事物的存在不是直接同一的

C. 区分质是认识量的前提，考察量是认识质的深化

D. 考察量是认识质的前提，区分质是认识量的深化

9. 古希腊有位哲人说：“没有理性，眼睛是最坏的见证人”，对这句话的正确理解应该是（　　）。

A. 感性认识是理性认识的基础，理性认识是感性认识的升华

B. 感性认识只能解决现象问题，理性认识才能解决本质问题

C. 离开理性的感性是盲目的，甚至会歪曲事物的真相

D. 感性认识对正解认识事物是没有意义的

10. 中国将高举（　　）的旗帜，恪守维护世界和平、促进共同发展的外交政策宗旨。

A. 和平　　B. 发展

C. 合作　　D. 共赢

11. 坚定不移在和平共处五项原则基础上发展同各国的友好合作，推动建设（　　）的新型国际关系。

A. 相互尊重　　B. 公平正义

C. 互不干涉　　D. 合作共赢

12. 领导十三亿多人的社会主义大国，我们党既要政治过硬，也要本领高强。要（　　）。

A. 增强学习本领，增强政治领导本领

B. 增强改革创新本领，增强科学发展本领

C. 增强依法执政本领，增强群众工作本领

D. 增强狠抓落实本领，增强驾驭风险本领

13. 新常态下，尽管我国经济面临较大下行压力，但“十三五”及今后一个时期，我国仍处于发展的重要战略机遇期，表现在（　　）。

A. 经济发展长期向好的基本面没有变

B. 经济韧性好、潜力足、回旋空间大的基本特质没有变

C. 经济持续增长的良好支撑基础和条件没有变

D. 经济结构调整优化的前进态势没有变

14. 毛泽东思想和中国特色社会主义理论体系是马克思主义中国化过程中产生的两大理论成果，它们是一脉相承又与时俱进的关系。以下说法正确的是（　　）。

A. 两大理论成果都是被实践证明了的关于中国革命和建设的正确理论原则和经验总结

B. 毛泽东思想是中国特色社会主义理论体系的重要思想渊源

C. 中国特色社会主义理论体系在新的历史条件下进一步丰富和发展了毛泽东思想

D. 毛泽东思想和中国特色社会主义理论体系都是马克思列宁主义在中国的运用和发展

15. 毛泽东思想和中国特色社会主义理论体系是马克思主义中国化过程中产生的两大理论成果，它们有着共同的理论基础，这个共同的理论基础就是马克思列宁主义。表现在（　　）。

A. 它们都坚持以辩证唯物主义和历史唯物主义为哲学基础

B. 它们都坚持以实现共产主义为最高理想

C. 它们都坚持以无产阶级政党为领导核心

D. 它们都坚持代表最广大人民的根本利益

16. 在认识新常态上，要准确把握内涵，注意克服几种倾向。下列说法正确的是（　　）。

A. 新常态不是一个事件，不要用好或坏来判断

B. 新常态不是一个筐子，不要什么都往里面装

C. 新常态不是橡皮泥，想捏成什么就捏成什么

D. 新常态不是一个避风港，不要把不好做或难做好的工作都归结于新常态

17. 2016 年 1 月 18 日，习近平总书记在省部级主要领导干部学习贯彻党的十八届五中全会精神专题研讨班上的讲话，指出，创新是一个

复杂的社会系统工程，涉及经济社会各个领域。要超前谋划、超前部署，紧紧围绕（　　）强化事关发展全局的基础研究和共性关键技术研究。

A. 经济竞争力的核心关键　　B. 社会发展的瓶颈制约

C. 国家安全的重大挑战　　D. 文化发展的短板

18. 党的十八届五中全会在部署协调发展时强调的重点是（　　）。

A. 着力推动区域协调发展

B. 着力推动城乡协调发展

C. 着力推动物质文明和精神文明协调发展

D. 着力推动经济建设和国防建设融合发展

19. 习近平总书记强调，生态环境没有替代品，用之不觉，失之难存。要牢固树立的理念有（　　）。

A. 环境就是民生，青山就是美丽，蓝天也是幸福

B. 绿水青山就是金山银山

C. 保护环境就是保护生产力

D. 改善环境就是发展生产力

20. 党的十八届五中全会提出的共享发展理念，其内涵主要有（　　）。

A. 共享是全民共享　　B. 共享是全面共享

C. 共享是共建共享　　D. 共享是渐进共享

21. 2016 年 7 月 1 日，习近平总书记《在庆祝中国共产党成立 95 周年大会上的讲话》中指出，坚持不忘初心、继续前进，就是要坚持中国特色社会主义“四个自信”，即（　　）。

A. 道路自信　　B. 理论自信

C. 制度自信　　D. 文化自信

22. 加大生态系统保护力度，完成（　　）三条控制线划定工作。

A. 生态保护红线　　B. 永久基本农田

C. 城镇开发边界　　D. 国土绿化面积

23. 繁荣发展社会主义文艺，要繁荣文艺创作，坚持（　　）相统一，加强现实题材创作，不断推出讴歌党、讴歌祖国、讴歌人民、讴歌英雄的精品力作。

A. 思想精深　　B. 艺术精湛

C. 技艺精湛　　D. 制作精良

24. 根据《中华人民共和国政府信息公开条例》，不予公开政府信息的领域有（　　）。

A. 国民经济和社会发展统计数据

B. 突发公共事件的应急预案

C. 商业秘密

D. 个人隐私

25. 承担民事责任的方式包括：停止侵害、排除妨碍、消除危险、返还财产、恢复原状等多种方式，这些方式（　　）。

A. 可以单独适用　　B. 可以合并适用

C. 只能单独适用　　D. 只有少数情况下可以合并适用

26. 下列情形中，应当以国家通用语言文字为基本用语用字的有（　）。

A. 招牌、广告用字　　B. 企业事业组织名称

C. 公共场所的设施用字　　D. 广播、电影、电视用语用字

27. 公民的社会经济权利主要包括（　　）。

A. 求职权　　B. 继承权

C. 劳动权　　D. 休息权

28. 着力推进供给侧结构性改革，这是以习近平同志为总书记的党中央在综合分析世界经济长周期和我国发展阶段性特征及其相互作用的基础上，选择的经济治理良方，是适应和引领经济发展新常态的重大创新，是适应我国经济发展新常态的必然要求。我们讲的供给侧结构性改革，就是（　　）。

A. 既强调供给又关注需求

B. 既突出发展社会生产力又注重完善生产关系

C. 既发挥市场在资源配置中的决定性作用又更好发挥政府作用

D. 既着眼当前又立足长远

29. 推进结构性改革特别是供给侧结构性改革，是“十三五”的一个发展战略重点。所谓供给侧结构性改革，就是（　　）。

A. 从提高供给质量出发，用改革的办法推进结构调整

B. 矫正要素配置扭曲，扩大有效供给

C. 提高供给结构对需求变化的适应性和灵活性，提高全要素生产率

D. 实行需求紧缩

30. 推进结构性改革特别是供给侧结构性改革，是“十三五”的一个发展战略重点。供给侧结构性改革的重点任务包括（　　）。

A. 去产能　　B. 去库存

C. 去杠杆　　D. 提质量

31. 推进结构性改革特别是供给侧结构性改革，是“十三五”的一个发展战略重点。推进供给侧结构性改革必须坚持的支柱性政策包括（　　）。

A. 产业政策要准　　B. 微观政策要活

C. 改革政策要实　　D. 社会政策要托底

32. 推进结构性改革特别是供给侧结构性改革，是“十三五”的一个发展战略重点。推进供给侧结构性改革必须牢牢把握的重大原则有（　　）。

A. 坚持宏观政策要稳

B. 坚持解放和发展社会生产力

C. 坚持社会主义市场经济改革方向

D. 坚持调动各方面积极性

33. 社区中人的生活围绕着某种日常互动模式组织起来，这些模式包括（　　）。

A. 购物　　B. 娱乐

C. 教育　　D. 宗教

34. 欧阳修作为杰出的散文家，他的名篇佳作有（　　）。

A.《朋党论》　　B.《醉翁亭记》

C.《纵囚论》　　D.《秋声赋》

35. 下列鲁迅作品中，属小说集的是（　　）。

A.《呐喊》　　B.《朝花夕拾》

C.《故事新编》　　D.《彷徨》

36. 属于山水田园诗派的诗人有（　　）。

A. 王昌龄　　B. 王维

C. 孟浩然　　D. 王勃

37. 人民政协的主要职能是（　　）。

A. 政治协商　　B. 民主监督

C. 长期共存　　D. 参政议政

38. 下列作家属于文艺复兴时期的有（　　）。

A. 巴尔扎克　　B. 莎士比亚

C. 塞万提斯　　D. 拉伯雷

E. 卡夫卡

39. 下列对《子夜》的表述正确的是（　　）。

A.《子夜》描绘了 19 世纪 30 年代初期上海的各种社会景观

B.《子夜》在整体布局上具史诗般宏阔，但细节描写的笔触又极为委婉细致

C. 小说以吴荪甫的悲剧，象征性地暗示了作家对中国社会性质的理性认识："中国没有走向资本主义发展的道路，中国在帝国主义的压迫下，是更加殖民地化了。"

D. 吴宓先生赞赏《子夜》："笔势具如火如荼之美，酣姿喷薄，不可控搏。而其细微处复能婉委多姿，殊为难能可贵。"

40. 在我国社会深刻变革和对外开放不断扩大的条件下，宣传思想工作发生了很大变化，但其根本任务没有变，也不能变。这就是要（　　）。

A. 巩固实用主义在意识形态领域的指导地位

B. 巩固马克思主义在意识形态领域的指导地位

C. 巩固全党全国人民团结奋斗的共同思想基础

D. 巩固全党全国人民团结奋斗的共同物质基础

模拟试卷（十）参考答案

一、单项选择题（本大题共60小题，每小题1分，共60分）

1—5 BDDAD	6—10 ADBCA	11—15 DDDBA
16—20 BACBC	21—25 AABBC	26—30 BBCCB
31—35 DCDAB	36—40 CDCCB	41—45 CDDBC
46—50 DCBCA	51—55 BAACA	56—60 DBCDC

二、多项选择题（本大题共40小题，每小题1分，共40分）

1. ABCD	2. ABD	3. ABD	4. BCD
5. BCD	6. BD	7. ABCD	8. ABC
9. ABC	10. ABCD	11. ABD	12. ABCD
13. ABCD	14. BCD	15. ABCD	16. ABD
17. ABC	18. ABCD	19. ABCD	20. AB
21. ABCD	22. ABC	23. ABD	24. CD
25. AB	26. ABCD	27. BCD	28. ABCD
29. ABC	30. ABC	31. ABCD	32. BCD
33. ABCD	34. ABD	35. ACD	36. BC
37. ABD	38. BCD	39. BCD	40. BC

后　记

为提高广播影视从业人员的素质，加强广播影视人才培训工作，我们针对当前广播影视岗位对人才能力和素质的要求，组织修订了“广播影视业务教育培训丛书”。“丛书”编印四本，分别是《广播电视综合知识》、《广播电视基础知识》、《广播电视业务》和《广播电视播音主持业务》。这四本书是广播电视编辑记者、播音员主持人的岗位培训教材，也可供有志成为广播电视编辑记者、播音员主持人的人员自学使用。

在“丛书”编写过程中，我们得到了来自部分中央和国家机关、教学和科研单位的领导和专家的支持。参加本“丛书”编写和修订工作的同志有（按姓氏笔画排序）：马政、仇东方、方华、王顺生、卢静、叶庆丰、白占群、边立新、刘俐、孙树凤、孙聚成、成美、许颖、冷成金、吴弘毅、张俊、张玲、李忠杰、李晓华、杨小虎、陈先奎、陈亮、陈禹、周小普、周步恒、林鸿、罗哲宇、胡钧、赵小钦、郝大海、涂光晋、秦宣、贾建芳、梁坤、梁鸿鹰、傅程、温飙、谢忠民、鲁景超、熊智辉、魏开鹏等。

在本“丛书”修订过程中，我们得到了许多学者、老师的大力支持：参加《广播电视综合知识》修订的有山西传媒学院王美清、刘潇滨、范仙珍、裴京娟、张慧芳、刘玮、刘晓丹老师；参加《广播电视基础知识》修订的有山西传媒学院郭卫东、郭萍、文红老师；参加《广播电视播音主持业务》修订的有中央广播电视总台王浩瑜老师；参加《广播电视业务》修订的有中国传媒大学刘年辉老师。2018 年，根据新大纲要求，山西传媒学院的王美清副教授、裴京娟副教授、范仙珍副教授对《广播电视综合知识》进行新知识点的补充，郭萍副教授对《广播电视基础知识》进行新知识点的补充。在此一并表示衷心的感谢。

在此，谨向为本“丛书”的编写、修订、出版予以大力支持的有关单位和付出辛勤劳动的专家学者及工作人员表示诚挚的感谢！

在编写修订过程中，还有一些专家给予了大力支持，我们也引用了部分资料，未能一一致谢，在此敬请谅解并表示感谢！由于时间仓促，本书中可能还会有一些疏漏，敬请读者理解。

广播影视业务教育培训丛书编写组

2018 年 6 月

图书在版编目（CIP）数据

广播电视综合知识 / 广播影视业务教育培训丛书编写组编. —北京：中国国际广播出版社，2018.8
（广播影视业务教育培训丛书）
ISBN 978-7-5078-4333-0

Ⅰ. ①广… Ⅱ. ①广… Ⅲ. ①广播电视 - 业务培训 - 教材 Ⅳ. ①G220

中国版本图书馆CIP数据核字（2018）第146854号

广播电视综合知识

编　　者	广播影视业务教育培训丛书编写组
责任编辑	杜春梅
版式设计	国广设计室
责任校对	徐秀英
出版发行	中国国际广播出版社［010-83139469　010-83139489（传真）］
社　　址	北京市西城区天宁寺前街2号北院A座一层 邮编：100055
网　　址	www.chirp.com.cn
经　　销	新华书店
印　　刷	天津市新科印刷有限公司
开　　本	710×1000　1/16
字　　数	560千字
印　　张	39.5
版　　次	2018 年 8 月　北京第一版
印　　次	2018 年 8 月　第一次印刷
定　　价	80.00 元

CRI 中国国际广播出版社　欢迎关注本社新浪官方微博　官方网站 www.chirp.cn